吴育林 著

YI RENMIN WEI
ZHONGXIN DE
FAZHAN SIXIANG YANJIU

以人民为中心的
发展思想研究

人民出版社

目　　录

导　论

　　党的二十大报告中明确了前进道路上必须牢牢把握的"五个重大原则"，其中一个原则就是"坚持以人民为中心的发展思想"。坚持以人民为中心的发展思想，是马克思主义政党的内在理论要求，也是中国共产党在领导中国人民认识世界和改造世界过程中得出的重要论断和实践经验的深刻总结，体现了党的理想信念、性质宗旨、初心使命，是引领新征程发展迈向更高阶段的重要价值引领。

　　中国共产党是中国工人阶级的先锋队，同时是中国人民和中华民族的先锋队，代表中国最广大人民的根本利益，党的根本宗旨是全心全意为人民服务。中国共产党自成立之日起，就把坚持人民利益高于一切写在旗帜上，把全心全意为人民服务作为根本宗旨，把实现好、维护好、发展好最广大人民根本利益作为一切工作的出发点和落脚点，任何时候都把全体人民利益放在第一位，坚持一切为了人民、一切依靠人民，坚持人民利益高于一切。

　　进入新时代以来，以习近平同志为核心的党中央站在新的历史起点上，基于以人民为中心的发展思想，从实现"两个一百年"奋斗目标和中华民族伟大复兴中国梦的高度，提出统筹推进"五位一体"总体布局，协调推进"四个全面"战略布局，对改革发展、内政外交、治党治国治军等各方面进行了整体谋划，强调尊重人民主体地位和创造精神，坚持发展依靠人民、发展为了人民，让现代化建设成果更多更公平惠及全体人民;坚持创新、协调、绿色、开放、共享的新发展理念,统筹解决发展的动力问题、平衡问题、生态问题和公平正义问题,精准扶贫,持续推进各项增进人民福祉的普惠性民生工程,健全基本公共服务体系,提高公共服务水平,增强均衡性和可及性,提高人民生活品质,满足人民对美好生活的需要,构建以实现全体人民共同富裕为重要目标内涵的中国式现代化。

一、关于以人民为中心的发展思想的学术动态

党的十八大以来,以习近平同志为核心的党中央多次强调要"坚持以人民为中心"。2015年10月召开的党的十八届五中全会通过的《中共中央关于制定国民经济和社会发展第十三个五年规划的建议》强调,必须坚持以人民为中心的发展思想,把增进人民福祉、促进人的全面发展作为发展的出发点和落脚点。同年11月23日,习近平总书记在主持中央政治局第二十八次集体学习时指出,坚持以人民为中心的发展思想,这是马克思主义政治经济学的根本立场,是治国理政的方针理论。党的十九大报告进一步发展了这一思想,明确提出:"坚持以人民为中心。人民是历史的创造者,是决定党和国家前途命运的根本力量。必须坚持人民主体地位,坚持立党为公、执政为民,践行全心全意为人民服务的根本宗旨,把党的群众路线贯彻到治国理政全部活动之中,把人民对美好生活的向往作为奋斗目标,依靠人民创造历史伟业。"[1]以习近平总书记系列重要讲话精神为指南和基本遵循,国内学界迅速掀起了研究以人民为中心的发展思想的热潮,围绕以人民为中心的发展思想的形成过程、思想理论基础、基本内涵、意义价值和实践路径等问题进行了深入研究。

1. 关于以人民为中心的发展思想的形成过程研究

学界认为,以人民为中心的发展思想是中国共产党的根本宗旨,它贯穿于中国共产党领导人民进行革命和建设的不同时期,在不同历史时期又有

---

① 《习近平著作选读》第2卷,人民出版社2023年版,第17页。

不同的表现和侧重点。

在新民主主义革命时期,以毛泽东同志为主要代表的中国共产党人解读和践行以人民为中心的发展思想,主要表现在通过革命推翻三座大山,实现民族独立和人民解放。金德楠研究提出,近代中国革命以民族复兴和主权独立为基本主题,它与马克思主义将人民视作历史推动者构建人民主权国家的建构范式相统一,马克思主义群众史观构造了以人民为主体的革命方略,形成了以人民为中心的中国革命原则,从而生成了中国新民主主义的统一战线、群众路线和阶级斗争等具体革命策略。① 马彬认为,中国新民主主义革命时期特别聚焦于两个方面:一方面是,中华民族的独立解放,这是基于中国近现代社会的基本性质决定的对内缺乏民主制度、对外没有民族独立的客观现实状况。只有实现民族独立才能为其他一切社会矛盾的解决提供可能,人民才能有当家作主的根本政治保障。另一方面是,实现中华民族独立解放的根本力量是中国共产党领导和武装起来的人民,人民是中华民族独立的根本创造者和主体,由此决定了坚持群众路线的根本遵循。② 张学凤、秦在东等认为,农民是新民主主义革命的最广大动力,中国共产党通过用先进思想教育和改造广大农民,并在任何时候都尽可能地实现广大农民的根本权益,从而极大地唤起广大农民的革命觉悟,创造了举世瞩目的中国革命奇迹。③ 黄明理、周泊然认为,以毛泽东同志为主要代表的中国共产党人对人民创造历史规律的把握和为人民服务的道义制高点的占据,对中国国情以及基于此对新民主主义革命时期战争辩证法的娴熟运用,为其坚定革命乐观主义精神提供了强大的哲学智慧。④ 侯

---

①　金德楠:《马克思主义人民概念与近代中国的革命逻辑》,《科学社会主义》2022 年第 1 期。

②　马彬:《百年来中国共产党人民至上论生成的历史逻辑和实践逻辑》,《科学社会主义》2022 年第 3 期。

③　张学凤:《新民主主义革命时期农民思想政治教育的历史考察》,《中共党史研究》2011 年第 12 期;秦在东、罗静:《新民主主义革命时期农民革命觉悟养成途径探微》,《理论月刊》2016 年第 4 期。

④　黄明理、周泊然:《论新民主主义革命时期中国共产党人革命乐观主义精神》,《中国矿业大学学报(社会科学版)》2022 年第 2 期。

竹青考察了人民概念与中国共产党革命意识形态建构问题,认为在革命实践中,党选择人民的话语作为革命意识形态的主体表达,通过话语建构形成了独特的人民革命主体思想,是中国革命取得胜利的重要理论因素。① 吴潜涛、潘一坡认为,中国共产党在新民主主义革命时期为人民服务的价值观的基本信仰已经很成熟,以毛泽东同志为核心的党中央提出的众多关于为人民服务的论述,既表明中国共产党始终坚持人民主体地位和以人民为中心价值理念,也彰显了中国共产党独特的光荣传统和政治优势。② 张龙平对党在新民主主义革命时期实施的改善农民和劳工生存状况及其工作条件的具体措施展开细致研究,认为该时期实施的八小时工作制的弹性实践方式即体现了党对人民主体地位和人民价值中心的坚决维护。③ 刘儒、王明森、马叶凡认为,中国共产党把新民主主义革命时期不同阶段的中心任务与基本民生相结合,通过土地革命和经济建设举措,进行充分的社会动员,创造性地进行了以革命性和人民性为鲜明特征的民生建设。④

在社会主义革命与建设时期以及改革开放新时期,以人民为中心的思想主要表现于构建人民民主专政的社会主义政治制度、以公有制为核心的社会主义经济制度、消灭剥削、消除贫困、发展生产力、逐步满足人民日益增长的物质文化生活需要、推进共同富裕、促进人的全面发展等方面。田改伟在考察社会主义革命与建设时期的政治民主进程的基础上提出,党内民主与人民民主之间的辩证关系在于,一方面党内民主对人民民主有重要的示范和带动作用,另一方面人民民主的发展对党内的民主建设提出更高的要求,二者是正向和

① 侯竹青:《"人民"概念与中共革命意识形态的建构(1921—1949)》,《湖北社会科学》2022 年第 1 期。
② 吴潜涛、潘一坡:《中国共产党为人民服务价值观的历史发展》,《马克思主义与现实》2022 年第 2 期。
③ 张龙平:《新民主主义革命时期中国共产党对八小时工作制的认识与实践党的文献》,《党的文献》2022 年第 2 期。
④ 刘儒、王明森、马叶凡:《新民主主义革命时期中国共产党的民生建设及其基本经验》,《行政论坛》2022 年第 3 期。

双向的促进关系,是人民历史主体地位在制度上的实践。① 张富文认为,以人民为中心的理论在新中国成立后,就已经在人民万岁论的基本立场、人民主权论的核心内容、人民公仆论的执政理念的有机结合中体现出来;改革开放后,又以人民思想解放论、人民物质利益论、人民共同富裕目标论等的有机融合充分反映出来;在党的十三届四中全会后,集中体现为人民利益代表论为执政方向、人民民主论为政治保障和人的全面发展论为发展目标的辩证统一;在十六大后,党鲜明提出以人为本是权为民所用、情为民所系、利为民所谋的内在统一;在十八大后,逐步形成了发展为了人民、发展依靠人民、发展成果为全体人民共享的以人民为中心的发展价值理念。② 苗桂山通过对毛泽东与邓小平的生产力标准与人民利益标准的比较研究,认为毛泽东通过追求生产关系的"一大二公三纯"来实现生产力标准和人民利益标准统一的愿望虽然没有完全实现,但却是重大的实践探索,改革开放后邓小平通过区分社会主义制度不等于社会主义的具体做法的方式提出改革受苏联体制影响的生产关系,实现了生产力标准和人民利益标准的统一。③ 郭大俊、黄瑞认为,邓小平的人民群众主体观体现在人民群众是革命和建设的决定力量,因此,社会主义现代化建设要依靠人民群众,尊重人民群众,吸取人民智慧,通过解放思想不断增强人民群众的主体意识和改革社会体制调动人民群众积极性五个方面。④ 罗文东认为,人民主体观是解析中国特色社会主义许多发展问题的关键,包括人民群众与党的关系,与社会主义国家之间的内在联系等,人民主体观是在吸收中华文明合理内核和马克思主义中国化最新成果基础上形成的,是中国共产党人的马克思主义立场、

① 田改伟:《试论党内民主与人民民主的辩证关系》,《政治学研究》2007 年第 2 期。
② 张富文:《百年中国共产党坚持以人民为中心的理论逻辑探析》,《河南大学学报(社会科学版)》2022 年第 1 期。
③ 苗桂山:《对毛泽东、邓小平生产力标准与人民利益标准的比较》,《理论探索》2004 年第 3 期。
④ 郭大俊、黄瑞:《邓小平的人民群众主体观》,《社会主义研究》2008 年第 5 期。

观点、方法的集中体现。[①] 黄锡富认为,受新自由主义经济学理论膨胀的影响,中国特色社会主义经济发展过程中曾出现偏离社会主义发展轨道和人民利益指向的问题,这些经验启示我们,中国特色社会主义经济建设必须以人民为中心,坚持公有制的主体地位,坚持中国共产党的领导,坚持群众路线。[②] 杨毅认为,党在社会主义革命和建设时期以及改革开放时期,社会主义现代化经济建设取得跨越式发展,形成社会治理的全方位实践并促进积累了以党的领导为前提、以人民为中心为使命、以深化改革为遵循、以改善民生为中心的基本经验。[③]

2. 关于以人民为中心的发展思想理论基础的研究

学界普遍认为,唯物史观关于人民群众是历史的创造者的思想是以人民为中心的发展思想的基本理论基础,中华优秀传统文化中的深厚"民本"思想是以人民为中心的发展思想的重要文化思想来源。学界普遍认为,马克思主义唯物史观是以人民为中心发展的基本理论依凭。秦书生、李瑞芳提出,以人民为中心立足于坚持中国共产党为人民谋利益、立党为公、执政为民的本质,是践行为人民服务的根本宗旨。[④] 卢黎歌等认为,以人民为中心作为中国共产党的执政信条,建立在马克思主义唯物史观基础之上,孕育了"人民至上"的价值理念。[⑤] 李怡和肖昭彬认为,以人民为中心的发展思想植根于马克思主义唯物史观的基本原理,摆脱了西方"人本主义"思想和中国古代"民本主义"的窠臼,是马克思主义中国化的重要理论创新。[⑥] 欧阳康、赵琦将马克思主义关

---

① 罗文东:《人民主体观与中国特色社会主义》,《江汉论坛》2011 年第 5 期。

② 黄锡富:《坚持以人民为中心是建设中国特色社会主义经济的根本宗旨》,《改革与战略》2017 年第 4 期。

③ 杨毅:《建党百年社会治理的发展特征及经验启示》,《山东社会科学》2021 年第 12 期。

④ 秦书生、李瑞芳:《新时代中国共产党人以人民为中心思想的逻辑理路——基于"不忘初心、牢记使命"视角的分析》,《湖南大学学报(社会科学版)》2021 年第 4 期。

⑤ 卢黎歌、梅煜:《"人民至上"价值理念的三重意蕴》,《西安交通大学学报(社会科学版)》2021 年第 4 期。

⑥ 李怡、肖昭彬:《"以人民为中心的发展思想"的理论创新与现实意蕴》,《马克思主义研究》2017 年第 7 期。

于以人民为中心的主旨线索在经典著作中完整地呈现出来,还原了马克思主义的人民性的鲜明品格,厘定了以人民为中心的发展思想的唯物史观基础。① 谭玉敏、梅荣政指出"每个人的自由全面发展是一切人的自由发展的条件"是以人民为中心的发展思想的根本理论遵循。② 王青、李先伦则通过追溯马克思恩格斯对人民群众重要性的阐述及列宁对人民群众在苏联社会主义建设中巨大作用的肯定,认为以习近平同志为主要代表的中国共产党人在坚定秉承马克思主义人民主体思想的基础上,进一步指出以人民为中心的发展思想的理论基础就是坚持人民主体地位。③ 宋俭、凌琦认为,以人民为中心的发展思想的建构源于对历史唯物主义和辩证唯物主义的坚守,是对共产党执政规律、社会主义建设规律以及人类社会发展规律的深刻把握。④ 刘旭友认为,在核心内容和现实拓展方面,习近平以人民为中心的发展思想继承并发展了马克思人的本质学说。⑤ 在韩喜平看来,以人民为中心的发展思想源于两方面。其一,坚持马克思主义的精神实质。中学时代的马克思就已经树立了为"人类的幸福"而奋斗的职业目标;其二,以人民为中心是中国共产党的根本政治立场,是执政之基,更是力量源泉,中国共产党人的宗旨就深刻体现在始终坚持以人民为中心发展的全过程之中。⑥

学界还普遍关注到中华优秀传统文化对当代中国提出以人民为中心的发展思想的深刻影响。江畅、朱韬指出,以人民为中心思想是对民惟邦本、以民为天、仁民爱物、得民心者得天下等中华优秀传统文化的传承,更是超越与创

①　欧阳康、赵琦:《以人民为中心的国家治理现代化》,《江苏社会科学》2020 年第 1 期。

②　谭玉敏、梅荣政:《"以人民为中心"思想的理论源头——纪念〈共产党宣言〉发表 170 周年》,《红旗文稿》2018 年第 4 期。

③　王青、李先伦:《习近平以人民为中心的发展思想论析》,《理论学刊》2017 年第 1 期。

④　宋俭、凌琦:《中国共产党以人民为中心发展思想的建构特性》,《贵州社会科学》2017 年第 6 期。

⑤　刘旭友:《习近平对马克思人的本质学说的新发展——兼论坚持以人民为中心发展的理论基础》,《改革与战略》2015 年第 12 期。

⑥　韩喜平:《坚持以人民为中心的发展思想》,《思想理论教育导刊》2016 年第 9 期。

新,是新时代条件下尚民爱民观念的新发展。① 刘必好、刘怀玉指出,"人民至上"是我国政治文明的延续,是对"民本"理念的创新发展。② 吴海江、徐伟轩指出,以人民为中心的发展思想实现了对传统民本思想从君民到人民、从统治到发展、从用民到为民的现代转变。③ 罗馨和周显信指出,以人民为中心的发展与为人民服务的宗旨一脉相承,都根植于历史唯物主义群众史观和中国传统民本思想中"重民、爱民、惠民、务民"的文化基因。④ 胡钧和施九青通过对比"以人为本"、人本主义与以人民为中心三者的联系和区别,提出以人民为中心的发展思想一方面是对中国古代优秀的朴素民本思想的当代发展,另一方面也是对西方人本主义的扬弃和超越。⑤ 韩美群从传承传统文化的方法论视角出发,指出要以人民为中心传承发展中华优秀传统文化,实现传统文化的创造性转化和创新性发展。⑥ 汪福秀提出,"以人民为中心的发展思想就是新时期以民为本的思想"。⑦ 肖贵清、田桥认为,唯物史观关于人民群众是历史创造者的原理构成了人民主体理念的理论基础,民惟邦本的重民思想、民贵君轻的爱民思想、利民富民的惠民思想以及济世安民的文化传统等都为坚持以人民为中心的发展思想提供了文化滋养。⑧ 吴爱萍认为,以人民为中心的发

---

① 江畅、朱韬:《习近平以人民为中心思想对传统尚民爱民观念的弘扬与超越》,《江苏行政学院学报》2021年第3期。
② 刘必好、刘怀玉:《论习近平新时代中国特色社会主义思想的理论品格》,《南京社会科学》2018年第6期。
③ 吴海江、徐伟轩:《"以人民为中心"思想对传统民本思想的传承》,《毛泽东邓小平理论研究》2018年第7期。
④ 罗馨、周显信:《从"宗旨论"到"初心论"的发展逻辑》,《湖南科技大学学报(社会科学版)》2017年第5期。
⑤ 胡钧、施九青:《论"以人为本"、人本主义与"以人民为中心"》,《改革与战略》2016年第11期。
⑥ 韩美群:《新时代传承与发展中华优秀传统文化的方法论探析》,《马克思主义与现实》2020年第5期。
⑦ 汪福秀:《社会主义和谐社会"人民中心"论》,《学校党建与思想教育》2017年第4期。
⑧ 肖贵清、田桥:《人民主体地位:习近平治国理政思想的核心理念》,《思想理论教育》2016年第12期。

展思想摒弃了传统民本思想中"民为君用"等消极因素,吸收借鉴了"重民"
"爱民"的合理内核,在此基础上成为与无产阶级的集体主义相结合的新发
展。① 孟凡琦的《习近平人民观研究》、王乐的《论习近平的人民观》以及刘欣
的《十八大以来习近平以人民为主体的发展观研究》等论文,从马克思主义人
民主体思想、中国传统文化的民本观念以及中国革命、建设、改革的历史实践
等方面较为全面地阐述了以人民为中心的发展思想形成的历史渊源和发展条
件。另外,一些学者着眼新时代,阐释以人民为中心的发展思想的形成背景。
陈金龙认为,将"坚持以人民为中心"纳入到新时代中国特色社会主义的基本
方略,是对实践经验的总结,人民群众的实践智慧为习近平新时代中国特色社
会主义思想的形成提供了参照。② 刘同舫从对新时代社会主要矛盾与以人民
为中心的发展思想之间的关系分析入手,认为以人民为中心的发展思想为化
解新时代的主要矛盾,解决发展不平衡不充分的问题,满足人们对美好生活的
需求提供了重要方法③。陈巧玲立足新时代提出,以人民为中心的发展思想
扎根于百年未有之大变局的世情和人民对美好生活需要的国情以及全面从严
治党的党情,是新发展阶段下实现中华民族伟大复兴中国梦的必然选择。④
还有学者从哲学角度出发,阐释以人民为中心的发展思想的理论基础。朱雪
微指出以人民为中心的发展思想继承并创新发展了马克思人学思想,特别是
"群众是历史的主体"理论,看到了历史背后的真正力量是人民利益,并进一
步提出"共创、共享和共治"的发展路径。⑤ 陶日贵指出"人民群众是历史创

① 吴爱萍:《以人民为中心思想意蕴的时代解读》,《江西社会科学》2019 年第 7 期。
② 陈金龙:《关于习近平新时代中国特色社会主义思想的若干思考》,《思想理论教育》
2017 年第 12 期。
③ 刘同舫:《新时代社会主要矛盾背后的必然逻辑》,《华南师范大学学报(社会科学版)》
2017 年第 6 期。
④ 陈巧玲:《以人民为中心的发展思想及其时代价值》,《华侨大学学报(哲学社会科学
版)》2021 年第 1 期。
⑤ 朱雪微:《习近平以"人民为中心"的发展思想对马克思人学思想的创新与发展》,《理论
视野》2019 年第 3 期。

造者"这一唯物史观基本原理是"以人民为中心发展思想"的理论根基,以人民为中心的发展思想不仅是对马克思"剧中人"和"剧作者"的具体运用,更是中国共产党在新时代条件下应对各种困难的理性选择。[①]

3.关于以人民为中心的发展思想的基本内涵研究

学者们普遍认为"发展为了人民、发展依靠人民、发展成果由人民共享"是以人民为中心的发展思想的主要内涵。

一是发展依靠人民,发展为了人民的研究。代红凯认为以人民为中心,首先要明确人民是力量主体、权利主体、评价主体,党坚持以人民为中心的百年历史就是不断依靠人民、为了人民、实现人民利益的奋斗历史。[②] 李慎明认为,坚持以人民为中心的发展思想主要表现在"全心全意为着人民和全心全意依靠人民"两方面。[③] 汪信砚指出,以人民为中心的发展思想是对坚持人民主体地位的新时代继承和创新,并从"为了人民的发展目的、依靠人民的发展动力、成果由人民共享的发展趋向"三方面阐释了以人民为中心的丰富内涵。[④] 同样,胡伯项、艾淑飞也认为这三方面是以人民为中心的发展思想的内核[⑤]。曹普指出,"人心就是力量",以人民为中心的发展必须坚持群众路线,这是中国共产党最大的政治优势。[⑥] 欧健、邱婷分别从"政治立场、实践主体、根本力量、人民利益、发展导向、评价标准"等几个方面对以人民为中心的内涵进行阐述,深刻揭示了发展为了人民、发展依靠人民的核心要义。[⑦] 曹文

[①] 陶日贵:《以人民为中心与新时代中国共产党历史使命》,《广东社会科学》2018年第1期。

[②] 代红凯:《中国共产党坚持以人民为中心百年进程的三维视野》,《毛泽东研究》2021年第3期。

[③] 李慎明:《牢牢抓住以人民为中心的发展思想这个主旨》,《求是》2017年第15期。

[④] 汪信砚:《深入理解以人民为中心的发展思想》,《人民日报》2017年11月24日。

[⑤] 胡伯项、艾淑飞:《习近平以人民为中心的发展思想探析》,《思想教育研究》2017年第1期。

[⑥] 曹普:《坚持以人民为中心,守住人民的心》,《人民论坛·学术前沿》2021年第16期。

[⑦] 欧健、邱婷:《习近平人民中心观的形成逻辑与基本内涵》,《社会主义研究》2019年第1期。

宏、濮瑞恬认为"以人民为中心的发展思想"树立了人民主体地位和人民发展观,以人民为中心的发展就是实现人民群众根本利益,满足人民群众不同需要。[1] 陈华兴、孙婉君指出,以人民为中心的发展就是坚持人民主体的根本立场、满足人民利益的根本要求以及满足人民对美好生活需要的客观诉求。[2]

二是发展是人民的基本权利的研究。魏志奇基于社会主要矛盾的变化,认为新时代共享发展应以满足人民美好生活需要为最高目标,顺应人民美好生活需要的新增量,更加注重满足人民的发展权利需要和发展机会需要。[3] 鲜开林从联合国《发展权利宣言》出发,确认新发展理念本质上是维护人民的根本权利和尊严。中国的共享发展理念不仅与联合国《发展权利宣言》有着核心要义和价值目标的一致性,更有着以人民为中心的独特性和创新性。共享发展理念明确了人民的发展权利和尊严,指明落实共享发展新理念的实践要求,把人民群众的权利和尊严的实现程度作为检验工作的重要尺度。[4] 楚向红强调以人民为中心要坚持发展主体与共享主体的统一、发展目的与发展规律的统一、发展价值论与发展方法论的统一。[5] 戴菁从个体出发,讨论了阶层、性别、能力等因素对实现个体发展权的影响,同时强调个体作为发展权主体理应承担的义务,为理解"以人民为中心"中"人"的角色和地位提供了新视角。[6] 彭大鹏认为,人民群众对美好生活的需要,与人民权利的维护和实现密切相关,社会越向前发展,人的权利意识越发增强,对政府的要求也随之变高。随着我国社会主要矛盾的转变,民生需求也随即变得更高,因而,以人民为中

[1]　曹文宏、濮瑞恬:《百年党史视野下以人民为中心的发展思想的三维解读》,《华侨大学学报(哲学社会科学版)》2021 年第 5 期。

[2]　陈华兴、孙婉君:《习近平关于"以人民为中心"重要论述的理论内涵与时代价值》,《浙江学刊》2018 年第 6 期。

[3]　魏志奇:《社会主要矛盾变化对共享发展的新要求》,《当代世界社会主义问题》2019 年第 1 期。

[4]　鲜开林:《新的人权旗帜由此竖起——新时代中国特色社会主义思想中的人权研究》,《财经问题研究》2018 年第 4 期。

[5]　楚向红:《习近平以人民为中心的发展思想探微》,《学习论坛》2019 年第 1 期。

[6]　戴菁:《论作为发展权主体的个人》,《现代法学》2019 年第 2 期。

心的发展需要尊重人民,保障人民的经济利益、政治权利等,实现均衡全面的发展①。肖巍立足于反贫困问题,提出当今世界的反贫困已经从维护生存权转向保障发展权,新时代的反贫困应着眼帮助人们增强劳动能力,实现发展权利。② 王政武以人民群众主体性思想为切入点,提出人民群众是经济社会发展的根本力量,因而以人民为中心经济发展的出发点在于实现劳动主体性复归,建立能够发挥人民群众积极性、创造性的激励、保障机制,尊重人民群众的发展权利,特别是要从劳动的体面性、生态性和结果公平性等维度构建共建共享和谐友好的劳动关系。③ 朱辉宇认为需要不断完善各种制度建设,维护社会公平正义,保障人民的发展权利,切实践行以人民为中心的发展思想,扎实推进共享发展。④ 孙存良等人认为实现以人民为中心的共享发展要求维护公平正义,要"逐步完善建立以权利公平、机会公平、规则公平为主要内容的社会公平保障体系,营造公平的社会环境,保证人民平等参与、平等发展的权利"⑤。

三是发展成果由人民共享的研究。项久雨提出新发展理念就是以人民为中心的发展理念,其中共享发展更是以人民为中心的直接体现。因而,必须紧扣新发展理念的实践要求,从人民普遍关心的问题入手,以新发展理念不断推动和实现人民美好生活。⑥ 蒋永穆、何媛提出,促进全体人民共同富裕是贯彻以人民为中心的发展思想的重要路径,深刻体现了发展成果由人民共享。⑦

---

① 彭大鹏:《人民权利与全面发展》,《中国社会科学报》2017 年 10 月 25 日。

② 肖巍:《基于发展权的反贫困升级与劳动能力建设》,《上海师范大学学报(哲学社会科学版)》2018 年第 4 期。

③ 王政武:《劳动主体地位回归:以人民为中心经济发展的逻辑及路向》,《内蒙古社会科学(汉文版)》2017 年第 1 期。

④ 朱辉宇:《以人民为中心与共享发展》,《湖南社会科学》2016 年第 2 期。

⑤ 孙存良等:《深刻理解坚持以人民为中心的发展思想》,《光明日报》2015 年 12 月 27 日。

⑥ 项久雨:《新发展理念与美好生活》,《马克思主义研究》2021 年第 10 期。

⑦ 蒋永穆、何媛:《扎实促进全体人民共同富裕:时代要求、难点挑战和路径安排》,《思想理论教育导刊》2021 年第 11 期。

韩文龙认为,共同富裕是以人民为中心的发展思想延伸出来的内在规定性,发展就是要实现全体人民的富裕。① 吕文明从文艺工作角度出发,提出要把满足人民精神文化需求作为文艺工作的出发点和落脚点,坚持以人民为中心的创作导向,走进实践深处,观照人民生活,表达人民心声。② 陈朋从本体论、动力论、目的论和取向论等层面分析了共享发展理念的内在逻辑,阐明了共享发展内蕴的以人民为中心的发展思想的价值追求和目标指向,并指明共享发展要从主体全覆盖和内容全覆盖两个方面真正体现人民共享、公平共享。③ 郭明姬、张亮从文化工作角度出发,提出传承和弘扬中华优秀文化的根本导向是"满足人民对美好生活的需要",要明晰人民的文化需求、认清目前的文化供给、追问文化工作的效果,只有这样,才能真正做到文化发展为了人民。④ 闻言认为,以人民为中心的发展思想的价值指向在于坚持人民共享发展成果,进一步增强人民的获得感,满足人民对美好生活的期待。⑤ 蔡昉认为,以人民为中心的发展思想体现了逐步实现共同富裕这一中国特色社会主义的根本原则和特征,强调以人民为中心的发展要增强人民在发展中的获得感。还有严文波、俞梅珍等都从人民作为发展的主体力量、发展的旨归以及共享发展成果等角度对以人民为中心的发展思想作了细致解读。

另外,还有一些学者从经济领域的相关问题入手,分析了以人民为中心的思想。例如,王宝珠、马艳指出,以人民为中心的经济发展是习近平经济思想的逻辑主线,是确立"新发展理念"的逻辑框架、"高质量发展"的现实路径、通

① 韩文龙:《在中国式现代化新道路中实现共同富裕》,《思想理论教育导刊》2021 年第11 期。

② 吕文明:《从"人民性"到"以人民为中心":两次文艺座谈会讲话的核心论题》,《山东社会科学》2021 年第11 期。

③ 陈朋:《以人民为中心:共享新发展理念的价值之核》,《南京师大学报(社会科学版)》2016 年第6 期。

④ 郭明姬、张亮:《传承和弘扬中华优秀传统文化的人民中心意蕴》,《中国矿业大学学报(社会科学版)》2021 年第5 期。

⑤ 闻言:《坚持以人民为中心的发展思想　努力让人民过上更加美好生活——学习〈习近平关于社会主义社会建设论述摘编〉》,《人民日报》2017 年10 月11 日。

往人民"美好生活"的逻辑终点。① 梁伟军通过对人民群众对经济的推动作用的考察,阐明了中国经济发展需要构建人民群众共建共享型的发展模式。② 王晶雄从对理论和实践的融合阐释出发,区分了人的虚假需要和真正需要,进而解释供给侧结构性改革不是对西方经济学供给学派的理论照搬,而是马克思主义政治经济学与当下中国经济发展新常态相结合的理论创新,要借助供给侧结构性改革满足人民群众的真实需要、合理需要,使改革发展成果更多更公平惠及广大人民群众。③ 陈莉则从实践层面分析了中国精准扶贫的困境表现以及如何完善以人民为中心的扶贫机制,强调了精准扶贫机制必须贯彻落实,真正改善落后地区和群众的生活条件,保障落后地区的人民群众同样能享受发展的成果。④

4. 关于以人民为中心的发展思想的意义研究

学界认为,以人民为中心的发展思想对发展马克思主义理论、指导中国特色社会主义现代化建设、帮助发展中国家实现现代化等都具有重要意义。

关于对马克思主义唯物史观发展的理论意义方面。邹佰峰、李龙文将马克思恩格斯"现实的人"思想与以人民为中心思想相勾连,认为人民群众主体是"现实的人"的出发点和落脚点,人民共享是"现实的人"的价值追求,人民奋斗是"现实的人"的实践途径,这三个维度是马克思恩格斯关于"现实的人"的思想在新时代的集中体现和继承发展。⑤ 王菲、周振国从唯物史观的群众观出发,认为以人民为中心的发展思想实现了对人民本位的发展主体观的构筑,完成了生产力决定论与人民主体论相统一的实践逻辑,为唯物史观的中国

① 王宝珠、马艳:《习近平经济思想的逻辑主线研究》,《人文杂志》2021年第12期。
② 梁伟军:《经济发展以人民为中心与经济发展模式创新》,《改革与战略》2016年第9期。
③ 王晶雄:《供给侧结构性改革:贯彻"以人民为中心"发展思想的内在要求》,《理论导刊》2017年第4期。
④ 陈莉:《以人民为中心的中国精准扶贫机制构建》,《改革与战略》2017年第2期。
⑤ 邹佰峰、李龙文:《"以人民为中心"对马克思恩格斯"现实的人"思想的继承与发展》,《思想政治教育研究》2020年第5期。

化作出了重大贡献。① 易昌良、王华春从马克思主义的群众史观和人民立场出发,阐发以人民为中心的发展思想的时代价值,认为这一思想体现了马克思主义唯物史观,是党的群众路线的最新发展和人的全面发展的实现途径,是马克思主义中国化最新成果的重要内容。② 刘儒等深刻分析了马克思主义政治经济学和以人民为中心发展思想两者的契合关联,提出以人民为中心的发展思想折射出马克思主义政治经济学的内在特有品质和基本立场。新时代继承和发扬马克思主义政治经济学,需要用以人民为中心的发展思想作为价值引领和原则遵循,指引并贯穿于新时代的经济发展实践。③ 陈光林通过对马克思主义政治经济学的解读,阐释了以人民为中心的发展思想,彰显了马克思主义政治经济学的基本特质和根本立场,提出以人民为中心的发展思想是对社会主义发展规律的深刻认知和全面把握,说明了以人民为中心的中国特色社会主义政治经济学是新时代条件下对马克思主义政治经济学的新发展和新贡献。④ 韩东着眼于社会主义市场经济的"中国特质",强调人民是社会主义市场经济的实践主体、发展动力和发展目的,阐释了以人民为中心的发展要坚持社会主义基本制度、坚持公有制的主体地位和坚持经济发展与人民发展相统一的原则。⑤ 刘涛、宫善纪认为,以人民为中心的经济发展体现了对马克思人的自由发展思想在社会主义初级阶段的具体化和时代化的践行。⑥ 王天义认

①　王菲、周振国:《以人民为中心发展思想对唯物史观中国化的理论贡献》,《河北学刊》2020 年第 6 期。

②　易昌良、王华春:《"以人民为中心"的理论价值和实践意义》,《人民论坛》2019 年第 31 期。

③　刘儒、刘鹏等:《马克思主义政治经济学与以人民为中心的发展思想》,《西安交通大学学报(社会科学版)》2016 年第 2 期。

④　陈光林:《以人民为中心的发展思想彰显中国特色社会主义政治经济学的鲜明党性》,《党建》2016 年第 2 期。

⑤　韩东:《坚持以人民为中心是社会主义市场经济发展的必然要求》,《改革与战略》2017 年第 1 期。

⑥　刘涛、宫善纪:《马克思人的自由发展思想、现实意义与经济发展以人民为中心的途径》,《改革与战略》2017 年第 5 期。

为,以人民为中心的发展思想凝练地表达了马克思主义关于人类发展规律阐
述的本质要义,深刻回应了为谁发展的问题。①

　　关于对中国社会发展方向的指导意义方面。学者们主要从社会发展目的
方向的引领、具体目标的制定以及价值意义等方面做了论述。欧阳恩良、赵志
阳在其研究中,阐述了以人民为中心的发展思想对完善社会主义先进文化制
度的引领和导向作用,认为以人民为中心发展思想是新时代党领导社会主义
先进文化制度建设的根本立场。② 田烨、于梦杰等剖析了以人民为中心的思
想对新时代中国推进西部大开发战略的重要导向价值,指出在推进西部大开
发过程中,着力缩小区域差距,实现各民族美好生活展现了以人民为中心的价
值取向和根本立场。③ 彭焕才从理论价值与方法论价值两方面分析了以人民
为中心的发展思想的重要价值,指出以人民为中心的发展思想对中国特色社
会主义实践和人类社会新发展具有引领和推进作用,为党的治国理政提供了
依据和指引。④ 李冉通过梳理概括以人民为中心的发展思想的形成及内涵,
阐明推进中国特色社会主义伟大事业、推进党的建设新的伟大工程、开展具有
许多新的历史特点的伟大斗争,都需要坚持以人民为中心的发展思想。⑤ 叶
子鹏、熊若愚认为,以人民为中心作为习近平发展哲学思想的主线和基调,从
马克思主义哲学观的高度,科学深刻地回答了当代中国究竟"为谁发展""靠
谁发展"和"发展成果由谁享有"这三大基本问题,指明了坚持和发展中国特
色社会主义的前进方向。⑥ 刘小敏认为,党的十八大以来,以习近平同志为
核心的党中央提出了以人民为中心的发展思想,这一思想丰富和发展了中

---

　　① 王天义:《坚持以人民为中心的发展思想》,《经济日报》2015 年 12 月 3 日。
　　② 欧阳恩良、赵志阳:《论以人民为中心坚持和完善社会主义先进文化制度》,《思想理论教育导刊》2021 年第 7 期。
　　③ 田烨、于梦杰等:《坚持以人民为中心是新时代推进西部大开发的根本立场与价值导向》,《贵州民族研究》2020 年第 11 期。
　　④ 彭焕才:《以人民为中心的发展思想的价值维度考量》,《湖湘论坛》2018 年第 1 期。
　　⑤ 李冉:《深刻认识和把握以人民为中心的发展思想》,《马克思主义研究》2017 年第 8 期。
　　⑥ 叶子鹏、熊若愚:《习近平发展哲学思想初探》,《重庆社会科学》2017 年第 11 期。

国特色社会主义理论宝库,是马克思主义中国化的时代理论成果,对于坚持和拓展中国特色社会主义道路、坚持和完善中国特色社会主义制度具有重要的价值意义。① 双传学也指出,以人民为中心的发展思想立足历史唯物主义,生发出了以人民为中心的认识论和方法论,为新时代治国理政和党的建设提供了理论指南。②

关于对实现中华民族伟大复兴历史使命实践方略的意义方面。陈理从"十四五"规划建议中"坚持以人民为中心"这一原则出发,阐明了党在新时代坚持以人民为中心能够为全面建成小康社会、实现共同富裕凝聚更多共识与力量,为社会主义现代化国家建设开好局起好步,为中华民族伟大复兴发挥重要作用。③ 盖逸馨、王占仁同样认为,以人民为中心思想能够凝聚人民共识,激发群众活力和参与意识,并助推党建设新的伟大工程,从而为实现中华民族伟大复兴的中国梦提供力量。④ 郑昭红强调,新时代党中央对我国社会主要矛盾转化的论断充分体现了以人民为中心的发展思想,而且这一重要思想将继续引航中国的发展,指引新时代中国特色社会主义继续前行,实现民富国强。⑤ 蔡昉从民生维度分析以人民为中心的发展思想,强调只有坚持以人民为中心的发展思想,才能基于实际准确把握民生领域的难题,真正提出有针对性、建设性的惠民利民措施,打赢脱贫攻坚战,实现共同富裕,加快推进全面建成小康社会的进程。⑥ 王明生认为,以人民为中心的发展思想体现了中国共产党执政为民的根本宗旨与人民至上的价值取向,拓展了马克思主义发展观的新境界,彰显了新一届中央领导集体治国理政的鲜明特色,确立了贯彻新发

① 刘小敏:《深刻认识以人民为中心的发展思想》,《人民日报》2017 年 3 月 27 日。
② 双传学:《以人民为中心的方法论意蕴》,《光明日报》2017 年 1 月 19 日。
③ 陈理:《经济体制比较研究》,《经济体制比较研究》2020 年第 6 期。
④ 盖逸馨、王占仁:《新时代"以人民为中心"发展思想的内涵与价值意蕴》,《科学社会主义》2019 年第 2 期。
⑤ 郑昭红:《坚持以人民为中心的发展思想》,《党的文献》2017 年第 6 期。
⑥ 蔡昉:《用"以人民为中心的发展思想"破解民生领域难题》,《劳动经济研究》2016 年第 3 期。

展理念的方法原则,并指出"新发展理念"和"中国梦"相互联系,以具体的实践形式共同彰显着以人民为中心的价值取向。① 李伟通过考察党的十八大以来以习近平同志为核心的党中央治国理政的种种实践,深入总结提炼出一系列以人民为中心的治国理念、施政举措、制度设计、评价标准。由此,成为习近平治国理政思想的内在指引,成为引领中国特色社会主义事业稳步推进的科学指南。② 张正光通过对习近平治国理政思想的主题、逻辑和意蕴的分析,认为其根本意蕴旨在实现以人民为中心的发展和中华民族伟大复兴。③

关于对中国国家治理现代化和其他国家道路走向的指导意义方面。燕继荣、朱春昊主要阐述了以人民为中心思想作为公共政策领域的价值取向及其实践原则,指出"以人民为中心"是引领党和政府经济社会发展工作的重要原则,公平优待、需求导向、共享共治和人民满意等是以人民为中心的发展思想在公共政策领域的实践原则。④ 顾小璐、陈晓东认为,以人民为中心的国家治理价值观对国家治理现代化的实现与否至关重要,依靠人民、服务人民、为了人民,公平正义以及实现人的全面发展分别构成了新时代国家治理的价值原则、价值标准和价值目标。⑤ 宁洁、韩桥生也对此进行了相关研究,他们从国家治理现代化维度解读以人民为中心的发展思想的重要价值,认为以人民为中心的发展思想强调保障人权、利益共享和自我实现,是国家治理现代化的价值要求。同时,以人民为中心是中国国家治理取得成功的经验总结,且解决了西方资本主义在国家治理上自由与平等价值冲突的协调问题,实现了自由与平等

---

① 王明生:《正确理解与认识坚持以人民为中心的发展思想》,《南京社会科学》2016 年第6 期。

② 李伟:《以人民为中心:习近平治国理政思想的内在指引》,《理论导刊》2017 年第 7 期。

③ 张正光:《习近平治国理政思想的主题、逻辑与意蕴》,《安徽师范大学学报(人文社会科学版)》2017 年第 2 期。

④ 燕继荣、朱春昊:《中国公共政策的调适——兼论"以人民为中心"的价值取向及其实践》,《治理研究》2021 年第 5 期。

⑤ 顾小璐、陈晓东:《构建以人民为中心的国家治理价值体系》,《中州学刊》2020 年第 11 期。

的和谐,因而超越了西方国家的治理局限。① 赵中源着重论述了以人民为中心的发展思想对新时代中国道路世界意义的丰富。他认为,以人民为中心的发展思想强调了中国人民的自我主体意识,有助于为世界治理贡献中国方案。同时,作为人类命运共同体建设的理论基石,对人类共同价值观的产生具有重大意义,且以人民为中心的发展思想本身即内蕴互利共赢和协同发展理念,为发展中国家走向现代化提供了范例。② 邹绍清和王红云指出,以人民为中心的发展思想体现了党的优良传统、初心使命和政治优势;彰显了马克思主义发展观在当代世界历史坐标上的延续;回应了当代经济社会发展问题和困境,为推动全球治理提供中国方略。③

5.关于以人民为中心的发展思想的实践路径研究

学界认为,推进和践行以人民为中心的发展思想,需要从如下方面做好工作:

一是推进落实以人民为中心的发展思想需要遵循科学的方法、制度及原则。李松龄基于《共产党宣言》,探究了以人民为中心的发展思想的渊源,对其相关理论问题和践行路径进行深入分析,认为坚持以人民为中心的发展思想要紧紧依靠人民,完善物质、精神和生态财富的制度安排和收入分配的制度安排。④ 罗会德从实践论、认识论和方法论三个方面阐述了以人民为中心的发展思想的实现理路,强调践行以人民为中心的发展思想要注重实际行动,提高引导群众、服务群众的能力和水平,在坚持正确路径的基础上讲究科学的方式方法。⑤ 赵笑蕾分析了坚持以人民为中心的发展思想的基本方略,指出要

① 宁洁、韩桥生:《以人民为中心:我国国家治理现代化的价值导向》,《江西社会科学》2020 年第 6 期。
② 赵中源:《以人民为中心:中国道路的价值坐标》,《求索》2020 年第 1 期。
③ 邹绍清、王红云:《论以人民为中心的发展永远在路上》,《马克思主义研究》2017 年第10 期。
④ 李松龄:《以人民为中心的理论认识与制度安排》,《湖南大学学报(社会科学版)》2020年第 5 期。
⑤ 罗会德:《以人民为中心发展思想的实现理路》,《理论导刊》2020 年第 5 期。

在立足人民主体地位的基础上,全面深化改革、落实新发展理念,并完善中国特色社会主义基本经济制度、分配制度和政治制度。① 陶日贵和田启波阐释了坚持人民主体地位、发挥人民主体作用和实现人民主体利益的辩证统一,从立足战略高度、实现发展与民生融合、坚守底线思维、强调社会政策托底、尊重客观规律等方面论述了坚持人民的主体利益需要注意的原则。② 易培强指出,需要运用唯物辩证法推进共享发展,才能筑牢以人民为中心的发展思想,具体来说,包括注重统筹协调、抓住薄弱环节,补齐短板;确保基本;兜住底线以及分步渐次推进四种方法。③ 二是推进落实以人民为中心的发展思想,需要加强和改善党的领导。燕继荣、何瑾从现代国家制度的人民性出发,深入剖析以人民为中心的制度原则和实现路径,强调坚持以人民为中心的发展思想要坚持以全面从严治党、改善党的领导、推进政府一体化建设和以改善民生为导向,从而实现执政党的制度建设的加强,政府治理体系的优化,以及基层社会治理的完善,促进中国特色社会主义制度的效能转化。④ 杨玲认为,践行以人民为中心的发展思想要全面从严治党,加强党的思想建设、制度建设和廉政建设,实现人民对党的高层次认同;要以新发展理念来改善民生,并坚定文化自信,满足人民群众精神生活需要。⑤ 周昭成全面剖析了不忘初心与以人民为中心的发展思想的紧密联系,提出在新时代坚持以人民为中心的发展思想,党要着力践行立党为公、执政为民的理念方针,秉持全心全意为人民服务的宗旨,在党治国理政活动中坚决实行群众路线。⑥ 王增杰认为,坚持以人民为中

---

① 赵笑蕾:《新时代坚持以人民为中心的基本方略》,《中国特色社会主义研究》2018 年第 5 期。

② 陶日贵、田启波:《习近平人民主体思想研究:主体地位、主体作用、主体利益》,《贵州社会科学》2017 年第 7 期。

③ 易培强:《共享发展与马克思主义理论创新》,《当代经济研究》2017 年第 3 期。

④ 燕继荣、何瑾:《"以人民为中心"的制度原则及现实体现——国家制度的"人民性"解析》,《公共管理与政策评论》2021 年第 6 期。

⑤ 杨玲:《以人民为中心发展思想的三重维度与当代建构》,《理论导刊》2018 年第 5 期。

⑥ 周昭成:《不忘初心与坚持以人民为中心的发展思想》,《山东社会科学》2018 年第 1 期。

心的发展思想是中国共产党人的庄严承诺和责任担当,同时也对各级领导干部提出了新的更高要求。他强调从加强党的思想建设强化宗旨意识、加强作风建设从严管理干部、加强反腐倡廉建设三个方面阐述了坚持以人民为中心的发展思想必须落实全面从严治党。① 张霞明确指出,坚持以人民为中心的工作导向是我们党的执政之基、力量之源,站在新的历史起点,面对世情、国情、党情的变化,需要始终坚持以人民为中心的导向,牢固树立立党为公、执政为民的立场,始终把人民群众放在心中的最高位置,自觉贯彻党的群众路线。② 郭金平和王彦坤则更进一步地从思想建设、组织建设、作风建设、制度建设、反腐倡廉建设五个方面说明了将以人民为中心的发展思想贯穿于党的建设的各方面,通过软约束和硬约束的共同发力,促使党员干部更好地践行以人民为中心的发展理念。③ 三是推进落实以人民为中心的发展思想,需要贯彻落实新发展理念,促进生产力的发展。许先春认为,践行以人民为中心的发展思想要将人民放在心中最高位置谋划发展,将落实新发展理念和高质量发展作为重要任务,将站在人民立场实行改革开放作为关键环节,将改善民生、增进人民福祉作为根本要求,将植根人民、夯实执政基础作为群众路线的生动体现。④ 蒋玲、赵汇认为,新发展理念与以人民为中心的发展思想二者存在耦合与互动,指出以人民为中心的发展思想是新发展理念的前提和依托,而新发展理念的贯彻实施是践行以人民为中心的发展思想的着陆点与支撑点。⑤ 胡鞍钢、张巍等主要从生产力发展的角度来阐明以人民为中心的实践路向,强调实现以人民为中心的发展目标,需要经济生产力、科技生产力、社会生产力、文

---

① 王增杰:《深刻理解坚持以人民为中心的发展思想》,《人民论坛》2016 年第 4 期。

② 张霞:《坚持以人民为中心的工作导向》,《红旗文稿》2014 年第 21 期。

③ 郭金平、王彦坤:《在党建中贯穿以人民为中心的发展思想》,《光明日报》2016 年 9 月11 日。

④ 许先春:《深入理解和着力践行以人民为中心的发展思想》,《当代世界与社会主义》2020 年第 4 期。

⑤ 蒋玲、赵汇:《透视新发展理念的内在旨归——以人民为中心发展思想研究》,《学习论坛》2019 年第 7 期。

化生产力和生态生产力这五大生产力的全面发展和相互作用。① 魏立平通过对"创新、协调、绿色、开放、共享"新发展理念的功能作用和实践意义进行分析,指出坚持以人民为中心的发展思想,就需要以创新理念解决动力问题、以协调理念解决平衡问题、以绿色理念解决和谐问题、以开放理念解决内外联动问题、以共享理念解决公平正义问题。② 蒋永穆和张晓磊认为,以人民为中心的发展思想是新发展理念的内在底色和价值归宿,因而,要落实以人民为中心的发展,让人民有更多获得感,就必须坚持和完善社会主义基本经济制度和基本分配制度,建立权利公平、机会公平、规则公平和结果公平的社会公平保障体系。③ 李慎明提出,坚持以人民为中心的发展思想,必须切实践行五大发展理念,使人民在发展中有更多获得感,得到更多的福祉。④ 也有学者从营造公平、正义的环境,坚持"四个全面"战略布局等方面阐释践行以人民为中心的发展思想的方略和途径。

二、研究特征

第一,概念的思想史解读。研究从马克思主义理论、中国传统文化、西方文化语境以及中国共产党领导中国革命和建设的视角对"人民"的内涵作了较系统的思想史的阐释,并从语义的嬗变、马克思恩格斯列宁等马克思主义经典作家关于发展的论述、近现代西方有关发展思想的演变等视角对"发展"和"发展观"内涵作了系统的阐释。在此基础上,从理论逻辑说明了以人民为中心的发展思想是在深刻总结我国 40 多年改革开放和社会主义现代化建设的

---

① 胡鞍钢、张巍等:《全面发展以人民为中心的五大生产力》,《清华大学学报(哲学社会科学版)》2018 年第 2 期。

② 魏立平:《以人民为中心:五大发展理念之魂》,《中国党政干部论坛》2016 年第 8 期。

③ 蒋永穆、张晓磊:《共享发展与全面建成小康社会》,《思想理论教育导刊》2016 年第 3 期。

④ 李慎明:《认真学习坚决贯彻以习近平同志为核心的党中央治国理政新理念新思想新战略》,《世界社会主义研究》2017 年第 5 期。

成功经验的基础上,把马克思主义发展观与中国特色社会主义建设实际和中华优秀传统文化相结合的重大理论创新。

第二,思想观点的理论逻辑厘析和历史回溯。研究通过对马克思主义的人民历史主体观、中国传统文化的民本思想和中国共产党的人民观历史发展以及中国共产党领导人民革命和建设不同历史时期践行以人民为中心的政策举措,系统地阐释了新时代提出以人民为中心的发展思想的理论渊源和历史发展脉络,阐明了中国式现代化是以人民为中心的现代化,以人民为中心的发展思想不仅是对过去一切发展理论的超越,而且也是中国式现代化克服西方现代化局限、苏联现代化模式弊端等一些现代化模式共性问题的重要思想与价值维度。

第三,问题的整体性阐释。研究对习近平总书记关于以人民为中心的发展思想的重要论述进行了较全面的梳理和概括,并深入探讨了以人民为中心的发展思想提出的时代背景、理论渊源、实践基础、科学内涵和时代价值等问题,使关于以人民为中心的发展思想的问题研究呈现出整体性特征。

第一章 以人民为中心的发展思想的基本概念

列宁指出："自然界在人的认识中的反映形式,这种形式就是概念、规律、范畴等等。"①概念、范畴是认识问题、分析问题的基本方法。美国当代著名哲学家苏珊·朗格在《艺术问题》中提到,"要想对于一个理论以及与这一理论有关的所有概念作出可靠的解释,就必须先从解决一个中心问题着手,即先从确立一个关键概念的确切含义着手"②,认为概念是理解理论的重要前提。"人民""发展"是关于以人民为中心的发展问题的核心概念范畴,厘清它们的内涵是研究阐释以人民为中心发展问题的前提基础。

第一节 "人民"范畴的考察

"人民"这一概念在中国传统文化中源远流长,其内涵随着时代的变迁而嬗递。在不同语境中,"人民"的内涵所表征的对象迥然不同。在古代中国,"人民"曾作为一个与社会精英、社会上层相对的概念,泛指平民、庶民、百姓,即一般的社会底层群体。伴随启蒙运动带来的思想解放,"人民"几经流变成

---

① 《列宁全集》第 55 卷,人民出版社 2017 年版,第 153 页。
② [美]苏珊·朗格:《艺术问题》,滕守尧译,南京出版社 2006 年版,第 5 页。

为一个与神圣有关的词语。马克思主义从唯物史观出发,强调人民群众在社会历史发展进程中的决定作用,肯定人民群众在社会历史发展中的主体地位和推动作用,解构了思想史上长期以来将个别英雄人物作为社会历史发展的决定力量的英雄史观,创立了群众史观。中国共产党人是坚定的马克思主义者,始终将马克思主义群众史观贯彻于领导中国革命、建设和改革事业的实践过程中,并于实践中推动"人民"的范畴在中国社会政治生活中生发出独特的语言表述。

一、马克思主义经典作家关于"人民"的阐释

马克思恩格斯没有直接专门说明人民的内涵的表述,但他们在论述历史、政治、经济和社会的相关问题时,经常会涉及到人民的意义解读。在《黑格尔法哲学批判》中,青年马克思就从国家与人民的关系视角表达了他关于人民的看法。在《法哲学原理》中,黑格尔从君主立宪的国家观出发,认为人民只能附属于国家和君主,强调"把君主的主权和人民的主权对立起来是一种混乱思想,这种思想的基础就是关于人民的荒唐观念。如果没有自己的君主,没有那种正是同君主必然而直接地联系着的整体的划分,人民就是一群无定形的东西,他们不再是一个国家,不再具有只存在于内部定形的整体中的任何一个规定,就是说,没有主权,没有政府,没有法庭,没有官府,没有等级,什么都没有"①。青年马克思对黑格尔颠倒人民与国家主权的主张进行了批判,指出"人民主权不是凭借君王产生的,君王倒是凭借人民主权产生的"②,认为黑格尔完全忽视了人民是构成现实国家的具体存在,而国家则是抽象的存在物的客观现实。在青年马克思看来,民主制是理想的国家制度,因为民主是"人民的自我规定"③,亦即民主的国家制度体现了人民是国家的主权者。马克思在

---

① 〔德〕黑格尔:《法哲学原理》,范扬、张企泰译,商务印书馆 2021 年版,第 338 页。
② 《马克思恩格斯全集》第 3 卷,人民出版社 2002 年版,第 37 页。
③ 《马克思恩格斯全集》第 3 卷,人民出版社 2002 年版,第 39 页。

《黑格尔法哲学批判》中对黑格尔的批判是马克思主义从唯心主义转向唯物主义的重要环节,表现出对重大社会问题的阐释开始实现政治批判与形而上学批判的分离,因此,此时马克思虽然没有专门对人和人民的概念进行历史唯物主义的阐释,但却具有非常强的现实感。

在实现马克思恩格斯从唯心主义转向唯物主义过程中,费尔巴哈的人本学哲学起着重要的桥梁作用。马克思恩格斯都曾经是青年黑格尔分子,信奉黑格尔的"人的本质是精神"的主张。费尔巴哈是突破黑格尔思辨唯心主义哲学体系的重要一环。费尔巴哈通过批判黑格尔思辨主义将哲学研究的对象从抽象的绝对精神转向了自然和人,在此基础上创立了形而上学唯物主义的"人本学"。正是受到费尔巴哈对黑格尔精神现象学的唯心主义批判的启发和马克思恩格斯自己的理论深入研究,以及离开大学后从事新闻工作的实践和接触当时的工人生活实际,使马克思恩格斯最终突破了黑格尔唯心主义的局限,逐步确立了唯物主义的信念与方法论,创立了唯物史观,并以唯物史观来分析人的问题,对人的问题作出了科学的解读,既超越了黑格尔也超越了费尔巴哈。

费尔巴哈是一个机械形而上学唯物主义者,他从自然主义立场出发来阐释人和人类社会。在关于人的问题上,费尔巴哈激烈地批判了宗教神学关于人是造物主的杰作和万能表征的信条,指出和论证了人是自然界的产物和自然界的一部分,人的思维以自然界为内容,人是灵魂与肉体、思维和存在的统一体,人以追求现实幸福生活为目标等观点,对人的问题作出了唯物主义的阐释。但费尔巴哈把人与世界的关系解释为一种直观的、静止的、机械的关系,而不是实践着的发展关系,把人的本质看作与动物相区别的抽象的"类",即看作"单个人所固有的抽象物",没有对人的现实的本质进行科学的批判和说明,因此,他所理解的"人",本质上仍然是一个"抽象的人",这种人可以适用于解释任何一个人,但这种人在任何时候却都不是真实的存在。

马克思恩格斯批判地继承了黑格尔的辩证法,从社会历史视角批判了费

尔巴哈的人本学局限,在创立科学实践观的基础上对人民的内涵作了科学的解读,具体包括如下几个方面的内容:

首先,确立"现实的人"是历史存在和发展的前提。所谓"现实的人",就是"有血有肉的人""从事实际活动的人"[①],是受各种现实的社会关系制约的人,在其现实上表现为一切社会关系的总和,其中最重要的是人们现实的经济关系、生产关系。

其次,人民是"现实的人"中的大多数,是社会物质财富和精神财富的创造者,是人类社会历史的主体和推动历史发展的进步力量,因而是历史的创造者。正如恩格斯曾经指出的,"在十七世纪的英国和十八世纪的法国,甚至资产阶级的最光辉灿烂的成就都不是它自己争得的,而是平民大众,即工人和农民为它争得的"[②]。

再次,人民群众具有阶级性,或者说人民群众是分阶级的,因此,人民话语和阶级话语在马克思主义唯物史观中是统一的。马克思恩格斯关于人民的概念的现实指向在不同时代有不同的对象,在同一时代也有不同的对象。在《"莱茵观察家"的共产主义》一文中,马克思就对当时德国的"人民"对象作出了阶级性的说明,认为在当时的德国,"真正的人民即无产者、小农和城市贫民"[③]。

最后,无产阶级是资本主义时代人民的领导力量。马克思恩格斯特别分析了资本主义时代人民群众的代表无产阶级的生活境遇,认为无产阶级虽然深受资本主义雇佣劳动的剥削和压迫,却是现代社会先进生产力的代表,是推翻资本主义,实现共产主义和人类解放的根本社会力量。马克思恩格斯同时指出,无产阶级要实现革命的胜利,必须组成无产阶级领导的联合农民和小资产阶级的革命联合体,在《1848 年至 1850 年的法兰西阶级斗争》中,马克思明确指出,无产阶级革

---

① 《马克思恩格斯文集》第 1 卷,人民出版社 2009 年版,第 525 页。
② 《马克思恩格斯全集》第 18 卷,人民出版社 1964 年版,第 325 页。
③ 《马克思恩格斯全集》第 4 卷,人民出版社 1958 年版,第 220 页。

命的经济纲领就是"占有生产资料,使生产资料受联合起来的工人阶级支配"①。马克思恩格斯还指出,无产阶级对资产阶级的斗争,是绝大多数人对少数人的斗争,是为绝大多数人争取利益的革命,也是实现人民真正解放的根本途径,它能够不断地得到广大人民群众的支持和参与,因此,这样的"历史活动是群众的活动,随着历史活动的深入,必将是群众队伍的扩大"②。

列宁继承和发展了马克思恩格斯关于人民是社会成员的大多数、社会历史主体和社会发展促进作用的力量的思想,并从俄国革命实践出发对人民的概念作出了新的阐释。列宁在他的有关著作和文章中,首先坚持了人民群众是社会中各种进步力量的总和,强调这种进步力量是随着历史的变化而变化的,各种进步力量在推动社会历史向前发展时其作用也是有差别的。在《社会民主党在民主革命中的两种策略》的后记一文中,列宁就指出,"马克思在使用'人民'一语时,并没有用它来抹杀各个阶级之间的差别,而是用它来概括那些能够把革命进行到底的一定的成分"③。例如,在反对封建主义的斗争中,资产阶级开始是属于人民之列的,在法国叫作第三等级,但资产阶级对封建主的斗争总是表现为妥协和不彻底性,只有无产阶级和农民才能把反封建的革命斗争进行到底。在俄国,只有无产阶级和农民才有能力实现对沙皇制度的彻底胜利。其次,列宁专门阐释了人民群众是社会财富的创造者。列宁在批评孟什维克时指出其中一个重要的错误就是,孟什维克和资产阶级一样没有看到人民群众的作用,没有深刻地说明资产阶级的财富都来自于人民群众的创造,他们像"资产者忘记了微不足道的人物,忘记了人民,忘记了千千万万的工人和农民,可这些工人和农民却用自己的劳动为资产阶级创造了全部财富"④。最后,列宁说明了在无产阶级反对资产阶级的革命斗争过程中,

---

① 《马克思恩格斯文集》第 2 卷,人民出版社 2009 年版,第 113 页。
② 《马克思恩格斯文集》第 1 卷,人民出版社 2009 年版,第 287 页。
③ 《列宁选集》第 1 卷,人民出版社 2012 年版,第 636 页。
④ 《列宁全集》第 11 卷,人民出版社 2017 年版,第 149 页。

城市小资产阶级和农村小资产阶级都是无产阶级领导的人民阵营,都是反对资产阶级统治的革命力量或革命阶级,因此,斗争和革命后必须是把"全部权力——这一次不仅是政治权力,而且主要的甚至不是政治权力,而是经济权力,即涉及人们日常生活最深基础的权力——转归新的阶级,而且是转归人类历史上第一次领导大多数人民即全体被剥削劳动群众的阶级"[1],这就是说,革命的目的是让全体人民成为社会的主人。

俄国早期著名马克思主义思想家普列汉诺夫专门分析了人民与历史上的英雄人物之间的关系。在人们的惯常观念中,英雄人物和人民往往是分离甚至对立的。但普列汉诺夫认为,英雄人物应该属于人民范畴而不能被排除在人民之外。普列汉诺夫指出,一个伟大的人是伟大的,不仅是因为他的个人特点使重大历史事件呈现出个别的外表,而且还因为他所拥有的特点使他自己最有能力为在当时的一般原因和特殊原因的影响下发生的伟大社会服务,也就是说是伟大人物或英雄人物的伟大是他们积极地把自己的才能融入和服务于社会大众进行的重大社会活动中,从而使自己成为人民的一员并在其中发挥着"伟大社会服务"作用,因而伟大人物或英雄人物在一定程度上可决定重大历史事件实现的方式,可以使事件的固有方向具有这样或那样的性质,可以凭借自己的影响力量把群众发动起来的各种力量的无序波动变得规范。但是,普列汉诺夫认为,伟大人物或英雄人物最终不能改变历史发展的总趋势,历史的最终结果是由人民群众决定的,因为人民群众是生产力的真正创造者,而"历史进程的方向归根到底是由生产力的发展以及这种发展所决定的人们在社会经济的生产过程中的相互关系决定的","任何伟人都不可能强迫社会接受已不适合或还不适合生产力状况的那些关系"。[2]

马克思主义创始人以及经典著作中论述的人民概念,随着马克思主义传

---

① 《列宁选集》第3卷,人民出版社2012年版,第544页。
② [俄]普列汉诺夫:《论个人在历史上的作用问题》,唯真译,生活·读书·新知三联书店1965年版,第50页。

播到中国,在指导中国共产党领导人民进行革命、建设和改革的过程中,不断地与中国的实际和传统文化相结合,深刻地影响了中国社会关于人民的理解和人民话语体系的建构。

现在我国关于"人民"概念的语义,在很大程度上是"两个结合"中的话语。中国共产党在领导中国革命、建设、改革等社会历史发展的不同时期,始终注重把马克思主义与具体的革命实践相结合、与中国优秀传统文化相结合,以推动中国社会发展的主体动力为标准,根据实践的需要,对人民的概念所具体指称的对象、语义的指向和功能作出符合实际的规定和解释。在新民主主义时期,"人民"概念的语义主要是在中国共产党对人民话语体系的创建从而强化革命力量和赢取执政地位的过程中得以体现,"人民"概念呈现出一定的阶级属性,主要反映了政治利益的要求。社会主义建设和改革开放时期,"人民"的内涵得到进一步的丰富,外延得到扩充,在 1957 年 2 月发表的《关于正确处理人民内部矛盾的问题》一文中,毛泽东明确指出,在社会主义建设时期,一切赞成、拥护和参加社会主义建设事业的阶级、阶层和社会集团,都属于人民的范围。随着改革开放和社会主义市场经济的建立和发展,社会阶层和社会结构产生了错综复杂的变化,人民的内涵和外延更加丰富和广泛。1982年 9 月,党的十二大党章将新时期统一战线确定为全体社会主义劳动者、拥护社会主义的爱国者和拥护祖国统一的爱国者组成的最广泛的爱国统一战线。此时,"人民"范畴与新时期统一战线相一致,在 20 世纪 50 年代毛泽东提出的"社会主义"标准之外增加了"爱国主义"标准;同时,经过 20 多年的社会主义改造,旧时代的知识分子已经成为工人阶级的一部分,过去属于专政对象的剥削者——地富资本家阶级也已成为新时期的自食其力的劳动者和社会主义的建设者,新出现的个体户、私营企业主等也都是社会主义现代化建设的社会力量,他们都属于人民的范畴,从而社会主义现代化建设的人民力量空前广泛强大。进入新时代,以习近平同志为核心的党中央,植根于"人民至上"的逻辑建构,"人民"的内涵又有新的丰富和发展。2015 年 11 月 23 日,习近平总书记在中央政治局第 28 次集体学习时,明确地阐释了"坚持以人民为中心的发展思想",人民的历史主体地位和主体价值在实践逻辑和制度实现上更加凸显和具象化。以人民为中心的发展思想的确立,既是对马克思主义人民主体思想的守正创新,也体现了改革开放以来中国共产党对"人民"理念的弘扬与实践,"以人民为中心的发展思想"中的"人民"概念,是一个最广泛意义上凝聚共识的共同体,也是实现中华民族伟大复兴的中国梦、团结凝聚海内外中华儿女共同体的集合概念。党的十九大修改的党章明确提出,统一战线是包括全体社会主义劳动者、社会主义事业的建设者、拥护社会主义的爱国者、拥护祖国统一和致力于中华民族伟大复兴的爱国者组成的最广泛集合体。党的十八大以来,"中国梦"、共同发展观、美好生活等思想都与人民话语密切相关,从多个层面、多重视角进一步丰富和延伸了人民话语,在价值上和逻辑上重塑了"人民"的共同体的认同。

就学术概念而言,关于人民的意义解读,有必要说明人民、公民和国民等概念之间的异同。在相同方面,人民、公民和国民等概念都是对人们的社会关系和在国家中的经济、政治和法律等地位的表达,都用来指称人的集合体,都包括众人的意思,因此,人民、公民和国民在大多时候又总是同时"多位一体"地体现在每个具体的自然人身上甚至某个社会群体大众身上。但它们之间相异性更加明显,主要表现在如下几点:

第一,人民、公民和国民属于不同的范畴。人民属于社会政治范畴,是与敌人相对的概念,具有强烈的政治内涵和阶级意蕴,反映了一定社会政治关系,不同的历史阶段具有不同的内容构成。公民主要是一个法律范畴,是在一个政治实体如国家或城市中,拥有被社会承认的身份并根据该地法律规定享有权利和承担义务的人。国民则是一个国际地理法律概念,它标示一个人在国际地理空间上的地域合法性所在并享有该地理空间现有各种法律所规定的各种权利和承担的义务。

第二,人民、公民和国民各有不同的社会意义指向。在社会生活中,人民与敌人相对应,两者是政治上的对立关系;公民与罪犯相对应,两者是法律上的对抗关系;国民与非国民相对应,两者是国际法确认的个人之间区分关系。人民作为指认社会发展中发挥推动作用的大多数,是标示许多人的集合体概念,不能用于称谓任何个人,而公民或国民作为标示一个国家中拥有该国国籍的所有人,与他们对社会历史发展的作用无关。

第三,人民的概念更注重实质平等的实现,而公民的概念则更注重形式平等的实现。资本主义生产方式决定了公民概念侧重于追求形式上的平等。从资本主义发展史来看,资本主义生产方式的发展和扩张,促使近代公民意识得以觉醒。资产阶级革命的胜利使人民成为公民和法人,完成了人的政治解放。资本主义生产方式要求解放生产力,实现所谓的人人平等,这必然导致公民在表面上和法律规定下的形式平等。随着改革开放后,我国把建设法治社会作为重大国家战略目标,我国理论界也非常重视公民概念并经常用于对社会生活、社会问题的分析,并从法律角度界定公民这一概念,阐释其内蕴的法律关系。在此背景下,有个别学者认为公民概念在推进政治文明建设方面更具优越性,提倡实现由人民到公民的转型,表现出某种"贬人民、扬公民"的意蕴,人民概念有时受到质疑和非议。这种认识缺乏对人民的深度考察,没有看到"人民"概念在中国共产党的原初语境中所蕴含的深刻的群众史观及其强调的实质平等,从而对资产阶级法学所阐发的公民概念的超越性。实际上,在中国式现代化的语境中,人民和公民不是互斥矛盾而是多元自洽的概念,因为中国式现代化是中国共产党领导全国人民开创的,人民是中国共产党在领导新民主主义革命、社会主义革命和建设的历史过程中凝聚和标示主体磅礴力量构成的基本社会政治话语概念,是历史的实践生成和文化用语;公民是中国社会主义现代化建设法治社会的社会发展目标的重要话语概念,是现代文明发展的共同价值目标话语。中国共产党开创的中国式现代化追求的社会平等是实质平等和形式平等的统一,在此意义上,标示实质平等的人民概念和标示形式平等的公民概念,在中国式现代化的语境中是包含差别的统一。

二、中国传统文化语境中"人民"的含义及其演变

"人民"概念在中国传统文化中源远流长。传统的民本思想早就有了"人民"的词汇,其中所阐释的含义已经成为明君贤臣重要的施政原则和治国理念。"由'人'和'民'两个语素组成的并列关系的复合词'人民'(日语'jinmin人民')在现代之前的汉语和日语词汇中已经存在"①。但在中国古代传统文化中,"人"和"民"有时是分开论述,有时是合成一个词使用的。

在"人"与"民"分开论述的意义上,"人"有如下的内涵:一是用于与"物"相比较。如老子所言:"故道大,天大,地大,人亦大。域中有四大,而人居其一焉。"(《老子·上篇》)人是与其他世界万物一样居于天地之间的其中一员。二是特别用于与兽相比较。如邵子曾说:"唯人兼乎万物,而为万物之灵。"(《邵子·观物外篇》)是说在世间万物之中,只有人享有最高的智慧,因此,人对万物负有不可推卸的道德上的责任和义务,必须以仁爱之心善待世间万物。三是用于人与人之间的区分。中国古代传统文化虽然强调"天地之性人为贵",即人相对于其他万物而言是最高贵的,但人与人之间却通过森严的等级制度严格地确定了相互之间的高低贵贱等级。在这种制度下,少部分社会上层人士尤其是官吏等公职人员被称为"大人",普通百姓总是自贬为"小人"或"草民",在此意义上,"人"和"民"的概念鲜明地反映着社会阶级不平等区位。就整个社会而言,"民"的用语主要是指社会人群中被"君"所统治和奴役的所有社会下层百姓。如《说文解字》中所说:"人,天地之性最贵者也。""民,众萌(氓)也。"朱熹在为《诗经》作注时,也写道:"民,庶民也。人,在位者也。"

在"人"与"民"相连从而构成"人民"的内涵中,大致有如下意蕴:其一,泛指人类。往往用于与其他生物作比较。如"人民鸟兽草木之生物"(《管

---

① [德]李博:《汉语中的马克思主义术语的起源与作用》,赵倩等译,中国社会科学出版社2003年版,第216页。

子·七法》），"上古之世，人民少而禽兽众，人民不胜禽兽虫蛇"（《韩非子·五蠹》）。其二，特指人口。如"今者王公大人为政于国家者，皆欲国家之富，人民之众，刑政之治"（《墨子·尚贤上》）。"故太公望封于营丘，地潟卤，人民寡"（《史记·货殖列传序》）。其三，通指被管治的普通百姓。如《诗经》中有说："质尔人民，谨尔侯度，用戒不虞。"（《诗经·大雅·抑》）是说统治者要对自己管辖的人民谦恭有礼，遵守法度，不要肆意妄为，以防国家发生祸乱，这里把统治者和普通民众区分开来；《史记》这样写道："上自朝廷，下至人民，得以接欢喜，合殷勤。"（《史记·乐书》）这里实际上把朝廷和普通民众分开了；《明夷待访录》中说："君授吾以人民，而后牧之。视天下人民，为人君囊中之私物。"意思是说国君把天下分给我，然后叫我去治理它。国君授给我人民让我去管理，把天下、人民当作国君口袋里的私有物。这里的"人民"就是统治者管治的广大民众。意指普通百姓的"人民"有时候也被引作"民人"，如《左传》中就有此言："礼，经国家，定社稷，序民人，利后嗣也。"（《左传·隐公十一年》）其四，特指贱人。如奴婢、刑人及奴隶逃亡者。"质人掌成市之货贿、人民、牛马、兵器、珍异。"（《周礼·地官司徒第二》）"凡得获货贿人民六畜者，委于朝，告于士。"（《周礼·秋官司寇第五》）从以上内涵梳理可知，整体而言，中国古代的"人民"概念与现代意义上的"人民"概念在内涵上有相当大的差异，"人民"泛指社会的下层，是需要被统治、被管治和被教化的普罗大众。

近代以来（主要指1840年鸦片战争前后至中华人民共和国成立前），随着西学东渐，近代西方学术思想在中国的传播，启蒙运动倡导的一些民主、平等、人民主权等思想和观念对当时的中国学界和知识分子产生较大影响，中国学人关于"人民"的概念有了新的语境，从而不断地对"人民"进行新的阐释，其中非常重要的一点就是逐渐地将过去从被统治和被教化意义上规定人民内涵的思路转向社会主体构成直至社会历史主体力量等视角的阐释。

维新运动之前的清末民初，"人民"概念有如下的意蕴：首先是指"一个国家的人口"。19世纪末，当时兴办的一些学术期刊和报刊就有把人口和人民联系起来说明相关的社会问题,如刊载于《中西闻见录》的《杂记二则:合天下城镇之人民户口二论》(1874)、《寰宇琐纪》的《瓯宾辩论八则:论中西人民智愚》(1876)、《万国公报》的《希腊国事:人民皆有战心》(1877)、《益闻录》的《美洲人民总数》(1882)和《欧洲人民出入比数》(1887)、《清议报》的《大清广东高雷两府人民公启》(1899),等等,这些期刊和报刊文章中所使用的"人民"概念大都是意指"一个国家的人口"或"一个地区的人口"总体状况。其次,是指人口中的民族和国别区域之间的区别。如太平天国在反清的过程中,特别提出了"中国人民"的概念,认为"救一切中国人民从前不知大义、误帮妖胡自害中国者"(《救一切天生天养中国人民谕》),"况尔四民人等,原是中国人民,须知天生真主,亟宜同心同力以灭妖,孰料良心尽泯,而反北面于仇敌者也!"(《奉天诛妖救世安民谕》)这里的"中国人民"特指与满清王朝的满族相区分的以汉民族为主体的全国民众。同时,由于当时中国已同世界各国开始了广泛的交往,所以,"中国人民"也是对中国人与外国人的一种身份区划。再次,人民已表现为拥有社会政治权利意义的群体。19世纪七八十年代开始,一些学术期刊和报刊,一些学人在有关文章中开始探讨民众的社会权利,"人民"概念的内涵已开始摆脱传统上被视为任人支配的社会底层群体,而是拥有发表意见、参与政治和各种社会活动等社会权利的新主体。

此既强调了"中国人民"与清朝满人的民族差别,也意喻了"中国人民"与西方外国人之间的国别区域差别。

维新变法运动是中国近代第一次重大思想启蒙运动。学界一般认为,维新派是"近代中国比较多地关注人民的第一个政治派别"[1],其代表人物郑观应、康有为、严复、梁启超等受西方现代思想的影响和试图通过维新变法的和平改良主义方式在中国逐步实行君主立宪的资本主义,清末维新派需要寻找支持和推动维新变法的社会力量和基础,为此,他们从"主权在民""开民智"

---

[1]　章征科:《知识分子与近代中国民主政治演进》,安徽师范大学出版社2017年版,第314页。

和"民众与国家盛衰的关系"等多重视角对"人民"的概念进行新的阐释,具体观点可以概括为如下几个方面:

第一,借鉴卢梭等的"人民主权""主权在民"来阐释人民概念。维新派在同顽固的封建势力作激烈的思想斗争、推动维新变法试图实现社会的革新变化的舆论宣传过程中,突破了传统的君主至上的君民关系,对以"民"为核心的"人民"的范畴进行了具有现代性的语义阐释。传统君民关系都宣称君主是天子,其地位具有绝对的权威性,人民存在的理由是为了"事其上",人民毫无权利可言,没有自己的独立人格。维新派以建立现代民族国家为落脚点,结合"人民主权"的政治学说探讨人民的权利和地位,对君民关系和人民的内涵作出了新的说明。百日维新失败后,被迫流亡日本的梁启超通过学习经由日文译著的西方资产阶级启蒙思想家的理论,试图从中寻求救国救民之道。梁启超是在中国最早传播卢梭思想的大学者,早在 20 世纪初,梁启超在《清议报》就发表了《卢梭学案》(1901)、在《新民丛报》发表了《民约论巨子卢梭之学说》(1902)等文章①。他非常推崇卢梭的"人民主权"思想,提出"国也者,积民而成。国家之主人为谁? 即一国之民是也"②。梁启超以卢梭"主权在民"思想为思想视角,对中国长期以来的专制体制进行了有力驳斥,呼吁将中国的专制整体转变为一个保障自由平等民权的政体,力求实行"夫国也者,何物也? 有土地,有人民,以居于其土地之人民,而治其所居土地之事,自制法律而自守之;有主权,有服从,人人皆主权者,人人皆服从者。夫如是,斯谓之完全成立之国"③。明确地提出了人民的主权性理念。梁启超对"人民"的理解还克服了将人民仅仅视为一种依附的存在和道德的存在的局限,看到并阐释"人民"的政治性理念,强调"政治上之自由者,人民对于政府而保其自由也"。"人民欲信何教,悉由自择,政府不得以国教束缚干涉之,是教徒对

① 韩伟华:《卢梭的中国面孔》,《中国社会科学报》2012 年 12 月 7 日。
② 《梁启超全集》第 2 卷,北京出版社 1999 年版,第 414 页。
③ 《梁启超全集》第 2 卷,北京出版社 1999 年版,第 410 页。

于教会所争得之自由也。"①维新派的另一位重要人物康有为也在不同的文章中论述了人民主权和人民政治的思想理念。在《请尊孔圣为国教立教部教会以孔子纪年而废淫祀折》中,康有为提出人民必须享有信仰自由,"王者至尊,为天之子,宜祀天,人民虽卑,亦天之子也,亦宜祀天也""奉其教者,不为僧道,只为人民"。② 梁启超、康有为等维新派对"人民"概念的解读突破了传统意义上的愚昧懦恶而使之具有现代意义上的自由独立性,是一种重大的进步。

第二,探索"开民智"塑造现代人民即"新民"形象的方式途径。维新派在强调人民参与的前提下倡导"开民智",探讨现代民族国家建立下人民的塑造。康有为数次提到"四万万人民",强调"故今日人人有亡天下之责,人人有救天下之权者"③。梁启超也强调,"一国的势力,一国的地位,也全靠一国的人民自己去造他,才能够得的。"维新派认识到,拯救国家和民族的事业不能仅仅依靠个别代表的积极参与,更需要广大人民的主动参与。维新派的理想是通过救亡图存的斗争发展建立现代立宪国家,他们认为参与这一事业需要通过思想意识的不断锻造,将广大普通民众教育转变为"新民"才能实现。在与西方立宪国家的对比之中,严复看到了西方立宪国家的人民"各有国家思想,知爱国为天职之最隆,又济之以普通之知识",而"中国人民智慧,蒙蔽弇陋",以此强调"开民智"对于"立宪之国"的重要性。康有为在《请开学校折》中对传统的八股取士制度进行激烈批判,积极提倡教育改革以开民智,要求"小学中学者,教所以为国民,以为己国之用,皆人民之普通学也。高等专门学者,教人民之应用,以为执业者也"④。梁启超论述了要建立真正的现代国家就必须培养人民的独立性的思想,认为"必到人民不倚赖英雄之境界,然后为真文

---

① 《梁启超全集》第 3 卷,北京出版社 1999 年版,第 675—676 页。
② 《康有为政论集》上,中华书局 1981 年版,第 281—282 页。
③ 《康有为政论集》上,中华书局 1981 年版,第 237—241 页。
④ 《康有为政论集》上,中华书局 1981 年版,第 306 页。

明，然后以之立国而国可立，以之平天下而天下可平"①。可以看出，"人民"范畴此时既为救民救国的能人志士所看重，又在"开民智"的主张之中设定着一种被教育、被塑造的被动性。"人民"这一被动性也在当时维新派的政治实践和其他的思想论断中呈现出来，如寄希望于光绪皇帝走维新改良之路的戊戌变法以及"人民愚昧笃旧"②，"谓国民程度不足，坐待其足然后立宪者妄也，但高谈立宪而于国民程度，不一厝意者，亦妄也"③等论断。由此，"人民"概念在与政府、国家的关系框架之中，从总体上被维新派赋予了自由、权利等现代政治语义，但其地位及在阶级、种族、宗教方面的差异仍较为模糊，并呈现出整体素质被否定、被塑造的消极被动性。

第三，人民的觉悟和劳动是国家强盛的重要力量。在传统封建社会，人民的社会力量和价值难以得到应有的尊重，维新派对此进行深刻的揭露批判，强调民众才是社会真正的巨大力量。维新派认为，近代中国之所以频遭列强蹂躏，国将不国，其中一个重要原因就是没有真正唤起国民的御武力量，康有为指出，如果人民不关心国家，国家必然灭亡，而如果中国四万万人都被觉悟起来，中国就不可战胜。谭嗣同以普法战争为例阐述人民的作用，认为在战争中虽然"法国国破君擒"却没有灭国，是因为德国首相俾斯麦知道法国人学问高于德国人，如果法国被吞并为德国一部分，会导致"德国人之权将尽为法国人所夺"，而"德国无噍类矣"④的结局，民众尤其是智民在其中起了重要作用。就当时的变革而言，维新派认为，变法改制不能完全指望上层统治者，应该激发民众的积极参与，梁启超论述道，如果全国四万万人都"各竭聪明才力之所能"，变革就能成功，国家就能获救图强。

维新派思想家们虽然认识到中国传统观念和体制的弊端导致民智不开，

① 《梁启超全集》第 2 卷，北京出版社 1999 年版，第 383 页。
② 《康有为政论集》上，中华书局 1981 年版，第 299 页。
③ 《梁启超全集》第 6 卷，北京出版社 1999 年版，第 1713 页。
④ 《谭嗣同全集》上，中华书局 1981 年版，第 402—403 页。

广大人民群众完全被排除在政治生活之外,因此鼓吹兴民权、设议院、办新学,试图通过体制、观念和教育等的变革,实现救国图强,在一定程度上冲击了封建专制制度,刺激了民族的觉醒和民众主权意识。但是,维新派大多数人仍属于封建士大夫知识分子,他们基本上脱离人民群众,更害怕人民群众革命,如康有为甚至多次上书光绪皇帝,反复提醒不要忘记人民反抗的危险。因此,维新派关于"人民"概念的内涵在总体上是把广大人民群众当作实现维新派政治目标的工具,而没有确立人民是历史主体的真正的"人民主权"观,在社会目标上,他们也反对建立民主共和国。

孙中山等资产阶级革命家在领导旧民主主义革命的过程中也对"人民"的概念进行了新的解读。为寻求救国救民之路,以孙中山为代表的资产阶级革命家主张建立资产阶级共和国,并主张将三民主义作为民主革命的基本纲领。与维新派一样,革命党人也受卢梭社会契约论的直接影响,十分重视人民主权问题,在他们的演说和文章中,出现了大量"人民""国民""平民""民众"等说法。此时,"人民"经常与"国民""民众"等相互混用,并具有多重含义,如意指人口的"盖农民占露国人民之十九"[1];意指百姓的"当数年以前,人民虽无新智识,然是非善恶,尚有公评"[2];意指中华民族的"人民为地球上最和平之种族"[3]等。这一时期更多论述则是聚焦在"人民"之于民族革命和建立现代民族国家的关系,在此意义上,"人民"大致具有如下几层意义:

其一,人民是国家的主人和国家权力的主体。封建君主专制在中国的统治长达两千多年之久,"君权神授"观念源远流长,主流文化和人们心理早已认同绝对君权、君主民奴。以"天赋人权""人人平等"等理念为思想武器,资产阶级革命党人猛烈批判封建君主专制是"强奴叛主""本末倒置",力图将这被颠倒的主奴关系颠倒回来,号召发动"除奴隶而为主人"的革命。陈天华指

---

① 《宋教仁集》上,中华书局 2011 年版,第 30 页。
② 刘师培:《论新名词输入与民德堕落之关系》,《北洋官报》1906 年第 1270 期。
③ 《孙中山全集》第 1 卷,中华书局 2021 年版,第 231 页。

出,"没有国之时,一定必先有人民,由人民聚集起来,才成了一个国家。国以民为重,故称国民。国民的讲法,是言民为国的主人,非是言民为国的奴隶。……人民在此一国之内,那一国的权柄,必能参与,一国的利益,必能享受,人家不能侵夺,也不可任人家侵夺,但各有界限。比如做皇帝的,做官长的,有特别的权利,那正当的,人民不可侵他;不正当的,人民不可许他。"①邹容则在《革命军》中强调人民对政治的重要性,"譬如机器,各机之能运动,要在一总枢纽,倘使余机有损,则枢纽不灵。人民之于政治,亦犹是也"②。如若政府侵犯人民权利,人民有权利也有义务进行革命推翻旧政府,以复其权利。民主革命先行者孙中山阐明了人民在君主专制国家和民主共和国家的根本差别,认为"盖专制国以君主为主体,人民皆其奴隶,共和国以人民为主体,政府为之公仆"③。在《建国方略》一文中,孙中山明确指出:"夫中华民国者,人民之国也。……今则主权属于国民之全体,是四万万人民即今之皇帝也。国中之百官,上而总统,下而巡差,皆人民之公仆也。"④强调在民主共和国中,人民是国家的主人,官吏是人民的奴仆,受到人民的监督和制裁。

其二,必须立法保护作为国家主人的"人民"的权利义务。辛亥革命时期,以孙中山为代表的革命党人著书立说,阐释建立民国的宗旨最重要的就是通过法律将国家的权利义务赋予"人民",这些权利义务包括社会政治生活的各个方面,如"当许人民以自由著述,言论集会之权。……吾侪之义务惟何?一曰人人有当兵之义务,二曰人人有纳租税之义务,三曰有为政府募公债之义务,四曰有为政府任奔走开导之义务"⑤。在《中华民国鄂州约法及官制草案》中,著名资产阶级民主革命家宋教仁专设一章,具体列出了"人民"应当具有

---

① 《陈天华集》,湖南人民出版社 2008 年版,第 179—180 页。
② 《辛亥革命前十年间时论选集》第 1 卷上册,生活·读书·新知三联书店 1960 年版,第 667 页。
③ 《孙中山全集》第 2 卷,中华书局 2021 年版,第 452 页。
④ 《孙中山全集》第 6 卷,中华书局 2021 年版,第 214 页。
⑤ 《陈天华集》,湖南人民出版社 2008 年版,第 162 页。

"一律平等""自由言论著作刊行并集会结社""自由通讯不得侵其秘密""自由信教""自由居住迁徙"等十四项权利以及依法"纳税""当兵"等两项义务。中华民国成立后通过的《中华民国临时约法》以法律的形式确立了"人民"的权利与义务。一方面,强调"中华民国人民一律平等,无种族、阶级、宗教之区别";另一方面,规定人民具有"自由权""请愿于议会""陈诉于行政官署""诉讼于法院受其审判""对于官吏违法损害权利之行为,有陈诉于平政院""应任官考试""选举及被选举"等权利和依法"纳税""服兵"①等义务。孙中山签署的《令内务部通令蛋户惰民等一律享有公权私权文》也指明,"为此特申令示,凡以上所述各种人民,对于国家社会之一切权利,公权若选举、参政等,私权若居住、言论、出版、集会、信教之自由等,均许一体享有,毋稍歧异,以重人权而彰公理。"②可以看出,以上论述和规定表明,资产阶级革命党人经常将"人民"与"国民""公民"等概念互用,在界定主权归属以及规定权利和义务的主体中时而使用"国民"或"公民",时而又使用"人民"。毫无疑问的是,"人民"一般指社会的全体成员,成为被法律条文确认的具有权利义务的主体,呈现出不单是作为人口或主权者的群体概念,也是作为权利义务主体的个体概念。

其三,肯定人民具有参与革命和民主共和的能力和强大力量。如前所述,维新派对人民的认识呈现出被教育、被塑造的消极被动性,并借以中国人民"程度不足"的理由否定民主共和制而对君主立宪制推崇备至。革命党人对此进行驳斥,"我们人民的程度比各国还高些"③,"而犹可曰合人民团结之精神,乃足以奠苞桑而捍外侮"④。革命党人认为,中国人民政治思想薄弱、政治智识缺乏、政治能力幼稚的原因在于中国人民过去一直被排除在国家政治事务之外,缺乏政治事务的操练经验,久而久之就导致了国民没有国家观念和缺

① 《孙中山全集》第2卷,中华书局2021年版,第222页。
② 《孙中山全集》第2卷,中华书局2021年版,第246页。
③ 《孙中山全集》第1卷,中华书局2021年版,第297页。
④ 《辛亥革命前十年间时论选集》第3卷,生活·读书·新知三联书店1977年版,第495页。

乏政治行动能力。这种政治上被排除和缺乏操练,特别表现在"无地方自治制"和"国内无政党竞争"两个方面。因此,革命党人认为当时社会变革的核心就是先建立能够让人民参政的新政府,以解决全国人民政治操练经验不足的问题。他们坚决批判先提高人们的政治操练经验而后建立新政府的观点,反复说明,"若必曰人民之政治思想富,政治智识足,政治能力强,而始可以言建设新政府;则试问吾国民之政治思想何时可富?政治智识何时可足?政治能力何时可强乎?"①革命党人认为,人民能够在参与革命实践的过程中提升自身,从而发挥参与建立一个民主共和新政府的积极作用。革命党人还分析了过去一些历史事件中人民所表现出来的斗争精神和重大进步作用。孙中山在分析义和团运动时就指出,中国人民并非像外人所看到的那样"似甚涣散之群,似无爱国之性",而是能够"自卫其乡族,自保其身家,则必有出万死而不辞者矣",进而展望"自保身家之谋,则支那人同仇敌忾之气,当有不让于杜国人民也;然四万万之众,又非二十万人之可比也"。②宋教仁则盛赞中国人民在四川保路运动中的进步作用,"至今日则渐知主张权利抵抗恶劣政治之举","至今日则渐知文明待遇之法",甚至反问"孰谓中国国民而无进步乎"③?这些分析表明,革命党人对人民的历史进步作用和参与革命创立民主共和的政治能力有了较深刻的认识,同时也在一定程度上应用于指导革命的具体实践。

其四,把民族与人民紧密联系起来。革命党人为了推翻满清王朝封建专制统治,赋予了国家和人民非常鲜明的民族意义,当时同盟会"驱除鞑虏"的政治纲领在相当程度上蕴含着这一意义。一些革命党人强调中国人民不包括当时的满清政府及其满族,如孙中山明确提出:"我汉人有政权才是有国",

---

① 《辛亥革命前十年间时论选集》第1卷上册,生活·读书·新知三联书店1960年版,第583页。
② 《孙中山全集》第1卷,中华书局2021年版,第236页。
③ 《宋教仁集》上,中华书局2011年版,第323页。

"满洲人为要强迫中国人屈服,便残酷地屠杀了数百万人民"的政治纲领中,而且在一些革命党人的书文中进行明确的阐释。另一个著名革命党人邹容在《革命军》中更说道:"中国者,中国人之中国也,非贼满人所得而固有也。"另一些革命党人则强调人民对民族的统摄性,关注到中国人民的整体性,如章太炎在《与满洲留日学生》中论述道:"君等满族,亦是中国人民,农商之业,任所欲为,选举之权,一切平等,优游共和政体之中,其乐何似。"①戴季陶还主张辛亥革命胜利后应该"联合五族之人民,而经营共同事业,维持共同生活",五族中就包括满族。辛亥革命胜利后通过的《中华民国临时约法》实质上确立了全国各民族一律平等,所有民族都是中国人民中的一员。

总体而言,"人民"的具体内涵在辛亥革命时期通过革命言论和法律条文得到了进一步的扩展,其在国家政治和社会革命中的主体性、能动性、整体性得到了进一步阐发。然而,革命党人却片面地夸大了一些历史事件中杰出人物的作用。例如,孙中山认为日本明治维新运动之初,"亦不过数志士为之原动力耳"②等。他们更多是怀有浓厚的救民救世思想,一般且抽象地号召广大人民参与革命,认为靠自己振臂一呼人民响应就可以建立一个民主共和的国家,人民群众在社会历史发展中的主体地位、决定作用还没有真正论及。因此,在实际的革命过程中,生力军是出身于中小地主阶级、小资产阶级和资产阶级的知识分子,鲜少涉及工农阶级的革命活动。同时,革命党人关于人民的概念还没有与"国民""公民"等概念做明确的区分,经常混用。在辛亥革命后的 1913 年到 1914 年,"人民"一词经常出现在中华民国政府颁布的公告或法令中,虽然此时的"人民"一词在使用意义上仍与"国民""公民"概念经常重叠,但其现代政治意义特征更加明显,因此也可以说,正是辛亥革命在理论和实践上的发展和推动,在 20 世纪初,"人民"概念已基本确立了现代性内涵。

20 世纪初,以陈独秀、李大钊为代表的五四进步知识分子,怀揣着民族独

---

① 《章太炎全集·书信集》(上),上海人民出版社 2017 年版,第 395 页。
② 《孙中山全集》第 1 卷,中华书局 2021 年版,第 299 页。

立、民族复兴的理想,以自觉的担当精神和强烈的使命感,在旧民主主义革命的基础上继续为中国的出路进行艰苦卓绝的探索。在五四运动前后掀起的新文化运动引发的思想解放和空前的学术争论中,"人民"这一范畴受到了越来越广泛的关注,根据 1915 年至 1926 年《新青年》部分政治用语使用频率统计,在 1461 篇文章中,"人民"一词以 2012 次的出现率仅次于 2125 次的"国民"。辛亥革命的失败和民国初年政治的混乱和社会的动荡,同时中西文化更广泛的交流、马克思主义在中国的传播和空前的学术探讨自由使进步知识分子对"人民"的认识更加丰富和深刻。

第一,强调人民是国家的主人,肯定人民的政治地位和政治力量。新文化运动兴起之际正是中国复辟帝制和推行专制复古逆流之时,袁世凯的政治顾问美国人古德诺和筹安会为其复辟帝制,宣称"人民程度,不适共和,欲救中国,厥惟君宪"①的主张。袁世凯称帝失败后,1917 年又出现了张勋复辟现象,而原来力主维新变法的一些代表人物此时也沦变为保守甚至反动的保皇派。维新派代表人物康有为在《共和平议》一文中提出,国民无力实行共和,徒慕共和之虚名,必致招乱亡国,只有恢复帝制才有出路。因此,批判封建皇权专制、阐释人民历史主体作用是当时思想启蒙解放的重要内容目标,新文化运动中的先进知识分子撰写了多篇文章批驳康有为等保皇派观点。陈独秀指出,这种利用人民程度不足的借口,合理化政府蹂躏民权的行为,都是一时之间被蒙蔽的幻想。真正的国家不是君主立宪国家,而是民主国家,而真正的民主国家则是以人民为主人,政府为公仆的国家。如果是政府而不是人民占据立宪政治的主动地位,"不独宪法乃一纸空文,无永久厉行之保障,且宪法上之自由权利,人民将视为不足重轻之物,而不以生命拥护之;则立宪政治之精神已完全丧失矣"②。李大钊以马克思主义阶级分析方法为指导,揭露了资产阶级声称"为人民,属于人民,由于人民"的平民政治的虚伪性,"因为他们所

---

① 《新青年》第 1 卷,中国书店出版社 2011 年版,第 67 页。
② 《新青年》第 1 卷,中国书店出版社 2011 年版,第 379 页。

用的'人民'这一语,很是暧昧,很是含混。他们正利用这暧昧与含混,把半数的妇女排出于人民以外,并把大多数的无产阶级的男子排出于人民以外,而却僭用'人民'的名义以欺人。"①李大钊进一步论述了只有建立无产阶级的工人政治,才能实现真实的、纯正的平民政治。新文化运动的重要人物高一涵论述了是人民创造了国家,强调共和国的根本必须"建筑于人民舆论之上"②。他在《近世国家观念与古相异之概略》中提出,"各级人民,均有与闻政事之资格"③,"今世国家原理,在以国家为全体人民之国家,非为主政者一人之私产。无间君主共和,皆取惟民主义。国属于民之特征,即在与人民以参政权一事"④。在《民约与邦本》中指出,"故真正主权之人,惟属于人民全体。……于是凡为政府,即为奉行人民总意之仆。"⑤在《国家非人生之归宿论》中继续强调人民之于国家的重要性,"是故无人民不成国家,无权利不成人民"⑥。在政府与人民的关系上,胡适强调人民是政府的主人,"我们做主人的人民,如果放任政府,不去好好的看守他,这种工具亦必会作怪的。所以在这一点上可得到民治主义的原理。政府这工具,原为我们大多数人民而设,使不善造善用,则受害者亦即在这些老主人。"由此,被复辟运动再次矮化的"人民"又一次得到正名,在民国政治中的主人地位得到进一步的肯定。

第二,提倡实行真正民治。尽管中华民国起到临时宪法作用的《临时约示》确认了国家是民有、民治、民享的民主共和国,但由于资产阶级革命的局限性以及整个社会刚从封建专制制度中走出来。因此,在实际的政治运作和社会管治中,当时的中国不可能实行真正的民治。正如梁启超所揭露的,"议员口口声声说是'人民代表',总统口口声声说是'受全国人民委托'。人民

---

① 《新青年》第9卷,中国书店出版社2011年版,第581页。
② 《新青年》第1卷,中国书店出版社2011年版,第9页。
③ 《新青年》第1卷,中国书店出版社2011年版,第122页。
④ 《新青年》第1卷,中国书店出版社2011年版,第127页。
⑤ 《新青年》第1卷,中国书店出版社2011年版,第161页。
⑥ 《新青年》第1卷,中国书店出版社2011年版,第239页。

吗,他们最通达时务的,知道'北京城里转了朝',已是了不得;其余十个有八个真是'不知有汉何论魏晋',还说是现在'老佛爷当家'哩! 什么鸟总统议员,他们脑里头就始终没有这个字;然而'代表'、'委托'等等名词,竟被那些大盗小偷偷用了十年了。"受几千年忠君专制思想的影响,人民主权理念在广大普通民众中没有形成,因此,当时的人民还没有真正地觉醒,所谓的民治实质上仍是官治,正如梁启超所言,当时"中国做政治活动的人,——无论何党何派——都完全没有了解民主政治的真意义,所走的路都走错了。……始终并没有人从运动国民上痛下功夫"①。陈独秀在《实行民治的基础》中更是批评中华民国挂着个"假招牌",实则是"中华帝国""中华官国""中华匪国"。他强调拯救民族危亡必须唤醒人民的民主觉悟,摆脱中国长期以来专制政治的流弊,使人民不再"除纳税诉讼外,与政府无交涉。国家何物,政治何事,所不知也"②,而是"同时是治者又是被治者",实行真正的"积极的实行自动的人民自治"③。在《争自由的宣言》中,李大钊与胡适、蒋梦麟等人都呼吁,人民获得自由必须通过自己的努力,"我们相信人类自由的历史,没有一国不是人民费去一滴一滴的血汗换得来的,没有肯为自由而战的人民,绝不会有真正的自由出现"。

第三,将社会主义与人民联系起来,将人民与社会主义联系起来探索救国救民的社会主义道路。五四运动后,由先进知识分子主导的社会主义研究会、马克思学说研究会、俄罗斯研究会等组织不断成立,这些组织的成立对学习、研究和传播马克思主义、社会主义学说都产生了重大而深远的影响,在传播马克思主义、社会主义学说的同时,先进分子对人民在社会发展中的作用、社会主义与人民主权之间的关系等进行探讨。在《法兰西人与近世文明》中,陈独秀指出社会主义能摆脱近世文明的束缚走向平等和解放,"君主贵族之压制,

---

① 《梁启超全集》第6卷,北京出版社1999年版,第3405页。
② 《新青年》第1卷,中国书店出版社2011年版,第378页。
③ 《新青年》第7卷上,中国书店出版社2011年版,第11页。

一变而为资本家之压制。此近世文明之缺点,无容讳言者也。欲去此不平等与压制,继政治革命而谋社会革命者,社会主义是也,可谓之反对近世文明之欧罗巴最近文明"①。著名的马克思主义理论家李达论述了社会主义运动是能给中国人民治病的良方,"就中国说,资本主义正在萌芽时代,人民因产业革命所蒙的苦难尚浅,若能急于此时实行社会主义,还可以根本的救治"②。因此,李大钊、陈独秀、毛泽东、李达等特别提出必须加强向广大人民宣传和传播社会主义,让广大人民了解社会主义从而支持社会主义运动。李大钊指出,"为了使一般人民了解什么是社会主义,应首先翻译各国最简明扼要的关于社会主义的名著,进而深入研究中国与社会主义的关系及其实行的方法。"③强调要想使马克思主义、社会主义能够被广大人民理解掌握,必须首先使马克思主义、社会主义理论通俗化,不断地向广大民众进行宣传解释,然后把马克思主义的社会主义理论与中国具体实际和广大民众实践相结合。只要广大人民真正理解了马克思主义、社会主义,就必然会积极支持和参与马克思主义指导的社会主义运动,成为改造中国社会的根本力量。随着马克思主义阶级理论的深入研究和传播,李大钊、陈独秀、毛泽东等用马克思主义阶级分析方法来说明人民的内涵,"人民"概念逐渐由抽象社会群体如"四万万同胞"这样的泛化解读具象化为实际生活中的不同阶级阶层的马克思主义唯物史观概念,即从人们所处的社会经济地位亦即人们的阶级关系以及人们对社会历史发展的作用的统一来规定人民的概念内涵。

三、"人民"在西方文化语境中的内涵演变

"人民"在西方语境中的理解最早可以追溯到古希腊时期,其与"民主"一词的词根都来自于古希腊的 demos。古希腊时代的著名思想家柏拉图、亚里

① 《新青年》第1卷,中国书店出版社2011年版,第7页。
② 《新青年》第9卷,中国书店出版社2011年版,第13页。
③ 《李大钊全集》第3卷,人民出版社2006年版,第256页。

士多德等人都使用甚至论述过"人民"的概念,他们笔下的人民是与公民相对应的概念,人民所指认的社会群体的社会地位远低于公民的社会地位。古希腊城邦政体中的公民作为一种身份资格,首先是"属于城邦的人",其次是指作为"城邦的人"中享有政治权力即参加公民大会、陪审法庭的权利和担任城邦公职权利等和独立的人格自由的人,而城邦中妇女和占人口大多数的奴隶及外邦人均被排除在公民之外,他们不享有政治权利,不参与政治活动。柏拉图把这些不享有参与政治权利的人群统称为平民。即使在梭伦改革时期,伯里克里的民主改革使雅典民主政治达到所谓古代民主政治的"黄金时代",公民的权利也只限于所有的成年雅典公民男性。亚里士多德在他的《政治学》中曾明确地说明:"全称的公民是'凡得参加司法事务和治权机构的人们'"①。有意思的是,在亚里士多德的《政治学》中,不仅经常有"公民"概念,而且经常出现"人民"一词。例如,他认为一个政体如果要获得长治久安就"必须使全邦各部分(各阶级)的人民都能参加而怀抱着让它存在和延续的意愿"②。亚里士多德还从平民政体出发,指出"人民(群众)分成四个主要部分——农民、工匠、商贩和佣工"③,在不同的平民政体中人民具有不同的内容:"各邦各有不同的人民:这里的民众可以是些农民,那里可以是些工匠或佣工。"④显然,亚里士多德所说的人民与他所阐释的公民是有根本性区别的,人民不是一种社会政治身份或社会地位的规定,当然也就更没有社会历史主体的意义,而仅仅是一种社会生活中的职业划分,是不享有社会公民权利的底层劳动者。

古罗马是在古希腊基础上转变而来的。古罗马继承和发展了古希腊丰富的思想文化遗产。在公民的观念方面,希腊时期的思想家们都以民族和种族

---

① [古希腊]亚里士多德:《政治学》,吴寿彭译,商务印书馆1997年版,第111页。
② [古希腊]亚里士多德:《政治学》,吴寿彭译,商务印书馆1997年版,第88页。
③ [古希腊]亚里士多德:《政治学》,吴寿彭译,商务印书馆1997年版,第326—327页。
④ [古希腊]亚里士多德:《政治学》,吴寿彭译,商务印书馆1997年版,第310—311页。

为建构的基本单位,城邦公民以民族血统为身份根源,公民与民族互为一体,逻辑时代的国家观念改变了公民的这种解读范式,他们主要以法律为描述公民身份及其国家观念的前提。古罗马时期,"人民"一词被解释为特定人群的集合,主要是共和国的贵族阶级。西塞罗是古罗马时代著名的政治家和哲学家,在其最著名的政治学著作《国家论》中,西塞罗从国家政治制度、公共利益和理想的国家治理等对公民的政治法律权利进行了系统的阐述,并对人民、公民的概念有所说明。西塞罗认为,所有的人在自然关系方面都是平等的,在此意义上所有的人都可以是公民或人民。但所有的人又必须具有社会关系,受社会关系的制约,在社会关系中所有的人又都处于一定的法权关系中,法权关系把人区分为公民和奴隶等不同的人群,西塞罗把国家法权关系下的公民也称作人民,强调国家的法权就是人民,其本质是人民的自由,自由的人民不寻求君主,在国家法权下,所有的公民或人民都是平等的,自由的人民所要实现的是自然正义,人民享有国家法权形式下的一切权力即人民主权,人民主权体现了自然法权意义下的共同体观念精髓,国家法权的根源是人民主权,国家法权是人民主权的外延和实现形式,国家作为共同体的属性是来自人民或者说在某个地方汇聚的个人共同体。由于西塞罗等政治学家们都把能够参与政治活动作为人民身份象征的主要标志,认为政治活动是人们所有知识的目的,是人民之为公民的表征,是知识的公共性象征,所以,"人民"概念仍然是不包括奴隶或农奴等当时大多数社会底层人们的。奥古斯丁也将人民看作特定人群的集合体的观点,并将"人民"定义为具有共同整体利益的集合体,就是"由某种一致拥有的爱的对象而联系在一起的理性动物的集合体。如果要观察某个民族的特点,只要考察他们爱什么就行了。如果人民是一个集合体……是由某种一致拥有的爱的对象联系在一起的……显然,这个一致拥有的爱的对象越好,人民也就越好;如果这个对象越糟,那么人民也就越糟"[1]。由于奥古斯

---

[1] [古罗马]奥古斯丁:《上帝之城》(下),王晓朝译,人民出版社2006年版,第945页。

丁把整个世界划分出两个部分，即"上帝之城"和"世俗之城"，奥古斯丁所论及的人群集合体实际上主要是这两个群体。"上帝之城"这一群体的人都是天选之子，都能够严格按照教义去生存和生活，而"世俗之城"中生存的人却是一帮"爱己"的人生活在一起，因此，在相当意义上，只有"上帝之城"中的人才能算作真正的人民，而"世俗之城"中的人至多是上帝用来拯救人类的至善的手段和工具罢了。

在两千余年的西方前现代政治体系中，严格的等级制度把不同群体固定在不同的位置上，虽然早有人民的概念和用语，但作为一种概念被完全厘清，在整个学术和政治生活中都未占据中心位置，人民本质是"臣民"或"役民"，君主是统治者，臣民是被统治者，君主权力对臣民的统治借助"君权神授"获得合法性。只有在近代资产阶级思想启蒙和革命过程中，人民的概念才被广泛使用并被赋予现代意义上的注解，这种注解又是与人民主权、天赋人权、社会契约等学说紧密地联系在一起的。为了批判封建神学观念和推翻封建专制统治，资产阶级高举自由平等民主的大旗并标示为人民大众的普遍人权以获得社会广泛支持力量，人民的概念成为资产阶级革命中反对封建专制统治和建设民主国家的重要旗号，并逐步被设立成世俗社会中唯一的至高无上的主体。近代英国著名思想家约翰·洛克基于个人主义和自由主义的理论宗旨，从社会契约论出发，阐明了个人权利是人民主权思想的起点，认为人生而自由，国家政府是契约的结果，世界上所有和平创建起来的政府都是从上述基础开始的，都是在人民同意的基础上建立起来的。由此，他将"人民"置于和政府权力相对抗的前提下，试图提升个人权利在政治社会中抗衡政府权力的正当性和优先性。法国思想家卢梭则提出，在维护集体权利和公共利益的先决条件下，政府由人民自己安排。卢梭强调，国家是人们为了保护自己而通过契约联合起来所形成的一种共同力量。国家主权应该由人民所掌握，并以人民的"公意"为指导。作为近代社会契约论和人民主权论的主要代表，卢梭认为政府不是人民的主人，而是人民行使主权的工具和中介，"行政权力的受任者绝不是人民的主人,而只是人民的官吏;只要人民愿意就可以委任他们,也可以撤换他们。对于这些官吏来说,绝不是什么订约的问题,而只是服从的问题"①。卢梭的人民主权理论指明,一个国家的维系必须依靠由人民聚集起来的公意,只有形成人民,国家才能具有存在的意义,人民掌握国家的一切权力,从而赋予了"人民"整体意义上的政治内涵。同一时期的埃德蒙·柏克也指出,"人民"是国家的主人,"人民"是国家权力合法性的来源,是"权力的天然制约者"②,认为"从根本上讲他们本身就是国家"③。受卢梭等人的人民主权思想的影响,霍尔巴赫提出,"人民乃是社会中人数最多的一部分。正是人民构成国家的基础,正是人民最应该受政府重视,而政府应该关怀的也正好就是人民。人民从事繁重而必要的工作。他们尽管一般知识不足,可是还要给一切利用手中权力管理、保护、教育和支持他们的人提供生活资料,保证这些人过得富裕、快乐和阔绰。接受人民福利的人,应该关心人民的安全,安宁和幸福"④。

洛克、霍尔巴哈、卢梭等人的"人民主权论"思想对近现代西方政治观产生了重要影响,成为近代西方国家宪政运动思想体系的重要内容,并对17、18世纪的资产阶级革命产生了直接影响。1689年英国《国民权利与自由和王位继承宣言》通过立法手段限制国王的权力,公开表示"鉴于贵族院之神职议员和世俗议员(Lords Spiritual and Temporal)及下院议员(Commons)集会于威斯敏斯特宫,依法、充分并自由地代表本王国各阶层之人民"⑤。1776年美国《独立宣言》向世界宣告,"人人生而平等,他们都从他们的'造物主'那边被赋予了某些不可转让的权利,……如果遇有任何一种形式的政府变成损害这些

---

① 〔法〕卢梭:《社会契约论》,何兆武译,商务印书馆2003年版,第127页。
② 〔英〕埃德蒙·柏克:《自由与传统》,蒋庆等译,商务印书馆2001年版,第77页。
③ 〔英〕埃德蒙·柏克:《自由与传统》,蒋庆等译,商务印书馆2001年版,第76页。
④ 〔法〕霍尔巴赫:《自然政治论》,陈太先、眭茂译,商务印书馆2002年版,第147—148页。
⑤ 《世界各国宪法》(欧洲卷),中国检察出版社2012年版,第767页。

目的的,那末,人民就有权利来改变它或废除它,以建立新的政府"①。这里的
"人民",不仅是由人集合所组成的,而且是指所有没有被法律剥夺政治权利
的社会个体。1789 年法国《人权和公民权宣言》郑重宣布:"法国人民的代表
组成国民议会,鉴于忽视、遗忘或蔑视人权是公共灾难和政府腐败的唯一原
因,特决定将人的自然的、不可剥夺的和神圣的权利阐明于庄严的宣言之中,
以便本宣言可以经常地展示给社会各成员,不断提醒其权利和义务。"②这里
明确地把法国"社会各个成员"的集合体称为"人民"。资产阶级革命胜利后,
"人民"作为一个重要的宪法主体在欧美国家宪法中得到了普遍承认。例如,
1947 年《意大利共和国宪法》的基本原则第 1 条规定:"意大利是一个建立在
劳动基础上的民主共和国。主权属于人民,人民在宪法规定的形式和范围内
行使主权。"③1958 年《法兰西第五共和国宪法》明确规定:"国家主权属于人
民,并由人民通过其代表或公民投票来行使。人民的任何部分以及任何个人
都不得擅自行使国家主权。"④深受欧美宪政影响的 1947 年《日本国宪法》
(《昭和宪法》)也规定,"兹宣布主权属于国民","国政本源于国民的郑重委
托,其权威来自国民,其权力由国民的代表行使,其福利由国民享受"⑤。拉丁
美洲国家最早的一些宪法,如 1811 年的委内瑞拉宪法、1812 年的智利宪法、
1811 年的新格拉纳达宪法等,都把"人民主权论"理念深深地贯彻其中,确立
了主权在民、法律是全体民众意志的集中反映的民主原则,把"人民"与法律
权利规定的政治法律权利统一起来,确认人民是具有按法律规定享有政治权
利的所有社会成员。当然,由于阶级的局限性,西方近现代资产阶级民主政治
及其对人民主权的强调更多的是一种法律的形式,即形式民主,在现实的政治

① 《世界宪法全书》,青岛出版社 1997 年版,第 1614 页。
② 《世界各国宪法》(欧洲卷),中国检察出版社 2012 年版,第 282—283 页。
③ 《世界各国宪法》(欧洲卷),中国检察出版社 2012 年版,第 746 页。
④ 《世界各国宪法》(欧洲卷),中国检察出版社 2012 年版,第 268 页。
⑤ 《世界各国宪法》(亚洲卷),中国检察出版社 2012 年版,第 494 页。

实践中总是渗透着金钱的力量,因此在实际的政治生活中贯彻的都是资产阶级的阶级意志。但无论如何,西方近现代政治在法律形式上确认了人民概念所指向社会人群的广泛性和享有政治权利的广泛性,是人类政治历史发展的重大进步。

在近现代西方政治哲学发展史上,仍然存在一些轻视人民的观念。德国唯意志主义哲学家叔本华和尼采都极力贬低人民的历史主体和价值。叔本华认为,"凡是对拉丁语一窍不通的人都属于人民"①。叔本华的这种对人民的解读在某种意义上是把智力低下或者不能挣得大量财富的穷人群体视作人民,尼采甚至用"末人"概念来表示一般普通民众,认为只有在超人的控制和主导下,社会才能有序和繁荣。德国政治学家卡尔·施密特认为,"凡是没有突出之处、没有差别的人,凡是不享有特权的人,凡是不因财富、社会地位或教养而出类拔萃的人,都是人民"②。在卡尔·施米特看来,人民就是社会生活中的非精英群体,即普通人。美国当代政治哲学家詹姆斯·施密特也指出,"近代以来欧洲对 volk(平民、人民)这个术语的使用,是与社会和政治上的低级地位相联系的,有时也与 gemniner mann(普通人)这个术语混用的"③。卡尔·施米特还认为,马克思恩格斯之所以把推翻资本主义的历史使命寄托于"无产阶级的优秀分子",是由于"广大群众"即"亿万没有教养的、被剥夺了权利的、悲惨的、目不识丁的百姓"的存在,他们应该会将"广大群众""交给一个强有力的政府来实行家长式统治"④。这实际上否认了马克思主义的无产阶级政党与人民群众之间的密切联系,严重地曲解了马克思主义的无产阶级政党和人民群众的本质内涵。施米特指出,资产阶级之所以在 18 世纪法国资产阶级革命中属于人民这一范畴,是因为他们反对贵族和特权阶级,"但是,一旦资产阶

---

① [德]卡尔·施米特:《宪法学说》,刘锋译,上海人民出版社 2005 年版,第 260 页。
② [德]卡尔·施米特:《宪法学说》,刘锋译,上海人民出版社 2005 年版,第 260 页。
③ [美]詹姆斯·施密特:《启蒙运动与现代性:18 世纪与 20 世纪的对话》,徐向东、卢华萍译,上海人民出版社 2005 年版,第 281 页。
④ [德]卡尔·施米特:《政治的概念》,刘宗坤等译,上海人民出版社 2003 年版,第 92 页。

级本身成为一个因财富和教育而出类拔萃并统治着国家的阶级,这个否定就继续流转下去了。现在无产阶级成了人民,因为它成了这种否定性的载体:它是不占有财富、不分享剩余价值并且在现存秩序中没有地位的那一部分人口"。叔本华、尼采等人的英雄史观和卡尔·施米特、詹姆斯·施密特等人的上述论述,基本上是从消极甚至否定的意义来理解"人民"概念,他们视人民为像乌鸦聚集在一起的群体,认为"人民"不过是群氓,代表着一种盲目的、自发的力量,代表着一种在集体意识的控制下无法拥有真正的政治素养的历史力量。当代匈牙利裔的英国政治学家卡尔·波兰尼甚至把人民的概念看作对社会最底层甚至贱民等同,认为人民的大部分罪恶与因文化纽带断裂而沉沦的有色人种的罪恶相同:游手好闲、易怒、卖淫、偷窃、缺乏精力和自律、通遏、生产力低下、自尊心和耐力不足。① 这是对"人民"概念内涵的严重歪曲。

四、"人民"在中国共产党历史上的形成与发展

在领导人民进行革命和社会主义建设的实践过程中,中国共产党把马克思主义与中国实际和传统文化相结合,创新了"人民概念",形成了马克思主义中国化的"人民"概念。

在新民主主义革命时期,以毛泽东同志为主要代表的中国共产党人对"人民"概念进行过多层面、多角度的阐述。毛泽东在青年时期经历了由"国民"至"人民"认知的转变过程。近代以来,康有为、梁启超主张以提升国人民主意识来构建现代民主国家,并用"国民"概念对封建制度下的臣民进行区分,试图通过现代国民和现代民主国家的良性互动推动中国社会的发展进步。正如梁启超在《新民丛报》中所称:"苟有新民,何患无新制度,无新政府,无新国家。"学生时代的毛泽东受到康有为、梁启超思想的深刻影响,在《商鞅徙木立

---

① [英]卡尔·波兰尼:《大转型:我们时代的政治与经济起源》,冯钢、刘阳译,浙江人民出版社 2007 年版,第 258—259 页。

信论》中指出："吾读史至商鞅徙木立信一事,而叹吾国国民之愚也。"[1]同样强调民智不开则无以挽救民族危亡,要想改变中国落后的现状先要提升国民思想水平。此时毛泽东所认知的"国民"主要是指思想狭隘、封建愚昧的普通民众。在 1916 年接触到《新青年》后,毛泽东意识到梁启超所宣扬的国人的自由平等早已成为军阀混战的牺牲品,民主政治也不过一句空话,并未付诸实践,由此对民国民主制度产生质疑。而陈独秀、胡适等人正积极宣扬"国民"的现代自主观念意识以及能力的重要作用。在陈独秀思想的影响下,毛泽东对"国民"的认知发生新的变化,认为"国民"是民族国家构成的主体,并在《讲堂录》听课笔记中以道德为标准把"国民"大体上区分为"君子"和"小人",强调参与社会实践对"国民"自我完善从而推动社会整体进步的重要作用。这从思想理论层面上极大提升了"国民"的自主性与能动性。1917 年俄国十月革命的胜利鼓舞了半殖民地人民的解放斗争,掀起了国际社会主义运动的新高潮,对中国未来革命的走向产生深刻影响。毛泽东在 1918 年阅读了李大钊《庶民的胜利》《布尔什维主义的胜利》等宣传马克思主义的文章后,又对具有现代自主观念意识以及能力的"国民"产生质疑。1920 年 10 月在《"全自治"与"半自治"》一文中谈道:"我对于二十年内办中国的总组织,总是怀疑,所以我不特反对吴子玉的国民大会,并且反对梁启超的国民制宪,同时更大大反对南北议和。"[2]与此同时,由于我国半封建半殖民地的社会性质,阶级结构纷繁复杂。一方面,无产阶级数目微小且尚未觉醒,资产阶级具有两面性;另一方面,农民数目庞大且分布广泛,是社会的主体。因此"无产阶级"在中国处于异常尴尬的境地。这就意味着对广大民众进行统一整体的身份建构并实现革命阶级自身的身份认知,是进行政治革命运动的首要工作。毛泽东便在马克思主义的指导下对"国民"的指涉对象和性质界别进行积极探索。在 1919 年

---

① 《毛泽东早期文稿》,湖南人民出版社 2013 年版,第 1 页。
② 《毛泽东早期文稿》,湖南人民出版社 2013 年版,第 473 页。

《实行封锁》文章中,毛泽东首次将"国民"区分为无产阶级和有产阶级,随后在《湘江评论》创刊号中分别对有产阶级和无产阶级作了成分细分:有产阶级主要包括"贵族""官僚、军阀、资本家",而无产阶级则是指"全体人民",以此明确了"国民"概念的范畴并提出"人民"概念。1920年毛泽东在湖南自治运动中首次明确了"人民"概念所指向的具体对象:"(一)种田的农人,(二)做工的工人,(三)转运贸易的商人,(四)殷勤向学的学生,(五)其他不管闲事的老人及小孩子。"①毛泽东在这一时期多次使用"平民""人民"概念,"国民"一词的使用频率逐渐减少,这表明毛泽东逐渐将关注视野转向底层的广大民众,"国民"整体概念逐渐拥有向底层广大民众倾斜的指向,无产阶级的历史创造作用正在中国大地上逐渐显现。除此之外,刘少奇等早期的革命进步人士也积极参加声讨袁世凯卖国行为的爱国群众运动和反帝爱国的五四运动,在具体的革命实践中生动形象地感受到无产阶级的革命推动作用。

1921年毛泽东在给蔡和森的信中强调夺取政权对革命胜利的关键作用。夺取政权需要依靠广大"人民",改良语境下的"国民"概念被社会主义革命语境下的具备历史主动性的"人民"概念所取代,中国共产党的革命意识形态也随着"人民"概念的使用凸显。建党之初,以毛泽东同志为主要代表的第一批中国共产党人积极开展工人运动与农民运动,充分挖掘人民革命力量。1922年初,刘少奇从苏联回国后,以马克思主义理论为指导,积极领导工人运动,不论是在安源路矿工人罢工还是"五卅"运动中,其代表党中央推动工人复工复产,从根本上维护了工人大众的利益,也保存了革命的领导力量。毛泽东在《〈政治周报〉发刊理由》中谈到"为了使中华民族得到解放,为了实现人民的统治,为了使人民得到经济的幸福"②,虽未明确"人民"概念的具体范畴,却坚定表明人民是革命胜利的关键。1926年在《国民革命与农民运动》一文中,毛泽东强调长期遭受地主残酷剥削和压迫的农民在第一次国民革命中的重要

---

① 《毛泽东早期文稿》,湖南人民出版社2013年版,第458页。
② 《毛泽东文集》第1卷,人民出版社1993年版,第21页。

作用。刘少奇在第三次劳动大会上提出要重视工农利益,联合小资产阶级和民族资产阶级实行既斗争又合作的战略政策,是无产阶级领导广大民众取得社会主义新民主革命胜利的必要条件。这是对中国阶级结构和革命力量的正确认识。在大革命失败后,由于资产阶级对革命的背叛而成为敌人,"人民"概念随之变得过于笼统,党的文件中减少了"人民"概念的使用,代之以"工农"概念。毛泽东在《红军第四军前委给中央的信》中提出"人民"概念须以工农为主体,工人阶级是领导阶级,以此凸显了"工农"在人民构成中的中心地位和革命中的可靠政治基础作用。刘少奇率领白区的党组织和革命群众在国统区进行了艰苦斗争并取得了斐然成绩,其中的重要指导思想就是坚持"只有我们的同志尊重群众,信任群众,群众才会尊重我们,信任我们"①,明确地把"人民"和"群众"结合在一起作为一个整体概念。1927 年 8 月至 1928 年初,中国共产党深入农村,积极动员和武装农民,开展土地革命,在多省交界处建立十几块农民革命根据地,工农工作取得重大进展。1931 年在中华苏维埃第一次全国代表大会上通过的《中华苏维埃共和国宪法大纲》规定工人和农民的民主专政国家是中华苏维埃政权建设与巩固的目标。1933 年毛泽东在《必须注意经济工作中》强调要巩固工农联盟,进一步明确了工人和农民是"人民"概念的根本构成。

抗日战争爆发后,中华民族与日本帝国主义侵略者之间的矛盾成为当时中国社会的主要矛盾,国内阶级矛盾转化为次要矛盾,革命斗争的首要对象是日本帝国主义。民族危机引起中国社会各阶级、各阶层的重新分化和组合。面对日本帝国主义妄图灭亡中国的野心,以毛泽东同志为主要代表的中国共产党人从抗日救亡的民族大义和革命发展的长远目标出发,及时地改变了原先的革命策略和领导方式,以适应该时期国内的形势变化。1935 年 12 月,毛泽东发表了《论反对日本帝国主义的策略》,文中通过对各阶级的革命态度进

---

① 《刘少奇选集》上卷,人民出版社 1981 年版,第 60 页。

行深入分析,充分肯定了工人阶级和农民阶级参与革命的坚定性与彻底性,同时指出随着国内阶级矛盾成为次要矛盾,民族资产阶级与小资产阶级具有参加革命的可能性,因此建立抗日民族统一战线是当前的首要工作,同时又开始广泛地使用"人民"概念,并开始把"工农民主共和国"改为"人民共和国",强调"人民共和国同帝国主义的走狗豪绅买办阶级是处在正相反对的地位,它不把那些成分放在所谓人民之列"①,强调"人民"概念与解决中华民族与日本帝国主义的民族矛盾紧密地结合起来,将一切抗日的阶级、阶层和社会团体都纳入了以工人和农民为主体的"人民"概念。周恩来在 1937 年《关于西安事变的三个电报》一文中,多次使用"人民"一词,例如"实现中国人民之幸福与愉快的生活。首先须切实救济灾荒,安定民生,发展国防经济,解除人民痛苦与改善人民生活"②。周恩来在早期著作中虽未对人民进行深入的概念辨析,文章中的引用多是表述一种整体性的范畴,但无疑与毛泽东的"人民"概念的内涵是完全一致的,即指向全社会的进步阶级,特别是生活于水深火热之中的工人阶级和农民阶级。1937 年刘少奇在中央政治局会议上指出:"发展民众运动,动员千百万群众参加抗日,是争取抗战胜利的基本条件。我们要经过统一战线去进行群众工作,直接动员群众,领导群众,扩大民族革命统一战线运动。"③全面抗战开始后,越来越多的阶级加入到革命队伍之中,中国共产党充分看到了以工农为主体的阶级联合的强大力量。"人民"概念的包容性不断彰显,联动性作用也不断增强。1939 年毛泽东在《青年运动的方向》中再次对革命力量进行分析,强调工人和农民的革命主体地位,并指出未充分动员广大工农是过去革命运动失败的主要原因。中国共产党人也越来越意识到做好工农群众工作对于打赢抗日战争和建立新中国的极端重要性。周恩来在《目前抗战危机与坚持华北抗战的任务》《现阶段青年运动的性质和任务》以

---

① 《毛泽东选集》第 1 卷,人民出版社 1991 年版,第 158 页。
② 《周恩来选集》上卷,人民出版社 1980 年版,第 77 页。
③ 《刘少奇年谱(1898—1969)》上卷,中央文献出版社 1996 年版,第 200—201 页。

及《抗战军队的政治工作》等多篇文章中,多次梳理人民与军队的关系,强调要"武装民众""保障部队与人民的密切关系"、组织"人民自卫的工作""军队与人民的团结"①。就党和人民的关系而言,周恩来《在延安欢迎会上的演说》中指出:"中国共产党是从中国劳动人民中生长起来的,它是存在在中国人民中间。我们党是群众的党。"②邓小平曾深情谈道"人民是一切的母亲"③。刘少奇也曾在《群众运动的报告》中指出,每个党员,不论何时何地,做任何工作,一定要注意做好群众工作,注重在尊重人民的意愿的原则下开展合适的工作方法,要尽力避免强加于民的工作方式,从而让人民群众自愿地接受党的政策和工作。与此同时毛泽东《在延安文艺座谈会上的讲话》中指出,"最广大的人民,占全人口百分之九十以上的人民,是工人、农民、兵士和城市小资产阶级"④,并第一次使用了"为人民服务"的说法。周恩来、刘少奇和邓小平从性质上对"人民群众"概念进行界定,也对党与人民群众的鱼水关系进行清晰的阐述与概括。而此时毛泽东则多是从政治军事策略的角度对"人民"进行范畴判别。但不论从哪个角度对"人民"概念作出概括,人民群众是抗战和中国革命的主力军和中国共产党的力量来源,已成为全党的高度共识。

在解放战争时期,党中央根据时局和当前任务,继承和发展了抗日民族统一战线,因时制宜地推进统一战线工作安排,力求实现全国各阶层人民团结,"人民"概念再次得到进一步发展与更新。1945 年中共中央在《对目前时局的宣言》中指出,"在这个新的历史时期中,我全民族面前的重大任务是:巩固国内团结,保证国内和平,实现民主,改善民生,以便在和平民主团结的基础上,实现全国的统一,建设独立自由与富强的新中国"⑤,这不仅是对广大人民强烈的和平愿望的积极争取,也是团结人民的重要承诺。周恩来 1946 年《在上

---

① 《周恩来选集》上卷,人民出版社 1980 年版,第 84、86、90、94 页。
② 《周恩来选集》上卷,人民出版社 1980 年版,第 139 页。
③ 《邓小平军事文集》第 1 卷,军事科学出版社、中央文献出版社 2004 年版,第 283 页。
④ 《毛泽东选集》第 3 卷,人民出版社 1991 年版,第 855 页。
⑤ 《中共中央文件选集》第 15 册,中共中央党校出版社 1991 年版,第 247 页。

海鲁迅逝世十周年纪念会上的演说》中深刻指出："假如是对人民,我们要如
对孺子一样地为他们做牛的。要诚诚恳恳、老老实实为人民服务。"①为人民
服务的意识和宗旨已经深深植根于中国共产党的血脉之中。随着和平谈判失
败,中国共产党迅速扩大民主统一战线,在解放区做好农民工作的同时,在国
统区也进一步做好团结工人阶级、小资产阶级和民族资产阶级等人士工作,并
积极争取国民党内部反战的民主爱国人士。这是对"人民"概念的最新补充,
且在之后的工作实践中不断巩固。中共中央在《中国人民解放军宣言》中明
确提出,"联合工农兵学商各被压迫阶级、各人民团体、各民主党派、各少数民
族、各地华侨和其他爱国分子,组成民族统一战线"②,以人民民主统一战线形
式对"人民"作出范畴概定。虽然人民民主统一战线看似小于抗日统一战线,
但是人民民主统一战线充分获得了国统区人民的信任与支持,也为处在走第
三条道路幻想中的小资产阶级以及知识分子提供了更加现实可行的发展道
路。因此相对抗日民族统一战线,人民民主统一战线更加体现了中国共产党
的领导是民心所向,也体现了党对"人民"概念和"党与人民的关系"更深层次
的把握。1948 年,在解放战争即将取得胜利的背景下,中共中央发表《纪念
"五一"节口号》,提出与全国劳动人民、知识分子、自由资产阶级、社会贤达和
其他爱国人士共同召开新的政治协商会议和建立联合政府的主张。中国共产
党以人民政权形式巩固人民斗争成果,维护人民根本利益,充分增强了"人民
群众"概念的政治现实意蕴,纷纷得到社会各界的拥护。1949 年毛泽东在中
共七届二中全会上指出,团结广大农民、工人、知识分子,这是无产阶级领导的
以工农联盟为基础的人民民主专政的基本要求,也是人民民主专政的领导力
量和基础力量;对于城市小资产阶级和民族资产阶级,他们不仅是新民主主义
革命时期的主要力量,而且在革命胜利以后,对迅速恢复和发展生产,建设新
中国也是不可或缺的一部分;对于民主党派和民主人士,要同他们精诚合作,

---

① 《周恩来选集》上卷,人民出版社 1980 年版,第 241 页。
② 《毛泽东选集》第 4 卷,人民出版社 1991 年版,第 1237 页。

任人唯贤,给予他们职务,使他们能够为国家建设和发展贡献自己的智慧。这是对整个中国革命进程中的主干支撑和重要力量的充分肯定,人民民主专政则是对"人民"概念的最高界定。新民主主义中国为人民所向往,是广大人民的利益所在。在党与人民的关系上,中国共产党为人民而生,因人民而兴,始终与人民群众生死相依、荣辱与共。"人民"概念是将中共革命意识形态目的、对象、依靠力量等部分联结起来的桥梁与纽带。"为人民"不仅成为中国共产党人的根本价值观念和行为准则,也成为人民群众评价中国共产党的首要依据。

新中国成立后,人民的概念进一步丰富。1957年2月,毛泽东在《关于正确处理人民内部矛盾的问题》的讲话中明确提出,在社会主义建设时期,一切赞成、拥护和参加社会主义建设事业的阶级、阶层和社会集团,都属于人民的范围;一切反抗社会主义革命和敌视、破坏社会主义建设的社会势力和社会集团,都是人民的敌人。改革开放后,顺应经济全球化的趋势,我国在政治、经济和文化等各个方面都与外界发展着越来越密切的关系,邓小平对人民的概念作了新的发挥,强调人民的内涵既要拥护和支持社会主义以及参加社会主义的建设者,同时也应具有爱国主义情怀,强调人民这个群体是能够自觉同威胁祖国安全势力作斗争的一切积极力量。在党与人民的关系问题上,邓小平指出,党的领导是实现人民利益的根本保障,党的全部任务就是全心全意为人民服务,人民群众是党的力量源泉,必须坚决贯彻党的群众路线和群众工作方法,要把人民拥护不拥护、赞成不赞成、高兴不高兴作为党制定方针政策的根本尺度,以是否有利于发展社会主义生产力、增强社会主义国家的综合国力和提高人民生活水平作为衡量工作得失的判断标准;在人民与国家的关系问题上,邓小平提出,人民是国家的主人,国家的权力属于人民,人民当家作主是社会主义国家的本质特征。随着改革开放的深入,特别是社会主义市场经济的发展生成了新的社会阶层,党的十六大、十七大肯定了这些新的社会阶层都是中国特色社会主义事业的建设者。同时,改革开放构建社会主义市场经济,中国特色社会主义法制日益完善,全面依法治国不断推进,我国全体人民作为现代社会的公民、国民的权利义务逐步法制规范化。因此,在全面建设中国式现代化发展过程中,"人民"一词逐渐模糊了阶层、阶级的范围概念,并涵盖了现代公民的自然权利、社会权利与国民的法定义务,人民成为凝聚一切支持和参与建设中国特色社会主义事业的各个社会主体和力量,是对广大社会构成群体的无差别泛指。党的十八大以来,"人民"一词出现在党和国家政治文件中的频次持续升高,新时代的"人民"概念贯穿于党和政府工作的各领域、各方面、各环节。以习近平同志为核心的党中央始终把人民放在心中最高位置,践行"为人民谋幸福、为民族谋复兴"的初心使命。2017 年修订党章和 2018 年的宪法修正案,均对爱国统一战线的表述增加了"致力于中华民族伟大复兴的爱国者"的内容,"人民"成为凝聚海内外中华儿女共识和力量、实现中国式现代化和中华民族伟大复兴的集合概念。

　　一百余年来,"人民"概念的规定与实现中华民族伟大复兴这一历史使命在不同时期所面对的主要矛盾、中心问题紧密结合起来,贯穿于"站起来、富起来、强起来"三个阶段和"新民主主义革命、社会主义革命、改革开放和社会主义现代化建设、中国特色社会主义新时代"四个时期,不同阶段"人民"概念都具有内涵上的特殊性,但更具有共同性,具体表现在如下几个方面:一是政治性。"人民"是作为一个特定内容的政治概念,是用于区分敌人和朋友、社会主义的支持者建设者和敌对势力的,它始终具有鲜明的政治性。二是历史性。"人民"概念在不同的历史时空下具有不同的内容,正如毛泽东所说的,"人民这个概念在不同的国家和各个国家的不同的历史时期,有着不同的内容"[1]。三是广泛性。"人民"概念是指一切能够促进革命发展和社会进步的阶级、阶层及其社会团体,因此,它的范围极其广泛,在任何时候都是包括全国人口的大多数,有时还包括海外爱国侨胞。目的是在任何时期都能形成和巩

---

[1] 《毛泽东文集》第 7 卷,人民出版社 1999 年版,第 205 页。

固最广泛最强大的奋斗合力,凝聚大多数人的力量来实现各个时期的政治目标,最终实现中华民族的伟大复兴和全体人民的共同富裕。

第二节　发展与发展观

一、发展的语义与嬗变

在不同的语境和视域下,"发展"具有不同的内涵意蕴。从词源学角度来看,"发展"一词是由生物学意义上的"胚胎发育"和地质学意义上的"演化"(evolution)引入到社会科学领域的。① 根据生物进化论的观点,发展大致相当于进化,指的是生物从幼年到成熟的生长过程。道格拉斯·拉米斯指出,"发展"一词的本义:第一种情况是生命有机体的生长,其意象是通过发展的意蕴来开启和揭示被包裹在未成熟有机体内部的一种形式;第二种情况是隐藏在原初状态中的意蕴逐渐展开,清晰地展现给读者或听众,使他们理解这种意蕴。在这里,发展指一个事物或一个结构的逐步成长过程,是对事物变化生成的描述性概念。他强调,无论哪一种情况,"发展"的原意并不存在任何导向和价值判断。英国著名社会学家斯宾塞把生物化的"进化"概念扩展到其他一切学科领域,认为进化是一个普遍的规律,上至天体的形成,下到物种和人类的起源,事物无一不受进化规律的支配。进化是一个由简单到复杂、由不确定到确定,以及由同质到异质的转化过程。人类社会是一个有机体,人类社会也是一个进化发展的过程,人类社会的进步取决于社会中的每个个体适应环境的能力。正是通过斯宾塞等社会学家的扩展引申解读,原来生物学意义上的"进化"、地质学意义上的"演化"等具有了规模、适应力、复杂性、定向性和功能分化等内涵,可以用于阐释事物的成长发展过程。

---

① 吕世荣:《马克思社会发展理论研究》,中国社会科学出版社 2001 年版,第 60 页。

在西方思想史上,古代并没有发展的概念,但古代有关"进化"或"运动"的话语和叙述中,隐含着这一概念的萌芽。古希腊哲学家们曾就发展问题进行过一般世界观式的思考。当时的哲学家们认为,自然界的一切事物都是处在从较低层次向较高层次的不断运动变化的过程之中,并最终指向苏格拉底和柏拉图所认为的"至善"目标。亚里士多德将运动分成三种类型:量、自然和位移。他认为,运动是潜在事物本身的实现,从潜在的状态进入到成全的状态,从而将潜能表现为现实,即发展。毫无疑问,运动和变化的范畴包括发展,但发展不是一般的运动和变化,而是前进上升的运动变化,发展在社会历史领域更具有丰富而独特的意蕴。以世界目的论为导向的古希腊发展观,为后世解读发展搭建了一个基本框架。

中世纪欧洲,发展的表征言说一直囿于神学框架,上帝是世间万事万物的起源,也是宇宙间一切事物变化发展的最终动因,因而发展不过是上帝万能的一个证明。意大利哲学家维柯是第一个系统地阐述社会发展问题的人。在《新科学》中,维柯突破循环思维论的束缚,建构了一套文明史模式。维柯虽然没有明确主张进步主义,但他关于世界各民族在其历史发展过程中经过了神的时代、英雄时代和人的时代,"每个社会类型都决定了法律制度、语言文学和人类性格"[1],"这三个时代的递进是社会日益进步的有规律的发展过程"[2]的观点内涵了深刻的社会发展进步观。在之后的法国启蒙时期和德国古典哲学时期,发展概念不断地丰富和完善。黑格尔在唯心辩证法的范式中完整地阐释了哲学意义上的发展内涵,黑格尔把发展描述为绝对精神的自我演化和自我实现的过程,整个世界和人类历史都是这种显化和展开,这个展开的过程呈现为一个连续的序列,其中一个精神被另一个递进式取代,每一个精神从前一个精神接管了(精神)世界的自我发展的王国。黑格尔的发展观对以后的现代西方哲学对发展概念的解读产生深远影响,也对马克思主义发展

---

① [英]约翰·伯瑞:《进步的观念》,范祥涛译,上海三联书店 2005 年版,第 189 页。
② 吕世荣:《马克思社会发展理论研究》,中国社会科学出版社 2001 年版,第 60 页。

观的形态起到了重要的作用。马克思批判了黑格尔的唯心主义倾向,但充分地吸收了黑格尔辩证发展观思想因素,创立了马克思主义的发展观。

在马克思主义的哲学史语域,发展是指事物从简单到复杂,从低级到高级,新事物取代旧事物的前进上升的过程,列宁指出:"有两种基本的(或两种可能的? 或两种在历史上常见的?)发展(进化)观点:认为发展是减少和增加,是重复;以及认为发展是对立面的统一(统一物之分为两个互相排斥的对立面以及它们之间的相互关系)。"①毛泽东在《矛盾论》中提出,发展的实质是新事物的产生和旧事物的灭亡。从发展经济学的角度看,发展是经济增长的历史过程,意味着财富和经济机体的量的增加和扩张,在现代还意味着一个地区或国家、民族实现了从传统欠发达向现代化的跃升,"意味着'良性'的成长与'可欲'的现代化。"②在发展政治学语域,发展表示社会平等、民主参与度的增强,政治行政治理的科学性和公共政策效率的提高等。塞缪尔·亨廷顿等认为,"落后社会是贫穷的、不平等的、压制性的、粗暴的和依附于人的"③。发展则是从这种落后的状态转向繁荣、公平、民主、稳定和自主的过程。从发展社会学的角度看,"发展不纯粹是一个经济现象。从最终意义上说,发展不仅仅包括人民生活的物质和经济方面,还包括其他更广的方面。因此,应该把发展看为包括整个经济和社会体制的重组和重整在内的多维过程。除了收入和产量的提高外,发展显然还囊括制度、社会和管理结构的基本变化以及人们态度,在许多情况下甚至还有人们习惯和信仰的基本变化"④。

工业革命以来,特别是20世纪后,随着新科技革命和第二次、第三次工业

---

① 《列宁选集》第2卷,人民出版社2012年版,第557页。
② [美]彼得·柏格:《发展理论的反省:第三世界发展的困境》,蔡启明译,(台北)巨流图书公司1987年版,第37—38页
③ [美]塞缪尔·亨廷顿等:《现代化:理论与历史经验的再探讨》,张景明译,上海译文出版社1993年版,第333页。
④ [美]迈克尔·P.托达罗:《经济发展与第三世界》,印金强等译,中国经济出版社1992年版,第50—51页。

革命的相继发生,引起了人们生产生活各个方面持续不断的变化发展,整个社会逐渐从农业社会转向工业社会和后工业社会,人们在生产生活的日常经验中直接感受到社会的变化发展,体验到科技和经济对社会的巨大发展作用。学术界关于发展的理论逐渐从过去一般的抽象哲学范式阐释转向以经济科技为核心内容的经济社会学范式阐释。特别是第二次世界大战后,随着电子计算机的发明及其在生产生活中的不断广泛应用,以及新材料和新能源的发现和应用,电子信息、原子能、生物科技等新兴产业不断涌现,科技革命成为劳动生产率提高和人们生活方式变化的最重要力量,并引发了更深刻广泛的社会变化,同时也带来了一系列发展性难题。学术界关于"发展"一词的内涵既特别寓意经济增长的意义,又被更加大范围地在社会领域中使用。1912年,美籍奥地利经济学家约瑟夫·熊彼特在《经济发展理论:对于利润、资本、信贷、利息和经济周期的考察》中明确说明:"我们所指的'发展'只是经济生活中并非从外部强加于它的,而是从内部自行发生的变化。"[1]发展首先是体现在经济生活中,已蕴含了经济的增长是发展的关键的思想。1956年,英国经济学家阿瑟·刘易斯在《经济增长理论》中直接将发展定位于经济增长,具体表现为总人口的人均产出的增长,这也是当时相当多的经济学家的共识。根据这种经济增长理论,"发展"一词通常指的是一个经济体实现或保持国内生产总值年增长率为5%—7%或者以上的能力。[2] 随着经济全球化的纵深发展,发展即经济增长的理念得以快速且广泛传播,为广大发展中国家所接受并付诸实践。对此,尤尔根·哈贝马斯作过如下的说明:"通过系统竞争和在全世界范围内的扩散,资本主义首先追逐的经济增长要求在世界范围内普及开来"。[3] 与此

---

① [美]约瑟夫·熊彼特:《经济发展理论:对于利润、资本、信贷、利息和经济周期的考察》,何畏等译,商务印书馆1990年版,第70页。

② [美]迈克尔·P.托达罗:《经济发展与第三世界》,印金强等译,中国经济出版社1992年版,第77页。

③ [德]尤尔根·哈贝马斯:《合法化危机》,刘北成等译,上海人民出版社2000年版,第59页。

同时,发展一词也越来越用于说明科学和其他领域的变革,逐步成为普遍使用的社会科学话语。

立足于马克思主义的基本理论,结合发展概念的演进过程,可以把发展理解为世界万物的成长、上升的运动过程,在人类社会,则是指人类社会在生产力方面的前进、进步进而引起的社会经济、政治、文化、生态等方面的前进、进步及其过程,尤其是指人的主体性品质和能力的提升和完善及其过程。

二、马克思恩格斯列宁的发展思想

马克思主义创始人批判地继承了黑格尔的辩证法思想,强调以矛盾、发展的方法论理解世界的科学性、正确性。马克思主义创始人不仅把黑格尔的神秘的绝对精神的自我展开过程还原为自然物质世界的内在运动过程,即用唯物主义改造了黑格尔的客观唯心主义从而超越了黑格尔,而且用唯物辩证法阐释人类社会历史的进程,创立了历史唯物主义,实现了对黑格尔哲学的革命性变革,对人类社会历史发展作出了科学的解释,形成了科学的社会发展观。

(一)马克思恩格斯的发展思想

把发展作为辩证法的最基本范畴和根本原则,认为物质世界是普遍联系和永恒发展的,宇宙间的一切事物都处于永恒的运动、变化和发展之中,处于不断的产生和消亡之中。他们把这种发展观点确立为唯物辩证法的根本原则和根本观点。正如恩格斯所指出:"辩证法不过是关于自然界、人类社会和思维的运动和发展的普遍规律的科学。"[①]

1.发展是自然界、人类社会和人类思维的普遍现象

马克思曾论述道:"一切存在物,一切生活在地上和水中的东西,只是由

---

① 《马克思恩格斯文集》第9卷,人民出版社2009年版,第149页。

于某种运动才得以存在、生活。例如,历史的运动创造了社会关系,工业的运动给我们提供了工业产品,等等。"①恩格斯指出:"当我们通过思维来考察自然界或人类历史或我们自己的精神活动的时候,首先呈现在我们眼前的,是一幅由种种联系和相互作用无穷无尽地交织起来的画面,其中没有任何东西是不动的和不变的,而是一切都在运动、变化、生成和消逝。这种原始的、素朴的、但实质上正确的世界观是古希腊哲学的世界观,而且是由赫拉克利特最先明白地表述出来的:一切都存在而又不存在,因为一切都在流动,都在不断地变化,不断地生成和消逝。"②因此,从自然界到人类社会再到人类思维领域,世界万事万物,无时无刻不是处在运动、变化、发展之中。

世界万物不仅是变化发展的,而且发展是有规律的。它首先表现为任何事物的变化发展是一个从量变到质变的过程,呈现出量变质变规律。恩格斯在《自然辩证法》中指出,自然界中的一切运动都可以归结为一种形式向另一种形式不断转化的过程,从机械运动到生命运动,特别是生命运动的不同形式,都显示出从低级形态向高级形态的发展。在其后的《路德维希·费尔巴哈和德国古典哲学的终结》中,恩格斯又指出,在社会历史领域,"一切依次更替的历史状态都只是人类社会由低级到高级的无穷发展进程中的暂时阶段"③。也就是说,人类社会历史的变化都是一个有规律的发展过程。无论是自然还是社会,世界万物之所以变化发展,根本的原因是事物矛盾,马克思指出:"两个相互矛盾方面的共存、斗争以及融合成一个新范畴,就是辩证运动。"④马克思通过对资本主义生产方式所包含的生产社会化和生产资料私人占有制的矛盾运动分析指出:"一种历史生产形式的矛盾的发展,是这种形式瓦解和新形式形成的唯一的历史道路。"⑤发展是辩证的否定的曲折性的前进过程。

---

① 《马克思恩格斯文集》第1卷,人民出版社2009年版,第600页。
② 《马克思恩格斯文集》第9卷,人民出版社2009年版,第23页。
③ 《马克思恩格斯文集》第4卷,人民出版社2009年版,第270页。
④ 《马克思恩格斯文集》第1卷,人民出版社2009年版,第605页。
⑤ 《马克思恩格斯文集》第5卷,人民出版社2009年版,第562页。

2. 人类社会发展也是一个有规律的过程

马克思恩格斯把这种对发展的辩证理解用于分析人类历史,深刻揭示了人类社会的发展就是建立在生产力与生产关系、经济基础与上层建筑、社会存在与社会意识的矛盾运动的基础之上的。他们研究了人类的起源、原始氏族社会、奴隶社会、封建社会,特别是通过对资本主义社会历史的深入分析,使他们坚信人类社会是发展变化的,这种变化又是有规律可循的。正如马克思指出:"我的观点是把经济的社会形态的发展理解为一种自然史的过程。"[1]恩格斯也明确提出:"现代唯物主义把历史看做人类的发展过程,而它的任务就在于发现这个过程的运动规律。"[2]而产生这种发展的动力则是生产力和生产关系、经济基础和上层建筑的社会基本矛盾。这两个矛盾贯穿于人类社会发展始终,是人类社会发展的根本动力。由于生产力是其中最活跃、最革命的要素,所以,生产力是人类社会发展的最终动力。

3. 人类社会的发展是一个整体进步过程

马克思恩格斯认为,人类社会发展是社会所有构成要素相互作用的有机整体与过程。其中,人和自然是最基本的前提性要素,"全部人类历史的第一个前提无疑是有生命的个人的存在"[3],人作为自然因素与社会因素的有机统一,生命的生产本身具有双重性,一方面是自然关系,另一方面是社会关系。自然界是社会有机体存在的物质基础,人是自然界的产物,"自然界……是人的无机的身体"[4],自然界为人的生存发展提供了基础条件,但人必须通过自身的实践去改造自然,自然界才能适应人的生存与发展的需要,从而体现出人的社会关系和本质力量。人在改造自然的过程中,也不断进行着人自身的生产、物质方面及精神层面的生产,形成以生产关系为核心的各种社会关系、社

---

[1] 《马克思恩格斯文集》第5卷,人民出版社2009年版,第10页。
[2] 《马克思恩格斯文集》第9卷,人民出版社2009年版,第28页。
[3] 《马克思恩格斯文集》第1卷,人民出版社2009年版,第519页。
[4] 《马克思恩格斯文集》第1卷,人民出版社2009年版,第161页。

会存在。这些社会关系和社会存在同时也就构成以生产力和生产关系为核心的各种社会矛盾,随着人们在生产实践中不断地积累生产经验、提高劳动技能和发明新的生产工具等引起生产力的发展,必然将引起生产关系甚至整个社会的变革,逐步地实现整个社会的进步。

4. 人民群众是社会历史发展的推动者

马克思恩格斯的唯物史观科学地说明了,社会历史是人自身的活动史,人民群众作为历史的真正创造者,是推动社会发展的主体力量。所谓人民群众是指代表社会进步的一切社会力量,是社会人群中的大多数。在与德意志意识形态家的论战中,马克思恩格斯深刻批判了以鲍威尔为代表的唯心主义者将"自我意识"作为历史的主体,而将人民群众视为愚笨对象的观点,明确指出,"历史的活动和思想就是'群众'的思想和活动"[1],"历史活动是群众的活动"[2]。恩格斯在谈到 19 世纪的英法两国的阶级斗争时指出,土地贵族、资产阶级和无产阶级"这三大阶级的斗争和它们的利益冲突是现代历史的动力,至少是这两个最先进国家的现代历史的动力"[3]。这些阶级斗争决定了现代社会必将是作为资本主义社会的人民群众,即代表先进生产力的无产阶级战胜土地贵族和资产阶级,用共产主义社会制度取代资本主义制度,实现现代社会的进步发展。

5. 人类社会发展的根本价值目标是实现人的自由全面发展

马克思恩格斯认为,唯物史观是"关于现实的人及其历史发展的科学"[4]。因此,从唯物史观看来,社会发展过程也就是人的发展过程。马克思指出:"整个所谓世界历史不外是人通过人的劳动而诞生的过程"[5],"历史不过是

① 《马克思恩格斯文集》第 1 卷,人民出版社 2009 年版,第 286 页。
② 《马克思恩格斯文集》第 1 卷,人民出版社 2009 年版,第 287 页。
③ 《马克思恩格斯文集》第 4 卷,人民出版社 2009 年版,第 305 页。
④ 《马克思恩格斯文集》第 4 卷,人民出版社 2009 年版,第 295 页。
⑤ 《马克思恩格斯文集》第 1 卷,人民出版社 2009 年版,第 196 页。

追求着自己目的的人的活动而已"①。在《1857—1858 年经济学手稿》中,马克思精辟阐释了随着生产力的发展和生产关系变革,人的发展也相应地经历了三个历史形态,即前资本主义的人的依赖、资本主义的物的依赖和共产主义的"建立在个人全面发展和他们共同的、社会的生产能力成为从属于他们的社会财富这一基础上的自由个性,是第三个阶段"②。人类社会发展作为人自己创造的历史,最终价值目标是通过发展生产力逐步地消灭社会分工、消灭阶级,使人类逐渐地从自然束缚、社会关系束缚和人自身精神束缚中解放出来,充分发展自己的潜能,包括人的需要的发展、个性的发展、能力的发展和社会关系的发展等等,实现"人以一种全面的方式,就是说,作为一个完整的人,占有自己的全面的本质"③,在"上午打猎,下午捕鱼,傍晚从事畜牧,晚饭后从事批判,这样就不会使我老是一个猎人、渔夫、牧人或批判者"④的完全自由状态下生活,真正实现自由而全面的发展。

(二)列宁的发展思想

19 世纪末 20 世纪初,列宁立足于俄国经济社会发展的现状,将马克思主义基本原理运用于俄国具体发展实践,创立了列宁发展观。列宁发展观起着承上启下的作用,它不仅继承了马克思主义创始人发展观的重要思想,还结合时代特征和本国实际进行了丰富和创新发展。列宁不但对本质层次的马克思主义发展观进行了继承和发展,而且创立了落后国家和被压迫民族如何由传统社会走向现代社会的运行层次的马克思主义发展观,形成了东方社会发展理论。

1. 列宁对马克思主义辩证发展思想的继承与丰富创新

列宁不仅是伟大的无产阶级革命家和导师,对无产阶级革命理论和社会

---

① 《马克思恩格斯文集》第 1 卷,人民出版社 2009 年版,第 295 页。
② 《马克思恩格斯文集》第 8 卷,人民出版社 2009 年版,第 52 页。
③ 《马克思恩格斯文集》第 1 卷,人民出版社 2009 年版,第 189 页。
④ 《马克思恩格斯文集》第 1 卷,人民出版社 2009 年版,第 537 页。

主义实践作出了划时代的贡献和发展,而且是哲学上的唯物辩证法大家,极大地丰富和创新了马克思主义辩证发展思想。

特别强调并深刻阐释了矛盾规律即对立统一规律在唯物辩证法中的地位。在《论马克思主义历史发展中的几个特点》中,列宁提出:"辩证法即关于包罗万象和充满矛盾的历史发展的学说。"①在《谈谈辩证法问题》开篇列宁更鲜明地提出:"统一物之分为两个部分以及对它的矛盾着的部分的认识……是辩证法的实质"②。这是因为任何事物都是在矛盾斗争中发展的,对立面的统一和斗争是事物运动发展的源泉和动力,是理解现存事物的"自己运动"的钥匙。列宁还说明了对立统一推动事物变化发展的内在机理,即任何事物内部都具有既统一又对立的两个方面,事物发展过程就是两个对立面因互相斗争而相互联系、相互渗透、相互转化,从而引起事物的变化发展,表现为"飞跃""渐进过程的中断""向对立面的转化"、旧东西的消灭和新东西的产生的钥匙。

在《马克思主义的三个来源和三个组成部分》中,列宁提出了唯物辩证法是"最完备最深刻最无片面性的关于发展的学说"③的著名论断。作为最完备的发展学说,唯物辩证法内含逻辑严密、内容丰富的发展理论体系,包括质量互变、否定之否定和对立统一三大规律和一般和个别、内容和形式、原因和结果、现象和本质等范畴。其中,对立统一规律是整个理论体系的实质和核心,是事物发展的最根本规律,其他规律和范畴都是对立统一关系或矛盾关系的展开。任何客观事物本身和事物相互之间本质上是一个对立统一体,任何事物发展变化的规律和特征,实际上是由对立统一规律所决定,从而决定了唯物辩证法的根本认识问题的方法是矛盾分析法。

列宁还从四个方面系统地阐述了唯物辩证法发展观的基本特征,即发展

---

① 《列宁选集》第 2 卷,人民出版社 2012 年版,第 278 页。
② 《列宁选集》第 2 卷,人民出版社 2012 年版,第 556 页。
③ 《列宁选集》第 2 卷,人民出版社 2012 年版,第 310 页。

的道路和方向是螺旋式地上升的"否定的否定"的过程;发展的状态是从量到质的飞跃;发展的根本原因是事物的内部矛盾;发展是普遍联系的结果,发展的根据是事物的普遍联系,既包括事物内部的联系,也包括事物之间即事物外部的联系,正是事物内部和事物之间的相互作用、相互影响,构成了整个世界的永恒的运动、变化和发展。人类社会的变化发展是人类社会内部的各种因素相互作用、相互影响以及人与自然的相互作用、相互影响并通过人类社会实践而形成的。

2. 列宁对俄国社会革命发展道路的探索

列宁把马克思主义的辩证发展观和唯物史观与俄国的实际相结合,正确地解决了俄国社会主义发展道路问题。列宁对俄国社会主义发展道路的探求与"俄国资本主义的命运"问题紧密相连,在与民粹派的"非资本主义道路"、马克思主义者普列汉诺夫的俄国已经进入"资本主义的学校"、俄国资产阶级自由主义者"资本主义完美论"等观点的争论中,列宁的社会发展观先后历经从民主主义革命道路思想、社会主义革命道路思想到社会主义建设道路思想的发展。

19 世纪下半叶,资本主义在全球的扩张使越来越多的东方落后国家被纳入世界贸易版图,加之 1861 年俄国进行农奴制改革进而产生了大量自由劳动力。因此,资本主义发展在俄国成为不可避免的趋势。1905 年革命前,针对民粹派经济学家丹尼尔逊等人极力否认资本主义在俄国发展的现实可能性的错误观点,列宁通过对社会分工的考察,首先指出"社会分工是商品经济和资本主义全部发展过程的基础。因此,我国民粹派理论家把这种发展过程说成是人为措施的结果,是'离开道路'的结果等等,极力抹杀俄国社会分工的事实,或者极力削弱这一事实的意义,是十分自然的"[①],说明资本主义已经在俄国有了比较大的发展,资本主义发展已成为俄国经济社会发展的客观现实。

---

① 《列宁选集》第 1 卷,人民出版社 2012 年版,第 166 页。

随后,列宁依据俄国工业人口增加、农业人口减少以及小生产者破产等事实来说明俄国资本主义形成的历史必然性。但列宁同时也反对所谓的"资本主义完美论",针对"合法马克思主义"者司徒卢威、布尔加科夫等人否认马克思的经济学说,混淆"资本"与"劳动"这两个范畴,宣扬资本主义制度永恒论的谬论,列宁批判性地指出:"认为资本是人类社会的永恒范畴,从而抹杀历史上一种的特殊的经济形态,在这种经济形态中,由商品经济所组织的这种积累的劳动落到不劳动的人的手里,并被用来剥削他人的劳动。"①资本主义是对封建主义的历史进步,但决不是完美的社会形态,它仍是剥削制度的社会,因此,它也是历史上的一种特殊经济形态,最终将被新的更好的社会制度所取代。

1905 年俄国资产阶级革命后,列宁看到俄国直接过渡到社会主义革命的条件还不充分,强调革命后最重要的是利用资本主义发展生产力,教育群众,为社会主义革命创造物质基础和思想条件。针对孟什维克和托洛茨基关于"两次革命论"与"一次革命论"的争论,列宁在继承马克思恩格斯"不断革命论"思想的基础上,依据俄国的实际状况明确了社会主义革命与资本主义革命的不同和联系,提出了革命分两步走战略,社会主义革命是资本主义革命的必然趋势,即"现在这个革命的完全胜利就是民主革命的终结和为社会主义革命而坚决斗争的开始"②。但俄国走资本主义道路有其历史必然性,在1909 年《致伊·伊·斯克沃尔佐夫-斯捷潘诺夫》的信中,列宁回顾道:"当我们和民粹派进行斗争,证明这条道路必然是和确定不移地是资本主义的道路时,我们是完全正确的,并且我们不能不把全部力量、全部精神集中在是资本主义还是'人民生产'这个问题上。这在当时是自然的,必然的,合理的。"③在这个过程中,无产阶级要注意牢牢掌握民主革命的领导权,重视对农民的领导。1914 年,第一次世界大战爆发,世界局势将发生深刻的变化,引起了列宁

---

① 《列宁全集》第 1 卷,人民出版社 2013 年版,第 184—185 页。
② 《列宁选集》第 1 卷,人民出版社 2012 年版,第 633 页。
③ 《列宁全集》第 45 卷,人民出版社 2017 年版,第 284 页。

对无产阶级社会主义革命道路、形式等问题的重新深刻思考。通过对国际形势变化的深入考察,列宁在 1915 年发表了著名的《论欧洲联邦口号》,在书中,列宁对革命形式作出了新的判断,明确提出:"经济和政治发展的不平衡是资本主义的绝对规律。由此就应得出结论:社会主义可能首先在少数甚至在单独一个资本主义国家内获得胜利。"①随后,在《无产阶级革命的军事纲领》中,列宁更进一步强调:"社会主义不能在所有国家内同时获得胜利。它将首先在一个或者几个国家内获得胜利,而其余的国家在一段时间内将仍然是资产阶级的或资产阶级以前的国家。"②列宁关于无产阶级革命的"一国或数国革命并可能取得胜利"理论形成,这是对马克思和恩格斯的发达资本主义国家"同时革命论"的时代性、创造性发展,为俄国十月社会主义革命的胜利成功奠定了理论基础。二月革命爆发后,统治俄国三百多年的罗曼诺夫王朝被推翻,沙皇专制的反动统治宣告结束。二月革命后出现了两个政权并立的局面,俄国临时政府(俄罗斯共和国)和苏维埃政权。二月革命为俄国人民争取社会主义的斗争创造了有利的条件。这次革命的胜利,促进了欧洲各国被压迫人民和被压迫民族反对战争、反对本国政府,争取民主权利和民族解放的革命运动的高涨。但是代表资产阶级利益的临时政府没有满足人民对和平、土地和面包的要求,反而宣布继续履行沙皇政府的"义务",继续进行第一次世界大战,引发了人民的更大不满,导致矛盾的激化,最终导致爆发了十月革命推翻了临时政府,以列宁为首的苏维埃政权控制了局面,为建立人类历史上第一个无产阶级专政的政权和社会主义制度国家奠定了基础。十月革命胜利后,列宁认为,民主革命任务已经完成,应及时采取措施实现向社会主义革命的过渡,建立无产阶级专政的革命政权,并充分利用手中的权力发展生产力,从而为进入社会主义社会创造条件。为此,列宁立足俄国经济文化相对落后的国情,开始了对俄国社会主义建设道路的探索。

---

① 《列宁全集》第 26 卷,人民出版社 2017 年版,第 367 页。
② 《列宁全集》第 28 卷,人民出版社 2017 年版,第 88 页。

3. 列宁对苏俄建设社会主义发展问题的探索

列宁是第一个领导无产阶级革命成功并建立无产阶级专政政权的伟大的无产阶级革命领袖。因此,把马克思主义的辩证发展观应用于俄国社会主义建设,探索俄国社会主义建设的道路、动力、社会力量、发展目标等问题,是列宁发展思想最重要的内容。

十月革命胜利以后,国内外敌对势力和反动势力联合起来,企图扼杀第一个新生的社会主义政权。在这种危急紧迫的时刻,苏维埃政府被迫在经济领域实行"战时共产主义政策"。这种特殊时期的非常措施为保卫巩固苏维埃政权,赢得战争发挥了重要作用。列宁后来曾经这样回忆:"我们当时不这样做就不能在一个经济遭到破坏的小农国家里战胜地主和资本家……应当说我们实行'战时共产主义'是一种功劳。"①但随着战争的结束,战时共产主义政策的弊端也日益暴露出来,最终在 1921 年被新经济政策取代。新经济政策作为一项涉及经济、政治、文化发展的全面性政策,集中体现了列宁关于落后国家实现现代化的战略构想,初步回答了经济文化落后国家进行社会主义建设的发展问题。

其一,关于发展的道路。马克思恩格斯晚年曾在回答俄国女革命家查苏利奇的信中,对在经济文化相对落后同时又存在土地公社的俄国,是否可以和如何进行社会主义革命的问题作出了专门的说明,认为在发达资本主义国家社会主义革命成功胜利以及国际工人运动高涨等条件下俄国可以跨越整个资本主义的发展阶段即"卡夫丁峡谷"直接进行无产阶级革命并取得胜利,革命胜利后可以积极利用资本主义创造的成果直接过渡到社会主义,进行社会主义建设。受此影响,十月革命胜利后,列宁曾经有急于求成尽快过渡到社会主义的倾向。列宁认为,俄国虽然是一个"小农生产者占人口大多数的国家",经济文化比较落后,但在革命热情的推动下,借助于战后内战的战争体制即"战时共

① 《列宁选集》第 4 卷,人民出版社 2012 年版,第 502 页。

产主义政策"可以直接过渡到社会主义。但是,实行"战时共产主义政策"两年左右,当时整个苏俄就遭遇了越来越严重的经济危机,严重的经济困难虽然与大规模的战争相关,但同时也跟"战时共产主义政策"严重挫伤工农群众的生产劳动积极性有关,严重的经济困难开始引发政治问题,已影响到新生的苏维埃政权的稳固。"战时共产主义政策"的直接过渡实践效果让列宁认识到,只有在社会化大生产占优势、现代工业无产阶级占人口大多数的国家里,才能直接向社会主义过渡,而在经济文化都相对落后的俄国,只能通过一系列的"中间环节"逐步地间接过渡到社会主义,列宁告诫全党:"我们计划……用无产阶级国家直接下命令的办法在一个小农国家里按共产主义原则来调整国家的产品生产和分配。现实生活说明我们错了。"①于是,从 1920 年末开始,列宁就开始考虑停止"战时共产主义政策"而实行新的经济政策,并在一些具体政策方面作出调整,如在当年的 11 月,人民委员会发布了租让法令,即准备将一些小型工商业重新租让给外国资本家和本国资本家去经营管理。1921年 3 月,俄共第十次代表大会正式通过了由战时共产主义过渡到新经济政策的决议。新经济政策以粮食税代替余粮收集制,允许农民自由出卖余粮,允许私商自由贸易,并且将一部分小型工商企业还给私人,还准备把一些企业租给外国资本家。在实施新经济政策过程中,列宁对实行共产主义经济政策和新经济政策进行了全面深刻的反思总结,写出了《论粮食税》《论合作社》《宁肯少些,但要好些》等著作文章,形成了关于经济文化落后的国家地区进行社会主义建设的新思想。这些思想的核心是利用和发展国家资本主义和市场机制,实现从直接过渡转向间接过渡。在《论粮食税》中,列宁明确指出:"我们应该利用资本主义(特别是要把它纳入国家资本主义的轨道)作为小生产和社会主义之间的中间环节,作为提高生产力的手段、途径、方法和方式。"②强调必须利用市场机制、商品和货币关系在经济发展中的作用,要在把握市场规

---

① 《列宁选集》第 4 卷,人民出版社 2012 年版,第 570 页。
② 《列宁选集》第 4 卷,人民出版社 2012 年版,第 510 页。

律的基础上采取经济措施,调节市场和货币流通,在具体政策措施方面必须采取租让制、租赁制、合作制等形式来促进小农经济的发展;在指导思想上,要防止急于求成的"直接过渡",坚持逐步发展的"间接过渡"。① 列宁晚年对苏俄如何进行社会主义建设的探索形成的新思想及其在政策上的践行,是把马克思主义社会主义理论与俄国国情相结合的深刻总结,不仅对迅速恢复苏俄因战时共产主义政策实施和战争破坏造成的严重经济困难起到了至关重要的作用,而且对于在经济文化落后的国家进行社会主义建设具有重要的指导意义,也是对马克思主义社会发展理论的重大创新。

其二,关于发展的内涵及动力。列宁认为:"无产阶级取得国家政权以后,它的最主要最根本的需要就是增加产品数量,大大提高社会生产力。"②虽然俄国通过十月革命已经跨越了资本主义制度的发展阶段,但在资本主义阶段所实现的经济现代化尤其是生产力发展却是不可逾越的,如果不尽快解放和发展生产力,社会主义就会丧失根基。因此,列宁将发展生产力、实现工业化、电气化等作为其发展战略的目标,并针对电气化制订了名为"第二党纲"的计划,列宁甚至提出,"共产主义政权就是苏维埃加全国电气化"的论断,可见对电气化的重视。此外,由于国内战争、粮食歉收等问题,农民生活十分困苦,因而提高农民经济生产能力成为迫切需要。列宁深刻认识到:"作为小生产和交换的自发产物的资本主义,在一定程度上是不可避免的。"③因此,必须改变粮食政策,将余粮收集制改为粮食税,恢复自由贸易,同时将无产阶级专政与国家资本主义相结合,"培植"租让制,大力发展商业和农民合作社等方式,大大增强了经济发展的活力。

列宁对俄国的政治、文化教育等方面的发展还提出了更具体的构想。在

---

① 《苏联共产党代表大会、代表会议和中央全会决议汇编》第 2 分册,人民出版社 1964 年版,第 137 页。

② 《列宁选集》第 4 卷,人民出版社 2012 年版,第 623 页。

③ 《列宁选集》第 4 卷,人民出版社 2012 年版,第 510 页。

文化方面,列宁发表了多篇著作,如《关于"出版自由"》《日记摘录》和逝世前所口述的"政治遗嘱"等,详细论述了苏维埃国家教育文化的发展构想。在《青年团的任务》的一文中,列宁指出,"在一个文盲的国家里是不能建成共产主义社会的"[①]。列宁认为,在当时的苏俄,"提高文化水平是最迫切的任务之一"[②],他要求在全国范围进行大规模的扫盲工作,强调扫盲工作与整个社会的文化水平的提高和苏维埃经济发展密切相关。因此,列宁要求政治教育者要发扬坚韧不拔、不怕困难的精神,保证完成文化任务。在晚年的著作和书信中,列宁还对文化教育领域的许多具体问题,如国民教师的地位问题、教育的预算问题、农民的文化教育问题、党和干部的严格管理问题等进行了探讨。列宁认为,进行文化教育建设,必须特别发展国民初级教育,加强对职工的教育,帮助农村发展文化,高度重视国民教师的重要作用,要求不断提高教师的社会地位和经济地位,强调如果"不做到这一点,就谈不上任何文化,既谈不上无产阶级文化,甚至也谈不上资产阶级文化"[③]。列宁还主张应该在广大农村进行一场文化教育领域的革命,以此达到完全合作化的目的。在列宁看来,苏俄当时广大农村农民的文化教育素质都非常低,小农意识深厚,无论是说服农民走合作化道路还是让农民掌握现代农业生产技术,都必须在农村开展大规模的文化教育工作,一是提高农民的文化水平;二是用共产主义思想道德影响来改造农民;三是提升农民的科学技术能力,用科学理论武装农民头脑。列宁强调,如果"没有一场文化革命,要完全合作化是不可能的"[④]。十月革命后,特别是在新经济政策实行期间,俄共(布)党内官僚主义不断滋生且有蔓延之势,对此,列宁忧心忡忡,他在身体健康出现严重问题的情况下仍然在探寻如何克服官僚主义确保党的肌体健康和工作效率的途径。在口授的《我们

---

① 《列宁选集》第 4 卷,人民出版社 2012 年版,第 294 页。
② 《列宁选集》第 4 卷,人民出版社 2012 年版,第 586 页。
③ 《列宁选集》第 4 卷,人民出版社 2012 年版,第 763 页。
④ 《列宁选集》第 4 卷,人民出版社 2012 年版,第 773 页。

怎样改组工农检查院》《宁肯少些,但要好些》等文章中,列宁不仅强调苏维埃政权是无产阶级进行社会主义革命和社会主义建设的主要工具,苏维埃政权的好坏,直接关系到社会主义的前途,而且提出了一系列国家政权建设的设想。这些设想包括精简机构,裁减冗员,健全制度,提高工作效率,强调"宁肯数量少些,但要质量好些"的原则;改革和完善监督制度,让广大人民能够监督国家机关工作人员的各项管理服务工作;革新国家机关,专门提出要"把作为改善我们机关的工具的工农检查院改造成真正的模范机关"①;改革干部政策,通过考核录取选拔国家机关干部;建立社会主义法制,加强俄共(布)党的建设,强调党内必须实行集中制和严格的纪律,防止党内分裂和党的机关与干部脱离群众的事件发生等。这些思想深化和具体化了马克思主义关于社会主义国家的社会建设、国家制度建设和无产阶级政党建设等的思想,全面地丰富和发展了马克思主义的社会主义上层建筑理论。

其三,关于发展的主体。列宁把马克思主义的群众史观与俄国农民群众占人口大多数的国情相结合,强调必须把无产阶级的领导和团结广大农民群众相统一,充分发挥农民群众在社会主义革命和建设中的主体地位和作用,丰富和发展了马克思主义的历史主体观。列宁认为,俄国现代工业和工业无产阶级虽然能在革命和建设中起主导作用,但俄国整个国家仍然是农民占人口大多数,农民群众在俄国社会发展中具有重要的社会基础地位,没有广大农民支持和参与社会主义革命和建设,苏维埃政权就难以巩固,社会主义建设也不可能取得成功。早在革命时期,列宁已敏锐地看到了农民在无产阶级革命运动中的重要作用,指出要彻底粉碎专制制度的统治,无产阶级就必须团结农民的力量,"无产阶级应当实现社会主义革命,这就要把居民中的半无产者群众联合到自己方面来,以便用强力摧毁资产阶级的反抗,并麻痹农民和小资产阶级的不稳定性"②。在民主主义革命和社会主义革命中,列宁十分注重向群众

---

① 《列宁选集》第4卷,人民出版社2012年版,第786页。
② 《列宁选集》第1卷,人民出版社2012年版,第606页。

培养和灌输马克思主义和革命意识,引导群众成为有觉悟可依靠的同盟者。十月革命胜利建立政权后,列宁特别告诫全党,团结争取农民是巩固和发展政权的一个决定性的因素,提醒全党必须正确回答和解决这个问题,即"全部问题在于农民跟谁走:跟无产阶级走呢,还是跟资本家走"①。如果不争取农民支持无产阶级和参加社会主义建设,"只靠共产党员的双手来建立共产主义社会,这是幼稚的、十分幼稚的想法"②,既不能巩固无产阶级革命胜利的政权,也不能建成社会主义。列宁还认为,共产党员既是人民群众的组成部分,又是人民群众中的特殊成员,这就是共产党员必须担负起广泛凝聚包括农民的全体社会成员力量的重任。共产党是无产阶级先锋队组织,既要在革命和建设中始终居于领导地位,又要充分尊重广大人民群众的历史主体地位,把包括广大农民在内的人民群众作为革命和建设的主体,维护人民群众的各种合法权益。由于农民是人民群众中人数最多又是最需要帮助和发动的群体,所以,列宁特别强调要维护广大农民群众的各种合法权益,要求在进入社会主义建设时期,必须通过示范、教育、帮助等方式鼓励农民自愿加入合作社,让农民感受到在合作社能更好发展生产、振兴经济,满足需要、保障利益。列宁还要求全党都要探索和学习在农村合作化过程中如何做到尽可能有效地帮助农民,只有这样,才能团结和带领农民群众走合作化的社会主义道路。列宁指出:"全部关键在于,现在要同无比广大的群众,即同农民一道前进,用行动、实践和经验向农民证明,我们在学习并且一定能学会帮助他们,率领他们前进。"③怎样才能用行动、实践和经验向农民证明呢? 列宁提出了包括采取城乡互动、建立各种形式的农村合作组织、向合作社供给农民纺织品、机器和其他农业生产工具等,以此调动农民生产劳动的积极性、主动性,激发包括农民在内的全体劳动者的创造力,让全体劳动群众真正成为社会主义建设的主体力量和社会的主人。

①　《列宁选集》第 4 卷,人民出版社 2012 年版,第 577 页。
②　《列宁选集》第 4 卷,人民出版社 2012 年版,第 682 页。
③　《列宁选集》第 4 卷,人民出版社 2012 年版,第 700 页。

其四,关于发展的价值指向。十月革命胜利后,列宁及其领导的俄共(布)就把实现马克思主义"人的自由全面发展"理念与苏俄革命和建设的具体目标结合起来,在实践中创新了马克思主义的社会价值思想。实现人的自由全面发展,是马克思主义最高的社会发展价值目标,它既是一个漫长的过程,更需要一系列的具体目标措施。列宁依据科学社会主义的基本原理,从苏俄国情出发,提出了在苏俄社会主义革命和建设中实现人的自由全面发展价值理念的实践路径。首先,列宁认为,实现人的自由全面发展,就必须提高人的文化教育水平和劳动工作能力。鉴于当时俄国文盲较多,全民文化教育水平低,列宁特别强调要大力发展学校教育和社会教育,通过"教育、训练和培养出全面发展的和受到全面训练的人,即会做一切工作的人"[1]。列宁认为马克思主义关于人的自由全面发展是一个长期的过程,在经济文化落后的苏俄要实现广大工农大众文化水平的整体提升、确立共产主义信念和成为一个全面发展的劳动者更是需要"整整一个历史时代"。在批判德国左派的幼稚言论时,列宁明确表示,共产主义正在向培养"会做一切工作的人"的目标前进,并且这个目标的实现具有长期性,如果急于求成,不符合实际发展情况,"这无异于叫四岁的小孩去学高等数学"[2]。其次,列宁认为,实现人的自由全面发展的最高价值目标必须以构建完善的社会经济、政治和文化价值目标为前提条件。在经济方面,要在社会主义制度下通过不断发展生产力逐步实现全社会共同富裕的价值目标。十月革命胜利后,1918 年、1919 年列宁多次论述共同富裕的思想,强调社会主义要"使所有劳动者过最美好的、最幸福的生活"[3],"在社会主义制度下,全体工人,全体中农,人人都能在决不掠夺他人劳动的情况下完全达到和保证达到富足的程度"[4]。在政治方面,人的自由全面

---

[1] 《列宁选集》第 4 卷,人民出版社 2012 年版,第 159 页。
[2] 《列宁选集》第 4 卷,人民出版社 2012 年版,第 159 页。
[3] 《列宁选集》第 3 卷,人民出版社 2012 年版,第 546 页。
[4] 《列宁全集》第 35 卷,人民出版社 2017 年版,第 470 页。

发展的价值追求就必须构建无产阶级民主。列宁认为,民主是一种国家制度,无产阶级必须在社会主义国家建立自己的民主制度。无产阶级民主就是由人民自己管理社会和国家事务,苏维埃政权就是无产阶级民主的最好形式,因此,必须加强苏维埃政权建设,注重其组成机构的精简和成员的思想政治教育工作,坚决反对官僚主义。在文化方面,要造就自由全面发展的一代共产主义新人。列宁特别重视社会主义的文化建设,认为要在经济文化落后的俄国建设完全的社会主义国家,必须进行文化革命和文化建设,通过文化革命和文化建设,造就一代共产主义新人,作为建设社会主义、共产主义的社会基础。要造就共产主义新人,必须给工人群众灌输社会主义意识,因为工人阶级单靠自己的力量只能产生出工联主义意识,必须在灌输的过程中同资产阶级思想体系进行不可调和的斗争。在实现文化价值目标方面,列宁还特别指出,文化革命和文化建设是一个漫长的过程,只能采取细致深入、循序渐进的方式进行,切忌急躁冒进。

三、近现代西方发展观的历史流变

所谓发展观,是指发展思想的集合,是对社会发展的内涵、性质、目标和条件的一般看法和根本观点,是人们对社会发展规律的理性揭示和对未来社会发展的总体认识,目的是探究和引导人们考察、推敲和处理一系列关涉到发展的根本方向、发展模式和发展战略等根本性问题。发展观本质上是现代意义上的,是对现代性价值理念的一种体现。"现代性的基本价值的确立,就为现代发展概念提供了价值论的基础,在发展概念的血管中流淌的是现代精神的血脉;发展概念的灵魂就是现代性的灵魂。"①这是因为由于古代社会生产力和科学技术水平低且变化缓慢,交通工具和通信方式十分落后,人们大多依靠农耕生活,跨域交流困难,货物交换量和市场规模都非常有限,人们相互联系

---

① 刘福森:《西方文明的危机与发展伦理学:发展的合理性研究》,江西教育出版社2005年版,第6页。

不密切,人们的思想观念容易守旧僵化,所以,社会物质生产生活虽然会发生经常性的各种变化,但总体而言是一种量的缓慢渐变,没有呈现出鲜明的质的变化的发展进步特征。古代思想有丰富的关于运动、变化的哲学讨论和学说,但很少对社会物质生产生活的变化发展并由此引起的整个社会形态的变化发展进行整体阐释,没有形成以发展作为专门问题研究的发展观。随着工业革命开始,人类从手工业时代进入机器动力时代,科学技术不断突飞猛进且日益与生产生活相结合,极大地促进了生产力的发展、经济的发展和人们生活水平的不断提高,全球化时代到来,人类的交往内容和范围越来越广阔,社会变化、发展也不断加快,为理性的"发展"理论的产生准备了实践生活基础。

20世纪中叶,发展问题研究作为一个跨学科的研究领域在西方出现,它的兴起与第二次世界大战之后国际社会经济政治格局的变化,尤其是发展中国家的发展问题密切相关,也与二战后新科技革命和工业革命引起全球生产生活加速变革相关。二战后,随着智能科技和新能源、新材料等的发现、发明及其在生产生活中的广泛应用,整个社会更是日新月异地发展变化,进入了"加速时代""加速社会"和"地球村"时代。同时,新科技革命和工业革命在极大地提高了人类社会的生产力和社会发展的广阔空间时,也给人类社会发展带来了各种困境,如生态环境、资源枯竭、消费主义和人的物化等发展性问题,发展已成为一种最为迫切的实践问题,引起了全球性的强烈关注和国际学术界对发展的深刻反思。发展问题不仅成为国际学术界的研究热点,而且也成为联合国国际事务关注的重点问题。在反思和研究过程中提出了一系列相对清晰、系统的关于发展的观点和概念,相继形成了关于发展的各种学说"发展观",并呈现出"经济增长发展观"到"可持续发展观"到"以人为中心+社会综合发展"的综合"发展观"的三个主要演进阶段。

(一)经济增长发展观

以经济增长为追求目标的单一发展观是近代资本主义工业化进程中的

阶段理论产物,理论形态的代表是发展经济学和现代化理论。这种以发展经济学为分析框架的发展观考察了西方国家尤其是美国的现代化进程,试图为二战后的广大发展中国家提供发展蓝本。二战后形成了以美国为主导的世界格局,由于美国在第三世界中具有特殊利益,因而这种发展观高度关注战后发展中国家的政治经济走向。"以20世纪60年代为中心,以美国为主要舞台,后来被统称为'现代化理论'的一系列研究文献层出不穷。这一动向首先始于经济学和经济史领域,其核心概念是'经济增长'。"①自英国古典经济学家亚当·斯密以来的众多经济学家都在为这种发展观的合理性进行论证和辩护。他们认为现代化是实现从农业社会过渡到工业社会,从传统社会进入到现代社会的重要途径,而经济增长是现代化过程中的核心内容。

亚当·斯密在《国富论》中提出了依靠工业生产和市场这只看不见的手的调节可以实现财富和幸福无限增长的预想。他将人设定为以追求自身利益最大化为目的的"经济人",政府的职能定位为市场的"守夜人"。在"看不见的手"的作用下,经济人在追逐私利的过程中最终会实现国家物质财富的增长和所有人的福利的增长,并推动社会的发展。以斯密为代表的古典经济学家将人们的逐利视为社会发展的原初动力,将市场调节视作社会发展的机制动力,它对于解释自由竞争时代资本主义发展具有一定的合理性。但是,从19世纪70年代开始,欧洲资本主义发展逐渐从自由竞争阶段发展到了垄断阶段,垄断在社会经济生活中越来越居于主导地位。为了支持本国垄断资本的扩张以及避免因垄断造成的国内经济社会剧烈动荡带来的统治危机,资本主义国家政权逐渐地介入经济生活,形成了国家政权与垄断资本的结合,资本主义发展进入了帝国主义时代,因而斯密所预设的市场自由自发竞争实际上已不存在,也不可能。帝国主义国家为了本国垄断资本在世界经济竞争中处

---

① [日]富永健一:《日本的现代化与社会变迁》,李国庆、刘畅译,商务印书馆2004年版,第59页。

于有利地位,不断地在海外扩张,争夺殖民地和贸易市场,最终形成了协约国和同盟国两大政治军事集团,并在1914年至1918年爆发了人类历史上的第一次世界大战。一战后,资本主义获得了暂时的战后恢复发展时期,但仅仅10年左右,1929年从美国开始,就发生了席卷整个资本主义世界并对整个世界的和平发展产生严重影响的经济危机。伴随着解决经济危机需要,凯恩斯的宏观经济理论顺势兴起,斯密等人的古典经济学主张的市场自由竞争理论式微。凯恩斯经济学主张国家应采用扩张性的政策对市场进行调控,通过增加"有效需求"促进经济增长。20世纪50年代前后,在凯恩斯"有效需求"理论的基础上,英国著名经济学家哈罗德和美国经济学家多马等提出了"哈罗德—多马增长模型"。该理论模型强调增加储蓄,通过增加储蓄来增加资本存量和生产能力,解决失业,从而促进经济的增长。"哈罗德-多马增长模型"被认为是最适合发展中国家实现工业化的有效经济理论,因为发展中国家实现工业化的关键就是增加资本积累、扩大投资。从亚当·斯密时期的"看不见的手"理论到凯恩斯的"有效需求"理论再到"哈罗德-多马增长模型"的"储蓄-投资"理论,虽然他们的具体理论侧重点各有不同,但本质上都是以追求GDP即经济增长为发展的核心指标,差别只在于实现经济增长的措施不同。

从资本主义工业革命开始至20世纪60年代,依靠科技和工业革命的发展动力,在追求经济增长的发展观的影响下,西方资本主义发达国家不仅获得了经济的快速增长,而且长期主导全球化过程中的世界经济发展格局,"西方发达国家在全球树立了一根现代化标杆,其他社会都会缓慢地向这个方向发展"①。因此,以追求GDP快速增长的发展观在二战后的很长一段时期也深刻地影响了广大发展中国家的发展路径,为实现本国的现代化,紧跟西方步伐实现现代化制定经济发展战略,都把经济增长作为发展的首要目标。对此,美

---

① [英]彼得·华莱士·普雷斯顿:《发展理论导论》,李小云、齐顾波等译,社会科学文献出版社2011年版,第13页。

国社会学家库马在《社会的剧变——从工业社会迈向后工业社会》中曾经评述,现代化未来基本上就是根据西方工业发展的模型拟想的,西方工业文明就是它的终点。无论是发达国家还是发展中国家,大都把经济增长当作解决社会问题的唯一途径,形成了 GDP 增长的盲目崇拜。

　　然而,二战后各国追求现代化过程中对于 GDP 增长的盲目崇拜引发了社会发展的诸多问题,包括环境污染、生态失衡、资源枯竭、能源短缺、贫富分化、人口过快增长、发展中国家严重依附发达国家、消费主义蔓延、人被物化等问题,这些问题严重到一定程度又影响到经济的增长。从而引起了国际学术界对过度追求 GDP 增长发展观及其发展路径模式的各种批判性反思。对此,英国发展经济学家刘易斯指出,"像其他任何事情一样,经济增长是要付出代价的。如果经济增长可以在不产生任何不利条件的情况下实现,那么人人都会完全赞成。但是,由于经济增长有其实际的不利条件,人们根据其对利弊的不同估计对经济增长采取不同的态度"①。

　　首先是马尔库塞等人对通过技术理性过度追求 GDP 增长带来的生态环境问题和人的"单面化"问题的批判反思。1964 年马尔库塞发表名著《单向度的人》一书,在书中,马尔库塞提出,技术合理性是现代社会尤其是发达资本主义社会最突出的特征之一。资本主义制度通过科学技术发展推动经济增长来证明自己的合理性。科学技术不是按照人性的标准而是按照效率的标准设计的世界,它以自身为媒介,介入到资本主义制度体系之中,通过科学技术发展带来的人们物质生活水平的改善来提高人们对资本主义制度的认同。在整个社会生产生活过程中,人们被彻底整合、同化到现存的机械化生产系统中,人的工作生活被完全机械程序化。由于全面的机械化,技术理性使整个社会被合理地、有效地组织起来,发达资本主义社会的政治统治表现为纯粹的技术管理,技术理性的逻辑成为社会生活所有领域的普遍逻辑。技术理性将社会

_____

① ［英］阿瑟·刘易斯:《经济增长理论》,周师铭等译,商务印书馆 1983 年版,第 516 页。

生活的各个方面整合进自己的价值体系中,从而在"科学""合理"的名义下消解了政治系统中的一切否定因素,整个社会被技术化、物化,变成了单向度的社会。不仅如此,马尔库塞还深刻地揭示,资本主义通过技术理性与人们日常生活需要的结合起来达到控制人们心理的目的。马尔库塞认为,人的需要可以分为"真实的需要"和"虚假的需要"。真实的需要是满足人们最基本的生活需要,虚假的需要是统治者为了自己的特殊利益强加给个人的结果,资本主义社会在相当程度上就是通过对虚假需要的强制性建立和满足来压抑人的真实需要。资本主义一方面利用技术理性不断促进 GDP 的增加,使社会物质产品极大地丰富,为社会大众提供充裕的消费品;另一方面,资本主义通过广告传媒等手段,操纵人们的物质生活方式和消费行为方式,制造虚假的需求,鼓励整个社会高生产、高消费。由于社会不同阶层的人都从社会产品中获得便利或好处,让人感到生活的虚幻享受,导致人们把受操纵的生活当作幸福的生活,把社会的强制当作个人自由,整个人的心灵被异化,丧失了对现存制度的否定性品格,成了"单向度的人"。

其次是对经济增长的发展模式下形成的不公正的世界经济格局的批判反思。二战后全球经济社会的发展包括许多发展中国家的经济增长都深受美欧发达资本主义体系的影响,一些发展中国家比如拉美的阿根廷、巴西等在经历一段时期经济高速增长后,不仅经济陷入"滞胀",还滋生了各种社会问题,而且还成为美欧发达国家的"廉价的倾销市场和代工厂",提出"依附论"的学者们斥之为"新的殖民主义"。依附论于 20 世纪 60 年代初期在拉丁美洲发展起来。代表人物有 A.C.弗兰克和桑托斯。依附论认为发达与不发达并不是不同的阶段,而是同一阶段中相互联系的结果。不发达国家之所以不发达,其根源不在于其内部,而是发达国家为实现自身发展而有意"制造"出来的,处于中心的发达国家的发达是边缘的发展中国家不发达的原因,发达国家的发达是以牺牲发展中国家的发展为代价的,并且形成了"中心—边缘"的世界经济发展格局,即边缘的发展中国家对发达的中心国家的依附和从属。桑托斯说:"拉丁美洲工业的增长,并没有使他们转入发达国家的圈子里。恰恰相反,他们距处于工业后革命的前沿的发达国家的距离更加扩大了。"[①]在依附论的基础上,沃勒斯坦提出了"世界体系论",进一步丰富和发展了依附论思想。"世界体系论"突破了依附论把国家作为研究单位和"中心—边缘"划分的研究范围,将历史发展和世界结构作为一个包括经济、政治、文化等众多要素在内的统一的时空体系。沃勒斯坦提出,由于世界性的分工和资本积累,被迫卷入到现代世界体系的国家和地区被分为中心区、半边缘区和边缘区三种区域,不同的区域承担着不同的经济角色,共同维持体系的运作发展。世界体系里有"正向变化,即某些边缘区可能上升为半边缘区,某些半边缘区升为中心区。也有逆向变化,即某些经济角色的地位可能下降。中心区也会扩大或转移"[②]。但不可否认的是,"空间的等级化使世界经济在核心与边缘之间出现越来越深刻的两极化"[③]。也就是说,世界体系虽然拥有能够不断修补漏洞的自我调节机制,但这并不能消除其内在固有的不平等和由此产生的紧张局势,它最终将不可避免地陷入混乱局面。

最后是对唯 GDP 增长的发展模式导致的"有增长,无发展"情形的批判反思。自 20 世纪 60 年代开始,二战后原来奉发展经济学为圭臬、以追求 GDP 增长为发展的最基本内核的发展模式,虽然在一些发展中国家实现了较快的经济增长,但相当多的国家至 20 世纪 50 年代末 60 年代初已显现出越来越多的意想不到的不良后果,有些国家出现了"有增长,无发展"甚至"负发展"的情况,引发了诸如生态环境、贫富急剧分化等一系列严重社会问题,引起了国际经济学社会学界的广泛关注,国际学术界开展了对过去经济增长发展观的批判性反思,其思维取向呈现为"人们关注的重点从发展问题向危机问题转

---

① 《全球化与世界体系:庆贺特奥托尼奥·多斯·桑托斯 60 年华诞论文集》(下),白凤森等译,社会科学文献出版社 2003 年版,第 677 页。
② 庞卓恒:《评沃勒斯坦的〈现代世界体系〉》,《中国大学教育》2004 年第 3 期。
③ [美]伊曼努尔·华勒斯坦:《历史资本主义》,路爱国、丁浩金译,社会科学文献出版社 1999 年版,第 14 页。

移,乐观主义的态度被一种不安的意识所取代"①。美国经济社会学家威利斯·哈曼尖锐地批判指出,在人类社会的发展过程中,"我们唯一最严重的危机主要是工业社会意义上的危机。我们在解决'如何'一类的问题方面相当成功,但与此同时我们对'为什么'这种具有价值含义的问题,越来越变得模糊起来,……我们的发展速度越来越快,但我们却迷失了方向"②。人们越来越感到,经济增长发展观视域中的发展"似乎是为了使贫困、文盲和财富分配扭曲现象得到累积"。瑞典发展经济学家、诺贝尔经济学奖得主冈纳·缪尔达尔在1971年发表的《亚洲的戏剧:对一些国家贫困问题的研究》对"有增长,无发展"的发展模式进行了较全面的分析批判,对"发展"概念作了新的说明,认为"发展意味着从'不发达'中解脱出来,消除贫困的过程,'发展'意味着整个体系的向上的运动"③。强调发展不仅是在物质上摆脱贫困,而且也意味着人的精神素质方面的提升,是社会各方面实现更好的变革和实现社会现代化的历史进程。印度著名经济学家苏布拉塔·贾塔克在《发展经济学》一书中对如何走出"有增长,无发展"状态进行了系统的分析,并从分配公平的角度对发展概念作了新的阐释,认为"必须考虑国民收入的分配,然后才能谈到关于发展的一般水平。一个国家的国内总产值可以以非常快的比率增长,但是只有一小部分人是这种增长的受益者,而大部分人的生活水平却可能没有任何改善,也许存在增长而没有发展"④。因此,必须把消灭贫困和实现社会公平也纳入发展范畴。其后,美国发展经济学家迈克尔·P.托达罗在《经济发展与第三世界》中明确地提出:"我们必须把发展看成是涉及到社会结

① 〔美〕塞缪尔·亨廷顿等:《现代化:理论与历史经验的再探讨》,张景明译,上海译文出版社1993年版,第125页。

② 〔波〕维克多·奥辛廷斯基:《未来启示录:苏美思想家谈未来》,徐元译,上海译文出版社1988年版,第193页。

③ 〔瑞典〕冈纳·缪尔达尔:《亚洲的戏剧:对一些国家贫困问题的研究》,谭力文、张卫东译,北京经济学院出版社1992年版,第305页。

④ 〔印〕苏布拉塔·贾塔克:《发展经济学》,卢中原等译,商务印书馆1989年版,第18页。

构、人的态度和国家制度以及加速经济增长、减少不平等和根除绝对贫困等主要变化的多方面过程。发展从其实质上讲，必须代表全部范围的变化。通过这个变化，整个社会制度（在这个制度内变成了个人和社会集团的多样化需求和欲望）把人们普遍不满意的生活条件变成被认为物质上和精神上都'更好'的生活状况或条件。"①与此同时，一些政治学者和社会学者也针对"有增长，无发展"的情况对"发展"进行多视角的说明。如美国政治学家亨廷顿提出，发展"表示与从相对贫困的乡村农业状态向富裕的都市工业状态转变的社会运动相联系的社会、经济、心智、政治和文化变迁的总过程"②。英国社会学家布兰特提出，"发展是社会有意识地逐渐向科学化和成熟变化的过程。目的是实现既定的、估计可行的社会和经济的进步"③。这些论述表明，国际学术界关于"发展"的概念越来越脱离单纯的 GDP 增长的解读范式，视发展为一个社会的经济、政治、文化等多因素、多层次、多目标相互促进的综合提升过程，强调经济增长只是社会发展的一个主要方面，只是为其他方面的进步提供必要条件，发展的实质应该是经济、政治、文化等方面的立体网络式的全方位提高。

正是在批判反思秉承发展经济学的发展思路，奉行 GDP 中心发展模式的基础上，学术界对发展有了更深刻的认识，发展的内涵得到更丰富的扩展，同时也"需要寻求新的理论方向"④，可持续发展理论正是这种"寻求新理论方向"的产物。

这种发展观并没有带来人们预期中的发展，反而导致了"有增长，无发展"的困境，引发了贫富两极分化、人口爆炸、农业衰败、资源短缺、环境污染、技术瓶颈等一系列社会问题。单纯以 GDP 增长作为发展模式在一个非常贫

---

①　［美］迈克尔・P.托达罗：《经济发展与第三世界》，印金强等译，中国经济出版社 1992 年版，第 79 页。

②　庞元正、丁冬红：《当代西方社会发展理论新词典》，吉林人民出版社 2001 年版，第 4 页。

③　吴寒光等：《社会发展与社会指标》，中国社会出版社 1991 年版，第 1 页。

④　《全球化与世界体系：庆贺特奥托尼奥・多斯桑托斯 60 华诞论文集》（下），白凤森等译，社会科学文献出版社 2003 年版，第 665 页。

穷的国家或地区的早期作为整个社会发展的引擎是必要的,也是有效的,它能使该国或地区绝大多数人的福利增加,但是,当经济增长到一定程度时,这种高投入、高消耗、高污染换来的高产出发展模式,就会超出环境生态资源的承载量,其固有的缺陷也会逐渐暴露。因此,进入 20 世纪 70 年代,人们开始反思这种发展模式,在反思批判过程中,形成了包括"可持续发展观"和"以人为中心+社会综合发展"的新发展理论。

(二)可持续发展

可持续发展(Sustainable development)概念的明确提出,是在 1980 年由世界自然保护联盟(IUCN)、联合国环境规划署(UNEP)、世界野生动物基金会(WWF)共同发表的《世界自然保护大纲》中。1987 年,以挪威前首相格罗·哈莱姆·布伦特兰为首的世界环境与发展委员会(WCED)发表了报告《我们共同的未来》。这份报告正式使用了可持续发展概念,并对之作了比较系统的阐述,"可持续发展"正式被确定为理解发展问题的重要概念,其价值理念得到普遍的认同,并产生了广泛的影响。1992 年,联合国在巴西里约热内卢召开"环境与发展大会",通过了以可持续发展为核心的《里约环境与发展宣言》《21 世纪议程》等文件。"可持续发展"概念和理念逐渐为各国政府和国际组织所接受,现已成为全球性共识。在此之前,罗马俱乐部的报告《增长的极限》和联合国斯德哥尔摩会议通过的《人类环境宣言》,明确提出"持续增长""合理的持久均衡发展"等核心概念,强调以未来社会的持续发展规范现在的行为,倡导人与自然和谐相处,在认识上和实践中更加注重发展和自然生态环境的协调等理念,为可持续发展观的确立做了重要的调研基础和理念准备。

1968 年成立的罗马俱乐部是一个关于未来学研究,试图探索世界发展问题的国际性民间学术组织,其宗旨是研究未来的科学技术革命对人类发展的影响,阐明人类面临的主要发展性困境以引起政策制定者和舆论的关注。1972 年罗马俱乐部发表了《增长的极限》这一著名报告。报告深度刻画了人类滥用资源、破坏生态平衡以及所导致的人与自然、发展与环境之间的尖锐矛盾。报告以大量数据和图表有力地揭示了"唯 GDP 增长"的传统发展模式的诸多弊端和对人类长远发展带来的危机,并发出严重警告:"造成这些极限危机的根本原因是人与自然之间的差距,这种差距正在以惊人的速度扩大,要弥合这一差距,人类必须开始对自然采取一种新的态度,它必须建立在协调关系之上而不是征服关系之上。"①罗马俱乐部的增长极限理论立足于人与自然的关系,强调自然资源和生态环境对支撑人类工业化文明的至关重要性及其承载力的有限性,深刻揭露了忽视资源环境的负荷盲目追求经济增长的发展模式的危害,对传统发展模式进行了颠覆性的批判,为人类发展走出传统模式寻找新的发展路径起到了非常大的解放思想的警醒作用。与此同时,1972 年 6 月在瑞典斯德哥尔摩召开的联合国人类环境会议通过了针对全球性的环境问题的《人类环境宣言》,《人类环境宣言》明确提出了保护环境、保护生态、保护自然、拯救地球,以实现可持续发展、造福子孙后代的口号,蕴含了深刻而丰富的可持续发展理念。随着上述这些发展理念的不断深化和传播,"可持续发展"概念逐渐形成和被广泛接受并应用于学术研讨和政策制定。1980 年由世界自然保护联盟(IUCN)、联合国环境规划署(UNEP)、世界野生动物基金会(WWF)共同发表的《世界自然保护大纲》正式使用可持续发展概念。1987 年,世界环境与发展委员会(WCED)发表了报告《我们共同的未来》,报告不仅正式使用了可持续发展概念,而且对其内涵作出了明确系统的阐述,提出"可持续发展是既满足当代人的需要,又不对后代人满足其需要的能力构成危害的发展。它包括两个重要概念:需要的概念,尤其是世界各国人民的基本需要,应将此放在特别优先的地位来考虑;限制的概念,技术状况和社会组织对环境满足眼前和将来需要的能力施加的限制"。② 1981 年,美国布朗(Lester

① ［美］D.梅多斯等:《增长的极限》,于树生译,商务印书馆 1984 年版,第 145 页。
② 世界环境与发展委员会:《我们共同的未来》,王之佳等译,吉林人民出版社 1997 年版,第 52 页。

R.Brown)出版《建设一个可持续发展的社会》,提出以控制人口增长、保护资源基础和开发再生能源来实现可持续发展。5 年后,联合国在巴西里约热内卢召开"环境与发展大会",通过了以可持续发展为核心的《里约环境与发展宣言》《21 世纪议程》等文件,形成了系统的可持续发展理念。

综合上述代表性文件,可持续发展大致包括经济可持续发展、生态可持续发展和社会可持续发展,具体内容有以下几个方面:一是把发展与经济增长区分开来,发展是由经济、社会、科技、文化、生态等多重因素相结合的统一整体;二是发展具有可持续性,必须实现人类的经济和社会发展与资源和环境的承载能力的协调;三是发展必须具有公平性,发展是人类共同的和普遍的权利,发达国家和发展中国家都享有平等的发展权利,同时,当代人的发展与消费就努力做到不损害后代人有同样的发展机会,同一代人中一部分人的发展不应当损害另一部分人的发展权利;四是发展必须是人与自然的协调共生,人类必须学会尊重自然、保护自然,与自然和谐相处。

(三)"以人为中心+社会综合发展"的发展观

在研究和阐释可持续发展理念的基础上,国际学术界又进一步形成了"以人为中心+社会综合发展"的发展观。其代表人物包括法国社会经济学家弗朗索瓦·佩鲁、美国发展伦理学家德尼·古莱和印度经济学家阿玛蒂亚·森。"以人为中心+社会综合发展"的发展观,强调一切发展最终都是为人服务的,包括实现人的解放和人的美好幸福生活特别凸显发展的人的价值意义,但要实现以人为中心的目标,必须处理好各种发展问题。

1983 年,法国著名社会经济学家弗朗索瓦·佩鲁在联合国教科文组织委托下所出版的《新发展观》,提出了以人为中心、以文化价值为衡量标准的新发展观。佩鲁的发展观着眼于人,又以人为发展目标,深刻分析了人与工具、人与市场的关系。他认为人既是工具的制造者又是工具的操作者;发展要以人为中心,不能以市场为中心,不能以市场机制取代行为者的活动与决策,

"如果资源的分配和劳动的产品要有一个合法的基础的话,即便是在经济学方面,它也应依据以人为中心的战略"①。人是社会生活的主体,也必须是发展的出发点。为推动社会个体成员个性全面提升的发展理应是"整体的""综合的"和"内生性的"。此外,佩鲁还很看重文化因素在决定经济发展方面的作用,尽管经济发展无疑对人类社会的发展起着基础性的作用,但他认为"经济现象和经济制度的存在依赖于文化价值"②,"各种文化价值在经济增长中起着根本性的作用,经济增长不过是手段而已。"③"在文化因素起着决定作用的不断变化的环境中,各种经济与社会角色都会无能为力的。"④在佩鲁看来,没有文化上的自觉和浸润,一个社会就难以真正实现社会进步和人的发展。佩鲁的发展观看到了物质富裕与精神贫困的二律背反,实现了发展理论价值观的转换,但他片面夸大了文化的作用和地位,颠倒了文化和经济之间的关系,只能落入"文化决定论"的唯心主义窠臼之中。此外,佩鲁笔下"以人为中心"中的"人"延续了西方人本主义的传统,是西方人本主义在发展观上的时代言说。人本主义理解的"人"带有抽象思辨的色彩,把人看作脱离实践活动的抽象的人,在现实中处于资本逻辑控制下的资本主义社会只能代表少部分人的利益,实现每个人的真正发展只能流于口号和形式。1987年,埃德加·欧文斯进一步强调,"现在该是我们把政治与经济理论结合起来考虑问题的时候了——不仅考虑社会能够变得更有生产力的方式,而且考虑社会应该变得更有生产力的质量:即人的发展重于物的发展"⑤。

美国著名发展伦理学家德尼·古莱从发展伦理学的视角阐释了以人为中心的发展理念。作为伦理学家,古莱强调任何发展的决策和行动必须具有人道品质,即实现以人为中心的发展。美国学者戴维·施韦卡特指出:"对资本

① ［法］弗朗索瓦·佩鲁:《新发展观》,张宁、丰子义译,华夏出版社1987年版,第92页。
② ［法］弗朗索瓦·佩鲁:《新发展观》,张宁、丰子义译,华夏出版社1987年版,第165页。
③ ［法］弗朗索瓦·佩鲁:《新发展观》,张宁、丰子义译,华夏出版社1987年版,第15页。
④ ［法］弗朗索瓦·佩鲁:《新发展观》,张宁、丰子义译,华夏出版社1987年版,第168页。
⑤ 庞元正主编:《当代中国科学发展观》,中共中央党校出版社2004年版,第8页。

主义与增长之间的关系作一严肃的考察,就像考察效率一样,是个伦理上的探究。因此,它也同样关涉到一种价值诉求。"①要实现以人为中心的发展,古莱认为,发展必须内涵三个目标:首先,发展必须指向人的解放。古莱批评唯GDP 增长的发展观及其实践使人类社会在获得经济增长的同时付出了昂贵的代价,人们必须重新思考发展的价值,必须对发展进行伦理学的究诘。发展伦理学就是要超越传统的唯 GDP 论发展观,以人的解放为中心阐明什么是好的发展以及发展是为了什么的深层价值问题。从发展伦理学视域看,"发展乃是彻底的解放。这种解放的目的是要将人类从自然的枷锁中、从经济落后和压迫性的技术体制中解放出来,从不公正的阶级结构和政治剥削者、从文化和心理异化中解放出来——总之,从一切非人性的生活中解放出来"②。发展意味着人从各种压迫、异化、不公平、非人性的状态中解放出来,是人的自由品质的彰显。其次,发展是为了实现美好生活。美好生活是要不断消除贫富分化,让所有的人拥有最大限度的生存、尊重与自由。

从发展中国家迈向发达国家的主要标志是人们生活的丰富,"真正发达的国家是它的人民即使并未拥有财富但却活得丰富的国家"③,所谓活得丰富的国家就是充分实现了自由、平等和正义的价值的社会,是人们都能过上有尊严的、自由的美好生活的社会。最后,发展是整体的发展。"整体发展,这是一个包罗三个要素的规范性概念:美好生活,社会生活基础,以及对大自然的正确态度。"④即真正的发展是人、社会、自然三者有机和谐的统一,人是这种有机和谐统一体的中心。发展必须满足人们的基本生活需要,同时摒弃过度

---

① [美]戴维·施韦卡特:《反对资本主义》,李智、陈志刚等译,中国人民大学出版社 2016年版,第 162 页。
② [美]德尼·古莱:《残酷的选择——发展理念与伦理价值》,高铦等译,社会科学文献出版社 2008 年版,第 9 页。
③ [美]德尼·古莱:《发展伦理学》,高铦、温平等译,社会科学文献出版社 2003 年版,第239 页。
④ [美]德尼·古莱:《发展伦理学》,高铦、温平等译,社会科学文献出版社 2003 年版,第145 页。

消费的消费主义理念;发展必须能够促进人的全面需要的提升,不断丰富人的精神,实现物的价值与人的价值的统一;发展必须促进人与自然的和谐共生,实现发展与自然生态的平衡。由此,发展才能永续。

1999 年,诺贝尔经济学奖获得者阿玛蒂亚·森发表了《以自由看待发展》,其后又相继发表了《经济发展与自由》《伦理学与经济学》等著作,构建了"以人的自由发展"为核心论点的全新的发展理论框架,提出并论述了"以自由看待发展"的独特观点。阿玛蒂亚·森认为,"聚焦于人类自由的发展观与更狭隘的发展观形成了鲜明的对照。狭隘的发展观包括发展就是国民生产总值(GNP)增长、或个人收入提高、或工业化、或技术进步、或社会现代化等等的观点"①,狭隘的发展观所涉的因素在发展过程中确实不可或缺,但它们是隶属于人,是为人类的福祉服务的。阿玛蒂亚·森强调,发展不能仅从物质富裕的角度来定义,它是一个各种方面的综合过程,包括经济、政治、社会、思想观念等等。阿玛蒂亚·森指出,发展的最本质意义意味着人们能够被赋予按照自己意愿主宰个人生活的可行能力,"是实现各种可能的功能性活动组合的实质自由(或者用日常语言说,就是实现各种不同的生活方式的自由)"②。发展不仅仅囿于经济的增长,更应从伦理维度扩展至人们生活更充实的精神方面,这种价值指向和标准就是自由。阿玛蒂亚·森进一步论证了发展和自由之间的关系,指明了发展是扩展和实现人们享有真正自由的过程,即实现实质性自由。"实质性个人自由至关重要。根据这一观点,一个社会成功与否,主要应根据该社会成员所享有的实质性自由来评价。"③"实质自由包括免受困苦——诸如饥饿、营养不良、可避免的疾病、过早死亡等之类——基本的可行

---

① [印]阿玛蒂亚·森:《以自由看待发展》,任赜、于真译,中国人民大学出版社 2002 年版,第 1 页。

② [印]阿玛蒂亚·森:《以自由看待发展》,任赜、于真译,中国人民大学出版社 2002 年版,第 62 页。

③ [印]阿玛蒂亚·森:《以自由看待发展》,任赜、于真译,中国人民大学出版社 2002 年版,第 13 页。

能力以及能够识字算数、享受政治参与等等的自由。"①自由既是发展的价值性目标也是实现发展的重要工具。阿玛蒂亚·森划分了实现发展的工具自由:政治自由、经济条件、社会机会、透明性保证和防护性保障②。这五种工具性的自由支撑互补,从全面的角度保证人们更好地生活。总而言之,"自由的工具性作用,是关于各种权利、机会和权益是如何为扩展人类一般自由,从而为经济发展做出贡献的。……其有效性的根据主要来自各种类型自由的相互关联性,而且一种自由可以大大促进另一种自由"③。阿玛蒂亚·森以人的自由为价值中心,并从经济、政治、社会、环境等多方面的改进促进人的自由发展,构建了一种覆盖范围广泛的、综合的、全面的发展观,并确立了以实质自由为发展的最高价值尺度。由于阿玛蒂亚·森的发展观不仅摒弃了以往"只见物不见人"的发展观弊端,而且着眼于贫困群体、社会分配等与普通民众生活密切相连的所有方面的改进,利用从问题到实际的方法,助推人们在实际生活中正视正义、公平等价值观念,因而他也被称为当代"经济学的良心"。阿玛蒂亚·森的自由发展观突破了以经济增长为发展标准的狭隘发展观。

四、以人民为中心的发展思想在发展观上的创新与超越

以人民为中心的发展思想是立足于中国特色社会主义现代化建设实践、构建中国式现代化的实际,对马克思主义发展观的继承与时代创新,也是对当代反思西方现代化发展困境的各种新发展观的借鉴超越,更是对西方资本主义现代化发展模式弊端与局限性的批判性超越,提供了实现人类现代化的新选择、新方案。

---

① [印]阿玛蒂亚·森:《以自由看待发展》,任赜、于真译,中国人民大学出版社 2002 年版,第 30 页。
② [印]阿玛蒂亚·森:《以自由看待发展》,任赜、于真译,中国人民大学出版社 2002 年版,第 31 页。
③ [印]阿玛蒂亚·森:《以自由看待发展》,任赜、于真译,中国人民大学出版社 2002 年版,第 31 页。

（一）以人民为中心的发展对西方发展模式的批判超越

现代化起源于西方，是近代以来人类文明发展的重要内容和主导形态，相对于封建社会，它是一场深刻的思想、生产、生活和社会革命，理性化、工业化、市场化、城市化、法治化等是其重要特征，是人类文明的重要进步。但是，资本主义制度的基础是私有制，生产社会化和生产资料资本主义私有制之间的矛盾构成其社会的基本矛盾，并由此生发资本主义社会的其他矛盾和问题。在生产上导致个别企业中生产的有组织性与整个社会生产的无政府状态的矛盾，在消费上形成生产无限扩大的趋势与劳动人民购买力相对缩小的矛盾，在人的关系上，造成资产阶级与无产阶级的矛盾。这些矛盾在资本主义制度框架下无法解决，只能暂时调和。由于资本主义私有制，资本逻辑在社会生产生活中起着主导作用，在资本逻辑的控制下，西方现代化发展以追求利润最大化和效率为根本目的，虽然可能在一定时期能够强劲地推动经济的发展，但随后总会带来经济危机，牺牲社会公平和生态环境，加剧社会贫富分化。西方式现代化发展以资本主义议会民主作为政治制度，以选举民主作为实现人民民主权利的主要形式，与封建社会相比，在历史上是一个巨大进步，但却导致政党政客只关心选票和选民，其中不仅充斥黑金政治，也经常引发选民分裂而导致社会撕裂，还容易发生政客为了选票往往许诺许多超出客观条件的福利，结果不是"放空炮"，就是造成巨额财政亏空。二战后，为了缓解生产不断扩大与有效需求不足的矛盾，西方发达国家普遍采取金融自由化政策，大大刺激了金融投机活动。金融资本主义的无序扩张，极大地加剧了社会贫富差距。同时，由于西方资本主义把人的自由"异化"为金钱和商品交换的自由，追求利润最大化的资本不断把消费庸俗化和符号化，导致虚假性的消费主义和娱乐主义盛行，引发信仰缺失和道德沦丧的社会危机。

以人民为中心的发展思想是对西方资本主义现代化的资本逻辑、物本价值目标发展观的根本否定和超越。以人民为中心的发展奉行人本逻辑，把人民放在首位,强调依靠人民推动经济社会发展,把经济发展视作人的发展的手段,把维护最广大人民群众的根本利益、满足人民群众的美好生活需要和推动人的全面发展作为价值指向,强调经济社会发展中既要通过劳动和发挥资本力量允许一部分人先富起来,更要以实现全体人民共同富裕为根本目标,注重协调公平与效率的关系,强调社会主义物质文明和精神文明的协调发展,在推动经济快速发展的同时,着重构建社会公共资源的均等化平台,不断加大民生保障建设,增强人民的获得感、幸福感,使人民的生活水平随着经济的发展不断提升。

（二）以人民为中心的发展对"综合发展观""新发展观"等的借鉴超越

由于以追求利润最大化为目标,导致了西方资本主义现代化发展过程中整个社会的物化现象,见物不见人,引发了发展困境,从而引起了一些经济学家、社会学家对发展的反思。20 世纪 60 年代后相继出现了所谓综合发展观和新发展观。综合发展观和新发展观在一定程度上对西方现代化以牺牲生态环境和大多数发展中国家的发展为代价,从而对发展难以持续的发展结局的弊端进行了较全面的分析批判,试图对原来片面追求经济发展、利润增长的发展模式进行纠偏,以促成经济与社会、发达国家与发展中国家保持某种平衡发展。综合发展观和新发展观还从理论上对发展进行了重新阐释,认为发展是一个含义广泛的范畴,发展不仅是经济增长的数量,更关联到经济发展的质量;发展不只是谋求经济方面的增长,还必须同时伴随实现政治发展和社会发展、生态文明和人的发展等多个方面;发展不能以牺牲生态环境来推动经济增长,也不能囿于满足当前的需要,应着眼于对永续发展需要的满足,实现经济社会的可持续性发展。

综合发展观和新发展观对西方资本主义现代化发展的弊端的分析批判以及提出的解决路径,至今仍有洞悉的意义,其中的合理元素也是中国特色社会主义建设路径探索的重要参照。我国新时代提出以人民为中心的发展思想是基于中国改革开放和社会主义现代化建设发展的实践需要,是构建中国式现代化,促成中国现代化迈步新征程新目标的新发展思想,是对 20 世纪"综合发展观""新发展观"的全面超越。"综合发展观""新发展观"主要侧重于经济、技术层面,如强调经济增长与生态环境、自然资源承载力相适调,发达国家发展与发展中国的发展相协调,达致发展的可持续性,但这些发展思想都没有从历史观、价值观层面阐明经济发展的根本动力、价值目标的问题。以人民为中心的发展思想强调发展不仅要实现经济的快速增长,而且要实现经济发展与生态文明发展的和谐统一,经济发展与社会发展、人的发展的同步推进,并以中国的现代化发展推进人类实现现代化,而且从社会历史发展总体价值高度阐明了发展的动力、价值目标。即历史的主体是人民,发展的主体是人民,发展必须依靠人民,只有依靠人民才能创造发展伟业,发展必须是为了人民,发展成果必须由全体人民共享,不断实现人民对美好生活的期望,实现人的全面发展。

(三)以人民为中心的发展思想对马克思主义发展观的继承创新

马克思主义人民历史主体观和社会发展观是新时代中国提出以人民为中心的发展思想的根本理论基础,新时代中国以人民为中心的发展思想是对马克思主义历史观、发展观的时代继承与创新。

马克思主义坚持人民历史主体,强调人民群众是社会历史发展的推动者。以人民为中心的发展思想是在中国特色社会主义进入新时代对人民历史主体观的传承,它立足于新时代中国特色社会主义现代化发展新目标,把人民历史主体论发展创新为人民至上、人民共创伟业、人民共享、人民幸福等观点,并根据中国发展的实际情况,把这些观点有序地转换为具体的政策措施,落实践行于社会主义现代化建设的劳动、工作、生活和社会交往等各项工作中,在实践中彰显马克思主义人民历史主体观的指导地位。

马克思主义唯物史观认为,人类社会是一个有机整体,是在经济、政治、文化的矛盾运动中,在生产力与生产关系、经济基础与上层建筑的矛盾运动中不断变化和发展的。只有实现人与社会、人与自然,以及社会各个因素、各个领域、各个方面的全面协调发展,才能实现人类社会的整体发展。以人民为中心的发展思想不仅在历史观、价值观层面强调发展依靠人民、发展为了人民、发展成果由全体人民共享的有机统一,而且提出了新时代具体贯彻落实以人民为中心的发展思想的"创新、协调、绿色、开放、共享"五大发展新理念的发展方略。创新发展注重的是解决发展动力问题,要把创新作为引领发展的第一动力,摆在国家发展全局的核心位置,不断推进理论创新、制度创新、科技创新、文化创新,让创新贯穿党和国家一切工作;协调发展注重的是解决发展不平衡问题,要牢牢把握中国特色社会主义事业总体布局,正确处理发展中的重大关系,不断增强发展整体性;绿色发展注重的是解决人与自然的和谐问题,要坚持节约资源和保护环境的基本国策,加快建设资源节约型、环境友好型社会,推进美丽中国建设,为全球生态安全作出新贡献;开放发展注重的是解决发展内外联动问题,要坚持对外开放的基本国策,奉行互利共赢的开放战略,完善对外开放区域布局、对外贸易布局、投资布局,形成对外开放新体制,发展更高层次的开放型经济,以扩大开放带动创新、推动改革、促进发展;共享发展注重的是解决社会公平正义问题,必须坚持发展为了人民、发展依靠人民、发展成果由人民共享,使全体人民朝着共同富裕方向稳步前进。归根结底,五大发展新理念的发展方略"都是为了维护人民群众的根本利益,创造主体、实现力量、服务对象都是围绕着人民群众,其话语体现的便是中国共产党以人民为中心的价值追求"①。

---

① 吴荣生:《马克思主义大众话语体系转化性建构研究》,人民出版社 2024 年版,第 22 页。

第二章　以人民为中心的发展思想的
理论溯源

　　以人民为中心的发展思想是坚持唯物史观、人民历史主体观在发展理论上的创造性运用,它科学地回答了中国特色社会主义建设过程中的经济社会发展的根本目的、动力等,体现了对共产党的执政规律、社会主义建设规律和人类社会发展规律的深刻把握和自觉运用,有着深刻的理论逻辑和历史逻辑。以人民为中心的发展思想是对马克思主义群众史观的继承与发展,与中国优秀传统文化中的民本思想相承接,扎根于中国历史文化的深厚土壤中,是对中国共产党百年来践行为中国人民谋幸福、为中华民族谋复兴的初心宗旨的实践经验的科学总结和时代创新。

第一节　马克思主义经典作家关于
以人民为中心的思想

　　马克思主义唯物史观是以人民为中心的发展思想的直接思想理论来源,以人民为中心的发展思想是对唯物史观的新时代发展。唯物史观认为,人民群众是历史的创造者,是社会的主体,马克思主义的根本理论目标就是通过指导无产阶级进行社会主义革命,实行无产阶级专政,建立社会主义,消灭剥削和压迫无产阶级及其他所有劳动者的私有制,发展生产力,逐步实现共同富裕,促进人的自由全面发展,最终实现共产主义和全人类的解放。

一、马克思恩格斯的以人民为中心的思想

马克思主义的创造人马克思恩格斯虽然没有直接提出以人民为中心的话语,但马克思恩格斯在创立的唯物史观理论体系中包括了深刻的以人民为中心的思想。唯物史观认为,人民是历史的主体,历史的发展最终将走向实现全体人民解放和发展的共产主义;以马克思主义武装起来的无产阶级政党领导人民革命和建设的根本目标就是实现广大人民的根本利益,从消灭剥削和压迫,实现共同富裕到自由全面发展等,都是以人民为中心的价值目的。

(一)人民是历史的主体

在马克思恩格斯创立唯物史观之前,唯心主义在历史观上长期占据统治地位。在唯心史观的思维体系中,历史的主体总是归结为某种精神的实体,要么被归结为某种神秘的精神存在,要么归结为历史上一些著名的政治军事人物,而广大人民群众则被视作这些精神力量或历史人物的被动驱策实现某种目的的工具。在基督教神学历史观中,万灵的上帝早就把历史的轨迹预定好了,人类的历史活动不过是上帝意志的世俗化表现与展开,上帝是真正的历史主体。在黑格尔、朱熹等客观唯心主义那里,人类历史变化的最终根源不过是绝对精神、天道这些玄奥的精神力量的外化的、演进的过程,神秘的绝对精神、天道是历史活动主体,一切现实中的人包括历史人物的普通个人,都不过是实现绝对精神和依天道而行的工具,而在现实的生活中总是表现为少数历史人物的思想意志左右着具体历史进程,英雄史盛行。马克思恩格斯深刻地批判了宗教神学和各种唯心主义历史观,从物质生产实践视角来理解人类历史的发展,使历史观建立在唯物主义基础上,在人类思想上第一次创立了历史唯物主义,历史学成了科学,其根本的思维逻辑就是,"在思辨终止的地方,在现实

生活面前,正是描述人们实践活动和实际发展过程的真正的实证科学开始的地方"①。

唯物史观拨开了历史上各种唯心史观虚构的神学史、精神史的迷雾,把"现实的人"的实际生活作为历史的前提。所谓"现实的人"是指"从事活动的、进行物质生产的"人,也就是以劳动为主体的人;由于劳动总是在一定的社会关系中进行的,所以,"现实的人"是指处于一定社会关系,在阶级社会中总是受一定阶级关系制约的人,而不是"抽象的、孤立的人的个体"。"现实的人"作为历史的前提,"这个前提是:人们为了能够'创造历史',必须能够生活。但是为了生活,首先就需要吃喝住穿以及其他一些东西。因此第一个历史活动就是生产满足这些需要的资料,即生产物质生活本身"②。这是一部人类历史,首先是一部物质生产的历史,是劳动人民从自然界获得生存和发展的物质生活资料历史,在生产劳动中形成的生产力和生产关系构成的统一体即生产方式是历史存在和发展的基础,只有在一定的生产方式的基础上才能产生相应的上层建筑,包括一定的政治法律制度及其组织形式和各种思想观念,整个人类历史表现出的过程是社会存在决定社会意识,而不是社会意识决定社会存在。无论是作为社会生活中最根本性存在基础的生产力,还是生产关系即社会经济基础以及精神文化,都是广大人民群众生产劳动创造出来的。因此,人民群众是历史的主体和创造者。这是马克思主义唯物史观的根本观点。

唯物史观在坚持历史发展是有客观规律的前提下,同时承认历史发展是合目的的发展过程,是在人民群众实践中的合规律性与合目的性相统一的过程。早在1845年,马克思恩格斯合写的《神圣家族》就提出,"并不是'历史'把人当做手段来达到自己——仿佛历史是一个独具魅力的人——的目的。历

---

① 《马克思恩格斯文集》第1卷,人民出版社2009年版,第526页。
② 《马克思恩格斯文集》第1卷,人民出版社2009年版,第531页。

史不过是追求着自己目的的人的活动而已"①。人类社会历史不是一种自然
而然的存在,而是人的实践活动的创造物,是实践建构,因此,人类历史深深地
烙上了人的"目的"的印迹。这种目的既不是独立于人及其历史之外的抽象
实体的目的,也不是少数历史人物的主观意志决定的,它是历史作为人的历史
本身所固有的。这里的人的历史本身是指包括进步的历史人物在内的广大人
民的共同意志的合力。在唯物史观看来,群众并不是英雄人物用来达到自己
目的的工具,相反,只有群众的活动才是历史的本身,并且这种活动是"追求
着自己目的的人的活动"。群众不是英雄用来创造历史的工具,相反,英雄才
是群众用来追求自己目的的工具。

　　人民通过生产劳动创造历史的根本目的是满足自己的各种生活需要,并
在劳动和劳动成果满足自己需要中发展自己,实现自己作为人的生命价值。
但是在私有制下,由于生产资料的所有者与生产资料的使用者相分离,导致了
社会财富的创造者和享受者的分离。在私有制居经济生活统治地位的阶级社
会,生产资料归少数剥削阶级所有,他们掌控了劳动者生产劳动成果的分配
权,并且建立起强大的国家机器上层建筑来用暴力保障自己的这种所有权和
分配权,广大劳动群众辛勤创造的社会财富大部分被少数剥削者无偿占有,广
大劳动群众只能获得仅仅维持基本生存和繁衍的物质生活资料,长期物质生
活的过度贫穷必然造成广大劳动群众的精神生活贫乏,作为人的人格逐渐丧
失,人的本质完全"异化"。马克思在《1844 年经济学哲学手稿》中就深刻地
批判和揭露了资本主义私有制下的雇佣劳动把工人贬低成动物般的生活状
态。马克思指出,资本主义私有制下的工业生产创造了表面上的经济繁荣,但
虚假繁荣的背后是工人阶级苦难的生活处境,谋求肉体生存需要的物质资料
成为了活着的唯一目标,动物式的生理机能偶然快感是工人唯一的生活。工
人阶级的劳动在本质上并不属于自己,而是从属于资本家。这种劳动不是对

---

　　① 《马克思恩格斯文集》第 1 卷,人民出处社 2009 年版,第 295 页。

自己生命本质的确证,而是对自己生命本质的否证;这种劳动的结果是工人越是勤劳,所受到的束缚就越大,生命就越无力,生活就越贫困;它使劳动者彻底沦为了资本的附庸,成为替资本家劳动的工具。因此,一有机会,工人就会逃避劳动。马克思强调,只有消灭资本主义私有制及其雇佣劳动制,实现共产主义,才能最终克服异化劳动带来的人的异化现象,实现人的本质的复归。

唯物史观还认为,私有制以经济利益的根本对立把人分为劳动者和剥削者,剥削者依靠私有制及其统治暴力实现对劳动者劳动成果的占有,因此,进入私有制的时代以后,人类历史变化的一个重要主线就是阶级斗争,阶级斗争成为阶级社会发展的直接动力。正是每个时代被压迫被剥削的劳动人民不断地反抗剥削压迫的阶级斗争、社会革命推动了历史的向前发展。所以,人民群众不仅是社会物质财富和精神财富的创造者,而且是社会变革的根本力量。从资本主义过渡到共产主义,历史不会自动地完成,需要在马克思主义的科学社会主义理论的指导下,广泛地发动无产阶级团结其他劳动阶级,在无产阶级先锋队组织即无产阶级政党的领导下,通过无产阶级反对资产阶级的革命斗争,建立无产阶级专政的政权,不断发展生产力和对社会进行彻底的改造,才能逐步到达共产主义。实现共产主义既是人民是社会主体和历史创造者的历史观确证,也是人民是历史发展的最终价值的彰显。

(二)实现人民利益是马克思主义政党的根本追求

现代意义上的政党制度是伴随着资本主义生产方式和交换方式的产生而出现的。资本主义交换关系以市场经济为基础,自由竞争成为资本对交换关系的内在要求,这样"起而代之的是自由竞争以及与自由竞争相适应的社会制度和政治制度、资产阶级的经济统治和政治统治"①。资产阶级政党作为政治上层建筑是资本主义自由竞争的经济产物,并深深地影响了近代以来的人

①　《马克思恩格斯文集》第 2 卷,人民出版社 2009 年版,第 36—37 页。

类社会政治特征,即政党政治。马克思恩格斯认为,资产阶级政党作为资本主义经济关系在政治上的集中体现,决定了资产阶级政党必然服务于资本主义的经济基础和资本逻辑。资产阶级各个政党通过竞选轮流执政,本质上是协调资产阶级内部利益关系和矛盾的重要措施,是维护资产阶级统治的一种工具。但是,以马克思主义为指导思想的无产阶级政党则完全不同,它代表的是整个无产阶级的利益,正如马克思恩格斯在《共产党宣言》中所说的:"共产党人不是同其他工人政党相对立的特殊政党。他们没有任何同整个无产阶级的利益不同的利益。"①由于"无产阶级的运动是绝大多数人的,为绝大多数人谋利益的独立的运动"②。作为无产阶级先锋队组织的共产党,不仅是无产阶级整个阶级利益的代表,也是全体劳动群众根本利益的代表。习近平总书记在庆祝中国共产党成立 100 周年大会上的讲话中就明确指出:"中国共产党始终代表最广大人民根本利益,与人民休戚与共、生死相依,没有任何自己特殊的利益,从来不代表任何利益集团、任何权势团体、任何特权阶层的利益。"③作为代表整个无产阶级和最广大人民根本利益的共产党,不仅"为工人阶级的最近的目的和利益而斗争,但是他们在当前的运动中同时代表运动的未来"④。也就是说,共产党不仅关注广大人民的当前利益,也关注广大人民的长远利益,不仅关注广大人民的经济利益,也关注广大人民的政治权益和其他社会利益。

第一,关注人民群众的物质经济利益实现。马克思在从学校走上社会的第一份工作是在《莱茵报》做记者和编辑,新闻媒体工作使马克思深切感受到物质经济利益对人们的思想观念、社会政治法律制度的制定等的重要作用。马克思亲身参与了当时有关物质经济利益的法律辩论,他看到了表面上具有

---

① 《马克思恩格斯文集》第 4 卷,人民出版社 2009 年版,第 3 页。
② 《马克思恩格斯文集》第 2 卷,人民出版社 2009 年版,第 42 页。
③ 《习近平著作选读》第 2 卷,人民出版社 2023 年版,第 482 页。
④ 《马克思恩格斯文集》第 2 卷,人民出版社 2009 年版,第 65 页。

普遍公正性的法律制度及其伦理关系背后掩藏着的是不同阶级群体的物质经济利益诉求，同时也使他理解了物质经济利益对广大普通劳动群众生活的重要意义，看到了广大普通劳动群众实现自己物质经济利益诉求的艰难。马克思站在劳动群众的立场，在《关于林木盗窃法的辩论》中坚决地捍卫林区农民拾捡森林中枯枝的习惯权利，批判所谓林木盗窃法等法律不过是完全忽视农民利益、维护少数林木所有者私人利益的制度，缺乏基本的公正性，他强烈呼吁"为穷人要求习惯权利"[1]。1842 年恩格斯在《莱茵报》上发表《国内危机》一文，恩格斯通过对资本主义政党行为背后逻辑进行的探讨，发现物质经济利益对政党态度和行为具有决定作用，认识到了无产阶级实现社会变革的历史使命，就是推翻有产阶级的政治统治，实现社会物质经济财富的平等。只要把无产阶级发动起来，这种历史变革就能完成，所以，他预言性地指出，无产阶级"已经成了英国最强大的一个阶级，当他们意识到这一点的时候，英国富翁们就该倒霉了"[2]。在马克思恩格斯合写的《神圣家族》中，马克思恩格斯进一步认识到物质经济对社会大众生活与观念的重要影响作用，用"'思想'一旦离开'利益'，就一定会使自己出丑"[3]来讽刺鲍威尔等人把思想和革命激情看成历史活动的决定性因素的唯心主义错误。马克思恩格斯还指出，任何大的革命行动，都是为了某种利益而进行的。正是关注普通群众的物质生活，从社会经济关系出发来思考国家、政治、法律和各种社会思想关系问题，马克思恩格斯逐渐完成了从唯心主义者向唯物主义者的转变，并创立了唯物史观。

　　其后在创立无产阶级政党的过程中，马克思恩格斯总是强调无产阶级政党的重要目标必须满足无产阶级和劳动群众的物质经济利益需要。在《共产党宣言》中，马克思恩格斯明确提出，代替无产阶级整个阶级利益的共产党掌握政权后："无产阶级将利用自己的政治统治，一步一步地夺取资产阶级的全

---

① 《马克思恩格斯全集》第 1 卷，人民出版社 1956 年版，第 142 页。
② 《马克思恩格斯全集》第 3 卷，人民出版社 2002 年版，第 410 页。
③ 《马克思恩格斯文集》第 1 卷，人民出版社 2009 年版，第 286 页。

部资本,把一切生产工具集中在国家即组织成为统治阶级的无产阶级手里,并且尽可能快地增加生产力的总量。"①尽快增加生产力的总量,就是要创造尽可能多的物质财富满足无产阶级和广大劳动群众的经济利益。在 1875 年写的《哥达纲领批判》中,马克思科学地阐释了无产阶级掌握政权后,在发挥所有劳动者劳动积极性和能力的基础上,根据生产力的发展水平,必须通过实行按劳分配和按需分配来满足全体人民的物质生活需要。1887 年恩格斯在《美国工人运动》一文中也指出:"这个纲领将宣布,最终目标是工人阶级夺取政权,使整个社会直接占有一切生产资料——土地、铁路、矿山、机器等等,让它们供全体成员共同使用,并为了全体成员的利益而共同使用。"②

第二,关注广大人民社会政治权利的实现。马克思恩格斯强调,无产阶级政党领导人民革命和建立无产阶级专政政权,在政治上都是为了实现劳动人民的民主权利,让人民当家作主,使劳动人民成为国家的主人。早在《共产党宣言》中,马克思恩格斯就论述道,"工人革命的第一步就是使无产阶级上升为统治阶级,争得民主"③。说明了实行民主政治对无产阶级政党实现无产阶级利益和目标的至关重要性。在总结巴黎公社失败经验教训的著作《法兰西内战》中,马克思指出巴黎公社的伟大历史意义在于它在人类历史上首次建立了劳动者自己的政权,即"在于人民组成了公社,从而把他们这次革命的真正领导权握在自己手中,同时找到了在革命胜利时把这一权力保持在人民自己手中的办法,即用他们自己的政府机器去代替统治阶级的国家机器、政府机器"④。马克思认为,巴黎公社是建立无产阶级专政的一次伟大尝试,也是第一次以无产阶级民主取代了资产阶级民主,无产阶级民主就是人民当家作主的国家制度,人民是国家政治生活的主人。在《哥达纲领批判》中,马克思更

① 《马克思恩格斯文集》第 2 卷,人民出版社 2009 年版,第 52 页。
② 《马克思恩格斯文集》第 4 卷,人民出版社 2009 年版,第 319 页。
③ 《马克思恩格斯文集》第 2 卷,人民出版社 2009 年版,第 52 页。
④ 《马克思恩格斯文集》第 3 卷,人民出版社 2009 年版,第 207 页。

加明确地指出,无产阶级民主就是"人民当权的"①。总之,在马克思恩格斯看来,无产阶级政党无论是革命夺取政权建立无产阶级专政,还是通过无产阶级专政的政权进行社会改造和各种建设,都是为了实现以人民当家作主为核心的各方面社会政治权利。

(三)实现人的自由全面发展是以人民为中心的最高目标体现

马克思主义唯物史观本质是关于人的学说。无论是深刻地揭示人类历史发展的客观规律性,还是阐明阶级社会的阶级斗争规律和革命规律,直到说明无产阶级反对资产阶级革命胜利和实现共产主义的必然性,最终目的都是为了阐明全人类的解放和实现人的自由全面发展的可能性及其现实途径。马克思主义唯物史观所说的人,不是孤立的抽象的"个体"之总和,而是"现实的人",是从事生产劳动的实践中的人民群众,因此,唯物史观关于人的自由全面发展从根本上说,是实现全体人民的自由全面。唯物史观强调人民群众是历史的主体,强调在消灭了私有制的社会时代人民群众必然是社会的主人,人的自由全面发展将从逻辑应然状态转化为现实实践状态,"人本"取代过去的"物本",人的全面发展成为社会直接价值目标,并表现为以人民为中心的各项具体的社会措施,通过落实各项社会具体措施,不断推进人的自由全面发展,实现人类发展的最高价值目标。

人的自由全面发展思想蕴嵌于马克思恩格斯的许多经典著作中,是马克思恩格斯阐释唯物史观和厘析人类历史发展进程的重要理论视角。早在《1844 年经济学哲学手稿》中,马克思就初步提出了人的自由全面发展理论。马克思明确指出:"自由的有意识的活动恰恰就是人的类特性。"②人的本性在于其劳动的自由自觉性,但私有制和异化劳动扼杀了人的劳动自由自觉的本

---

① 《马克思恩格斯文集》第 3 卷,人民出版社 2009 年版,第 443 页。
② 《马克思恩格斯文集》第 1 卷,人民出版社 2009 年版,第 162 页。

性,把劳动变成了一种异化的、外在于人的本质东西,劳动成为被压迫、被强制、被奴役的过程,劳动完全否定了劳动者。共产主义实现之所以是必须的必要的,就是因为共产主义要实现人的本质向自由自觉即向人自身的回归。在《德意志意识形态》中,马克思恩格斯第一次正式使用"个人的全面发展"这一概念,明确提出了关于人的全面发展思想,说明了"只有在共同体中,个人才能获得全面发展其才能的手段,也就是说,只有在共同体中才可能有个人自由"①。离开了共同体,个人难以形成自身的优势和充分发挥自己的力量,以使个人得到自由全面的发展,但只有"真正的共同体"即共产主义的共同体才能实现人的自由全面发展。在《哲学的贫困》和《共产党宣言》中,马克思恩格斯提出,无产阶级及其政党对资产阶级的阶级斗争和社会革命,根本目的就是要消灭私有制,消灭剥削压迫,消灭一切阶级,建立"自由人的自由联合体",以共同体的逻辑取代阶级统治的逻辑,构建每个人的自由发展是一切人的自由发展的条件,实现人的自由全面发展。恩格斯在晚年对其进行解释,认为每个人的自由发展是一切人的自由发展的条件的观点是"社会主义新纪元"区别于旧社会的"基本思想"。在《反杜林论》和《社会主义从空想到科学的发展》中,恩格斯在详细阐释人的解放三个层面的基础上,特别说明了共产主义的生产劳动将给每个人提供全面发展和表现自己全部的即体力和脑力的能力的机会,以实现人的自由全面发展。在为批判拉萨尔主义写的《哥达纲领批判》中,马克思指出,共产主义是一个从初级到高级阶段的发展过程,这个过程是不断推进生产力和人的自由全面发展的过程,由于消灭了私有制的剥削压迫制度,共产主义最终要进入劳动不是谋生的手段而是生活第一需要的状态,并"在随着个人的全面发展,他们的生产力也增长起来,而集体财富的一切源泉都充分涌流之后,……社会才能在自己的旗帜上写上:各尽所能、按需分配!"②。在鸿篇巨著《资本论》中,马克思系统地阐发了他的人的自由发展思

---

① 《马克思恩格斯文集》第1卷,人民出版社2009年版,第571页。
② 《马克思恩格斯文集》第3卷,人民出版社2009年版,第436页。

想。马克思论述道,共产主义社会是"以追求人的全面自由发展为目的的社会""以每个人的全面而自由的发展为基本原则的社会形式",并深刻地分析了全面发展和自由发展的内涵,认为全面发展是包括个人能力的全面发展和个人社会关系的全面发展,自由发展则是自由个性的丰富和提升,揭示了人的发展是一个由"人的依赖关系"到"以物的依赖性为基础的人的独立性"再到"自由个性"的演进过程,强调自由个性的丰富是人的自由全面发展的最终实现。

　　马克思恩格斯关于人的自由全面发展思想是一个丰富的理论体系。首先,实现人的自由全面发展,以消灭人剥削人、人压迫人的私有制、建立"真正共同体"为前提,以生产力的不断发展并能够提供社会生活中所有人的充裕物质生活为基础。在《德意志意识形态》中,马克思恩格斯论述道,在存在私有制的"虚假共同体"中,"个人只是作为一般化的个人隶属于这种共同体,只是由于他们还处在本阶级的生存条件下才隶属于这种共同体"①。社会各成员只能以阶级成员的身份而不是以真正独立个体的身份隶属于共同体,因此,他们不能享有真正的个人自由。只有在实行公有制的真正的共同体中,"在这个共同体中各个人都是作为个人参加的"②,人们实现了共同占有和使用生产资料、生活资料,消灭了虚幻共同体的阶级关系,从而"把个人的自由发展和运动的条件置于他们的控制之下"③,人的自由全面发展才有了社会组织结构基础。马克思恩格斯还多次论述,实现人的自由全面发展必须有赖于生产力的高度发展。只有生产力的发展,才能生产出满足人的物质需要和精神需要的丰富物质产品,才能激发人们的主体性精神品质,包括积极向上的价值追求、劳动创造意识和团体合作精神等,相反,如果没有生产力的"这种发展,那就只会有贫穷、极端贫困的普遍化;而在极端贫困的情况下,必须重新开

---

① 《马克思恩格斯文集》第 1 卷,人民出版社 2009 年版,第 573 页。
② 《马克思恩格斯文集》第 1 卷,人民出版社 2009 年版,第 573 页。
③ 《马克思恩格斯文集》第 1 卷,人民出版社 2009 年版,第 573 页。

始争取必需品的斗争,全部陈腐污浊的东西又要死灰复燃"①。在《反杜林论》中,恩格斯进一步指出,在新的社会里,生产力的发展"通过社会化生产,不仅可能保证一切社会成员有富足的和一天比一天充裕的物质生活,而且还可能保证他们的体力和智力获得充分的自由的发展和运用"②。其次,人的自由全面发展意味着人的能力片面凸显,从而人的人格的畸形化的消解和人的潜能的充分彰显。在《1844 年经济学哲学手稿》中,马克思指出,人的全面发展是"人以一种全面的方式,……也就是说,作为一个完整的人,占有自己的全面的本质"③。在《德意志意识形态》中,马克思以生动可感的形象比喻描述了共产主义社会中人的自由全面发展的美好状态,"上午打猎,下午捕鱼,傍晚从事畜牧,晚饭后从事批判,这样就不会使我老是一个猎人、渔夫、牧人或批判者"④。共产主义时代的人们既没有固定的劳动分工,也没有确定的职业身份,而是能够根据自身的兴趣和能力自由地选择工作和活动。在《1857—1858 年经济学手稿》中,马克思进一步从理论上阐释了人的自由全面发展内涵,指出:人的自由全面发展是从"以物的依赖为基础的人的独立性"形态发展起来,这个形态形成了人们"普遍的社会物质交换,全面的关系,多方面的需求以及全面的能力的体系",是建立"个人全面发展"和"个人自由个性"的基础。综合马克思恩格斯在不同文献中的诸多论述,人的自由全面发展的丰富内涵主要包括个人劳动能力(包括体力的智力的)的充分自由发展,个人先天和后天的各种兴趣、品格、审美和社会交往能力的充分发展,即人的个性的自由发展。

(四)提出人的全面发展与社会发展相统一

人的发展受到生产力水平、社会制度等诸多因素的制约。马克思恩格斯

---

① 《马克思恩格斯文集》第 1 卷,人民出版社 2009 年版,第 538 页。
② 《马克思恩格斯文集》第 9 卷,人民出版社 2009 年版,第 299 页。
③ 《马克思恩格斯文集》第 1 卷,人民出版社 2009 年版,第 189 页。
④ 《马克思恩格斯文集》第 1 卷,人民出版社 2009 年版,第 537 页。

认为,社会是由人组成的,人是社会的组成部分,也是社会发展的主体和社会历史的创造者,因而人的发展既是社会发展的内源性动力,也是社会发展的价值旨归,正如马克思指出:"历史不过是追求着自己目的的人的活动而已。"[①]社会发展必须从人的发展中获取动力和能量,依赖人的需要、体力、智力、创造力参与的实践活动。社会发展表现为人的创造性劳动的结果,人的发展是社会发展的出发点和落脚点,社会的发展必须通过人的发展体现出来,离开了人的价值旨归,社会发展就失去了任何意义。在此意义上,人的发展程度决定了社会的发展程度。但同时,社会发展是人的发展的前提条件。马克思恩格斯始终强调,一定历史阶段的社会是个人据以活动的现实世界和历史空间,它是个人借以存在和发展的现实载体,为个人的个性发展和能力展示提供现实可能性。社会所取得的每一个进步,都对人的发展积累着条件,人的发展依赖于社会的发展。首先,社会发展为人的发展提供基本的物质前提。人无论是作为自然生物的存在还是作为一种社会性存在,都需要一定的物质条件才能生存和发展。唯物史观认为,社会发展的重要体现是生产力的发展,生产力的发展为人的发展提供了最重要的现实物质条件。一方面,社会生产力所提供的物质生活资料是人的发展的前提;另一方面,社会生产力的发展水平制约着人本身能力的发展。生产力的发展水平和社会制度的发展水平决定着人们自由时间的多寡。只有在社会生产力高度发展的前提下,人才有可能拥有充分的"自由时间",去从事自己喜欢的工作和事情,发挥自己的能力和发展自己的潜能。其次,社会发展为人的发展提供基本的精神基础。人作为社会存在,必须生活在一定的社会关系中才能满足情感、学习知识和实现劳动的本质等需要,人们之间社会关系的日益丰富和普遍交往的发生为人的发展提供智力保证和精神动力。因此,社会关系的丰富程度直接关系着人的发展。再次,社会发展为人的发展提供完善的制度基础。人类进入文明时代以后,逐渐建立了

---

① 《马克思恩格斯文集》第1卷,人民出版社2009年版,第295页。

政治、经济和文化等各种制度,以此规范人们的各种行为,使人们生活在一定的秩序中。随着人类社会的发展,人类社会制度对人的发展的影响越来越大。社会制度通过对经济发展的巨大反作用影响着人的发展,社会制度决定了一个社会生产资料和生活资料的使用和分配状态,既决定着一个社会时代人们的物质生活状态,也影响着人们的生活观念和价值取向,还决定了人们实际获得的发展资源。因此,社会的发展承载着人的发展,是人的发展的基本前提条件。

二、列宁理论中的以人民为中心思想

列宁继承和发展了马克思恩格斯人民是历史的创造者、是历史主体的重要思想,把马克思恩格斯的人民主体思想践行和发展于无产阶级政党建设、无产阶级革命和社会主义建设的各种方略中,并从理论上阐明了党的建设、社会主义革命和建设都必须依靠广大人民群众,充分发挥广大工农群众的创造力量,党的根本宗旨必须是实现人民的根本利益,在工作中必须坚持与人民群众保持密切联系的思想。列宁关于人民主体的思想蕴含了深刻丰富的以人民为中心的价值理念。

(一)工农群众的创造力是革命和建设的根本力量

在领导俄国革命和建设的实践过程中,列宁始终重视广大工农群众的伟大作用,强调人民群众的支持和参加是革命和建设取得胜利的关键,明确提出"千百万劳动群众组织起来"的革命创造力是俄国革命取得胜利的最深厚的源泉,"生气勃勃的人民创造力"是巩固苏维埃和建设社会主义的力量源泉。

在列宁看来,人民群众是社会主义建设事业的重要主体,必须尊重其主体性,维护其合法权益。

列宁坚持用群众史观来认识俄国的革命,因此早在革命时期,列宁就深刻地意识到了广大工农群众在无产阶级革命运动中的重要作用,指出要彻底粉碎专制制度的统治,不仅要把无产阶级组织起来,而且要联合团结其他劳动群众特别是广大农民阶级的力量,才能取得革命的胜利,"无产阶级应当实现社会主义革命,这就要把居民中的半无产者群众联合到自己方面来,以便用强力摧毁资产阶级的反抗,并麻痹农民和小资产阶级的不稳定性"[①]。19 世纪末,以维护沙皇专制统治为目的的俄国资本主义改革,没有达到促进经济发展、缓和阶级矛盾的目的,反而使得工人和农民的生活状况进一步恶化,导致阶级矛盾进一步激化,工人和农民的革命情绪不断积蓄,终于在 1904 年底引发了由圣彼得堡普提洛夫工厂工人的率先罢工随即得到社会各界劳动群众支持的大规模的和平示威请愿活动。1905 年 1 月,圣彼得堡大量民众聚集到冬宫广场递交请求改善工作状况的请愿申请书,但是遭到沙皇政府的血腥镇压。虽然运动失败了,但在革命过程中创建的一种新的民主组织形式——苏维埃,却得到保留且不断深入人心,人民群众革命的积极性和创造性力量已开始显现出来,列宁从中看到了蕴藏在工农群众身上巨大的革命力量,看到了工农群众是推翻沙皇专制制度的力量所在,认识到了只要把广大工农群众发动起来、组织起来,革命就一定能够胜利。随着沙皇俄国积极参与第一次世界大战和战争的失利,俄国社会经济危机更加严重,社会矛盾也更加激化,1917 年 3 月,圣彼得堡的民众发动了彻底结束沙皇专制统治的"二月革命",人民群众创造历史在实践中得到了充分的彰显,人民群众在革命实践中得到了锻炼,同时也深刻认识到齐心协力、团结合作对于维护自身利益的重要性。半年以后,在以列宁为代表的布尔什维克党的领导下,圣彼得堡的工人和士兵发动武装起义,推翻了资产阶级临时政府,建立了无产阶级的新政权。列宁对此进行了总结,认为俄国革命的成功,既是布尔什维克党顺应俄国千百万人民的革命意愿及其大胆领导革命来夺取政权的结果,也是广大劳动群众发挥革命创造精神的实践结果。它既创造性地突破和发展了马克思恩格斯的发达国家同时革命胜利论,

---

① 《列宁选集》第 1 卷,人民出版社 2012 年版,第 606 页。

也创造了既与巴黎公社相承接又有自己特色的政权组织形式——苏维埃,充分展示了人民创造历史的伟力,有力地证明了人民是社会变革决定力量的唯物史观。

十月革命胜利后,如何巩固新生的无产阶级政权和在经济文化落后的俄国进行社会主义建设,成为列宁和布尔什维克党直接面对且必须探索解决的重要问题。列宁从当时革命胜利的实践经验出发,明确提出只要团结和依靠人民,就能挫败一切反动势力对苏维埃政权的颠覆,保卫和巩固新生的苏维埃政权。1917 年 11 月,在刚取得十月革命成功后召开的全俄中央执行委员会会议上,列宁就提出:"只有相信人民的人,只有投入生气勃勃的人民创造力泉源中去的人,才能获得胜利并保持政权。"[1]强调必须使人民中一切觉醒了的和能够创造的力量,参加到有人民群众参与的组织中来,发挥人民群众的创造力量,就能巩固苏维埃政权。列宁还指出,要成功建设社会主义,必须依靠人民群众,因为"生气勃勃的创造性的社会主义是由人民群众自己创立的"[2]。列宁认为,在当时的苏俄,要激发广大人民群众积极参与社会主义建设,就必须深入到群众中去,进行社会主义的广泛宣传。1917 年 12 月,列宁在全俄农民代表苏维埃代表大会上强调,俄国各族人民应充分发挥力量与智慧,到城市街区和农村去宣扬真正的社会主义思想。在国内战争胜利后,列宁再次强调并号召党内忽视人民创造力的人"深入到劳动人民中去,深入到群众中去看一看吧,那里正如火如荼地开展着创造性的组织工作,那里正沸腾着不断更新的、由于革命而焕然一新的生活"[3]。其次,列宁强调,在社会主义建设中要特别团结广大农民群众,建立巩固的工农联盟,为此,必须尊重广大农民的利益,振兴农业经济,满足农民的需要,要"改善小农经济,供

---

① 《列宁全集》第 33 卷,人民出版社 2017 年版,第 61 页。
② 《列宁全集》第 33 卷,人民出版社 2017 年版,第 57 页。
③ 《列宁全集》第 33 卷,人民出版社 2017 年版,第 287 页。

给农民以大工厂里生产出来的纺织品、机器以及其他产品"①,要做广大农民群众的贴心人,要做到"同无比广大的群众,即同农民一道前进,用行动、实践和经验向农民证明,我们在学习并且一定能学会帮助他们,率领他们前进"②。列宁还专门批判了左派把农民排除在无产阶级革命和社会主义建设之外的错误,尖锐地指出:"全部问题在于农民跟谁走:跟无产阶级走呢,还是跟资本家走。"③如果不能把农民争取到无产阶级革命队伍中来,单靠无产阶级孤军奋战,革命就不能最终取得胜利;同样,如果不能激发包括广大农民在内的劳动群众的热情、创造力来进行社会主义建设,"只靠共产党员的双手来建立共产主义社会,这是幼稚的、十分幼稚的想法"④,社会主义建设、共产主义事业都不能成功;而只要把广大工农群众组织好、教育好和团结起来,充分发挥他们的创造力量,社会主义建设就有取之不尽的力量,就能无往而不胜。

（二）无产阶级政党必须善于激发人民的创造力,满足人民的实际需要,实现人民的根本利益

列宁在坚持马克思恩格斯确立的无产阶级政党建设的基本原则的基础上,从俄国革命的具体实际出发,在领导俄国革命的实践过程中形成了系统的列宁主义建党学说,并创建了人类历史上有着严密组织纪律性、高度思想统一性、坚定理想信念和为人民根本利益奋斗的无产阶级政党。

列宁认为,广大工农大众是建设社会主义的主要力量,布尔什维克党是无产阶级先锋队,代表无产阶级和最广大劳动群众的根本利益,因而必须能够善于调动人民的创造力,使广大劳动群众积极投身到社会主义建设中去。怎样

① 《列宁全集》第41卷,人民出版社2017年版,第146页。
② 《列宁选集》第4卷,人民出版社2012年版,第700页。
③ 《列宁选集》第4卷,人民出版社2012年版,第577页。
④ 《列宁选集》第4卷,人民出版社2012年版,第682页。

才能调动工农劳动大众的积极性和创造力呢？列宁提出,首先必须制定符合人民利益的经济政策,满足人民的物质利益。在列宁看来,社会主义不能仅仅依靠革命所产生的群众的热情来建立,必须把这种热情同劳动者对自己劳动的物质关心相结合的基础上才能建立,因此,列宁要求,"必须把国民经济的一切大部门建立在同个人利益的结合上面"①。在战时共产主义时期,为了支持战争,也为了实践马克思恩格斯曾经关于共产主义制度消灭商品货币等的设想,苏维埃政府实行全面的计划产品经济体制。但实践证明,这种体制只能适应短时间的应急,不能成为长期的生产生活状态,因为这种体制难以反映广大民众的生活需要,生产出来的产品无法满足广大民众的需要。所以,在战争结束前后,列宁和俄共政府就废除了战时共产主义政策,实行新经济政策。新经济政策给予了农民生产和劳动产品一定的自主权,极大地减轻了农民的负担和改善了农民的生活状况,受到广大农民的普遍欢迎,调动了包括广大农民在内的全体人民的劳动积极性和创造性,迅速扭转了由于战争和政策失误造成的经济困境。其次,列宁认为,调动人民的创造性,必须实行无产阶级的社会主义民主,让人民成为国家和社会的主人。在 1917 年 11 月 5 日《告人民书》中,列宁写道:"劳动者同志们！请记住,现在是你们自己管理国家。如果你们自己不团结起来,不把国家的一切事务自己担当起来,谁也帮不了你们。"②为此,列宁要求劳动者参加到各级苏维埃组织中去,进行国家管理和社会管理。1919 年俄共(布)召开第八次代表大会,列宁作了《关于党纲报告》,报告中要求"用比以前大得多的规模把无产阶级和农民组织起来,同时真正实行吸收工人参加管理的种种办法"③。在几乎是同时所作的《俄共(布)党纲草案》中,列宁提出了把吸收劳动者参加管理作为无产阶级专政的一项长期而现实的任务,强调要"采取一系列逐步的、经过慎重选择而又坚决实行的

① 《列宁选集》第 4 卷,人民出版社 2012 年版,第 582 页。
② 《列宁全集》第 33 卷,人民出版社 2017 年版,第 66 页。
③ 《列宁选集》第 3 卷,人民出版社 2012 年版,第 771 页。

措施,以吸引全体劳动居民独立参加国家的管理工作"①。1920 年 10 月,列宁就反对官僚主义问题又指出:"除了吸收工人和农民参加,还有什么别的办法可以克服官僚主义呢?"②在 1921 年 3 月的俄共(布)十大会议上,列宁提出要把发扬工人民主作为一项政治任务和建设任务。列宁认为,劳动者监督、检查党和苏维埃机关的工作是无产阶级民主的重要形式。只有让工农大众参与国家和社会的管理事务,工农大众才能感受到国家、社会主人的地位,才能激发出主体性和创造力量。再次,通过组织社会主义劳动竞赛提高全体人民的文化知识和劳动技能水平,激发和发挥工农群众的创造力。列宁认为,资本主义制度下的竞争,本质上是对劳动群众进取心、毅力和首创精神的压榨,因此,社会主义必须消除资本主义式的竞争。但社会主义需要劳动的竞赛,因为社会主义能够"造成真正广泛地、真正大规模地运用竞赛的可能,把真正大多数劳动者吸引到这样一个工作舞台上来,在这个舞台上,他们能够大显身手,施展自己的本领"③。社会主义制度下的劳动竞争为工农劳动者表现自己能力、进取心和发挥首创精神即创造力提供了广阔的社会舞台。最后,提高全体人民的思想政治觉悟和文化教育水平,引导民智。在革命年代,列宁认为无产阶级政党的最重要任务和工作就是对广大工人群众进行思想政治教育,把马克思主义的科学思想和共产主义理想、政治自觉性灌输、传播到工人群众中去,提高工人群众的觉悟,帮助他们认识到自己的社会经济地位低下和生活状况恶劣的原因,唤起工人群众的革命创造力。在社会主义建设时期,无产阶级和劳动群众成为了国家和社会的主人,无产阶级政党就必须通过不同途径提高人民群众的文化知识和劳动技能水平,列宁认为,不提高工人和农民的教育程度就不能完成改造和发展整个工农业生产的任务,不进行文化革命,不提高全体人民的文化水平,就不能培养建设共产主义的一代新人,也就不能激发广大人

---

① 《列宁选集》第 3 卷,人民出版社 2012 年版,第 724 页。
② 《列宁全集》第 40 卷,人民出版社 2017 年版,第 36 页。
③ 《列宁选集》第 3 卷,人民出版社 2012 年版,第 375 页。

民群众建设社会主义的创造力,不可能把经济落后的俄国变为先进的强大的社会主义国家。

(三)无产阶级政党要和人民群众保持密切联系

列宁认为,无产阶级政党是无产阶级和广大人民群众根本利益的代表,就必须时刻保持同人民群众的密切联系。只有保持同人民群众的密切联系,才能了解人民群众的真正利益和诉求,制定符合人民群众需要的政策,巩固无产阶级政权,激发人民群众的革命和建设热情和创造力,推动社会主义建设事业快速发展。十月革命胜利后,俄共(布)党的历史地位发生了根本的转变,成为掌握国家政权的革命和执政的党。列宁在多次谈话和著述中警醒全体党员,必须始终不渝地保持和发扬在长期艰苦的革命斗争中锤炼出来的与人民群众密切联系的优良作风,并以沧海一粟与星辰大海的关系来比喻党同人民群众的关系,"在人民群众中,我们毕竟是沧海一粟,只有我们正确地表达人民的想法,我们才能管理。否则共产党就不能率领无产阶级,而无产阶级就不能率领群众,整个机器就要散架"[①],说明联系群众对于党的政治建设和社会主义经济建设的重要意义。

列宁强调密切联系群众是无产阶级政党保持执政地位的根本前提。无产阶级政党是整个工人阶级的先锋队,在革命和建设过程中起着坚强的领导作用,但无论是夺取政权还是巩固政权,以及进行社会主义建设,其根本力量基础是广大人民群众,必须依靠广大工农群众的强大创造力。在《布尔什维克能保持国家政权吗?》一文中,列宁指出:"我们的力量就在这里。我们的政府将是不可战胜的原因就在这里:连敌人也不得不承认,布尔什维克的纲领是'劳动群众'和'被压迫民族'的纲领。"[②]这也说明无产阶级政党要实现自身的历史使命也必须依靠广大的人民群众。列宁强调,拥有人民的信任和拥护

---

① 《列宁选集》第 4 卷,人民出版社 2012 年版,第 695 页。
② 《列宁选集》第 3 卷,人民出版社 2012 年版,第 320 页。

是取得政权和巩固政权的阶级基础。正是有了俄国的工农群众对布尔什维克党革命事业的热烈拥护和积极参与,才能彻底地推翻沙皇的专制统治,才能一次次破除资产阶级的批评指责和分裂行径。针对一些人对苏维埃政权的质疑,列宁指出:"这个新政权所依靠的和力图依靠的强力,不是一小撮军人所掌握的刺刀的力量,不是'警察局'的力量,不是金钱的力量,不是任何以前建立起来的机构的力量……这个力量依靠的是什么呢? 依靠的是人民群众。……它完全是靠广大群众的信任"①。就实际的历史进程而言,列宁在国内百废待兴的建设条件下,能够领导俄共(布)抵御并成功击退国内外敌对势力的猛烈进攻,最关键的原因就在于得到了工农群众的信任和支持。此外,正因为布尔什维克党的纲领是代表俄国人民和民族的根本利益,才能得到俄国广大人民的支持,并积极参与实现纲领目标的革命斗争,所以,布尔什维克党领导的革命及其进行社会主义建设才能胜利成功。列宁认为,布尔什维克党之所以能够制定代表俄国人民和民族的根本利益的纲领,就是党能够保持同人民群众的密切联系,不仅尽可能多地争取人民群众参与革命和建设工作,而且要求党员接近人民群众,生活在人民群众之中,尊重人民群众的首创精神,能够把党的革命目标与人民群众的生活需要结合起来,从而制定出正确的革命纲领、发展目标和管理政策,得到广大人民群众的拥护、支持和积极参与,并不断地在实践中取得胜利,巩固无产阶级政党的执政地位和无产阶级政权。

列宁在全面阐释无产阶级政党必须保持和人民群众密切联系的论述中,还专门阐述了脱离人民群众必然产生官僚主义及其对执政党的严重危害。十月革命胜利后,为了满足管理国家的现实需要,俄共(布)吸收了大量曾经为沙皇专制统治服务的旧官吏入职苏维埃国家机关,这些人员没有经过严格专门的改造,他们把旧时代的漠视群众、当官做老爷的工作作风也带到新生的

---

① 《列宁全集》第39卷,人民出版社2017年版,第420页。

苏维埃机关管理工作中,极少部分布尔什维克党的党员干部在走上机关岗位掌握权力后,也开始逐渐丧失斗志、消极怠工甚至追求腐化享乐生活,从而导致了一些党内和苏维埃机关脱离群众、漠视群众的官僚主义、形式主义作风滋生并有蔓延之势,人民群众的利益得不到有效的维护和实现,引起了人民群众的严重不满。列宁及时地看到了这一问题的严重性,并对此多次发出警告,提出了一系列关于如何反对和克服官僚主义、形式主义的措施,强调密切联系群众的作风和工作方法的至关重要性。列宁首先对当时俄共(布)党内和苏维埃机关产生严重官僚主义、形式主义问题的原因进行了深刻的分析,认为俄国落后的社会生产方式是官僚主义产生的根本原因,明确指出:"我们这里官僚主义的经济根源是另外一种:小生产者的分散性和涣散性,他们的贫困、不开化,交通的闭塞,文盲现象的存在,缺乏农工业之间的流转,缺乏两者之间的联系和协作。"①除此之外,列宁还从俄国落后的政治、文化、思想以及急剧的社会转型等方面说明了当时苏俄产生严重官僚主义、形式主义的原因。其次,列宁还从官僚主义会削弱布尔什维克党的战斗力和公信力、会严重挫伤广大劳动群众建设社会主义事业的积极性和创造性、会影响党群关系的健康发展从而动摇俄共(布)执政的群众基础等方面全面揭示了官僚主义、形式主义的严重危害,并严重警告:"我们所有经济机构的一切工作中最大的毛病就是官僚主义。共产党员成了官僚主义者。如果说有什么东西会把我们毁掉的话,那就是这个。"②再次,列宁从吸收广大劳动群众参加国家和社会的管理工作、开展社会主义文化教育,包括缩减行政人员和精简国家机构等内容的改革和完善党和国家的领导机关、建立和强化专门的国家监督,包括加强对党员尤其是领导干部的监督和严格发展党员的质量标准在内的加强执政党的自身建设等方面系统地阐述了防止和克服官僚主义的措施。

---

① 《列宁选集》第4卷,人民出版社2012年版,第511页。
② 《列宁全集》第52卷,人民出版社2017年版,第288页。

列宁在分析官僚主义的种种表现及其产生的原因时,贯穿着一个总的问题线索,那就是官僚主义就是脱离群众,不关心群众,漠视群众利益,丢掉了密切联系群众的工作作风。因此,列宁强调,反对和克服官僚主义,必须发动群众,必须切实贯彻联系群众的工作作风。1919 年 3 月,列宁在俄共(布)八大上提出:"只有当全体居民都参加管理工作时,才能把反官僚主义的斗争进行到底,直到取得完全的胜利。"①强调人民群众参与国家管理工作,让各种掌握权力的机关和人员置于广大人民群众的监督之下,让权力在阳光下运行,才能有效地遏制官僚主义的蔓延,取得反对官僚主义斗争的胜利。

列宁还提出,要做到保持与人民群众的密切联系,需要创新工作方法,需要多种多样的工作方法,认为"方式愈多愈好,方式愈多,共同的经验就愈加丰富,社会主义的胜利就愈加可靠、愈加迅速"②,强调要把联系群众的工作方式落实到群众的日常生活中,贯彻于党和国家机关日常的工作中,坚持群众路线,还要创新相关工作方法,为此就要求党员干部、国家机关工作人员"在日常生活中改变党的工作方式,改造党的日常工作,使党成为革命无产阶级的先锋队,使党不但不脱离群众,而且日益接近群众,唤起他们的革命意识"③。无产阶级政党在成为执政党后,一些机关和人员非常容易走上脱离群众的高高在上的官僚主义道路,所以,列宁特别强调党员干部必须生活在群众之中,与群众打成一片,才能时刻了解群众,从广大群众的角度看问题,赢得群众的信任和支持,把实现党的奋斗目标与人民群众的日常生活目标需要紧密地结合起来,推动无产阶级革命和建设事业的不断发展。

---

① 《列宁全集》第 36 卷,人民出版社 2017 年版,第 154 页。
② 《列宁选集》第 3 卷,人民出版社 2012 年版,第 383 页。
③ 《列宁选集》第 4 卷,人民出版社 2012 年版,第 642—643 页。

第二节　中国传统民本思想的合理内核

中国传统民本思想成长于农耕文明社会,是君民官民关系发展作用的结果。中华文化之所以几千年来承传不绝,高潮迭起,民本思想功不可没,影响极大。[①] 一方面,封建君主和治国精英在王朝兴衰治乱、历史更替中认识到民心向背对国家统治的重要作用,积极从民本思想中寻找治国良方,强调重民、爱民、惠民、养民、利民、恤民,缓和社会矛盾,为人民创造安定的生产生活环境,以维护统治的稳定和促进社会经济的发展。另一方面,当政治黑暗、民生凋敝之时,民本思想又成为政治家思想家们抨击暴政、主张变革的思想武器,并促进了民本思想的进一步发展。民本论以保障和实现人民的安居乐业为目的,主张统治者应将"保民""富民"等作为职责所在,由此成为中国古代国家治理思想的重要组成部分。以人民为中心的发展思想生长于中国传统民本思想的历史积淀与丰富滋养之中,是对传统民本思想的传承和超越。

一、中国传统民本思想的主要内容

民本思想发展源远流长,在不同的历史时空呈现为不同的时代印记,这里将民本思想的发展历程分为萌发、形成确立、发展和完善时期。

(一)商周时期:传统民本思想的孕育萌发

由于古代生产力水平低下,人们对自身以及所生活的自然缺乏认识,无法对客观世界的诸多现象作出合理正确的解释,认为万物背后存在着一个绝对主宰,敬畏自然、服从天命成为基本遵循,因此,对"天"和"神"的崇拜由此而生。不过,据郭沫若等考证,在殷商时期,人格化的至上神被称为"上帝"而非

---

① 高尚全、傅治平:《人民本位论》,人民出版社 2012 年版,第 89 页。

"天",此时的"天"与"大""上"通用,不代指自然或上帝。上帝是掌管万物、下降赏罚的至高者,人间的统治者需服从上帝之"命"。这一时期,殷王朝为了进一步巩固和提升王权,将对鬼神的推崇提到了无以复加的地步。据《礼记·表记》所述,"殷人尊神,率民以事神,先鬼而后礼,先罚而后赏,尊而不亲,其民之敝,荡而不静,胜而无耻"①。但夏商时期萌发了朴素的"民本"观念,提出了重民保民思想。在《尚书·五子之歌》中明确提出,"民可近,不可下。民惟邦本,本邦固宁"②。《尚书·商书·盘庚》中记载了商王盘庚迁都时对臣民的训话,称"殷降大虐,先王不怀厥攸作,视民利用迁。汝曷弗念我古后之闻?承汝俾汝,惟喜康共,非汝有咎比于罚"③。即迁都是为了效法先王,养育民众。《逸周书·商誓解》也记载了周人对商代圣王的总结,如武王称"我闻古商先哲王成汤克辟上帝,保生商民,克用三德,疑商民弗怀,用辟厥辟"④。商周时期,"立君为民是一个带有根本性、前提性、法理性的命题……从国家伦理的角度看,立君为民是先秦民本思想的核心命题"⑤。也就是说,权力并非"治民"而在"为民"。不过,夏商的民本思想作为天治观念的一个重要组成部分,重民意的原因在于统治者认为民意是上帝意愿的反映,因此,在"民本"背后所隐藏的实际上是"神本"。商朝的最后一位君主纣王,其统治时期政治腐败,残暴荒淫,视人命如草芥,导致整个社会矛盾激化,最终历时500余年的商朝走向灭亡。

追溯历史,可以发现,经过武王伐纣以周代商的重大政治变动之后,引发了人们对于天命决定王朝兴衰的质疑和思考。鉴于商朝灭亡的经验教训,统治者开始意识到民众的力量。在平定武庚之乱后,周公训诫即将前往殷地上

---

① 张文修编注:《礼记·表记》,北京燕山出版社1995年版,第390—391页。
② 《尚书》,王世舜、王翠叶译注,中华书局2018年版,第369页。
③ 《尚书》,王世舜、王翠叶译注,中华书局2018年版,第112页。
④ 黄怀信、张懋鎔、田旭东:《逸周书汇校集注》,上海古籍出版社2011年版,第461页。
⑤ 杜勇:《清华简〈厚父〉与早期民本思想》,《西华师范大学学报(哲学社会科学版)》2016年第2期。

任的康叔，"惟乃丕显考文王，克明德慎罚；不敢侮鳏寡，庸庸，祇祇，威威，显民"。"小子封，恫瘝乃身，敬哉！天畏棐忱；民情大可见。""我时其惟殷先哲王德，用康乂民作求。"①即强调天命与民情紧密相关，要明德慎罚，了解民众疾苦，施行德政，安邦治国。周人也不再似殷人迷信天命，提出"惟命不于常""天命靡常"等思想，并在传统天命观中注入理性的因素，即"德"。周公将"天命"与"德"结合在一起，提出"以德配天""敬天保民"等思想，认为"天亦哀于四方民，其眷命用懋。王其疾敬德！"②即"天命"是授予有"德"之人，而"德"的要求就是"敬天"和"保民"，只有"天视自我民视，天听自我民听，百姓有过，在予一人，今朕必往"③，"子子孙孙永保民"才能"至于万年为王"。这样一来，周朝取代商朝就有了合理的理论解释。可以看出，尽管此时天命观依然禁锢着人们的观念，但传统的天命观已被打开一个缺口，由对"天""神"的推崇转为对"民"的关注，体现了思想的进步，统治者也已经意识到民意对维持、稳固统治的重要性，由此开启了中国历史上民本思想和德治传统的先河。

（二）春秋战国时期：传统民本思想的形成确立

春秋战国时期是中国古代历史上思想活跃、百家争鸣、社会大变革的时代。各诸侯王通过改革变法强大起来，周王室控制力日益衰微，诸侯间战争连年，社会动荡不安，奴隶制逐渐向封建制过渡。与此同时，传统的氏族体系和共同体趋于瓦解，"民"的内涵发生重大变化，加之民众的力量在社会动荡和更迭的交替中越发显露出来，使得民本思想成为这一时期政治思想领域的重要课题和主流思潮。一些开明的统治者和思想家经过对神话传说中的民本故事、夏商周圣王先哲治国理政中的民本言论观点进行归纳、总结和提炼，从不同的视角阐释民本思想，形成了各自富有特色的民本理念，从而推动了民本思

---

① 《尚书》，王世舜、王翠叶译注，中华书局 2018 年版，第 181、184、192 页。
② 《尚书》，王世舜、王翠叶译注，中华书局 2018 年版，第 220 页。
③ 《尚书》，王世舜、王翠叶译注，中华书局 2018 年版，第 436 页。

想的发展。由此,民本思想在这一时期得以确立,并逐渐形成系统化、理论化的体系。

孔子是儒家民本思想的创始人,其民本思想以"仁"和"礼"为核心。孔子视"仁"为最高标准和境界,主张仁者爱人,施行仁治,"夫仁者,己欲立而立人,己欲达而达人"①。统治者只有广施德政,才能赢得百姓的支持和拥护,"为政以德,譬如北辰,居其所而众星共之"②。还主张施政者要"取信于民""爱民""亲民""富民"等。《论语·先进篇》记载,子曰:"庶矣哉!"冉有曰:"既庶矣,又何加焉?"曰:"富之。"曰:"既富矣,又何加焉?"曰:"教之。"③此外,孔子崇尚"周礼",面对礼崩乐坏、刑罚滥用的社会现实,孔子呼唤以"礼"规范,要求统治者克己复礼。在《论语·为政》中,面对哀公问政,孔子指出,"道之以政,齐之以刑,民免而无耻。道之以德,齐之以礼,有耻且格"④。他认为严刑峻法只是治理国家的其中一种方式,往往只能使民众因畏惧刑罚而表面服从,丧失廉耻之心,只有以"礼"来引导教化百姓,才能真正达到治理的目的。"上好礼,则民易使""上好礼,则民莫敢不敬"⑤。统治者重礼,则使民众服从和敬畏。孔子将"仁""礼"作为道德规范和政治规范,对统治者提出了极高的要求,体现出鲜明的民本性。

孟子是儒家民本思想的集大成者。他继承并发展了孔子的思想,更为明确地提出了民本思想。其一,施行仁义,以获取民心。首先,仁义是兴盛政权的关键。"三代之得天下也以仁,其失天下也以不仁。国之所以废兴存亡者亦然。""君仁,莫不仁;君义,莫不义;君正,莫不正。一正君而国定矣。"⑥其次,百姓的认同和支持与统治者能否得天下紧密相连。他指出,"桀纣之失天

① 《论语》,张艳国注评,崇文书局 2020 年版,第 95 页。
② 《论语》,张艳国注评,崇文书局 2020 年版,第 11 页。
③ 《论语》,张艳国注评,崇文书局 2020 年版,第 209 页。
④ 《论语》,张艳国注评,崇文书局 2020 年版,第 12 页。
⑤ 《论语》,张艳国注评,崇文书局 2020 年版,第 206 页。
⑥ 《孟子》,万丽华、蓝旭译注,中华书局 2016 年版,第 150、165 页。

下也,失其民也。失其民者,失其心也。得天下有道:得其民,斯得天下矣"①。即统治者只有顺应民心,按照人民的意愿执政,才能赢得人民,从而称王掌权。民心的向背有时甚至决定了战争的胜负,即"天时不如地利,地利不如人和……得道者多助,失道者寡助"②。可以看出,孟子对于人心向背与国家政权之间的关系已经有较深刻的认识。其二,"民贵君轻"说。《孟子·尽心下》指出,"民为贵,社稷次之,君为轻。是故得乎丘民而为天子,得乎天子为诸侯,得乎诸侯为大夫"③。在孟子看来,民意代表天意,天意即民意,政权社稷常有更替,但民众不可更换,因此,应该将人民置于君王和诸侯之上。这一思想打破了人们传统观念中的尊卑定位,将民本思想推向了一个新的高度。其三,针对施行民本的具体措施,孟子主张要"制民之产""薄税敛"和"不违农时"等,强调"若民,则无恒产,因无恒心。苟无恒心,放辟邪侈,无不为已。及陷于罪,然后从而刑之,是罔民也。焉有仁人在位,罔民而可为也?""取于民有制",就是要使百姓有地可耕,安居乐业,国家要减轻赋税,不能无限制征收,只有这样,才能实现"五十者可以衣帛,七十者可以食肉,八口之家可以无饥,颁白者不负戴于道路"的理想状态。继孟子之后,儒家学派另一位代表人物荀子也宣扬民本思想。荀子与孟子虽同为儒家,但相比于孟子对非儒学说的拒斥之态,荀子博采百家,主张王霸兼用,以礼治国,将"重民"与"忠君"同构,富国与富民并举,并明确提出了"舟水论"思想。《荀子·哀公》记载,"君者,舟也;庶人者,水也。水则载舟,水则覆舟"。④ 与孟子"民贵君轻"的抽象论不同,荀子以"君舟民水"形象化阐述了君主和百姓互相制约的利害关系,君主如果倒行逆施,必将被人民所抛弃。但同时孟子也强调"君者,国之隆也;父者,家之隆也。隆一而治,二而乱,自古及今,未有二隆争重而能长久者"。

---

① 《孟子》,万丽华、蓝旭译注,中华书局2016年版,第155页。
② 《孟子》,万丽华、蓝旭译注,中华书局2016年版,第76页。
③ 《孟子》,万丽华、蓝旭译注,中华书局2016年版,第325页。
④ 王威威:《荀子译注》,上海三联书店2018年版,第63页。

体现了其君权至上思想。在国富与民富的关系上,荀子认识到君富离不开民富,倡导"富国富民""以政裕民""节用裕民",他认为"足国之道:节用裕民,而善臧其余。节用以礼,裕民以政。彼裕民,故多余。裕民则民富,民富则田肥以易,田肥以易则出实百倍"①。主张大力发展生产,养畜种树,满足人民的基本需求。重视农业的发展,要修堤通渠,勿夺农时,同时重视工商业的发展,提倡"通商以富国安民"等理念。这些具体性的措施和理念,对封建统治者得民心、稳社稷产生了积极作用。

另外,百家争鸣中的其他学派也从不同视角对民本思想进行了阐述。道家思想中蕴藏着深刻的民本思想,其创始人老子提出"爱民治国"的思想,强调"圣人恒无心,以百姓心为心"②,统治者应体察民心,尊重人民意愿。老子反对统治者过度剥削百姓,主张轻徭薄赋。他认为"民之饥,以其上食税之多也,是以饥"③。此外,老子还告诫统治者,"民不畏死,奈何以死惧之"④。这些都饱含了老子重民的价值取向。老子的继承人庄子认为"与天为徒者,知天子之于己,皆天之所子""势为天子而不以贵骄人,富有天下而不以财戏人"⑤。体现出庄子消灭森严的等级制,倡导君民在自然面前平等的朴素理念。与孔孟积极有为的民本思想不同,老庄民本思想的核心在于无为自化,强调顺应民众的本性,减少干预,使民众复归自然。墨子积极为下层民众的利益呼喊,其政治主张体现出强烈的人民性和批判性。不同于儒家学派将义利对峙,墨子主张义利结合,宣扬兴利爱民。在《墨子》中提出"兼爱""非攻""尚贤""节用"等思想,力图以利民节用作为民本思想的经济基础,以尚贤举能作为民本思想的政治保障,以兼爱非攻作为民本思想的伦理核心,其思想表现出墨子对中下层人民的深切同情及其保民爱民的情怀。法家尽管强调尊君和循

① 王威威:《荀子译注》,上海三联书店 2018 年版,第 101 页。
② 张松如:《老子说解》,齐鲁书社 1998 年版,第 278 页。
③ 张松如:《老子说解》,齐鲁书社 1998 年版,第 389 页。
④ 张松如:《老子说解》,齐鲁书社 1998 年版,第 385 页。
⑤ 李欣:《庄子译注》,上海三联书店 2018 年版,第 84 页。

法,似乎与民本思想并无关系,但在巩固君王权势的目的上,也多强调要轻薄徭役,奖励耕织,爱护民众。他认为"苦民以富贵人,起势以借人臣,非天下长利也"。"圣人之治民,度于本,不从其欲,期于利民而已。故其与之刑,非所以恶民,爱之本也。"①同时遵循赏不阿贵、富不移民的原则,因此这些思想中也包含着民本理念的因素。

(三)汉唐宋时期:民本思想的进一步拓展和实践

汉唐时期,民本思想得到进一步深化和发展,并逐渐由理论走向现实实践。汉初主要采用"黄老之学",推崇无为而治,与民休养生息。西汉的贾谊主张将"无为"变"有为",其民本思想较前代的大思想家陆贾更为鲜明。他认为秦王朝灭亡的根本原因在于统治残暴,刑法严酷,人民徭役沉重,即"与民为敌",因此统治者要重视民意,以民为本。他意识到民众的力量是巨大的,呼吁统治者要亲民爱民,实行"仁政"。在《新书》中,贾谊指出,"闻之于政也,民无不为本也。国以为本,君以为本,吏以为本。故国以民为安危、君以民为威侮,吏以民为贵贱,此之谓民无不为本也"②。国家的安危,政权的稳固与民众的支持息息相关,国家、君王和官吏都要以民为本,民心向背决定着国家兴亡,没有民众的支持,战争就无法取胜,国家就会走向灭亡。同时,贾谊还告诫君王要富民惠民。班固提出:"夫蓄积者,天下之大命也。"③"民非足也,而可治之者,自古及今,未之尝闻。"因此,要使民众富足,从而达到天下大治。但这一时期儒家学说中的德性成分被削弱,民本思想中蕴含较强的驭民使民要素。唐太宗李世民充分吸取秦、汉、隋等朝代被推翻的教训,承袭儒家的民本传统,积极施行爱民、养民、教民之策。对于君民之间的关系,唐太宗强调"为君之道,必须

---

① 《韩非子》,陈秉才译注,中华书局2015年版,第82、293页。
② 《新书》,方向东译注,中华书局2012年版,第275页。
③ 班固:《汉书》第2册,凤凰出版社2013年版,第614、615页。

先存百姓。若损百姓以奉其身,犹割股以啖腹,腹饱而身毙"①。并认为"国以人为本,人以衣食为本,凡营衣食,以不失时为本"(《贞观政要·卷八·论务农》)。因此,他十分重视农桑,强调不误农时,轻徭薄役,发展生产,使人民安居乐业。唐朝著名大臣魏征强调君王应倾听民意,"以百姓之心为心",认为"国之兴亡不由积蓄多少,惟在百姓苦乐"②。同时积极献言劝谏,正君以戒奢以俭,提倡统治者要率先树立节俭之风,奢靡无度不仅劳民伤财,而且会将国家带向灭亡的边缘。唐太宗在位期间以德治国,修身正己,同时注重体恤百姓、发展生产、奖励垦荒、息土止兵等,造就了"贞观之治"的盛世景象。民本思想发展到宋元时代,逐渐步入内化的阶段,功利主义者李觏、王安石、陈亮等提倡"经世",主张"康国济民",礼法兼施,君民平等和以农为本。理学家周敦颐、张载、程颐、程颢等也主张以民为本,关注百姓疾苦,统治者应施行仁政,这些民本思想在一定程度上促进了当时的社会稳定和发展。同时,也为明清阶段民本思想的深化完善奠定了良好基础。

(四)明清时期:民本思想的丰富与完善

明朝时期,经济上,传统重农抑商思想松动,农商并重、工商皆本思想涌现,尤其是明中叶后,随着商品经济的活跃和资本主义萌芽的兴起,农业、手工业得到迅速发展,手工业的生产规模更大、分工更加细化,培养了一大批熟练的工人,同时以工业为主的新型城市出现,标志着中国经济发展的思路开始转变。然而,政治上,君主专制空前强化最终导致社会矛盾日益尖锐,社会动荡不安。明末清初,一些有远见和心怀百姓的思想家逐渐觉醒,对专制制度和绝对君权进行了激烈的批判,主要代表有王阳明、王夫之、黄宗羲和顾炎武等。他们亲历了当时社会的黑暗统治以及封建专制的残暴,强烈反对君主专制,掀

---

① 《贞观政要》,骈宇骞译注,中华书局 2011 年版,第 1 页。
② 《贞观政要》,骈宇骞译注,中华书局 2011 年版,第 132、459 页。

起了一股启蒙浪潮。黄宗羲对于君民关系、君臣关系等有着独特的见解。在《明夷待访录》中,他提出"古者以天下为主,君为客,凡君之所毕世而经营者,为天下也"①的"公天下"理念,并猛烈抨击三代后君主"视天下为人君囊中之私物"的"家天下"做法。这种"君客民主"的思想实质肯定了人民是国家政治的主体,尽管这一思想难以脱离时代的局限,但其深刻反映了当时的有识之士对民本思想的反思,达到了中国民本思想的高峰。顾炎武和王夫之也针对当时的政治积弊和社会现实状况,提出了自身的民本思想。顾炎武侧重于民富民德,提倡经世致用,藏富于民,强调君主要致力于民生,为民众解决实际问题。王夫之则注重"以民为基",提出"均天下",其民本思想含有平均主义元素。此外,黄宗羲、王夫之等主张工商皆本,强调工商业在社会经济发展中的作用,并将其作为富民的重要手段。总体看来,这一时期的民本思想已经蕴含着民主因素,是对腐朽的封建专制制度下黑暗的社会现实深刻反思的重要结果。鸦片战争之后,救亡图存上升为时代主题,随着近代西方民主思想的传入,传统民本思想的发展走向终结。

通过对中国民本思想发展史的梳理,可以发现传统民本思想源远流长,历时两千多年,内涵十分丰富,主要可概括为以下几个方面:

第一,经济方面富民利民。传统民本思想主张统治者要心系人民生计,发展生产保证人民生活安定富足。历朝历代的民本思想家反复强调论证富民与富国的紧密联系。作为典型农耕社会的古代社会,为维护封建统治的稳定,以农为本、抑制商业的政策成为社会主流。在统治者及思想家看来,相较于商业,农业更为重要,能将广大人民固定在土地上,形成一家一户结构稳固的小农经济,成为封建王权存在的坚实基础。因此,历代统治者和民本思想家都将发展农业作为社稷重事,施行劝课农桑、不违农时、轻徭薄赋、鼓励垦荒、屯垦戍边、制造先进农业生产工具、推广耕作技术、兴修水利等政策措施。管子指出,

---

① 黄宗羲:《明夷待访录》,段志强译注,中华书局 2011 年版,第 16 页。

"凡治国之道,必先富民。民富则易治也,民贫则难治也","是以善为国者,必先富民,然后治之"。① 孔子倡导藏富于民,认为"足食,足兵,民信之矣","百姓足,君孰与不足? 百姓不足,君孰与足?"②孟子也主张统治者应"制民之产",关心民生,使百姓安居乐业。"不违农时,谷不可胜食也。数罟不入洿池,鱼鳖不可胜食也。斧斤以时入山林,材木不可胜用也。谷与鱼鳖不可胜食,材木不可胜用,是使民养生丧死无憾也。养生丧死无憾,王道之始也。"③还有一些统治者采纳民本主张,实施富民爱民的治国方略,创造出了诸如"贞观之治""康乾盛世"的历史辉煌。

第二,政治方面安民顺民。历史上各式的农民起义、政权更迭使贤明的封建君主、治国精英和民本思想家们都清醒地认识到民众的巨大力量。统治者要实现政权稳固、长治久安,离不开广大民众的支持。大禹与皋陶谈治国之道时,皋陶言治国之要"在知人,在安民"。大禹也称"知人则哲,能官人。安民则惠,黎民怀之"④。西周时期周公也认识到"欲至于万年,惟王子子孙孙永保民"⑤。《管子·牧民》中指出,"政之所兴,在顺民心;政之所废,在逆民心"。贾谊也道,"故夫民者,至贱而不可简也,至愚而不可欺也。故自古至于今,与民为仇者,有迟有速,而民必胜之"⑥。尽管底层民众身份卑微,从事着最基础的劳动生产,但正是这些基础的生产活动铸就了封建王权的经济根基。因此,绝不可因其地位低贱而怠慢,因其文化程度低下而欺骗。同时,"故夫民者,大族也,民不可不畏也。故夫民者,多力而不可适也"⑦。民众数量巨大,力量惊人,只有顺应民意、关切民声,才能巩固统治,任何的"暴民""夺民""虐民"

---

① 《管子》,北京燕书出版社 1995 年版,第 335 页。
② 《论语》,张艳国注评,崇文书局 2020 年版,第 219、221 页。
③ 《孟子》,万丽华、蓝旭译注,中华书局 2016 年版,第 5 页。
④ 《尚书》,王世舜、王翠叶译注,中华书局 2018 年版,第 35 页。
⑤ 《四书五经》下册,陈戍国点校,岳麓书社 2003 年版,第 257 页。
⑥ 《新书》,方向东译注,中华书局 2012 年版,第 277 页。
⑦ 《新书》,方向东译注,中华书局 2012 年版,第 282 页。

行为,终将激起民众的愤怒和反抗,最终导致王朝覆灭。

第三,文化方面教民养民。除了经济和政治上重视民意,传统民本思想的另一重要内容是教民育民,强调"今万民之性,待外教然后能善,善当与教,不当与性"①。"夫万民之从利也,如水之走下,不以教化堤防之,不能止也。"②教化在古代意蕴丰富,包含礼仪风俗、乡规民约、家风家训等内容,通过灌输、示范、感化等人情伦理的方式对人们的思想行为进行熏陶规范,以稳定人心,实现和谐安定的生产生活秩序。当然,教化也并不完全排除刑罚的作用,但坚持德主刑辅、重德轻罚。一方面,民本思想家认为百姓是受教者,一国整体素质的高低与统治阶层的品性息息相关,因此,呼吁统治者施行"德政",强调君主注重提升自身的道德品质,官员也要完善自身素养,修己正德,成为广大民众的道德楷模。正所谓"君者,仪也;民者,景也;仪正而景正"③。"平天下在治其国者,上老老而民兴孝;上长长而民兴弟;上恤孤而民不倍。是以君子有絜矩之道也。"④另一方面,广泛兴办官学私塾,教人明人伦,讲礼仪;以文化人、化民成俗。《论语》《左传》等成为官学的教化主流读物,《三字经》《千字文》则成为民间的通用教材。总之,民本思想家们施行德礼教化能够以人文的软性力量来浸润、感化民众,整合民众行为,从而达到"天下和洽,万民皆安仁乐谊"⑤,为维护统治者的政治权威和国家的长治久安提供良好环境。

二、传统民本思想的价值审视

传统的民本思想应时代发展而不断发展,成为封建社会发展的稳定器,同时,作为中国传统文化的精髓,它渗透并影响着人们的观念。梁启超曾指出,"要之,我国有力之政治思想,乃欲在君主统治之下,行民本之精神,此理想虽

---

① 董仲舒:《春秋繁露》,山东人民出版社2018年版,第96页。
② 班固:《汉书》第3册,凤凰出版社2013年版,第1488页。
③ 王威威:《荀子译注》,上海三联书店2018年版,第142页。
④ 《礼记》,胡平生、张萌译注,中华书局2018年版,第1170页。
⑤ 班固:《汉书》第3册,凤凰出版社2013年版,第1491页。

然不能完全实现,然影响于国民意识者既已甚深,故虽累经专制摧残,而精神不能磨灭"①。可见他对民本思想价值的高度肯定。不过,传统的民本思想存在着不可避免的缺陷,其本质是封建统治者治国理政和统治人民的工具,最终因无法跳出专制的窠臼而被民主制度所取代。

(一)传统民本思想的积极意义

首先,民本思想是经济发展的助推器。民本思想家都强调民众对政治统治的重大影响,倡导富民利民的经济政策,主张"治国之道,必先富民"。部分君王和官吏也都意识到民富与国富间的辩证关系,积极施行民本政策,在一定程度上缓和了阶级矛盾,减轻了统治阶级对广大底层人民的过度压迫和剥削,人民生产的积极性和创造性得到了加强,促进了生产力的发展。历史证明,凡是实施民本策略的朝代都会出现民富国强、百姓安居乐业的康泰景象,反之则生产力遭受破坏甚至停滞、人民生活状况恶化、阶级矛盾尖锐、社会动荡不堪。因此,传统民本思想家及政治家都承认民众的地位,都意识到民众生活是否安定、政权是否稳固与经济发展状况密不可分,正所谓,"一天下,财万物,长养人民,兼利天下,通达之属,莫不从服"②。关切民生最终必然要落实到具体的惠民养民行动上,只有实行轻徭薄赋、与民生息,国泰民安的盛世局面才可能实现。此外,物质财富是王朝政权得以存留的基石,而人民是物质财富的创造者,离开人民的劳动,长治久安也无从谈起。

其次,民本思想是君权政治时代社会稳定的调节器。"从中国封建的政治实践中不难看出,民本思想是君主政治一副有效的清醒剂,是群臣谏诤君主的重要理论武器,是封建制君主自我调整治民政策的主要依据,也是巩固统治、强化皇权的重要手段。"③民本思想呼吁统治者爱民保民,以实现永葆政

---

① 梁启超:《先秦政治思想史》,天津古籍出版社 2003 年版,第 7 页。
② 王威威:《荀子译注》,上海三联书店 2018 年版,第 45 页。
③ 诸凤娟:《民本思想的发展逻辑及其当代价值》,浙江大学出版社 2012 年版,第 131 页。

权,社会稳定。封建社会"其兴也勃焉,其亡也忽焉"的历史周期率证明民心向背是战争胜负的关键因素,也是反抗阶级夺得政权、延续统治的基础。正如孟子所言,"王如施仁政于民,省刑罚,薄税敛,深耕易耨。壮者以暇日修其孝悌忠信,入以事其父兄,出以事其长上,可使制梃以挞秦、楚之坚固甲利兵矣"①。民本思想提醒统治者要施行"仁政",勤政爱民,以民为本,行爱民之道、富民之策,才能避免民怨沸腾,使百姓安居乐业、社会和谐稳定。

再次,民本思想是制约封建君权的思想武器。中国古代史是一部君主专制的历史。但"由于有儒家学说的规范、修建并有民本思想的驯化,没有成为寡头主义的绝对专制,表现出与众不同的东方特色"②。民本思想对君权的无限膨胀起着重要的制约调节作用,统治者由于苛民虐民行为引发民众暴动和起义,进而导致政权更迭的历史事实,迫使统治阶级及思想家不得不思考民众对于政治的重要意义。正如中国台湾学者金耀基指出,"盖中国之政治,自秦汉以降,虽是一个君主专制的局面,但总因有浓厚的民本思想之影响,遂使君主专制的政治弊害得以减轻和纾解"③。民本思想主张统治者要锤炼道德修养,戒奢宁俭,体察民情,注重民意,维护民利,对君主私欲的膨胀以及权力的滥用有一定的遏制和约束作用。著名史学家胡秋原认为,"中国的专制主义,无宗教为后盾,且因儒学加以驯化……成为有限的专制主义……因此,中国虽然是专制国家,较欧亚其他专制国家温和得多"④的原因也在于民本思想对君主专制主义的软化作用。

(二)中国传统民本思想的局限性

首先,传统民本思想是君权统治的工具手段。传统民本思想的本质在于

---

① 《孟子》,万丽华、蓝旭译注,中华书局2016年版,第9页。
② 林红:《发现民众:历史视野中的民众与政治》,中央编译出版社2017年版,第112页。
③ 金耀基:《中国民本思想史》,法律出版社2008年版,第8页。
④ 胡秋原:《古代中国文化与中国知识分子》,中华书局2010年版,第226页。

维护封建统治社会的安定。"民本思想是实现儒家社会理想的重要工具,它是皇权道统论和治乱循环论的产物,主旨始终是维护安定和统一,适应权力调整的需要。"①一方面,民本思想以承认君主专制制度为前提,重在维护君权的根本利益,是统治者治国安邦、实现政权延续的一种治理策略,在政权的稳定运行中扮演着调和者的角色,发挥着"修饰"功能。民本虽与君本相对应,但其最终政治诉求仍是君本,构建纲常有序、尊卑有别的社会,是治民、安民和驭民的根本法则。另一方面,民之所以为本,在于封建统治者已经意识到民众的经济利益需求与其政治利益需要相契合,他们不仅能够创造养育统治阶级的财富,而且还是发动战争、赢得战争、取得政权的主要力量。因而,古代以民为本之"本"并不代表人民处于主体地位,而是一种"驭民""治民"之术,民众仍是受制者的角色。民本思想虽标榜民贵君轻,但并不是出于对民众的珍视,而是为使人民顺服统治阶级,并成为了"全面支持、系统规范君主制度的现实主义政治策略"。② 君主爱民养民的目的不外乎为"求其为己用,为己死"。正如隐藏于荀子"君舟民水论"背后的实际上是"庶人安政,然后君子安位"的动机,即主张民本的真正意图在于统治者能够"安位"。总之,古代的民本思想虽不是虚伪的政治外衣,但也与近代民主所奉行的"主权在民"思想相去甚远。

其次,民本思想阻碍了中国的民主化进程。传统民本思想在促进经济发展、限制王权、稳定社会秩序等方面发挥了积极作用,且与现代民主思想还存在着某些共通之处,如都强调民意对政权的基础性作用。在春秋战国时期也曾出现过朴素的平等思想,如墨子所追求的机会平等。但在中国传统社会中,民本思想是一个道德范畴,与作为政治范畴的民主内涵差异较大。中国古代的民本思想虽以人民为国之本位,但"主要是从为君主统治服务的角度来说的,是强调百姓对于国家和君主的物质生产、政治服从和战争支持等方面的义

① 林红:《发现民众:历史视野中的民众与政治》,中央编译出版社 2017 年版,第 120 页。
② 林红:《发现民众:历史视野中的民众与政治》,中央编译出版社 2017 年版,第 117 页。

务,而并没有赋予百姓治理国家的权利"①。长期处于封建专制统治和高压之下的民众,个性的发展淹没并服从于社会整体的发展和秩序的稳定之中,个体价值被忽视,主体意识被禁锢,创新能力被消弭,习惯于"唯权""唯上",缺乏起码的公民意识和权利意识,君民、君臣之间也未出现真正的平等。因而,处于传统宗法关系和封建制度大网中的民本思想与民主存在着本质的区别,也始终未能向民主转化。

最后,民本思想制约了中国商品经济的发展。传统民本思想始终与农本思想紧密相关,作为传统农业大国,男耕女织、自给自足的封建小农经济是专制王权的经济基础。正所谓,"民无所游食则必农,民事农则田垦,田垦则粟多,粟多则国富,国富者兵强,兵强者战胜,战胜者地广"(《管子·治国》)。民本思想家认为,农业和农民问题关系到国家的富强稳定和战争胜负,而商贾唯利是图,不事生产,坐享农人之利,属于游食者,且商人阶级的兴起易造成财富分化,破坏"均平",对社会风气和伦理秩序产生挑战。所以民本思想家都劝诫统治者要重视农业农民,主张富民利民。受民本思想影响,统治者也多采取重农抑商的治国策略,视农业为本业,商业则为末业,重视农业生产,抑制工商业的发展。汉武帝指出,"商贾有市籍,及家属,皆无得田,以便农。敢犯令,没入田僮"(《汉书·食货志》)。从价值论角度而言,重农抑商政策符合自然条件和生产力发展水平,在某种程度上起到了维护封建统治、稳定社会秩序、促进经济发展的作用。但从长远利益衡量,对商业的偏见、轻视和打压严重制约了工商业的良性发展,尤其是15世纪后,这种治国策略暴露出严重问题,统治者利用专制强权极力阻碍商品经济的发展,先进的生产关系和生产力被扼杀,资本主义的萌芽遭到摧毁,使中国社会被迫长期处于封建小农经济的桎梏中,整个社会的生产力不能在贸易的竞争中得到合理改善,从而延缓了中国从农业文明转向工业文明的进程。

---

① 袁志伟:《以民为本》,学习出版社2014年版,第143页。

三、新时代以人民为中心的发展思想对传统民本思想的继承与超越

（一）新时代习近平总书记关于传统文化中民本思想当代意义的论述

习近平总书记非常重视中华优秀传统文化在建设中国特色社会主义、构建中国式现代化中的重要作用，在很多场合的多次讲话中从不同视角对中华优秀传统文化的现代化时代价值进行了系统的阐释。

首先，"国以民为本，社稷亦为民而立"的民为邦本思想。"民为邦本，本固邦宁""民为贵，社稷次之""平易近民，为政之本"都是中国古代民本思想的集中表达。这些古代延续的民本思想在新时代有了新的表现形式和表达方式，但其中坚持民本的核心要义却坚定地承继了下来。习近平总书记十分看重古代的"民为邦本"思想，多次引用古代典故、思想以及相关比喻名言，以此概括表达坚持以人民为中心的思想。2018 年，习近平总书记在十九届中央政治局第六次集体学习时借用朱熹的《四书集注》中"国以民为本，社稷亦为民而立"这句古语，强调党的政治建设要紧扣民心这个最大政治。民为邦本一直以来都是中国统治者治理国家的基础逻辑，虽然在古代，民为邦本的"民"有时仅仅处于表层逻辑或形式意义，但民为邦本的核心逻辑却是始终坚定如一的，这是国家安身立命之本。无论社会发生了多少历史性变革，没有广大人民群众的参与，国家的根基就会变得风雨飘摇。习近平总书记在 2019 年新年贺词中明确指出："人民是共和国的坚实根基，人民是我们执政的最大底气"①。这是对传统文化中民本思想最为直接的新时代表达。习近平总书记常常强调，江山就是人民，人民就是江山。其中，江山就是人民，就是强调为了人民，人民就是中国共产党治国理政的最大目标，中国共产党自创立之日起，

---

① 《国家主席习近平发表二〇一九年新年贺词》，《人民日报》2019 年 1 月 1 日。

就将为人民谋幸福、为民族谋复兴作为自己的宗旨目标,无论是抗日战争还是解放战争,无论是社会主义建设还是改革开放,抑或是新时代建设,不同时期,虽然全心全意为人民服务的形式和方式有所差异,但为人民服务的根本目标和核心地位是始终不变的。而人民就是江山,就是强调依靠人民,中国共产党源于人民,正如鱼水关系,中国共产党和人民是浑然一体的,离开了人民,中国共产党就失去了根基,失掉了呼吸的氧气。"人民群众是我们的力量源泉",是"我们的衣食父母","千万要记住政府面前'人民'二字","治国有常,而利民为本"这是习近平总书记一直挂念于心和谆谆嘱托的。他在梁家河工作时就记住了一句话"善为国者,遇民如父母之爱子,兄之爱弟,闻其饥寒为之哀,见其劳苦为之悲"①。人民是国家的主人,中国特色社会主义现代化建设在任何时候都要以人为本,全心全意为人民服务。

其次,"欲影正者端其表,欲下廉者先之身"的廉政为民思想。中国共产党自诞生之日起,就树立了群众史观和走群众路线的基本原则,但随着社会主义革命、建设、改革的深入推进,在一些领域也出现了消极腐败现象。回顾封建社会,除了封建制度的保守与封闭之外,官员的贪污腐败也是促使中国逐渐被迫沦为西方炮击对象的重要诱因之一。其实,封建君主早已注意到官吏腐败的现象,他们也倡导"凡为吏之道,必精洁正直",选派钦差大臣或者皇帝亲自微服私访,到地方进行考察和审视,倡导官吏遴选和治国理政必须以清廉正直为基础,形成了独到的反腐倡廉的廉政文化。"政之所兴在顺民心,政之所废在逆民心""治国有常,而利民为本"等都着重突出了当权者要为政以德,兴政为民,习近平总书记多次引用传统文化中的这些经典语句来论证和强调:"一个政党,一个政权,其前途命运取决于人心向背。"②封建社会尚且倡导"为官一方、造福一方",新时代中国共产党官员亦要承继这种廉政为民的基

---

① 习近平:《携手消除贫困 促进共同发展——在 2015 减贫与发展高层论坛的主旨演讲》,人民出版社 2015 年版,第 5 页。

② 《习近平谈治国理政》第 2 卷,外文出版社 2017 年版,第 63 页。

本准则,不仅要为官一方,造福一方,更要着眼于全局,将视野扩展至全国,造福全体中华儿女。"得民心者得天下,失民心者失天下",习近平总书记深谙这个道理,面对中国共产党长期执政以来部分党员干部陷入腐败堕落的迷局,他曾引用《汉书·宣帝纪》中"吏不廉平,则治道衰"的观点,明确指出贪污腐败直接影响执政者的公信力和政权生命力,要坚定不移地反对腐败,把"人民拥护不拥护、赞成不赞成、高兴不高兴、答应不答应作为衡量一切工作得失的根本标准"①。"公生明,廉生威",为政清廉才能赢得百姓拥护,为政清廉才能赢得执政合法性。新时代,坚持廉政为民,首先就是要树立"公仆"意识,执政为民是官德的核心要义,唯有树立为人民服务的自觉,才能抵制市场经济诱惑的负面影响和资本主义文化的思想侵蚀;其次,要增强领导干部的自律意识,自律相对于强制性的他律而言是更为有效的,"不矜细行,终累大德",唯有真正将"廉政为民"放入心底,求真务实地踏实勤政,"常怀为政以德,常思贪欲之害,常怀律己之心",才能抵制外来的种种诱惑。最后,要形成全社会的反腐氛围,党的十八大以来,中共中央开展了一系列的反腐倡廉活动,人民群众对反腐活动大为称快,形成了全民制腐、全民反腐、全民纠腐的良好机制。对于政绩与人民满意的较量和权衡,习近平总书记早在河北正定时就宁可不要政绩,也要让老百姓过上真真切切的好日子,人民满意才是为政的根本价值追求。一个领导干部最好的政绩就是得到民心,因而,马克思主义政党从一开始便是为人民谋利益的,任何为己谋私利的行为都是违背党性的,都应该也必须予以完全废止。

再次,"锄一害而众苗成,刑一恶而万民悦"的执法为民思想。中国封建社会一直遵循德法并行、儒法并用思想,治理社会依靠德法兼施,知行合一。但在封建社会法律的制定与实施的出发点和落脚点都是为统治者而服务的,从事实上来看,黑格尔所言"在中国只有一个人是自由的"似乎在此层面上可

---

① 《习近平谈治国理政》第 3 卷,外文出版社 2020 年版,第 142 页。

以叙说。因而,封建社会的法是一人之法,随时可以为私人所用,百姓只能是法的奴隶,百姓只能是被评判的对象,而无法上升为法的使用主体。而习近平总书记以人民为中心的思想强调依法治国,执法为民,"法令既行,纪律自正,则无不治之国,无不化之民",法律褪去了私法而成为公法,人民群众可以充分运用并依照时代发展推进法律与时俱进。法律的本质是保障和实现人的自由,促进每个人的自由全面发展,但个人权利和自由的保障不能以损害他人利益和国家利益为前提,而法律就是这种合理权利的边界。党的十八届四中全会通过的《中共中央关于全面推进依法治国若干重大问题的决定》就明确将"坚持人民主体地位"明确作为中国特色社会主义法治的基本原则,将全心全意为人民服务的根本宗旨贯彻到全面依法治国实践的全过程,充分调动人民群众投身依法治国实践的积极性和主动性,使全体人民成为社会主义法治的自觉守护者和坚定遵守者,让每个人成为尊法、信法、守法、用法、护法的自觉实践者。特别是在执法这一"最后一公里",严格执法,为民执法,关系到政府权威和公信力的建设,只有政府与人民双向互动,暴力执法、粗鄙执法、徇私枉法等罔顾人民的违法行为才能得到有效遏制,才能真正做到阳光执法、柔性执法,使人民获得实实在在、真真切切的好处。

最后,"世事洞明皆学问,人情练达即文章"的文艺为民思想。中国古代传统文化中就蕴含着"文以载道"的深刻思想,充满着对人民的深刻关切,对民间疾苦刻画得淋漓尽致,不乏类似白居易的"可怜身上衣正单,心忧炭贱愿天寒"种种描绘。2014年10月15日,习近平总书记在文艺工作座谈会上强调,"社会主义文艺,从本质上讲,就是人民的文艺"。只有扎根于人民,立足于现实生活,文艺工作才能获得源源不断的创作源泉。在创作主体上,坚持以人民为中心的思想就是坚持人民是文艺的主体,这里的人民,不再是传统社会中有着士大夫阶层归属的狭隘范畴,而是每一个具体的人,是生活于中国特色社会主义现代化建设中的人。在创作内容上,坚持以人民为中心的思想就是坚持真切反映人民的实际生活,事业、学业、生活的顺境逆境、理想、现实的期待与坎坷都是文艺创造的丰富素材。在创作形式上,坚持以人民为中心的思想就是坚持人民创作的多元化,风、雅、颂、比、兴、风等皆为文艺创作的丰富形式,新时代文艺创作也可有更多体现人民文艺需求、文艺表达的多元形式。在创作原则上,坚持以人民为中心的思想就是坚持德艺双馨,文艺创作者要恪守道德底线,遵守和高扬社会主义核心价值观,充分认识自身肩负的责任使命,用中国精神、中国文化、中国风骨去展现中国文艺的新时代面貌。新时代文艺创造不应该成为为个人谋取名利的手段,一旦文艺创作被资本裹挟,文艺作品就会被染指。当前文艺创作无可避免地遭遇市场竞争,随时都有可能沦为市场运作的牺牲品,陷入媚俗的炒作之中,唯有坚持以人民为中心的创作原则,文艺为民才能真正得到贯彻执行,才能真正彰显美学,发挥潜移默化的精神滋养和文化熏陶的作用。

(二)新时代以人民为中心的发展思想对传统民本思想的继承

习近平总书记深刻指出:"中华民族有着五千多年的文明史,我们要敬仰中华优秀传统文化,坚定文化自信。要善于从中华优秀传统文化中汲取治国理政的理念和思维"①。党的十八大以来,习近平总书记汲取了民本思想的精华,将其发展成以人民为中心的思想。习近平总书记旁征博引有关民本思想的古代典籍、经典名句,如"盖国以民为本,社稷亦为民而立"②,"加强党的政治建设,要紧扣民心这个最大的政治,把赢得民心民意、汇集民智民力作为重要着力点"③,"人民是历史的创造者。一切成就都归功于人民,一切荣耀都归属于人民……正所谓'大鹏之动,非一羽之轻也;骐骥之速,非一足之力也'。中国要飞得高、跑得快,就得汇集和激发近 14 亿人民的磅礴力量"④。这些重

① 《习近平关于社会主义精神文明论述摘编》,中央文献出版社 2022 年版,第 237 页。
② 朱熹:《四书章句集注》,中华书局 1983 年版,第 367 页。
③ 《习近平谈治国理政》第 3 卷,外文出版社 2020 年版,第 95 页。
④ 《习近平谈治国理政》第 3 卷,外文出版社 2020 年版,第 323 页。

要引证论述深刻地蕴含着对传统民本思想关于富民、安民、乐民等理念的继承。

首先,中华传统民本思想强调"凡治国之道,必先富民",执政者只有首先顺应并满足人民追求财富的心理愿望,并让人民过上富足的生活,社会才能和谐稳定。正如马克思主义所讲的经济基础与上层建筑的辩证关系,唯有把经济基础打牢,打扎实,国家社会上层建筑才能更为稳固坚实。习近平总书记在治国理政的过程中,非常强调富民思想,并将富民理念付诸于社会主义建设实践的方方面面。自2015年开始,中共中央政治局审议通过《关于打赢脱贫攻坚战的决定》,以中央领头开启了脱贫攻坚战的重大工程,把脱离贫困,实现全面小康作为社会治理、国家发展的基础目标,并结合新时代的发展要求提出了"实现共同富裕"的执政目标。为此,习近平总书记先后走访调研了山西吕梁、宁夏西吉、云南贡山、湖南郴州、陕西平利、四川凉山、河北阜平以及六盘山区、秦巴山区、武陵山区、乌蒙山区、大别山区等等,在14个集中连片特困地区,习近平总书记都倾注了牵挂之情。他为乡亲们想方设法疏通道路,解决住房、医疗、教育等各种基础性问题,"两不愁三保障"始终是他心心念念的事情。在完成脱贫攻坚之后,习近平总书记强调脱贫攻坚不是终点,而是新生活、新奋斗的起点。社会主义现代化建设决不止步于摆脱贫困,更致力于实现人的自由全面发展,其中共同富裕就是中间阶段,是脱贫攻坚的下一阶段。千百年来,"小康"理想是我们中华民族最朴素、最美好的愿景,到2020年全面建成小康社会是中国共产党对人民许下的庄严承诺,也是中国共产党的第一个百年奋斗目标。如今,全面建成小康社会已经实现,人民生活物质富裕已在一定范围一定地区一定意义上基本实现,在新时代背景下,实现共同富裕是对以往富裕人民思想的坚持和发展,是对坚持全心全意为人民服务的最新实践。富裕人民,让人民得到实实在在的财富和幸福,这是中国共产党坚持以人民为中心的发展思想最根本的立足点。

其次,中华传统民本思想强调民心向背是国家兴衰成败的关键和根本。

"治国之道,莫要于安民",执政者唯有顺应民意、取信于民,关注百姓心声,解决百姓困难,才能真正做到安抚人民,巩固政权。党的十八大以来,习近平总书记始终将人民放在党治国理政的核心地位,视民安为国安的根基,将人民利益的充分实现视为党治国理政的根本试金石。为此,习近平总书记在政治领域开启廉政建设,要求各级领导干部要牢记立党为公、执政为民的理念,时刻倾听人民心声,对于那些罔顾人民利益,为己谋私的党员干部,开启了"反腐败斗争"。习近平总书记强调"老虎苍蝇一起打",以壮士断腕的果敢和刀刃向内的勇毅同自身进行伟大斗争,力争刮除党内一切危害人民的毒瘤。对于那些侵害人民的黑恶势力,开启了"扫黑除恶"专项行动,重拳出击打击违法犯罪活动,给人民创造安全、稳定、安心的社会环境。习近平总书记始终心系人民,关心人民疾苦与需要,他曾引用郑板桥的诗"衙斋卧听萧萧竹,疑是民间疾苦声。些小吾曹州县吏,一枝一叶总关情",号召广大党员干部要始终关爱群众,想群众之所想,急群众之所急,在与人民群众同甘共苦、团结奋斗中,不断满足人民日益增长的美好生活需要,向人民交出一份满意的答卷。因而,关注人民冷暖,关心人民需求,关切人民安危的安民思想,是习近平总书记坚持以人民为中心的发展思想的重要内容,也是新时代全心全意为人民服务的创新诠释和生动实践。唯有让人民安心、安全、安宁,中国特色社会主义现代化建设才能获得坚定的内生动力和建设主体,中华民族的伟大复兴才能更加顺利。

最后,中华优秀传统民本思想强调执政者要与民同乐,与民同忧,"乐民之乐者,民亦乐其乐",乐民者,民乐之。新时代把实现人民美好幸福生活作为奋斗目标,蕴含了传统民本思想中的乐民理念。习近平总书记曾经满怀深情地说道:"我们的人民热爱生活,期盼有更好的教育、更稳定的工作、更满意的收入、更可靠的社会保障、更高水平的医疗卫生服务、更舒适的居住条件、更优美的环境,期盼孩子们能成长得更好、工作得更好、生活得更好。"[1]因此,他

---

① 《习近平谈治国理政》第 1 卷,外文出版社 2018 年版,第 4 页。

谆谆告诫全党,要把促进人民生活幸福,使人民学有所教、劳有所得、病有所医、劳有所养、住有所居,作为党的为政之道,要求全体党员干部尤其是领导干部必须认真倾听人民心声,及时有效地对人民需求作出回应与解决,让人民群众感受到主人意识、主人责任和主人义务,围绕着更好地实现人民的获得感、满足感、幸福感去做好各项工作,不断实现好、维护好、发展好最广大人民的根本利益,让发展成果更广泛、更全面、更公平地惠及全体人民,让人民不断增强对中国特色社会主义道路的自信心和自足感。

(三)新时代以人民为中心的发展思想对传统民本思想的超越

伴随新时代中国特色社会主义现代化建设进程的推进,传统民本思想在新时代有了新的内容与发展。习近平以人民为中心的发展思想对传统民本思想也有了时代发展与超越。

首先,富民的"富"是物质富裕与精神富裕的并重,"民"是全体人民,超越了阶层阶级的限定。传统民本文化中的"民本"实质上是君本,归根到底其出发点和归宿点都是为了维护统治者个人的利益,将其作为一种实现私利的统治工具,是缓解阶级矛盾与维护社会稳定的中介工具,都未能超出"君为民主"的范畴。新时代以来,习近平以人民为中心思想强调"人民"在范围上是全体人民,在过程上,人民是全过程民主,在结果上,人民是当家作主的主人和中国特色社会主义事业建设的检验者和享受者。全体中国人民都可以对中国特色社会主义事业建言献策,都应该参与到中国特色社会主义现代化建设中来。习近平总书记经常提及要"以百姓心为心",以人民为中心就是对"以百姓心为心"的现代传承与时代创新。他常常向自己、向全体党员、向全体政府工作者发问"我是谁、为了谁、依靠谁",凝练总结了坚持以人民为中心就是始终坚持把全体人民群众利益放在第一位,为了全体人民群众幸福而奋斗,依靠全体人民群众来建设,真正做到实施新发展理念,进行供给侧结构性改革,坚持"房子是用来住的,不是用来炒的",稳定房价、物价,保障人民群众生活质量,同时在新冠疫情期间,团结发动带领广大医护工作者、社区工作者、解放军指战员、武警官兵、公安民警、快递小哥、新闻工作者等各行各业的社会工作者和众多的志愿者及普通人,共同奔赴抗疫的一线中,参与到新冠疫情的医院建设、物资运输、病人转运、救治以及康复等众多繁杂而细小的工作中去,紧紧依靠人民群众,才取得了抗疫工作的阶段性胜利。在"富"民方面,新时代的共同富裕不只是脱离贫困,满足物欲之求的单一经济发展概念,而是经济、政治、文化、社会和生态"五位一体"的全面跃升,是整体的有机推进,是生产力发展和生产关系协调的并行,是生产与分配的更好结合,是公平、平等、正义的综合体现,是全体人民共创共享的有机统一,是物质满足与精神充裕的有机统一。新时代坚持以人民为中心的发展思想就是坚持全体人民共同富裕,是超越了阶层、阶级狭隘性的普遍性,是人人参与、人人共享的主动性,是先富带后富的共同性,是全体人民获得实实在在的幸福与跃升的持久性。

其次,安民的"安"是共同理想信念的凝聚与实实在在获得感的和谐效应,是对传统社会严刑峻法暴力镇压下的"安"的时代超越。传统民本文化下的人民的安定是以维护封建统治者统治利益为前提的,它以君临天下和严刑峻法镇压为威慑,以私有制的贫富差别为社会基础,因而传统社会实际上是充斥阶级斗争的历史时代,用强权力"安抚",并没有解决人民的实际需求和根本问题,只是将冲突限定在一定范围内,使社会呈现为暂时的一定范围内的繁荣稳定。这种暂时的社会繁荣稳定,其底下也是暗流汹涌,因为社会不公状态下的人民总是容易心生怨恨、不满和嫉妒,并最终在某个时期积聚成强大的改朝换代力量,历朝历代的朝代更迭证明,威权主义下的"安"民在本质上是一种虚假的"安宁"。以人民为中心的发展思想指导下的新时代,将人民利益放在第一位,实实在在地帮助人民消除贫困、改善民生,不附加任何条件地为人民谋利益,帮助困难群众脱贫致富,甚至可以直接以政府成本实现整村整镇的易地搬迁,帮助失业群众再就业、帮助返贫群众再致富,以政府的医疗卫生、教育基础保障兜底困难群众的基本生活日常,真真切切地增进人民福祉,而不是统治者福祉。这种以真实的财富增长给予、公平的发展机会给予、平等的教育机会给予以及充足的建言献策给予和个人权利保障肯定等种种硬实力给予的关切,是一种真实、真切、真正的获得感,让人民充分体验并享受到了国家主人的权利义务。这样实实在在的权利给予和义务勘定使得人民群众明白了自己之于国家的角色和地位,更有利于人民群众发挥建设祖国的主观能动性和积极创造力。这种将人民群众与国家命运融为一体的共同体,以及中国特色社会主义共同理想的凝聚赋予了人民群众建设的信心和发展的动力,团结全体人民更加全身心地投入社会主义现代化建设中。新时代坚持以人民为中心的发展思想就是给予人民群众实实在在的利益,就是让全体人民群众在中国共产党的领导下向着中华民族伟大复兴而奋力迈进。

最后,乐民的"乐"是求真务实的亲民与为人民服务的爱民的统一,超越了君权统治下高高在上的疏离感和官大于法的非正义。传统民本文化中,与民同乐、与民同忧是封建统治者为维持统治而暂时编撰的口号或谎言,阿房宫、长乐宫、大明宫以及圆明园,哪个不是为了取悦君王个人而建,与君主一时兴起的快乐与欲望相反,是劳苦大众日复一日的辛苦劳作,甚至有的直至劳累致死也未能幸免于难。虽声称与民同乐,但实际上,君王的快乐与人民的快乐显然并不相通,甚至相反对立。即便是改善民生也仅限于道德层面,在实际运作中缺少制度和法律的支撑。而以人民为中心的思想以制度和法律明确地规定了政府的权责界限,以法律和道德的双重约束强化了保障改善民生、增进人民福祉的责任意识。这种为人民谋幸福不是在保障君主个人私欲下的一种分享和施舍,而是在改革、发展、稳定大局中作出的基础性的考量和重要任务,是在政治、经济、文化、社会、生态"五位一体"建设过程中的具体建设目标。在新时代中国特色社会主义现代化建设过程中,中国共产党将民生事业的制度创新纳入"五位一体"总体布局之中,以制度创新拓宽民生保障的发展路径,以求真务实的工作作风营造民生建设的良好氛围,特别是在党的廉政建设中,积极开展"三严三实"专题教育和"两学一做"学习教育,要求党员干部要"严以修身、严以用权、严以律己",倡导人民群众"谋事要实、创业要实、做人要实",党员干部要抓住人民群众最关心最直接最现实的利益问题,一件接着一件事情办,一年接着一年干。在真抓实干和尽力而为中,真正实现满足人民群众的多样化需求,特别是满足果腹之欲之上的精神性需求,在公平正义中,让全国各族人民共享改革发展的福利,在当家作主中,让全体人民体验人民主体地位,获得政治认同感和国家归属感,增强主人翁意识。新时代坚持以人民为中心的发展思想就是不断满足人民日益增长的美好生活需要,让全体人民在公平正义、生活富裕、生态良好的环境中获得人的自由全面发展,增强幸福感。

第三节　以人民为中心的发展思想在马克思主义中国化过程中的形成与发展

习近平总书记指出:"我们党就是为人民服务的。"[①]中国共产党自成立之日起,就把为中国人民谋幸福、为中华民族谋复兴确立为自己的初心和使命。以人民为中心,是中国共产党始终坚守的初心,是中国共产党百年历史实践的根本导向。从革命和建设时期提出"全心全意为人民服务"到改革开放时期强调将"是否有利于提高人民的生活水平"作为衡量一切工作得失的"三个标准"之一、坚持"三个代表"和以人为本、科学发展,其核心都是坚持始终把人民放在心中最高的位置,都是以人民为中心的发展思想在不同时代的坚守,为新时代完整地阐释以人民为中心的发展思想准备了直接理论来源。

一、全心全意为人民服务:以人民为中心发展思想的构建

1939 年 2 月 20 日,毛泽东在给张闻天的信中首次提出"为人民服务"。

———————

① 习近平:《做焦裕禄式的县委书记》,中央文献出版社 2015 年版,第 24 页。

1942 年 5 月,在延安文艺座谈会上的讲话中,毛泽东再次提到了文艺要为人民服务的问题。1944 年 9 月 8 日,毛泽东在追悼张思德的讲演中详细地阐述了"为人民服务"的问题,后在党的七大报告中得到确认。为人民服务包含革命和建设必须依靠人民,必须为人民谋利益,必须坚持群众路线的工作作风方法等丰富的内容。

(一)依靠人民群众取得革命胜利

人民是社会历史的主体,既是唯物史观的基本观点,也是中国共产党的基本理论原则。毛泽东把马克思主义人民历史主体观点应用于中国革命和建设的历史实践,创造性地找到了中国革命的正确道路和中国革命的主力军以及不同革命阶段的人民历史主体力量,并创造性地提出了适合中国国情的人民历史主体理论。

首先,在历史发展观上明确提出人民是历史的创造者。早在 1919 年毛泽东就在《湘江评论》发表文章提出:"什么力量最强?民众联合的力量最强。"[1]土地革命战争时期,毛泽东充分认识到人民群众在革命中的重要地位,指出:"革命战争是群众的战争,只有动员群众才能进行战争,只有依靠群众才能进行战争。"[2]1945 年在《论联合政府》的报告中毛泽东更明确地指出,"人民,只有人民,才是创造世界历史的动力"[3],认为任何人在广大人民群众面前都应该首先是学生,团结起来的广大群众才是真正的英雄,是革命的铜墙铁壁,是消灭任何敌人、克服任何困难、取得任何胜利的坚不可摧的力量。

其次,深刻阐释了人民群众的社会主体作用。毛泽东不仅阐明了人民群众在人类历史变化发展中的决定作用,而且深刻地阐明了人民群众在社会生活中的主体地位和作用,即强调人民群众既是社会物质财富的创造者,也是社

---

[1] 《毛泽东早期文稿》,湖南人民出版社 2013 年版,第 270 页。
[2] 《毛泽东选集》第 1 卷,人民出版社 1991 年版,第 136 页。
[3] 《毛泽东选集》第 3 卷,人民出版社 1991 年版,第 1031 页。

会精神财富的创造者。在《在延安文艺座谈会上的讲话》一文中,毛泽东明确提出,"人民生活中本来存在着文学艺术原料的矿藏,这是自然形态的东西,是粗糙的东西,但也是最生动、最丰富、最基本的东西"①,强调人民群众在现实的社会生活中创造了文学艺术最生动最丰富的创作素材,也蕴含着许多通俗的大众化的艺术形式。在1955年关于党应该依靠什么力量兴办合作社的一篇文章中,毛泽东指出:"社会的财富是工人、农民和劳动知识分子自己创造的。"②无论是物质财富还是精神财富,都是广大人民群众的劳动实践的结果。

再次,提出了正确理解作为社会历史主体的人民构成理论。唯物史观认为,人民群众是一个历史范畴,它在不同的历史发展阶段有不同的内涵和主体构成。随着中国革命和建设的发展,不同时期的社会主要矛盾和中心目标的变化,人民的主体构成也会发生变化。对此,毛泽东提出了科学的人民构成分析理论。1926年3月,毛泽东在《中国社会各阶级的分析》中运用马克思主义的阶级分析方法,提出人民概念是以无产阶级为革命领导力量,包括半无产阶级主要是农民、小资产阶级等劳动大众在内的整体性构成概念。抗日战争时期,随着中日民族矛盾上升为社会主要矛盾,1935年12月,毛泽东在《论反对日本帝国主义的策略》中指出:"革命的动力,基本上依然是工人、农民和城市小资产阶级,现在则可能增加一个民族资产阶级。"③1940年5月,毛泽东《在延安文艺座谈会上的讲话》中指出:"什么是人民大众呢? 最广大的人民,占全人口百分之九十以上的人民,是工人、农民、兵士和城市小资产阶级。"④解放战争时期,国内主要矛盾再次发生变化,此时中国人民同美帝国主义支持的国民党反动派的矛盾成为中国社会的主要矛盾。因此这一时期"人民"概念

① 《毛泽东选集》第3卷,人民出版社1991年版,第860页。
② 《建国以来毛泽东文稿》第5册,中央文献出版社1991年版,第490页。
③ 《毛泽东选集》第1卷,人民出版社1991年版,第160页。
④ 《毛泽东选集》第3卷,人民出版社1991年版,第855页。

是指反美反蒋的一切的阶级、阶层和社会集团。1948 年 1 月 18 日，毛泽东在
《关于目前党的政策中的几个重要问题》中指出："所谓人民大众，是包括工人
阶级、农民阶级、城市小资产阶级、被帝国主义和国民党反动政权及其所代表
的官僚资产阶级（大资产阶级）和地主阶级所压迫和损害的民族资产阶级，而
以工人、农民（兵士主要是穿军服的农民）和其他劳动人民为主体。"①1948 年
4 月，毛泽东《在晋绥干部会议上的讲话》中指出："新民主主义的革命，……
由参加这个革命的人们所组成的统一战线是十分广大的，这里包括了工人、农
民、独立劳动者、自由职业者、知识分子、民族资产阶级以及从地主阶级分裂出
来的一部分开明绅士，这就是我们所说的人民大众。"②新中国成立后，特别是
在完成社会主义改造之后，原来经济意义上的地主阶级、资产阶级已经不复存
在。国内的主要矛盾已经由阶级斗争转向经济建设。历史发展的新形势要求
对"人民"作出新的界定，以便调动一切积极因素来实现社会主义工业化。1957
年 2 月，毛泽东在《关于正确处理人民内部矛盾的问题》中指出："在现阶段，在
建设社会主义的时期，一切赞成、拥护和参加社会主义建设事业的阶级、阶层和
社会集团，都属于人民的范围；一切反抗社会主义革命和敌视、破坏社会主义建
设的社会势力和社会集团，都是人民的敌人。"③毛泽东关于党领导人民进行革
命和建设不同时期人民构成的阐释，不仅正确地找到了革命和建设的依靠力
量，也充分体现了毛泽东对马克思主义人民历史主体观的科学把握和运用。

（二）革命和建设的成功必须坚持群众路线和群众工作方法

毛泽东创造性地把马克思主义群众观发展为党的群众路线。群众路线的
基本含义就是一切为了群众，一切依靠群众，从群众中来，到群众中去。群众
路线既是中国共产党的根本政治路线和组织路线，也是党的基本领导方法和

① 《毛泽东选集》第 4 卷，人民出版社 1991 年版，第 1272 页。
② 《毛泽东选集》第 4 卷，人民出版社 1991 年版，第 1313 页。
③ 《毛泽东文集》第 7 卷，人民出版社 1999 年版，第 205 页。

工作方法。从毛泽东关于如何贯彻群众路线的有关论述中,可以看出,践行群众路线本质上就是一切工作都要坚持以人民为中心。

首先,坚持群众路线,必须奉行从群众中来,到群众中去的工作导向。早在井冈山时期,毛泽东在《反对本本主义》中就提出了"没有调查,就没有发言权"的著名论断。调查就是要深入群众生活实际,俯身基层,亲近群众,切实了解群众生活的实际情况,倾听群众的意见、建议和批评,想群众之所想,急群众之所急,通过调查了解群众普遍关心的问题,尤其是长远的根本性问题,同时也要实实在在地了解群众当下生产生活中存在的实际困难、实际问题,在此基础上,想办法解决问题,必须真抓实干,办实事,将各项举措落到实处,由此,必须坚决反对形式主义、官僚主义。

其次,坚持群众路线,必须尊重群众的自觉和自愿,不能自以为是。对此,毛泽东在 1944 年 10 月发表的《文化工作中的统一战线》一文中有过精辟的说明:"一切为群众的工作都要从群众的需要出发,而不是从任何良好的个人愿望出发。……凡是需要群众参加的工作,如果没有群众的自觉和自愿,就会流于徒有形式而失败……这里是两条原则:一条是群众的实际上的需要,而不是我们脑子里头幻想出来的需要;一条是群众的自愿,由群众自己下决心,而不是由我们代替群众下决心。"①即使为群众办好事、办实事,也要从实际出发,尊重群众意愿,量力而行,尽力而为,不要搞那些脱离实际、脱离群众、劳民伤财、费力不讨好的东西。

再次,坚持群众路线,必须把向人民负责、是否对人民有利作为衡量党的一切工作和党员一切行动的最高标准。毛泽东多次提出,中国共产党的各级组织和党员干部必须向人民负责,这是衡量党的一切工作和党员一切行动的最高标准,他告诫全党:"我们的责任,是向人民负责。每句话,每个行动,每项政策,都要适合人民的利益,如果有了错误,定要改正,这就叫向人民负责。

---

① 《毛泽东选集》第 3 卷,人民出版社 1991 年版,第 1012—1013 页。

同志们，人民要解放，就把权力委托给能够代表他们的、能够忠实为他们办事的人，这就是我们共产党人。我们当了人民的代表，必须代表得好。"①正是始终不渝地坚持向人民负责，党的工作、党的事业才获得广大人民的衷心拥护、支持，党领导的革命和建设才能克服各种困难，不断从胜利走向胜利。

（三）为人民服务必须表现在任何时候都要关心实现人民的利益

毛泽东关于为人民服务的思想，不仅表现在实现人民翻身解放、当家作主的政治经济地位方面，而且强调要在关心人民群众的日常生活、帮助人民群众解决实际困难方面得到体现。

首先，毛泽东强调中国共产党工作的指导原则是"为人民服务"，建立人民当家作主的政权，实现人民的解放。在《为人民服务》一文中，毛泽东明确指出："我们这个队伍完全是为着解放人民的，是彻底地为人民的利益工作的。"②在其后的《论联合政府》中，毛泽东提出要将服务人民与为人民谋利益作为党的一切工作的出发点，将向人民负责与党的责任统一起来，要求党的工作"一刻也不脱离群众；一切从人民的利益出发"③，要发自内心地关心群众的疾苦。新中国成立后，毛泽东强调，全党必须坚决支持和帮助人民在国家社会管理中行使权利，让人民真正当家作主，认为这"是社会主义制度下劳动者最大的权利，最根本的权利"④。毛泽东始终告诫党的各级领导干部要明确自身肩负的责任，一言一行都"必须以合乎最广大人民群众的最大利益，为最广大人民群众所拥护为最高标准"⑤。

其次，毛泽东强调任何时候都要尽可能地保障广大人民的物质文化生活。早在1934年1月，毛泽东在《关心群众生活，注意工作方法》中指出："我们要

---

① 《毛泽东选集》第4卷，人民出版社1991年版，第1128页。
② 《毛泽东选集》第3卷，人民出版社1991年版，第1004页。
③ 《毛泽东选集》第3卷，人民出版社1991年版，第1094页。
④ 《毛泽东文集》第8卷，人民出版社1999年版，第129页。
⑤ 《毛泽东选集》第3卷，人民出版社1991年版，第1096页。

胜利,一定还要做很多的工作。领导农民的土地斗争,分土地给农民;提高农民的劳动热情,增加农业生产;保障工人的利益;建立合作社;发展对外贸易;解决群众的穿衣问题,吃饭问题,住房问题,柴米油盐问题,疾病卫生问题,婚姻问题。总之,一切群众的实际生活问题,都是我们应当注意的问题。假如我们对这些问题注意了,解决了,满足了群众的需要,我们就真正成了群众生活的组织者,群众就会真正围绕在我们的周围,热烈地拥护我们。"①1942 年 12月,毛泽东在《经济问题与财政问题》中强调:"一切空话都是无用的,必须给人民以看得见的物质福利。……我们的第一个方面的工作并不是向人民要东西,而是给人民以东西。我们有什么东西可以给予人民呢? 就目前陕甘宁边区的条件说来,就是组织人民、领导人民、帮助人民发展生产,增加他们的物质福利,并在这个基础上一步一步地提高他们的政治觉悟与文化程度。"②不论是在革命战争时期,还是在社会主义建设的艰辛探索中,毛泽东都认为,最大可能地满足人民的物质文化生活需要都要成为党的中心工作,强调"必须给人民以看得见的物质福利"③。在文化权利上,毛泽东在延安文艺工作座谈会上就专门论述了文化为人民服务的理念和原则,强调新民主主义文化必须面向"全民族中百分之九十以上的工农劳苦民众服务,并逐渐成为他们的文化"④。

二、共同富裕和人民利益标准:以人民为中心的发展思想在改革开放中的发展

（一）"三个有利于"、共同富裕:以人民为中心在改革开放中的价值定位和目标指向

从新中国成立到改革开放前近三十年的社会主义建设,虽然取得了巨大

---

① 《毛泽东选集》第 1 卷,人民出版社 1991 年版,第 136—137 页。
② 《毛泽东文集》第 2 卷,人民出版社 1993 年版,第 467 页。
③ 《毛泽东文集》第 2 卷,人民出版社 1993 年版,第 467 页。
④ 《毛泽东文集》第 2 卷,人民出版社 1993 年版,第 467 页。

的发展成就,但由于多种复杂的原因,至改革开放前,我国经济在总体上仍然非常落后,人均 GDP 在全世界是排名靠后的几名,人民生活非常艰苦,广大农村仍有相当多的人没有解决温饱问题。基于这样的国情,1978 年底召开的党的十一届三中全会重新认识我国社会的各种矛盾,确定我国的主要矛盾是人民日益增长的物质文化需要同落后的社会生产之间的矛盾,果断提出把党和国家的工作重心转移到以经济建设为中心的社会主义现代化建设上来、实行改革开放的历史性决策。在推进改革开放、以经济建设为中心的社会主义现代建设过程中,面对左右各方面的干扰,邓小平在不同场合针对不同的问题作了一系列重要讲话,而这些讲话贯穿的一个重要原则和中心主题,就是建设社会主义必须以人民为中心,在中国这样贫穷落后的国家,摆脱贫困的关键点就是充分发挥广大人民群众的首创精神,尽快发展生产力消灭贫穷,不断提高人民的生活水平,让全国人民逐步过上富裕的生活,最终实现共同富裕。

1. 邓小平把生产力的基础作用和人民群众的主体作用有机统一起来,高度重视和充分发挥人民群众的首创精神。邓小平强调保持生产力和经济的持续快速发展,是提高人民生活水平和实现共同富裕的基础。邓小平继承和发展了马克思恩格斯、毛泽东的社会主义必须尽快发展生产力、发展经济的思想。早在《共产党宣言》中,马克思恩格斯就强调无产阶级在获得政治统治后,必须"尽可能快地增加生产力的总量"[1]。新中国成立后,毛泽东就指出:"社会主义和资本主义比较,有许多优越性,我们国家经济的发展,会比资本主义国家快得多。"[2]进入改革开放时期,邓小平一方面强调"要大力宣传社会主义的优越性"[3],另一方面又强调指出:"社会主义制度优于资本主义制度。这要表现在许多方面,但首先要表现在经济发展的速度和效果方面。"[4]只有

---

① 《马克思恩格斯选集》第 1 卷,人民出版社 2012 年版,第 421 页。
② 《毛泽东文集》第 8 卷,人民出版社 1999 年版,第 302 页。
③ 《邓小平文选》第 2 卷,人民出版社 1994 年版,第 255 页。
④ 《邓小平文选》第 2 卷,人民出版社 1994 年版,第 251 页。

生产力和经济的快速发展,才能实现不断提高人民生活水平、实现共同富裕的目标。所以,邓小平反复说明,社会主义的根本任务是解放和发展生产力,"发展才是硬道理";同时邓小平一贯强调,生产力发展的根本动力存在于人民群众之中。邓小平对人民群众的首创精神给予非同寻常的重视。他非常善于概括人民群众的实践创新经验,如改革开放初期在农村由农民自发组织起来的试行农村生产承包责任制、一些工厂企业率先实行奖金制以及在农村城镇出现的自发的个体经济等,邓小平都给予了充分的关注和支持,他曾经说过,"农村改革中的好多东西,都是基层创造出来,我们把它拿来加工提高作为全国的指导"①。他要求党员干部时刻关注人民群众的利益诉求,热情支持群众的自觉实践,并善于总结人民群众的有益经验。

2. 以是否有利于人民生活水平的提高作为判断改革开放中一切工作成败的一个重要标准,以实现共同富裕作为现代化发展的根本目标。自改革开放开始,邓小平就意识到中国最大的难题之一是贫穷。针对"宁要贫穷的社会主义和共产主义,不要富裕的资本主义"的错误论调,邓小平进行了一系列批判和澄清。在会见坦桑尼亚联合共和国副总统姆维尼时,明确指出,"贫穷不是社会主义,社会主义要消灭贫穷"②,并将生产力的发展和人民生活水平的提升纳入社会主义的要求之中。1992年初邓小平在视察南方时,面对世界社会主义发展处于低谷,针对党内和国内一些人对改革姓"资"姓"社"产生疑惑等情况,邓小平既旗帜鲜明地告诫,马克思主义是真理,相信马克思主义的人会越来越多,又提出了"三个有利于"标准,即"是否有利于发展社会主义社会的生产力,是否有利于增强社会主义国家的综合国力,是否有利于提高人民的生活水平",清晰阐明了社会主义的本质是"解放生产力,发展生产力,消灭剥削,消除两极分化,最终达到共同富裕"③,"三个有利于"标准和实现共同富

① 《邓小平文选》第3卷,人民出版社1993年版,第382页。
② 《邓小平文选》第3卷,人民出版社1993年版,第116页。
③ 《邓小平文选》第3卷,人民出版社1993年版,第373页。

裕,充分体现了以人民为中心的思想。

3. 社会发展与人的发展的统一。解放和发展生产力不是最终的目的,其价值指向在于满足人民多样丰富的物质文化需要,为人的自由全面发展奠定物质基础。社会的发展与人的发展具有高度的一致性,二者互相联系、互相促进。邓小平认为,我国尚处于社会主义初级阶段,人口多、底子薄、生产力落后、物质贫乏,生活困难,这种国情决定了我国的各项方针政策必须实行以经济建设为中心的国策,力求实现生产力的大力发展,尽快地增大增强国民经济实力。但是,经济的发展不是最终目的,最终目标是实现共同富裕和人的全面发展。所以,在改革开放早期,邓小平一方面要求要把工作重心放在经济建设上,另一方面又强调"我们现在搞两个文明建设,一是物质文明,一是精神文明"①,二者不可偏废。邓小平认为,物质文明建设是基础,解放和发展生产力是改革开放和建设有中国特色社会主义的中心问题,精神文明建设是建设中国特色社会主义的重要内容,有助于塑造人的高尚精神,凝聚全党全民族的中国特色社会主义共识,为社会主义现代化建设提供强大的精神动力和智力支撑。精神文明主要包括教育科学文化建设和思想道德建设,其目标在于培育"有理想有道德有文化有纪律"的"四有"公民,广大劳动者只有在科学文化、生产经验和劳动技能等方面具备较高的素养和先进水平,才能在现代化的生产中起到更大的作用。

(二)"三个代表":以人民为中心在改革开放中与时俱进

以江泽民同志为核心的党的第三代中央领导集体在坚持马克思主义人民历史主体思想的基础上,依据新的实践状况,创造性地提出了"三个代表"重要思想,在改革开放发展的新阶段与时俱进地发展了马克思主义的人民中心思想。

---

① 《邓小平文选》第3卷,人民出版社1993年版,第156页。

1. 发展是党执政兴国的第一要务

面对国内外发展形势，以江泽民同志为核心的党的第三代中央领导集体在汲取党执政几十年经验教训的基础上，提出发展是党执政兴国的第一要务。江泽民指出："发展是硬道理，中国解决所有问题的关键在于依靠自己的发展。"①离开了发展，社会主义的优越性和先进性、人民的共同富裕都将无从谈起。在中央党校省部级干部进修班毕业典礼上，江泽民从党要承担的历史使命出发，强调要紧紧抓住发展这个执政兴国的第一要务，并对如何保持和落实党的先进性和发挥社会主义制度的优越性进行具体论述，强调要发展先进生产力和先进文化，维护最广大人民的根本利益。这一论述一方面表明发展在中国特色社会主义建设中处于核心地位，另一方面也彰显出发展内涵的拓展，不仅关涉到生产力的发展，同时还包括文化发展和政治发展，是落实"三个代表"重要思想的根本所在。在发展战略上，江泽民对党的十三大的"三步走"战略的第三步进行了具体的细化和阐释，提出了新的"三步走"战略部署，同时还提出西部大开发、东北老工业区调整改造等区域发展战略；在发展动力上，江泽民提出要积极调动一切因素，形成"尊重劳动、尊重知识、尊重人才、尊重创造"的氛围和导向，并强调："我国要跟上世界科技进步的步伐，必须千方百计加快知识创新，加快高新技术产业化。而创新的关键在人才"②。由此依据新时期的社会发展特点，阐明了创新和人才是社会发展动力，深化了马克思主义经典的生产动力观。

2. "三个代表"重要思想的本质在于坚持执政为民

中国共产党始终代表着最广大人民的根本利益，为人民服务是党的根本宗旨，坚持人民至上是党的一贯立场和原则。以江泽民同志为主要代表的中国共产党人继承并发扬为人民服务的优良传统，在新世纪对"建设什么样的党、怎样建设党"这一重要课题作出了回应和解答。

---

① 《江泽民文选》第2卷，人民出版社2006年版，第16页。
② 《江泽民文选》第2卷，人民出版社2006年版，第133页。

　　首先,中国共产党要加强和改进执政党建设,在新的历史阶段更好地实现执政为民。毋庸置疑,执政党建设水平的高低关乎党和国家的前途命运,中国共产党致力于为人民群众谋利益,但如果没有过硬的领导水平和执政能力,代表和为人民群众谋利益就将成为空谈。东欧各国和苏联的共产党以及世界其他一些长期执政的大党之所以纷纷垮台,丧失执政地位,很大程度上在于他们丧失了自身的先进性,执政能力逐步弱化,面对国内外形势变化和实践发展的新要求裹足不前,无法解决和回答人民提出的新问题,在意识形态斗争中无法站稳脚跟,最终被人民抛弃。江泽民强调,党的执政能力建设是贯彻"三个代表"重要思想的重要着力点,此外,还需不断提高党的创造力、凝聚力和战斗力。党的十六届四中全会则明确将"不断提高驾驭社会主义市场经济的能力""发展社会主义民主政治的能力""建设社会主义先进文化的能力""构建社会主义和谐社会的能力""应对国际局势和处理国际事务的能力"[1]作为党在当前和今后一个时期执政能力建设的根本任务。只有不断提高党的领导水平和执政本领,才能与时俱进,经受住风险考验,带领人民在发展的道路上不断前进。

　　其次,做好执政为民,要求党要把群众路线贯彻到底,把能否始终保持与人民群众的血肉联系视为党的先进性的重要指标。江泽民指出:"我们党的最大政治优势是密切联系群众,党执政后的最大危险是脱离群众。"[2]随着改革开放的深入推进和社会主义市场经济的发展,我国阶层结构出现明显分化,人民内部矛盾和利益诉求等问题呈现复杂化、多样化趋势;同时,党内部分领导干部存在脱离群众、思想僵化、消极腐败等问题。因此,坚持和巩固党的群众路线尤为重要。按照"三个代表"要求加强党的建设的目的即在于"保证我们党能够始终保持与人民群众的血肉联系"[3],而这种联系是改革和建设的胜

① 《中共中央关于加强党的执政能力建设的决定》,人民出版社 2004 年版,第 4、5 页。
② 《江泽民文选》第 3 卷,人民出版社 2006 年版,第 572 页。
③ 江泽民:《论"三个代表"》,中央文献出版社 2001 年版,第 113 页。

利之本,能够使党广泛吸取人民群众的智慧和力量,从而减少和防止工作的失误。

3."三个代表"的出发点和落脚点是维护最广大人民的根本利益

始终代表最广大人民的根本利益,不仅是江泽民人民观的根本遵循,也是"三个代表"重要思想的目的和归宿。在七一讲话中,江泽民指出:"八十年来我们党进行的一切奋斗,归根到底都是为了最广大人民的利益"①,党除了人民的利益外没有自身的特殊利益。具体来说,第一,把人的发展融入到社会发展的具体过程中。实现人的自由全面发展是"三个代表"重要思想的最高价值理想。人民群众作为社会实践的主体,既是社会全面发展的结果,又是社会全面发展的前提。江泽民对人的发展与社会发展间的相互关系进行清晰阐明:"推进人的全面发展,同推进经济、文化的发展和改善人民物质文化生活,是互为前提和基础的。"②随着人的全面发展的推进,文化素养的提升与劳动技能的娴熟能够为社会创造更为丰富的物质文化财富,使人民生活得到日益改善。反之,物质文化的充分发展又能够进一步为人的全面发展提供条件。因此,社会生产力和经济文化的发展水平以及人的全面发展程度都是一个逐步提升和永无止境的过程,这两个历史过程在相互结合和促进的过程中共同向前发展。第二,将人民作为最高价值主体。"三个代表"重要思想突出了以最广大人民群众的利益为最高价值定位。江泽民始终在强调党的路线方针政策和工作实践都要以提高人民的生活水平为出发点和目的归宿的同时,也指出了人民群众是创造物质价值和精神价值的主体,是决定国家前途命运和实现自身利益的根本力量。党要始终把人民利益作为衡量一切工作的最高标准,把为人民谋利益作为执政的责任和任务,紧紧抓住发展这一党执政兴国的第一要务,带领广大群众为实现社会主义现代化而不懈奋斗。

---

① 《江泽民文选》第3卷,人民出版社2006年版,第279页。
② 《江泽民文选》第3卷,人民出版社2006年版,第295页。

（三）以人为本：以人民为中心在改革开放中深化

进入新世纪，以胡锦涛同志为主要代表的中国共产党人在正确把握时代潮流、科学分析世情国情和党情变化的基础上，提出和确立了"以人为本"、构建社会主义和谐社会的执政理念，强调要把"依靠人"作为发展的根本前提，把"提高人"作为发展的根本途径，把"尊重人"作为发展的根本要求，把"为了人"作为发展的根本目的，从而在新的发展阶段深化了马克思主义的以人民为中心思想。

1. 以人为本在社会发展价值上蕴含的以人民为中心理念

"以人为本"作为科学发展观的核心，是对我国发展目的、实质和方向等问题的时代回答。"以人为本"是马克思主义人民主体历史观和中国传统文化"民本"理念以及中国共产党为人民服务思想在中国特色社会主义实践中的创新发展，彰显了中国特色社会主义发展的人民价值导向。

"人的自由而全面的发展"是社会主义在价值上的本质规定和根本追求。在马克思主义看来，"人的自由而全面的发展"是社会主义的要义所在，也是社会主义的根本价值原则。马克思恩格斯用"人的自由而全面的发展"来表征未来社会（社会主义社会和共产主义社会），在《共产党宣言》中明确宣示："代替那存在着阶级和阶级对立的资产阶级旧社会的，将是这样一个联合体，在那里，每个人的自由发展是一切人的自由发展的条件。"①唯物史观以从事物质资料生产的"现实的人"作为历史发展的逻辑起点，强调人的社会存在属性，认为人的本质在其现实性上是社会关系的总和。因此，人的本质是在现实的社会关系中确立的，每个人的发展依赖于社会的发展，社会发展的最终目的是指向人的自由全面发展。以人为本是马克思主义唯物史观关于人的社会发展价值观念的中国化、时代化，蕴含了深刻的以人民为中心的价值理念。

---

① 《马克思恩格斯选集》第 4 卷，人民出版社 2012 年版，第 647 页。

首先,"以人为本"中的"人"的概念,既包括人民中的每个个体,更是一个社会的整体。但无论是作为个体还是整体,在社会主义基本经济政治关系中,都确立了人民当家作主的主体地位,人民是国家和社会的主人,因而也是社会价值的中心。其次,以人为本的根本要旨在于经济建设、经济增长要服务于人的全面发展。"坚持以人为本,就是要以实现人的全面发展为目标,从人民群众的根本利益出发谋发展、促发展,不断满足人民群众日益增长的物质文化需要。"①在社会主义关系中,每个个体既是社会主义的建设者,同时又是社会建设的目的,社会主义现代化建设和深化改革的目的在于满足人民群众日益多样的物质文化需要,促进人的全面发展。再次,以人为本中的"人"是作为中国特色社会主义事业的建设者和贡献者的共同性,而非人的阶段性和阶级差别性。在社会主义初级阶段,整个社会虽然仍然存在阶层、信念、利益等差异,但只要为改革开放和社会主义现代化建设作出努力和贡献,就都是"以人为本"的主体。所以,以人为本是以最广大人民的根本利益和全面发展为价值理念。

2. 以构建和谐社会实现以人民为中心的社会发展目标论

"以人为本"的发展价值必须在社会关系中实现,所以,必须构建协调和谐的经济、政治、文化和生态等各个方面的关系,解决好社会突出的矛盾和问题,确保人民的根本利益得以实现。古今中外,社会和谐是许多思想家所向往的理想社会状态,从古代"天下为公"的"大同社会"、以德性和正义治理社会的"理想国"到近代空想社会主义者傅立叶的和谐社会,都是这种理想的追求。在中国特色社会主义现代化建设时期所倡导的和谐社会是以消灭剥削制度、建立人民当家作主的政治制度和社会主义公有制的经济制度为基本前提的,在发展过程中逐渐克服资本主义现代发展中的物本弊端和局限性,它以共产主义为制度目标,以人的完全解放和自由自觉的发展为最终价值目标。为

---

① 《十六大以来重要文献选编》上,中央文献出版社2005年版,第850页。

了不断地向这些目标趋近,党的十六届四中全会对构建社会主义现代建设时代的和谐社会作出具体的规划。构建社会主义和谐社会:

首先,必须持续推进经济的快速发展。坚持将发展作为党执政兴国的第一要务,以生产力的发展为手段来解决政治、经济和文化发展等各个方面的问题,并保证政治经济等各层次结构中的各要素之间的协调互动,为和谐社会的构建夯实物质基础。其次,维护和实现社会公平正义。必须积极完善相关制度,尤其是大力完善和发展民生措施,保障人民权利,协调好社会各方利益关系,关注弱势群体,确保每个人"学有所教、劳有所得、病有所医、老有所养、住有所居"①。再次,加强思想道德建设,为构建社会主义和谐社会奠定稳固的思想道德基础。要耐心细致地做好群众的思想政治工作,有针对性地解决不同社会群体的思想问题。同时,在群众中广泛开展精神文明创建活动,发展健康向上、丰富多样的群众文化,提高城乡文明程度,努力形成守法、活泼、崇尚科学的社会风气,积极构造平等友爱、共同前进的社会主义新型人际关系,营造诚信友爱、和谐互助的社会风尚,以尽可能地提升全体人民的生活质量。

3. 以全面协调可持续发展实现人民的长远利益

改革开放的不断深入在带来经济发展和物质文明丰富的同时,也造成了贫富差距扩大,加剧了城乡区域发展不平衡等诸多发展性问题。为此,以胡锦涛同志为主要代表的中国共产党人提出了全面协调可持续发展的发展理念。

全面协调可持续发展是从新的战略高度与时俱进地将全体人民的长远利益纳入经济社会发展的新发展观,具有如下特点:其一,全面发展。意味着发展不是"唯 GDP 论"式的发展,更不是资本主导的发展,而是集社会结构各要素于一体的整体性发展;在内容上,它是涵盖经济、政治、文化和社会四个方面的多维性的综合发展;在空间方面,它是包含国内国际、城乡和东中西部之间的整体发展;在时间方面,它是关涉当前与未来之间的良性发展。其二,协调

---

① 《胡锦涛文选》第 2 卷,人民出版社 2016 年版,第 642 页。

发展。改革开放以来,虽然我国经济在整体上实现了跨越式发展,但由于历史的原因,我国地区之间、城乡之间原来的发展水平差异就比较大,加上改革开放需要有突破口,需要有差别的发展,提倡"先富带动后富"方略,从而使"城乡区域发展不平衡,经济社会发展不协调、经济发展与人口资源环境不适应等问题更加突出地摆在了我们面前"①。这就需要从战略的高度来统筹现代化建设的各个方面,实现生产力与生产关系、经济基础与上层建筑、人口资源环境等各方面的协调发展,真正实现在推动有条件地区和有条件个人先富起来的基础上,加快实现共同富裕。其三,坚持走可持续发展道路。马克思早在《1844年经济学哲学手稿》中就指出,自然是人的无机的身体,认为人与自然之间是互相依存、互相制约的关系,"只要有人存在,自然史和人类史就彼此相互制约"②。强调一方面人能够通过发挥主观能动性,在实践活动中认识和改造自然,从而为自然打上人的烙印;另一方面人自身的生存和发展依赖于自然,受到自然的限制,一旦人对自然的索取超出了自然的承受界限,人与自然的关系就将恶化,极大地影响经济社会的可持续发展。我国改革开放早期的工业生产大多数具有粗犷性特征,付出的自然生态环境成本过高,一些地区的经济发展速度虽然较快,但土地、水资源和空气都受到不同程度的污染,这既制约了经济社会的可持续发展,也严重地影响了人民的生活质量,一时的GDP快速增长却严重损害了人民群众的长远利益。可持续发展的发展理念既是为了解决发展中的生态环境问题,更是从发展性战略高度对如何实现人民的长远利益的深刻思考。

三、新时代以人民为中心的发展思想的提出

经过长期努力,中国特色社会主义进入了新时代。新时代以来,习近平总书记针对新时代我国经济社会发展出现的新情况、新问题、新挑战、新目标,不

---

① 《胡锦涛文选》第3卷,人民出版社2016年版,第5—6页。
② 《马克思恩格斯文集》第1卷,人民出版社2009年版,第516页。

仅明确地提出了以人民为中心的概念,而且系统地阐释了以人民为中心的发展思想。

2012 年 11 月 15 日,习近平总书记在十八届中央政治局常委同中外记者见面时庄严宣告:"人民对美好生活的向往,就是我们的奋斗目标。"①以人民对美好生活的向往作为奋斗目标,充分表达了中国共产党"为中国人民谋幸福,为中华民族谋复兴"的初心使命。在 2013 年 3 月 17 日召开的第十二届全国人民代表大会第一次会议上,习近平讲道:"我们要随时随刻倾听人民呼声、回应人民期待。"②

2013 年 8 月 19 日,习近平总书记在全国宣传思想工作会议上第一次明确提出以人民为中心的概念。习近平总书记指出:"坚持人民性,就是要把实现好、维护好、发展好最广大人民根本利益作为出发点和落脚点,坚持以民为本、以人为本。要树立以人民为中心的工作导向"③。2014 年 10 月 15 日,习近平总书记在主持召开文艺工作座谈会时提到,文艺工作要"真正做到了以人民为中心,文艺才能发挥最大正能量"④。两次讲话的主旨明确了要以"以人民为中心"作为思想文化工作领域的指导原则。

2015 年 10 月,党的十八届五中全会召开,习近平总书记在大会上第一次提出了"坚持以人民为中心的发展思想"⑤,随后这一提法写入大会通过的《中共中央关于制定国民经济和社会发展第十三个五年规划的建议》中,这是第一次将以人民为中心的发展思想写入党的纲领性文献。其后,在"十三五"规划中又作了如下说明:"必须坚持以人民为中心的发展思想,把增进人民福

---

① 《习近平谈治国理政》第 1 卷,外文出版社 2018 年版,第 3 页。
② 《习近平著作选读》第 1 卷,人民出版社 2023 年版,第 148 页。
③ 《习近平著作选读》第 1 卷,人民出版社 2023 年版,第 148 页。
④ 《习近平著作选读》第 1 卷,人民出版社 2023 年版,第 288 页。
⑤ 《中共中央关于制定国民经济和社会发展第十三个五年规划的建议》,《人民日报》2015 年 11 月 4 日。

祉、促进人的全面发展作为发展的出发点和落脚点"①。这样,原来 2013 年提出的"以人民为中心"的工作指导原则就逐步上升为引领发展的思想。2015年 11 月 23 日,习近平总书记在主持第十八届中央政治局第二十八次集体学习时指出,坚持以人民为中心的发展思想,这是马克思主义政治经济学的根本立场,是治国理政的方针理论。2016 年 4 月 18 日,习近平总书记在中央全面深化改革领导小组第二十三次会议上要求:"把以人民为中心的发展思想体现在经济社会发展各个环节,做到老百姓关心什么、期盼什么,改革就要抓住什么、推进什么,通过改革给人民群众带来更多获得感"②,强调必须把以人民为中心的发展思想贯彻于治国理政的全过程。

2017 年 10 月,党的十九大报告系统地阐发了以人民为中心的发展思想,报告指出:"坚持以人民为中心。人民是历史的创造者,是决定党和国家前途命运的根本力量。必须坚持人民主体地位,坚持立党为公、执政为民,践行全心全意为人民服务的根本宗旨,把党的群众路线贯彻到治国理政全部活动之中,把人民对美好生活的向往作为奋斗目标,依靠人民创造历史伟业"③,"中国共产党人的初心和使命,就是为中国人民谋幸福,为中华民族谋复兴"④。报告把"坚持以人民为中心"列为坚持和发展中国特色社会主义"十四个基本方略"中的第二个,使以人民为中心的发展思想成为党的重要执政理念,是党的发展目的、工作方法、发展任务和行动遵循。党的十九大召开六天以后,新修改的党章中写入了这一条"必须坚持以人民为中心的发展思想"。自此,以人民为中心的发展思想被确立为新时代中国特色社会主义事业的一根价值红线,成为衡量中国未来经济社会发展的根本价值标尺。2018 年 5 月 4 日,习近平总书记在纪念马克思诞辰 200 周年大会上强调:"要始终把人民立场

---

①　《十八大以来重要文献选编》中,中央文献出版社 2016 年版,第 789 页。
②　《习近平谈治国理政》第 2 卷,外文出版社 2017 年版,第 103 页。
③　《习近平著作选读》第 2 卷,人民出版社 2023 年版,第 17 页。
④　《习近平著作选读》第 2 卷,人民出版社 2023 年版,第 1 页。

作为根本立场,把为人民谋幸福作为根本使命,坚持全心全意为人民服务的根本宗旨,贯彻群众路线,尊重人民主体地位和首创精神,始终保持同人民群众的血肉联系"①。

党的十八大以来,全党开展了四次主题教育活动,四次主题教育活动都贯穿了"以人民为中心思想"发展思想。2013年6月,党内开展党的群众路线教育实践活动,旨在"为民、务实、清廉",以净化和纯洁党的风气,增强全体党员服务人民群众的宗旨意识。这是党的十八大以来,第一次党内主题教育活动,也是我们党历史上第一次开展有关群众路线的教育活动。始于2015年的"三严三实"专题教育是第二次主题教育活动,主要针对党员领导干部这个"关键少数",以"严"当头,以严求"实",要求领导干部要严格要求自己。从此,拉开了全面从严治党的序幕。2016年全党开展"学党章党规、学系列讲话,做合格党员"的"两学一做"学习教育活动,旨在解决党员干部中理想信念不坚定、宗旨意识淡漠等问题。2019年6月开展"不忘初心、牢记使命"主题教育,并要求此次教育要常态化。自此,四次党内主题教育活动最终落实在"以人民为中心"的初心和使命上来。事实上,党的十九大的报告主题就已点明,"不忘初心、牢记使命"。2019年10月召开十九届四中全会正式提出建立"不忘初心、牢记使命"的制度,其目的就是用制度来规范和引领全体党员要牢记党的宗旨,全心全意为人民服务。

2020年10月,在决胜全面建成小康社会取得决定性成就之际,十九届五中全会将适应新发展阶段、贯彻新发展理念、构建新发展格局作为"十四五"时期的重大目标任务,强调"坚持以人民为中心","激发全体人民积极性、主动性、创造性,促进社会公平,增进民生福祉,不断实现人民对美好生活的向往"②。2021年2月,习近平在党史学习教育动员大会上的讲话指出:"社会主义革命和建设的成就是人民群众干出来的;改革开放的历史伟剧是亿万人

① 《习近平著作选读》第2卷,人民出版社2023年版,第162页。
② 《十九大以来重要文献选编》中,中央文献出版社2021年版,第791页。

民群众主演的。历史充分证明,江山就是人民,人民就是江山,人心向背关系党的生死存亡。"①深刻诠释了人民群众在党和国家事业发展中所处的历史性地位以及所发挥的决定性作用。2021 年 7 月 1 日,在庆祝中国共产党成立100 周年大会上,习近平总书记再次强调:"江山就是人民、人民就是江山,打江山、守江山,守的是人民的心。中国共产党根基在人民、血脉在人民、力量在人民。"②2021 年 11 月召开的十九届六中全会把"坚持人民至上"总结为中国共产党百年奋斗十条宝贵历史经验之一,以历史的逻辑证明以人民为中心是中国共产党人永远的价值追求。

　　2022 年 10 月,习近平总书记在党的二十大报告中明确指出:"我们深入贯彻以人民为中心的发展思想,在幼有所育、学有所教、劳有所得、病有所医、老有所养、住有所居、弱有所扶上持续用力,人民生活全方位改善"③。把"坚持以人民为中心的发展思想"明确为全面建设社会主义现代化前进道路上必须牢牢把握的五条重大原则之一,进一步明确了以人民为中心的发展思想对于实现新时代经济社会各项重要发展目标的指导地位。

---

① 《习近平著作选读》第 2 卷,人民出版社 2023 年版,第 421 页。
② 《习近平著作选读》第 2 卷,人民出版社 2023 年版,第 482 页。
③ 《习近平著作选读》第 1 卷,人民出版社 2023 年版,第 9 页。

第三章　以人民为中心的发展思想的
　　　　　实践探索

　　坚持以人民为中心,为人民谋幸福,是中国共产党的初心使命。无论是在
新民主主义革命时期,还是在社会主义革命和建设以及改革开放新时期,中国
共产党都始终根据不同时期客观实际情况,把以人民为中心的发展思想理念
贯彻于各个时期的方针政策之中,探索在当时情况下实现以人民为中心理念
的实践形式,实现人民的根本利益诉求。

第一节　新民主主义革命时期以变革土地所有制为重点
　　　　　践行以人民为中心思想

　　旧中国是一个以农业为主和农民为主体的国家,土地是农民安身立命的
基础。千百年来,中国农民最大的诉求就是拥有自己的土地。毛泽东曾一针
见血地指出:中国革命的根本问题是农民问题,农民的根本问题就是土地问
题。能否通过变革土地制度,满足广大农民对土地的要求,是革命年代践行以
人民为中心思想的根本举措,也是中国共产党领导革命能否赢得广大人民支
持从而获得最终胜利的关键。因此,在领导全国人民进行艰苦卓绝的 28 年革
命斗争过程中,中国共产党根据不同时期革命战争需要的实际出发,及时地调

整土地政策,实现以农民为主体的全国人民的迫切利益诉求。

一、大革命时期以"限租限田"土地政策满足农民土地要求

在建党和大革命时期(1921—1927 年),中国共产党的中心工作是传播马克思主义思想,唤起全国人民的革命意识,选择时机发动和领导工农革命运动。在此过程中,中国共产党就在能够影响的范围内把实现中国土地制度的变革作为重要的问题进行研究和解决,同时注重以土地变革为契机改善人民群众的生活,把改善人民群众生活与革命斗争紧密地联系起来,强调在不同时期满足人民群众的根本利益是争取革命胜利的必要条件。

1911 年,孙中山等国民党人发动辛亥革命推翻了腐朽的清王朝,全国人民在政治上摆脱了几千年的封建统治,但是在经济层面上,占全国人口 90%以上的农民并没有真正脱离封建土地所有制。大量的土地仍然集中在少数地主手中。据 1927 年《中国国民党中央执行委员会农民部土地委员会报告》记载,当时"占全国总人数 14%的地主,占有全国 62%的土地;占人口总数 18%的富农,占有全国 19%的土地,占人口总数 24%的中农,占有全国 13%的土地;而占全国人口 44%的贫农,则只占有全国土地的 6%"[1]。农村中少数地主富农阶级不仅在数量上占有大部分的土地,而且占有的土地质量高,大多是肥沃和水源好的土地,而贫农和中农的土地都相对贫瘠。

从建党开始,中国共产党就非常重视农村土地制度问题。一大制定的党纲就明确提出要没收封建地主土地归社会公有的目标方案。1922 年 7 月,二大的《大会宣言》中,又明确提出了"废除丁漕等重税,规定全国——城市及乡村——土地税则""规定限制田租率的法律"[2]等保护农民利益的方案;1923年 6 月三大召开,会上通过了《农民问题决议案》,这是中国共产党历史上第

---

① 《全国土地占有概况——中国国民党中央执行委员会农民部土地委员会报告》,《第一、二次国内革命战争时期土地斗争史料选编》,人民出版社 1981 年版,第 141—142 页。

② 《中共中央文件选集》第 1 册,中共中央党校出版社 1989 年版,第 116 页。

一个关于农民问题的决议,强调:"以保护农民之利益而促进国民革命运动之必要。"①第一次国共合作后,中国共产党更加认识到土地对农民的重要性和解决土地问题对中国革命的重要性,并在一些会议决议案中进一步制定保障农民根本利益的有关政策。1925年1月中共四大召开,会上通过的《对于农民运动之决议案》第一次系统阐述和确定了党对农民问题的方针政策和组织方法。同年10月,中共中央在北京召开的第二次中央扩大执行委员会会议,提出了"耕地农有"的口号,已经比较清楚地认识到土地与农民革命之间的关系,认识到了土地问题的解决关系到革命成败。1926年7月召开的党的四届中央执委会第三次扩大会议作出关于农民收获和利息的具体政策规定:农民所得至少要占收获物50%,借款利息最高不超过2.5分。这些政策对减轻农民负担,限制地主对农民的剥削具有重要的指导作用。

北伐战争的胜利和湖南等地农民革命运动的发展,极大地鼓舞了广大农民实行土地改革以废除封建土地所有制,实现耕地农有,消灭封建剥削的信心和愿望。但是,当时党还处于幼年时期,党内存在着严重的右倾主义错误,右倾极大地妨碍了党对农村土地问题的正确认识和相关政策的正确制定和执行。1926年底,中共中央在汉口召开特别会议,陈独秀在会议上作了政治报告,陈独秀在报告中认为,当时的农民革命,"大多数农民群众所争的还是减租减息,……而不是根本的土地问题,他们都还未能直接了解到这个根本问题"②。由此可见,当时党的主要领导人还只是停留在如何解决减轻农民所受剥削程度的层面,而没有意识到解决土地所有制问题对于发动农民起来革命的重要意义。1927年4月,党的五大在武汉召开,这次大会没有通过毛泽东等人在深入考察湖南等地农民运动的基础上提交的普遍解决农民土地问题的方案,而是通过了严重落后于当时农民运动发展和革命形势需要的《土地问

---

① 《中共中央文件选集》第1册,中共中央党校出版社1989年版,第151页。
② 《陈独秀文集》第3卷,人民出版社2013年版,第565页。

题议决案》,提出:"没收一切所谓公有的田地以及祠堂、学校、寺庙、外国教堂及农业公司的土地,交诸耕种的农民","属于小地主的土地不没收","革命军人现时已有的土地可不没收"等坚持土地国有的政策。[①] 这些政策没有从根本上确立土地归农民所有而彻底改变农村地主土地所有制的问题,没有满足当时农民迫切希望得到土地的愿望,影响了广大农民对革命的支持和参加革命的积极性,这也是大革命失败的一个重要原因。

中国共产党是善于总结经验和自我革新完善的政党。大革命失败成为党在新的历史阶段逐步实行更符合农民需要的土地政策、更好地贯彻以人民为中心理念的重要经验基础。1927 年在国共第一次合作失败后,中国共产党开始独立领导中国革命,不断地根据革命过程中的实际情况调整土地政策,使土地政策始终与农民的根本利益和革命发展需要紧密地结合起来,获得了农民的广泛支持,逐步开辟了中国革命的新道路。

二、井冈山时期以"打土豪分田地"实现农民土地利益

土地革命战争时期(1927—1937 年)是中国共产党独立领导武装革命的第一个历史时期。为了武装反抗国民党,毛泽东、周恩来、朱德、贺龙、刘志丹等著名共产党人在全国各地发动武装起义,陆续建立红色革命根据地,实行"工农武装割据"。在毛泽东领导的井冈山革命根据地时期,为了争取根据地广大农民对革命的支持和积极参加革命,广泛开展了以"打土豪、分田地"为中心内容的土地制度变革,在此基础上,组织根据地人民发展生产,提高生活水平,践行党的以人民为中心理念。

(一)实行耕地农有的土地政策

鉴于敌强我弱,土地革命战争时期的革命根据地一般建在地处偏远、交通

---

① 《中共中央文件选集》第 3 册,中共中央党校出版社 1989 年版,第 70 页。

不畅、生产力低下和经济落后的农村。国民党既在军事上不断"围剿"根据地的红军,同时对根据地实行物质、经济和交通的封锁。因此,如何生存和发展,成了当时各根据地面临的首要问题。对此,农民出身的毛泽东在领导井冈山革命根据地时,就充满信心地认识到只要实行土地改革,让广大农民拥有土地,同时发展好根据地经济,就能做到自给自足,这不但能够保证战争的供需,也能改善和提高根据地人民群众的生活水平,最终也就能打破敌人的封锁,壮大和发展革命力量,为长期进行革命和最终取得革命胜利创造有利条件。因此,在中央苏区,开展了轰轰烈烈的土地革命运动,以解决农民最根本的利益关切问题。

晚清后,经历民国的军阀混战,我国的土地兼并情况非常严重,土地分配严重不公,土地矛盾异常尖锐,占农村极少数人口的地主和富农占有了绝大多数的肥沃优质土地。在建立井冈山革命根据地之前,井冈山地区"土地的百分之六十以上在地主手里,百分之四十以下在农民手里。江西方面,遂川的土地最集中,约百分之八十是地主的。永新次之,约百分之七十是地主的。万安、宁冈、莲花自耕农较多,但地主的土地仍占比较的多数,约百分之六十,农民只占百分之四十。湖南方面,茶陵、酃县两县均有约百分之七十的土地在地主手中"①。井冈山地区农村各阶级占有土地的情况是全国各地的一个缩影。这样的土地占有状况意味着大部分农民自己没有基本的生活资料来源,只有依赖租种地主的土地才能生存生活,租种土地当时的租种率在百分之四十左右,并且还需要负担各种捐税,因此,农民生活非常的困苦,农民最根本的利益需要在于能否拥有自己的土地。只有进行土地革命,解决农民的土地问题,才能从根本上解决根据地人民的生活问题,也才能赢得根据地人民对党和红军的支持,从而建立稳固的根据地。1928 年,毛泽东首先在井冈山地区的桂东沙田一带进行分田试点,实行"全部没收,彻底分配"的政策,按人口平分,好坏搭配,并组织复查,没收地主、富农的一切家产,发给工具,让其自食其力。

---

① 《毛泽东选集》第 1 卷,人民出版社 1991 年版,第 68—69 页。

这些政策得到了农民极大的支持,随后被逐步推广到宁冈县和莲花县等地区。1928 年底,根据中央指示的精神并结合根据地革命斗争的实际,毛泽东主持起草了中国共产党历史上第一部土地法——《井冈山土地法》,其中规定:"没收一切土地归苏维埃政府所有,用下列三种方法分配之:(一)分配农民个别耕种;(二)分配农民共同耕种;(三)由苏维埃政府组织模范农场耕种。"①1929 年 4 月,红四军到达兴国时,根据党的六大精神,以《井冈山土地法》为基础,在兴国制定和颁发了《兴国土地法》,规定:"没收一切公共土地及地主阶级的土地归兴国工农兵代表会议政府所有,分给无田地及少田地的农民耕种使用。"②在此之后,中共中央又先后颁布了《土地法》《中华苏维埃共和国土地法》等土地法令,逐步完善土地政策和法律,为根据地革命发展和实现根据地的生活秩序确定了基本制度。

(二)提高妇女地位,保障妇女权利

实现妇女的解放,既是实现以人民为中心理念的重要环节,也是建立革命根据地的重要基础。作为中央苏区主要领导人的毛泽东很早就深刻认识到农村妇女在中国革命中的重要作用。毛泽东认为,农村妇女深受各种反动的、落后的势力的残酷压迫,她们有强烈革命愿望。在 1930 年《寻乌调查》中,毛泽东对当时农村妇女的社会生活状况作了详细的描述:在劳动工作上,妇女既要协助男子的田间劳作,又要管理家庭一切琐事,还要负担养儿育女,因此,妇女的辛劳远超当时的男子;在社会地位方面,由于封建宗法制度仍然根深蒂固地存在,妇女几乎是男子经济的附属品,男子已经脱离了农奴地位,妇女却仍然是男子的农奴或半农奴。妇女受政权、族权、神权、夫权四条绳索的严重束缚,基本上没有人身自由,更没有基本的政治地位。所以,党在农村革命的重要任务之一就是要消灭封建宗法制度,实现家庭内成员的地位平等,并在此基础上

① 《毛泽东文集》第 1 卷,人民出版社 1993 年版,第 49 页。
② 《建党以来重要文献选编(1921—1949)》第 6 册,中央文献出版社 2011 年版,第 184 页。

消灭私有制,确保农村地区妇女的土地所有权和处分权。

中央苏区建立伊始,就明确提出要解决"继承权,土地权,反对多妻制,反对年龄过小之出嫁(童养媳),反对强迫出嫁,离婚权,反对买卖妇女、保护女雇农的劳动"①的问题。1928年6月,中共六大通过的《妇女运动决议案》再次强调了解决这些问题的重要性,并增加了对"妇女作为革命的重要力量"的说明,决议指出,农村妇女是斗争着的农民中最勇敢的一部分,必须重视吸收农民妇女到革命运动中来,要在一切党的与一切职工会的学校、训练班中吸收一定比例的妇女,让她们获得理论上的学习,要注意分配女同志工作,尽可能地使其参加各级党部的工作,让她们在实践中得到锻炼。在这些思想的指导下,女性代表开始活跃于根据地的红色政权组织中,涌现出如贺子珍、康克清、李坚真、曾志、彭儒等一批著名妇女干部。

在建设根据地的政策措施中,党特别注意把灵活处理农村妇女的特殊利益要求与党的整体阶级斗争的辩证关系一起来,用于指导妇女参加革命实践,强调充分调动妇女的积极性和主体性,鼓励广大妇女通过自身的努力解放自己。早在1927年井冈山革命根据地建立时,党中央就注重培养当地农村妇女干部,并鼓励其建立妇女组织。通过将农村妇女干部安排在各类工作岗位上使她们得到锻炼,并在这一过程中培养出大批女性革命骨干。在中央苏区,出于保卫革命根据地的需要,大量青壮年男性加入红军参加一线战斗,而妇女则在革命后方的社会秩序稳定、政权巩固和安全保卫工作中发挥了重要作用。所以,当时的苏维埃政府不但在政府系统内设立了妇女生活改善会等保障妇女权益的组织,而且广泛动员广大妇女参加苏维埃的其他各项工作。截至1932年,全苏区基本都建立了女工农妇代表大会这样的群众性妇女组织,这些组织既负责妇女参加革命工作的组织和动员,也负责妇女各种利益的反映,还兼有负责保障妇女各种合法权益的保障政策的落实。苏区制定了保障妇女

---

① 《中共中央文件选集》第4册,中共中央党校出版社1989年版,第438页。

权利的一系列法律政策,如:结婚离婚自由;废除包办和买卖婚姻,废止童养媳,实行一夫一妻制;男女财产分配平等;男女工作平等。这些法律政策的实施,使深受传统封建礼教思想和习俗压迫束缚的根据地广大妇女获得了解放,极大地提高了广大妇女的社会经济地位,使她们的生活发生了根本性的变化,激发了她们参加革命的热情和积极性,使其成为革命中的重要坚强力量。

(三)发展生产尤其是农业生产,保障人民的基本物质生活资料粮食的供给

战争和经济封锁给根据地的农业生产和经济生活造成了严重影响,人民物质紧张、生活困难。所以,恢复正常生产,发展农业经济,满足根据地人民的基本生活需要,是当时党在根据地贯彻以人民为中心理念非常重要的工作。这些工作具体包括如下两个方面:

一是开展农业生产合作组织运动。首先,基本做法是用合作生产组织形式把农民组织起来,通过组织进行农业劳动力在不同的农作时间的调剂。如瑞金叶坪乡的劳动互助组采用"各社员什么时候需要几多人工,或什么时候有多余人工,都报告小组长和大队长,必要时由大队长报告总队长。由总队长先计划好,在社员大会通过,实行村与村的调剂"①,这样就能够在农忙期间集中劳动力进行生产,并通过互相调剂和互相帮助最快地解决各村的劳动力需要。其次,充分发挥妇女在生产劳动中的积极作用,广泛动员和调动妇女参加生产劳动,以弥补许多青壮年男性参军上战场带来的劳动力短缺。如,"瑞金县共有 3000 多名妇女(包括 425 名缠足妇女)原本不参加劳动,后组织了 260 个生产小组,都参加劳动"②。根据地广大妇女参加农业生产劳动既是妇女解

---

① 史敬棠、张凛等编:《中国农业合作化运动史料》上卷,生活・读书・新知三联书店 1957 年版,第 121 页。
② 史敬棠、张凛等编:《中国农业合作化运动史料》上卷,生活・读书・新知三联书店 1957 年版,第 111 页。

以人民为中心的发展思想研究

放的重要途径,也是妇女价值的充分体现,还为根据地增加了源源不断的劳动新生力量,对根据地生产、经济和社会的发展有非常重要的意义。再次,组织成立生产工具的互助合作,充分利用生产工具资源,实现耕牛和农具等重要生产工具资源的共享,以解决根据地重要生产工具不足的问题。1933 年 3 月到 4 月期间,中央工农民主政府先后颁布了《关于组织犁牛站的办法》和《关于组织犁牛合作社的训令》,《办法》和《训令》要求按照自愿互利、民主管理的原则在苏区各地成立犁牛合作社,其基本组织原则是:合作社内所有耕牛和农具归全体社员所有,全体群众可以根据生产需要按照急缓等规则有序地使用合作社内的耕牛和农具。犁牛合作社的创立成功地解决了当时农村生产中耕牛和农具不足的困难,深受农民欢迎,也极大地提高了农民的生产积极性,有力地促进了苏区经济的发展和力量的壮大,对战胜敌人的军事围剿和经济封锁起到了很重要的作用。

　　二是组织耕种,开荒生产,加强水利建设,提高产量,保障粮食供给。当时红军除了主要任务是与敌人作战和进行军事训练以外,在农忙季节和战争间隙,各根据地党组织和政府都会组织红军参加农业生产,同时还广泛发动妇女参加农业生产,组织耕田队,以村乡为单位调剂劳力与农具、耕牛余缺,以提高生产工具的使用效率,扩大生产。井冈山根据地和中央苏区地处山地,人口不很稠密,存留着较多未开垦的荒地,这是扩大苏区农业生产的重要资源。为了解决大量红军进入根据地后需要增加粮食生产和供应的问题,中央苏区决定开荒生产。1933 年 3 月,中央工农民主政府颁布《中央政府训令开垦荒地荒田办法》,要求各地政府"马上调查统计本地所有荒田荒地,切实计划,发动群众去开荒"①,并制定了劳动所有权的执行规则,即荒田按劳动力分配到户,荒地谁开垦就归谁所有,新开垦的荒地免交土地税三年。根据劳动确定开垦荒地所有权原则得到了农民的热烈响应,所以,到 1934 年,中央苏区的荒田荒地

① 史敬棠、张凛等编:《中国农业合作化运动史料》上卷,生活·读书·新知三联书店 1957 年版,第 84 页。

180

全部被开垦并被确定所有权,有力地促进了当时苏区农业生产的发展和农民劳动积极性的提高。

为了保障农业生产,防止各种水旱灾害,根据地政府特别重视水利建设。1933年2月,中央苏区的福建各县、区土地部长联席会研究了如何解决根据地农业生产水利设施建设问题,会议形成了关于如何开展水利建设的《决议案》。《决议案》要求各乡成立"水利委员会",以发动和领导广大农民群众进行大规模的根据地水利建设,解决苏区农业生产和农村生活中经常发生的水患和旱灾问题,满足农业生产的需要。1934年1月,毛泽东在第二次全国工农代表大会上作题为《我们的经济政策》的报告特别提到:"水利是农业的命脉,我们也应予以极大的注意。"[1]在苏区党和政府的强有力领导下,农民群众积极响应,据不完全统计,到1934年9月,苏区建成水利工程10000多项,为农业生产抗击水旱自然灾害,保障农业生产的丰收,保障苏区人民的生活提供了重要条件。

为了促进农业生产的发展,在当时非常困难的条件下,根据地还通过创办农业试验场,进行创新农业生产技术的实验,在根据地广泛推广在当时比较先进的农业生产技术。中央苏区土地部直接领导江西瑞金农业生产试验场,试验场内有着严密的组织设施和明确的工作任务,中央苏区土地部不断将试验场的经验和技术向全苏区推广。在土地部的领导指引下,苏区各个县都先后在本县的农业生产发达地区建立农业试验场。除此之外,苏区政府进行了各种形式的农业科学研究,开办各种农技学校培养农业技术人才。这些工作的开展,改善了当时的农业生产方式,使农业生产中逐渐地渗入了现代科学技术,对于提高当时的粮食产量有较大的促进作用。

---

① 中国人民大学农业经济系主编:《中国近代农业经济史》,中国人民大学出版社1980年版,第217页。

（四）通过发展生产、商业和医疗卫生事业，提高根据地人民的生活水平

根据地政府极为重视人民群众的生活，强调满足人民利益、提高人民日常生活水平对革命极端重要的意义。1934年1月在江西瑞金召开的第二次全国苏维埃代表大会上，毛泽东对苏区进行民生建设、保障人民生活的问题作出详细说明。毛泽东指出，党在苏区进行革命，必须"增加农业生产……解决群众的穿衣问题，吃饭问题，住房问题，柴米油盐问题，疾病卫生问题，婚姻问题"①。他要求全党"应该深刻地注意群众生活的问题，从土地、劳动问题，到柴米油盐问题"②，强调要得到群众的拥护和支持"就得关心群众的痛痒，就得真心实意地为群众谋利益，解决群众的生产和生活的问题"③。

首先是制定正确的工商政策，开办生产合作社，发展根据地商业，保障根据地基本生活物质需要。当时根据地建立了大量的生产合作社，将各种各样的个体小工业生产者组织起来，对这些生产合作社采取减免税收的优惠政策，如施行商业减免税优惠政策，"取消盐税、田赋厘金、印花烟油税、鸡鸭税、屠宰税、硝盐税、百货捐等一切苛捐杂税，规定适当的土地税和资本税"④，同时，对根据地工商户在经营活动中碰到的资金困难提供帮助，如通过"开办信用合作社，使工农平民得到低利无抵押的借款，免除资本家地主的重利盘剥"⑤。在商业贸易方面，既发展公营商业，又繁荣私营商业，还建立合作商业，如设置井冈山茨坪公卖处，该处由工农兵政府用打土豪筹集的款子和战争缴获的物资所办。还有一种是以群众自愿入股筹集形式存在的公卖处，如大井、下庄、罗浮等地的公卖处。通过发展商业积极打通赤白贸易线。所谓赤白贸易主要

---

① 《毛泽东选集》第1卷，人民出版社1991年版，第136—137页。
② 《毛泽东选集》第1卷，人民出版社1991年版，第138页。
③ 《毛泽东选集》第1卷，人民出版社1991年版，第138页。
④ 《井冈山革命根据地》上，中共党史资料出版社1987年版，第52页。
⑤ 《井冈山革命根据地》下，中共党史资料出版社1987年版，第135页。

是指开展根据地对国统区的商业交换,促成两者之间的物资交流,将根据地内收购的各种土特产品、红军在战场上获得的战利品等同中小商人从国统区偷运出来的食盐、药材、布料等进行交换,同时,根据地各地之间的一些农副产品也可以通过根据地建立的各种"圩场"进行公平交换,以解决根据地军民吃穿用的基本生活问题。

　　其次是重视教育文化事业的发展。根据地地处偏远山区,教育文化都比较落后,大多数人是文盲,即使人民受过教育,但受教育的时间也很短,文化素质普遍偏低。因此,加强根据地的教育文化事业,提高人民文化素质,增强人民对党领导的革命事业的信念和信心,是党领导根据地革命和建设的重要任务。为了提高根据地人民的文化素质,根据地政府实行了如下措施:首先,成立教育机构,加强教育立法,不断完善教育管理体制。1931年中华苏维埃共和国临时中央政府成立之时,就设立了教育人民委员部,统一管理苏区的教育事务。1933年4月,苏区中央政府颁布《省、县、区、市教育部及其各级教育委员会的暂行组织纲要》,地方政府先后设立了主管本地区的教育管理机构,以推动根据地教育工作的开展。其次,政府承担教育经费,对工农子弟实施免费教育。1931年,中共中央通过《关于苏区宣传鼓动工作的决议(正式名为:中央关于苏区宣传鼓动工作的决议)》,指出:"苏区内的(原句没有'的')教育文化工作……必须编辑成年人及青年儿童的识字课本……小学校内贫农雇农及工人子弟完全免费,富裕的中农则必须酌量征收学费。"①各级管理组织积极动员和鼓励适龄儿童入学读书。到1934年1月,苏区所有的儿童都得以在各乡村兴办的列宁小学、劳动小学中享受免费的义务教育。再次,大力兴办各种类型的学校,提供从儿童到成年人、从民用到军事各个方面的学习机会。各地区苏维埃政府创办了大量的列宁小学、成人识字班、扫盲班等文化教育学校,创办了苏维埃大学、马克思共产主义大学、红军大学等中央军事政治学校,

----

　　①　《建党以来重要文献选编(1921—1949)》第8册,中央文献出版社2011年版,第339页。

创办了列宁师范、短期师范、小学教员训练班等各类师范学校,还有一些职业中学、中央农业学校等职业技能培训学校等等。成人教育也蓬勃发展,通过创办夜校进行的扫盲识字运动规模浩大。据记载,在当时的兴国县,全县共办夜校 1900 多所,平均每个乡办有 15 所夜校。由于劳动妇女基本上是文盲,所以,当时妇女上夜校脱盲的积极性特别高涨,在兴国全县夜校学员中,妇女占了 69%;识字组员中,妇女也占了 60%。① 最后,苏区中央特别注意根据地人民文化生活的丰富和发展。根据地当时成立了各种各样的文化娱乐组织。1931 年,中共中央发出《关于苏区宣传鼓动工作的决议(正式名为:中央关于苏区宣传鼓动工作的决议)》强调:"在苏区内必须发展俱乐部、游艺会、晚会等工作。在每一个俱乐部下应该有唱歌组、演剧组、足球组、拳术组等等组织。在每一组织内应该尽量吸收群众,尤其是青年男女。必须使苏维埃内群众的生活不是死板板的,而是活泼有生气的。"②这些文化娱乐组织通过各种形式的文化娱乐表演丰富根据地人民的生活、宣传革命思想以及党和政府的有关方针政策,对提高苏区人民的思想文化素质,传播革命思想起了非常重要的作用。

再次是重视医疗卫生事业的发展,保障根据地军民身体健康。根据地创办了大大小小的一些医院和各级医疗诊所,培养合格的医务人员,为根据地军民就医看病创造基础条件。根据地大型医院,各县、区医疗诊所的建立,极大地解决了根据地军民看病难问题,同时制定医疗卫生法律法规,对红军和广大人民群众实行免费医疗。如当时颁布的《中华苏维埃共和国劳动法》规定:对于一切雇佣劳动者,实行"免费的医药帮助,……其家属也同样享受免费的医药帮助"③。根据地中央政府还颁布了《苏维埃区域暂行防疫条例》,积极防控曾经流行的一些传染疾病的发生。根据地还设置健全的卫生管理机构。根

① 余伯流、凌步机:《毛泽东与瑞金》,江西人民出版社 2003 年版,第 317 页。
② 《建党以来重要文献选编(1921—1949)》第 8 册,中央文献出版社 2011 年版,第 339 页。
③ 《建党以来重要文献选编(1921—1949)》第 8 册,中央文献出版社 2011 年版,第 713 页。

据地中央政府内务人民委员部下设卫生管理局,专门具体负责地方医院的管理、瘟疫和流行病的预防以及公共卫生和公共场所的清洁等。大力普及卫生知识的宣传教育。面对当时出现的一些流行病,中央根据地除了动员和组织各级医疗机构、医院和军民进行积极防控外,还向根据地广大军民普及性地宣传卫生医疗知识,如"出版发行《健康》《红色卫生》《卫生讲话》等报刊,在《红色中华》《红星》等重要报纸开辟卫生专栏刊载大量疾病防治科普文章"①,以提高苏区军民卫生素质,帮助他们改善生活习惯。

在井冈山时期的革命斗争中,中国共产党始终把以人为中心的宗旨理念践行于根据地建设和对敌斗争策略中,既重点保障了战争的各种需要,又保证了苏区人民的基本生活满足,从而得到了苏区人民的坚定支持,使党领导的根据地不断突破敌人的封锁而发展壮大,为后来革命取得最终胜利作了重要的实践探索。"正是由于中国共产党时刻牵挂人民群众,中央苏区群众对踊跃参军表现出了空前的热情。仅赣南 13 个县,参加红军人数就达 33 万余人。在几次反'围剿'过程中苏区人民对共产党和红军的支持几乎达到了无私的程度。"②

三、抗战时期通过土地制度调整和组织大生产运动满足根据地军民生活需要

在《论持久战》中,毛泽东指出:"战争的伟力之最深厚的根源,存在于民众之中。"③党领导的持久全面抗战要赢得人民的坚定支持,就必须关心人民的生活,对此,1937 年 10 月 25 日毛泽东在和英国记者贝特兰谈话时就作出了说明,强调"人民生活的改良是抗战的必需条件"④。毛泽东和党中央在整

---

① 孙伟:《中央苏区时期怎样开展防疫》,《学习时报》2020 年 3 月 13 日。
② 蔡长风:《征途漫记》,海潮出版社 1994 年版,第 7 页。
③ 《毛泽东选集》第 2 卷,人民出版社 1991 年版,第 511 页。
④ 顾龙生:《毛泽东经济年谱》,中共中央党校出版社 1993 年版,第 113 页。

个抗战期间始终坚持在积极抗战、保证抗战前线将士所需的前提下,力求通过自力更生的大生产运动等措施最大可能地减轻根据地人民的负担,提高根据地人民的生活水平,从而得到了人民的衷心拥护,形成了团结抗日的磅礴力量,使根据地不断发展壮大,人民军队力量不断加强,为取得全面抗战的胜利奠定了坚实的人民力量基础。

(一)实行减租减息的土地政策

全面抗战爆发后,中华民族与日本帝国主义之间的矛盾成了当时中国社会的主要矛盾,革命斗争的中心任务已经转变为如何联合国内各种抗日力量共同抗日,建立最广泛的抗日民族统一战线。全面抗战一开始,毛泽东就强调了建立抗日民族统一战线共同抗日的必要性、可能性,强调对日斗争中,"一切阶级斗争的要求都应以民族斗争的需要(为着抗日)为出发点"①。面对日本侵略者企图灭亡中国的野心,中国国内所有阶级的利益都会受到损失,都有抗日的共同利益要求,所以,国内各阶级应当也能够暂且搁置国内阶级斗争,团结一致共同反抗侵略者的侵略。由于中国是农业大国,土地是当时最重要的生产资料和民众的生活来源保障,土地政策的变化涉及到几乎所有阶级的利益。因此,必须调整土地革命战争时期党的土地政策,以利于形成最广泛的抗日民族统一战线,争取全民族的抗战。抗日战争爆发后,党适时改变土地革命战争时期对剥削阶级的财产一律没收的政策。1937年5月3日,毛泽东在《中国共产党在抗日时期的任务》一文中就提出改变土地革命时期没收地主土地归农民所有的土地政策的设想。同年8月,中国共产党召开洛川会议,会上制定了《抗日救国十大纲领》,《纲领》确定抗日战争时期解决农民土地问题的基本政策是地主减租减息、农民交租交息。1940年12月25日,毛泽东在《论政策》中对减租减息作了进一步说明,强调减租减息和交租交息,保持土

---

① 《毛泽东选集》第2卷,人民出版社1991年版,第539页。

地所有权和财产所有权暂时不变的重要性。1942 年 1 月 28 日,党中央制定《关于抗日根据地土地政策的决定》再次作了详细规定,地主出租土地的地租须在战前原有地租的基础上减低百分之二十五,同时承认战前原有的借贷关系,但年息不得超过一分半,如所付利息超过一倍则可以停利还本,超过两倍就不再付本利。这既在一定程度上保障了当时地主的利益,又有效减轻了农民受到的剥削程度,争取了最大多数人参加到抗日民族统一战线中来。从没收土地到减租减息的政策转变,是以毛泽东同志为主要代表的中国共产党人对构建抗日民族统一战线、实行全民族抗战的主张的坚持,也反映了中国共产党不仅是中国人民根本利益的代表,也是中华民族根本利益的代表。党的土地政策的改变和在根据地的推行,为建立抗日民族统一战线,实现全民族抗战,争取抗日战争的胜利创造了十分有利的条件。

(二)大力发展生产,实现自给自足

充足的物质保障是抗日战争取得胜利的前提基础。战争状态下的抗日根据地由于受到各种封锁,物资供给非常匮乏,加上不同时期的旱、风、水等各种自然灾害给农业生产带来的破坏,军民生活十分艰难。克服基本物质生活困难,是坚持持久抗战的基本条件。解决这种困难的最重要手段就是生产自救。为此,毛泽东向根据地军民发出了“自己动手,丰衣足食”的号召,要求组织广大农民和全体公职人员共同开展大生产运动,毛泽东提出:“目前我们在经济上组织群众的最重要形式,就是合作社。”[①]1939 年 2 月,党中央在延安召开了生产动员大会,决定开展大生产运动。在开展大生产运动过程中,实行互助合作的新的劳动生产关系,即通过合作社在经济上把原来分散的群众生产组织起来。互助合作借助集体的力量解决了之前根据地农民在分散劳动状态下劳动力不足、生产工具缺乏和技术落后等问题,所以,大生产运动的推进有力地

---

① 《毛泽东选集》第 3 卷,人民出版社 1991 年版,第 931 页。

推动了全国各个抗日根据地生产力的发展,极大地缓解了根据地生活物资匮乏的经济困难。同时,运动的开展逐渐地把封建个体自然经济引导到合作式的社会化生产的轨道上来,既让根据地广大农民看到了合作化、社会化生产对小农个体生产的劳动优势,也为后来的社会主义合作化运动提供了借鉴。毛泽东对大生产运动中的合作化生产形式做了充分的肯定,认为这种生产和劳动组织形式对于抗日根据地的稳定和取得抗战胜利具有重要意义,他指出:"这是人民群众得到解放的必由之路,由穷苦变富裕的必由之路,也是抗战胜利的必由之路。"①为了提高大生产运动的劳动效率,各个抗日根据地还通过培训农业技术人才、推广农业科技应用于生产、派出先进党员和干部参与经济部门工作等多方面措施提高劳动者的生产技能。这些措施既促进了劳动生产效率的大幅提升,也向广大农民传播了一些新的农业生产技术,提高了农民的科技素养。

其次,拓荒开荒,全员劳动,发展生产。为了推进大生产运动,毛泽东、朱德、任弼时和其他中央领导人都率先垂范,利用休息时间亲自参加包地种菜的生产劳动。王震率领八路军第三五九旅挺进延安东南 90 余公里人烟稀少的荒凉之地南泥湾,通过全旅官兵的辛勤开垦,1943 年开荒耕地 10 万余亩,收细粮 1.2 万石,收粗粮 3 万余石,总播种面积 26 万亩。此外,在农业生产获得年年大丰收的基础上,又建设了工业、手工行业、运输行业和商业,实现了多个行业的协调发展。经过全旅官兵的辛勤劳动,"昔日没人烟"的南泥湾变成了著名的"陕北好江南"。整个大生产运动中,在毛泽东、朱德等中央领导的垂范作用下,延安的中央和陕甘宁边区的党政机关、部队战士也积极参加到开荒、种粮种菜和从事各种手工业生产的浪潮中。经过根据地全体军民的努力奋斗,大生产运动取得了丰硕成果,实现了自给自足、丰衣足食。1941 年开垦荒地 1.12 万亩,收细粮 1200 余石。到了 1942 年,陕甘宁边区就度过了最困

① 《毛泽东选集》第 3 卷,人民出版社 1991 年版,第 932 页。

难的时期,贮存了大量粮食,为抗日战争的长期进行做了充分的物资准备。"1942 年到 1944 年的 3 年中,陕甘宁边区共开垦荒地二百多万亩。……从 1943 年起,敌后各根据地的机关一般能自给两三个月甚至半年的粮食和蔬菜,……实现了'自给自足,丰衣足食'的要求。"①

(三)重视社会保障,建立健全社会保障体系

首先,制定完善社会保障管理的政策法规,设置管理社会保障的专门机构,明确管理的职能职责。早在 1938 年 4 月 16 日,党中央就颁布了《中央内务部关于救济办法的规定》。1939 年 9 月,陕甘宁边区政府颁布《陕甘宁边区政府组织条例》,决定在边区政府内设置民政厅,主管救灾、抚恤、保育及其他社会救济等事项②,同时陕甘宁边区党委政府颁布了《关于赈济工作的决定》、陕甘宁边区政府民政厅颁布了《关于赈济灾难民的指示信》、中共中央西北局颁布了《关于救济灾民的指示》等,这一系列文件详尽规定政府是救灾的主体,以及进行救济的组织领导、救济原则和具体措施等,规定边区"各县应即组织赈济委员会,委员五人至七人,以县委书记、县长为赈济会主任"③,强调救济中必须及时发放粮款、妥善安置灾民。至 1939 年底,各根据地都"设立专门机关,切实救灾治水,并发挥高尚的民族友爱的互助精神,以县区或村为单位,建立大众互助的储蓄互相救济组织"④。这些机构和组织对解决根据地人民日常生活困难起到了很好的作用。

其次,建立社会救济机制,赈济灾荒,妥善安置移民和难民。由于陕甘宁边区经常发生水旱等灾害,为了救济灾民,1939 年至 1942 年 8 月陕甘宁边区

①　胡绳主编:《中国共产党的七十年》,中共党史出版社 1991 年版,第 205 页。
②　陕西省档案馆、陕西省社会科学院合编:《陕甘宁边区政府文件选编》第 1 辑,档案出版社 1986 年版,第 214 页。
③　胡民新、李忠全、阎树声:《陕甘宁边区民政工作史》,西北大学出版社 1995 年版,第 211 页。
④　《建党以来重要文献选编(1921—1949)》第 17 册,中央文献出版社 2011 年版,第 501 页。

政府共拨出救济粮食 472862.08 公斤,救济款 809746.8 元①。在开展边区内灾民救济工作的同时,边区政府还建立了较为完善的移民、难民救助体系。1940 年 3 月 1 日,边区政府颁布《陕甘宁边区政府优待外来难民和贫民之决定》,规定"凡自愿移入陕甘宁边区居住从事劳动生活之难民或贫民可向该居住区域之政府报名,请求登记与优待"②。随后还陆续发布了《陕甘宁边区政府关于优待移民的布告》《陕甘宁边区政府颁布优待难民办法的布告》等文件,更具体详细地规定了实施救助安置的措施。边区政府还在沿途设立了接待站、招待所负责解决移难民沿途的食宿问题。对于已进入边区的移民、难民,边区政府发动群众帮助其解决基本生活问题,并发布通令,要求按灾民不同情况对其分配土地,并从获得土地后财税和公粮减免方面进行优抚,例如"移入边区之难民或贫民,得享受下列各项之优待:甲、得请求政府分配土地及房屋。乙、得请求政府协助解决生产工具。丙、得免纳二年至五年之土地税(或救国公粮)。丁、得着重减少或免除义务劳动负担"③。同时加强对抗日战士的抚恤和对军属及老幼的救济,解除前线战士在战争中牺牲和致残的后顾之忧。具体规定包括抚恤所有牺牲的抗日将士,优抚所有致残的抗日将士。规定还保证抗日军属物质生活水平不低于一般群众,在政治上更加尊重抗属,使抗属社会地位高于普通群众。

最后,着重保障妇女老幼的权益。为适应抗战需要,1938 年 3 月 10 日在湖北武汉成立了中国战时儿童保育会,并于 1938 年 7 月 4 日成立陕甘宁边区分会,专门负责边区的儿童福利工作。同时设置专门负责管理妇女权利保障的组织机构,例如陕甘宁边区发布的《关于妇女组织的决定》明确规定了要在

---

① 陕甘宁边区财政经济史编写组、陕西省档案馆编:《抗日战争时期陕甘宁边区财政经济史料摘编》第 9 编,陕西人民出版社 1981 年版,第 271—272 页。
② 雷志华、李忠全主编:《陕甘宁边区民政工作资料选编》,陕西人民出版社 1992 年版,第 307 页。
③ 陕西省档案馆、陕西省社会科学院合编:《陕甘宁边区政府文件选编》第 1 辑,档案出版社 1986 年版,第 84 页。

老苏区建立妇女权利组织,要求"要有妇女抗日救国联合会的组织。这是目前组织妇女参加抗日的有力武器"①。对如何保护妇女老幼的权益进行具体政策规范,例如《陕甘宁边区劳动保护条例》中就明确规定孕妇和哺乳妇女不得夜间工作,女工劳动应当按照男工一样的标准获得收入。《条例》还对夫妻财产问题作了规定性说明,要求按照"结婚前男女双方原有之财产及债务得各自处理,结婚后男女共同经营所得财产及所负责债务得共同处理之"②的原则确定夫妻的财产权利。同时,立法保障妇女的婚姻自由权利,实行一夫一妻制,坚决禁止包办和买卖婚姻。抗日根据地实行的这些保障妇女权益的政策规定对妇女的解放起到了非常重要的作用,极大地激发了根据地广大妇女的抗日和生产热情,也净化了社会风气。

四、解放战争时期土地改革彻底改变农民经济社会地位

随着抗日战争的结束,中国社会形势发生了很大变化,中国国内的阶级矛盾发生了深刻变化,中国共产党领导的广大中国人民同国民党反动派之间的矛盾成为社会的主要矛盾。为了争取全国人民的支持,也为了把全国人民从封建土地所有制剥削中解放出来,中国共产党及时转变了抗战时期的土地政策,把践行以人民为中心理念贯彻于新的土地政策和新的社会经济政策之中。

(一)实行耕者有其田的土地政策

抗战胜利后,抗战时期制定的土地政策与广大农民的愿望以及现实的土地分配状况不相符合的矛盾日益突出。毛泽东和党中央对此情况有深刻的把握,充分认识到土地改革对领导全国人民战胜国民党反动派的极端重要性。因

---

① 中国妇女管理干部学院:《中国妇女运动文献资料汇编(1918—1949)》第1册,中国妇女出版社1988年版,第335页。

② 韩延龙、常兆儒:《中国新民主主义革命时期根据地法制文献选编》第4卷,中国社会科学出版社1981年版,第806页。

此,随着从抗战时期转向解放战争时期以及解放战争的不断发展,党对土地政策不断进行调整,及时推进土地改革,满足不同时期广大农民的土地利益要求。

抗战胜利使国内迎来了暂时的和平,但由于长期战争,整个国家受到很大的创伤,人民生活非常困难。因此,尽快地消除战争带来的贫困及其衍生的各种社会问题,恢复经济秩序和促进经济正常有序发展,改善人民的生活,是全国人民最直接的愿望。毛泽东和中共中央从人民迫切需要和平民主的愿望出发,坚持反对国民党的内战政策,主张和平建国。毛泽东亲赴重庆,与蒋介石国民党进行和平谈判,以最大的诚意争取实现国内和平。同时,积极备战以反击国民党反动派可能发动的内战。为了尽可能地实现和平建国的目标,满足人民的和平民主愿望,党中央确定了当时的土地政策原则——减租,而不没收地主土地,既照顾广大农民的利益,帮助农民解决生产困难,也通过保留土地而安抚富农和地主,以平衡社会各阶级、阶层的利益要求,实现社会的基本稳定和经济的恢复发展。

在重庆谈判后到1946年6月国民党撕毁《双十协定》、发动全面内战的半年时间内,毛泽东和党中央领导解放区军民一方面努力争取和平,一方面积极进行反内战的准备,以防止国民党反动派随时可能对解放区发起的进攻。为了满足解放区广大农民群众迫切需要拥有土地的新要求,实现“耕者有其田”的社会理想目标,也为了应对即将到来的解放战争,中共中央开始调整土地政策。1946年5月4日,中共中央发出《关于清算减租及土地问题的指示》(以下简称《五四指示》),《五四指示》提出的新的土地政策的基本原则是:坚持党对土地政策的领导,停止减免租息政策,实行没收地主土地平分给农民的政策。在这个基本原则前提下,《五四指示》还具体规定了党对农村社会中的各阶级、各阶层的土地政策以及解决问题的方式。《五四指示》是党在解放战争时期的土地政策的重要文件,对有效有序解决解放战争时期的农村土地改革起到了根本性的指导作用。

随着解放战争的不断胜利,解放区越来越大,解放区人口越来越多,新的

解放区的农民土地问题亟待解决。面对变化发展这种新情况,1947 年 7 月,
中共中央在河北省西柏坡召开了全国土地会议。会议详细分析了当时中国的
土地状况,并对自井冈山建立根据地二十年来党的土地政策进行了系统的总
结,尤其是总结了《五四指示》发布后在解放区农村土地改革中所取得的成果
与经验,认为要取得解放战争和中国革命的彻底胜利,必须继续深化土地革
命,平均分配土地,争取全国广大人民尤其是农民的支持。会议最后通过的
《中国土地法大纲》明确规定:废除封建以及半封建的剥削土地制度,实现耕
者有其田,保护民族工商产业者的财产和地位以及所从事的合法经营。《大
纲》对土地改革过程中适用于不同阶级、阶层的政策作了具体规定。如没收
地主的全部土地及其财产,征收富农阶级多余的土地和财产;以乡村为单位,
按全部人口,不分男女老少,平均分配所有的田地,在数量上实行抽多补少,质
量上抽肥补瘦,使所有农民获得真正意义上的同等的、归自己所有的土地;居
住在农村的党政军及其家属按照农民的分配方式分配土地和财产。另外还对
地主家属、国民党官兵的家属的土地和财产的分配权力作了具体规定,同时强
调保护工商业,所有工商业者的财产和其所从事的合法经营不得侵犯。1948
年 1 月 18 日,毛泽东在《关于目前党的政策中的几个重要问题》中,对《中国
土地法大纲》有关土地改革的政策和实行以来取得的经验进行了充分的肯
定,强调必须在以后的土地改革中继续贯彻执行;1948 年 4 月,毛泽东在晋绥
干部会议上的讲话中进一步阐述了土地改革的总指导思想:"依靠贫农,团结
中农,有步骤地、有分别地消灭封建剥削制度,发展农业生产,这就是中国共产
党在新民主主义革命时期,在土地改革工作中的总路线和总政策。"[①]《中国土
地法大纲》和毛泽东关于土地改革的讲话为解放区土地改革的开展确立了正
确的指导思想,作出了系统性的政策规定,土地改革的深入进行有力地推动了
农业生产的发展和解放区社会基本经济制度的变革,是中国共产党及其领导的

① 《毛泽东选集》第 4 卷,人民出版社 1991 年版,第 1317 页。

人民军队获得最广大人民群众的支持,从而彻底打败国民党反动派,取得解放战争全面胜利的重要政策支撑。

(二)保障人民利益,改善人民生活

在国民党蒋介石发动全面内战的战争初期,面对敌强我弱的情况,毛泽东和党中央号召建立广泛的人民民主统一战线,领导人民进行解放战争。农民是全国人口的大多数,建立最广泛的人民民主统一战线,最关键是要动员广大农民参加到中国共产党领导的革命队伍中来。唯物史观认为,人们的立场、思想从根本上来说是由人们的根本利益决定的,满足人们的根本利益诉求是争取人们支持赞成的根本途径。所以,要动员广大农民参加到反抗国民党发动内战的革命队伍中来,必须首先满足和保障农民的根本利益。为了实现这一目标,中共中央制定了包括选举制度、土地政策、税收政策在内的一系列涉及当时民生问题的政策措施。

实现人民当家作主,保障人民政治权利,是解放战争时期民生建设的重要内容。实现人民当家作主的一个重要举措是确立人民的选举权,建立人民的选举制度。解放战争爆发以后,在抗战时期的"三三制"基础上,解放区的选举制度做了重大修改,逐渐取消了原来"不分阶级、党派选举"的规定,明确剥夺一切反共反人民的反动分子的选举权和被选举权,1948年12月华北人民政府颁发的《华北区村县人民代表会议代表选举条例(草案)》明确规定,有下列情形之一者,无选举权和被选举权:一、有反革命行为经政府缉办有案者;二、经军法或者法院判决,剥夺公权尚未复权者。剥夺一切反动分子的选举和被选举的政治权利是为了充分保障以农民为主体的广大工农群众的政治权利,所以,在华北人民政府颁发的选举条例中,强调了所有年满18岁人民群众成员,不分性别、民族、职业、宗教信仰、财产及教育程度的差别,全部拥有选举和被选举的权利。

解放区的党和政府不仅通过选举制度的改革实现人民的当家作主,而且

通过实行合理的税收政策,尽可能地保障解放区人民的经济权利。农业经济是当时解放区的主要经济形式,征收部分农业税满足日益增长的军队供给和战争需要,以缓解十分紧张的财政困难,是当时解放区经济社会发展的客观必然。如何确定征税原则,比如对刚分到田地的农民,征收多高的税率才能既使政府征收了财税又让农民满意,是一个很大的问题。对此,毛泽东在《一九四六年解放区工作的方针》中作了原则性阐释:"在一九四六年中,必须有计划有步骤地转到正常状态。人民负担太重者必须酌量减轻。各地脱离生产人员,必须不超过当地财力负担所许可的限度,以利持久。"①其后不久,毛泽东在《目前形势和我们的任务》中又强调:"在土地税和支援战争的负担上,必须采取公平合理的原则。"②怎样才能实现公平合理的税收负担呢?首先是尽可能地减轻农民群众的负担,在此基础上,对农民群众不同阶层的税负要适当均衡,不能相差过大,具体税负情况由农会讨论确定。当时的中共中央主要领导人任弼时对此问题的解决也作了这样的政策性阐释:"负担必须做到公平合理……绝对不能因为地主富农不能负担就通通加在中农身上。"③中共中央通过实施基于公平原则的财税征收改革,既使财政上得到了较好的保障,保证了军需和战争的需要,又没有过度增加农民群众各阶层的负担,有利于提高解放区农民的生产积极性,促进解放区经济的发展,保障了战争时期解放区各阶层的基本生活来源。

组织农民开展互助合作,提高生产力和农民生产能力,增加生产效益,保障农民生活是解放战争时期解放区进行民生建设的重要内容。抗日战争刚结束,毛泽东就提出恢复生产是解放区最重要的工作之一,要求把恢复生产作为党和政府的重要事情来抓。毛泽东还认为,在当时个体农民普遍缺乏充足的劳动资料的情况下,解决恢复生产和提高生产效率最好的方式是用互助组的

---

① 《毛泽东选集》第 4 卷,人民出版社 1991 年版,第 1176 页。
② 《毛泽东选集》第 4 卷,人民出版社 1991 年版,第 1252 页。
③ 《任弼时选集》,人民出版社 1987 年版,第 424 页。

形式把农民组织起来进行合作生产。从 1946 年开始,各解放区先后进行了互助组的农业生产的试验和推广。1948 年 7 月,新华社专门发表关于互助合作生产的社论,提出要提高解放区的农业生产,必须做好三方面的工作,其中第三方面就是组织农村人民的互助合作。组织合作互助的原则有以下几点:"第一,必须是自愿结合的……第二,须是平等互利、等价交换的……第三,一切劳动人民都可以成为组织合作互助的对象。"①互助合作的生产方式实质上是以集体联合的力量来克服农业生产中的各种困难,让有限的劳动工具得到充分的使用,使那些有了田地却没有能力去耕种的家庭的田地也能得到耕种,有效地利用了土地资源,因而有力地促进了生产的发展,培养了农民群众的协作精神,改善了人民的生产和生活条件。

在解放战争时期,为了实现领导全国人民彻底推翻国民党反动政权,解放全国人民,建立新中国的革命目标,毛泽东和党中央把打赢战争和保障解放区人民生活结合起来,通过政治选举的改革,实行新的土地政策和财税征收制度的改变以及组织农民的合作化生产,使得在激烈战争中的解放区人民能够保持基本稳定有序的生产生活,尤其是实行耕者有其田的土地制度改革,使广大农民群众拥有自己土地的根本利益获得了满足,因而,中国共产党及其领导的人民军队、人民政府和追求的社会发展目标等获得了人民的衷心支持,这是中国共产党最终战胜貌似不可战胜的国民党军队的根本力量所在。

在整个新民主主义革命时期,以毛泽东同志为主要代表的中国共产党人,把马克思主义基本原理与中国革命的具体实践相结合,坚持为人民服务、为人民谋幸福的宗旨,一切从人民的根本利益出发,向人民群众负责。无论是进行革命战争还是建设革命根据地,党中央以土地制度的变革为契机,始终把人民的生产生活放在重要位置,时刻关注人民群众的生活保障,尽一切可能发展民生,不仅关心人民的物质生活,而且非常关注人民的精神文化生活,关注人民

---

① 《建党以来重要文献选编(1921—1949)》第 25 册,中央文献出版社 2011 年版,第 379 页。

的教育医疗甚至家庭婚姻的幸福等民生问题的解决。毛泽东指出："一切群众的实际生活问题,都是我们应当注意的问题。"①正是从群众利益需要着手,中国共产党在领导人民进行革命的不同发展阶段,不断进行土地制度的改革,构建根据地和解放区人民的基本生活保障制度,加强教育医疗卫生事业建设,提高群众教育文化水平,制定男女平等、婚姻自主自由等一系列关注民生、保障民生和改善民生的政策和制度,维护了根据地和解放区的社会稳定,改善了战争时期人民群众的生活,极大地激发了广大人民群众的生产积极性和革命意识,充分地调动了广大人民群众支持革命、参加革命的热情和对中国共产党的信任与热爱,巩固了中国共产党的阶级基础和群众基础,为夺取革命胜利和建立新中国奠定了坚实的民心基础,也为新中国进行社会主义经济建设、社会建设积累了宝贵的实践经验。

第二节　社会主义建设时期以人民为中心思想的曲折探索

新中国成立初期,我国千疮百孔,百废待兴,人民生活非常贫困。为此,执政的中国共产党必须正确地实施"两手抓"策略。一面进行政治经济的根本改造,包括镇压反革命、清剿土匪,进行社会主义所有制改造,巩固新生的人民政权,让人民当家作主,成为国家和社会的主人;一面大力进行社会民生建设,包括稳定社会秩序,全力恢复和发展生产,扩大劳动就业,发展医疗卫生事业尤其是尽快地消灭传染性疫病,发展教育,开展全国范围的大规模的扫盲,平稳物价,清查禁绝城市黄、赌、毒,建立起以自然灾害救济为主,涵盖失业工人救济、孤寡病残幼救济、城市困难户救济等方面的救济体系框架,保障全体人民正常生活秩序。把以人民为中心的理念落实到巩固新生的民主政权和初步

---

① 《毛泽东选集》第 1 卷,人民出版社 1991 年版,第 137 页。

建设新的社会经济的各项措施中,增强全国人民对新生人民政权的心理认同。

一、土地改革平均地权,初步实现人民在政治经济生活中当家作主

1949 年 10 月 1 日新中国成立,标志着我国进入过渡时期。过渡时期党的根本任务是完善社会主义的基本政治制度、建立社会主义基本经济制度,实现人民政治经济和社会生活中的当家作主。

1949 年 9 月召开的中国人民政治协商会议确立了中国的国体和政体,建立了中国共产党领导下的人民民主专政的中华人民共和国。从此,中国人民摆脱了帝国主义、封建主义和官僚资本主义三座大山的剥削和压迫,结束了长期兵荒马乱的动荡生活,中国人民在政治上站起来了。党领导的人民政权的建立为发展生产力、改善人民生活确立了基本政治前提。但是,政治上站起来并不意味着经济生活和社会生活的相应解放。对刚实现解放的广大的新解放区农民而言,进行土地制度改革,实现耕者有其田的经济政策,是他们实现经济独立、经济解放从而实现社会解放的根本条件。所以,过渡时期中国社会发展面临的最主要的问题依然是农民和土地的问题。

1950 年 6 月 30 日,在充分吸收原来《中国土地法大纲》的基础上,根据全国解放后的新情况,中央人民政府颁布了《中华人民共和国土地改革法》,对解放后全国范围新解放区的土地改革政策作出系统而详细的规定。《土地改革法》发布以后,全国各地掀起了轰轰烈烈的土改热潮。在党中央和各级党组织的坚强领导下,全国 3.1 亿人口的新解放区有计划、有领导、有秩序地分期分批开展和完成了土地改革。近 3 亿无地少地的农民,分到了 7 亿亩土地和大量的农具、牲畜和房屋等。至 1952 年冬,除新疆、西藏等少数民族地区和台湾省外,全国基本上完成了土地改革任务,从而在全国范围内消灭了几千年的封建剥削土地制度,为建立农村社会主义公有制和实现中国农村的发展创造了最基本的制度条件。

土地改革的完成,对过渡时期进行民生建设、发展民生具有重要意义。首先,只有废除封建剥削的土地制度,让广大农民拥有土地,广大农民才有维持生活和发展提升的基本物质条件。同时,由于土地归农民所有,在自己的土地上进行耕种,农民可自行决定生产方式,自行支配生产成果,这必然会激发农民的劳动积极性,提高生产力和劳动效率,增加农民收入,进而提高农民的生活水平,既是民生解放的重要内容,也为民生的进一步发展创造了条件。其次,消灭封建剥削土地所有制,实现农民经济上的独立,有助于培养农民的独立人格,培养农民的社会主义意识,促进农民思想精神的现代化发展,为解放民生提供了精神前提。最后,土地改革的完成,极大地解放了生产力。土地改革前,中国广大农村是小农经济,生产效率低下。土地改革的完成,为实现农民走社会主义集体化道路,实行集约化现代化农业生产做了重要准备,土地改革是生产力的一次大解放。

二、建立公有制,确立人民当家作主的经济地位

经过新中国成立初期三年国民经济的快速恢复和发展,毛泽东和党中央对中国向社会主义过渡的认识有了新的发展。在顺利完成全国土地改革的基础上,1953 年 9 月,党中央发布了过渡时期总路线,确立了新中国成立到社会主义改造基本完成是新民主主义向社会主义发展的过渡时期。党在过渡时期的总路线和总任务是要在一个相当长的时期内,逐步实现国家的社会主义工业化,并逐步实现国家对农业、手工业和资本主义工商业的社会主义改造。

首先,对个体农业实行社会主义改造。新中国成立时,除有 1 亿多人口的老解放区进行了土地改革外,新解放区和尚未解放的地区还有 3 亿多人口的地方并未进行土地改革,大部分无地少地农民还受着地主的地租剥削,缺乏生活所需的最基本生产资料——土地。1950 年 6 月,中央人民政府颁布《中华人民共和国土地改革法》,开始在新解放区进行土地改革。到 1953 年春,土地改革顺利完成,农村封建剥削制度消灭,农民真正成为了土地的主人,极大地调动了农民的生产积极性,农民的生活水平也不断提高,为解决农村民生问题

提供了经济基础。但我国相当多的地区耕地不能满足数量庞大的人口耕种需要;同时我国自然灾害对农业生产的破坏较大,一家一户的生产单位不具有抗击自然大灾害的能力,所以,获得了土地的大多数农民都有走社会主义互助合作道路的愿望。根据这些情况,为了贯彻社会主义公有制的基本理念,防止农村出现新的两极分化,并为国家工业化发展作准备,毛泽东和党中央在刚解放的 1949 年就坚定地支持各地开展农村互助合作生产。1951 年 9 月,中共中央专门召开了关于互助合作的会议,会议通过了《关于农业生产互助合作的决议》,以作为各地党委领导互助合作化运动的指导。随后,轰轰烈烈的合作化运动在全国开展。为了推进合作化运动,1954 年 4 月中央农村工作部、1955 年 7 月中共中央先后召开讨论农业生产合作化的会议。1955 年 10 月,中共中央七届六中全会召开,会议通过了《关于农业合作化问题的决议》,决议要求到 1958 年春实现全国基本普及初级农业生产合作的目标。这些会议的召开和决定的贯彻,极大地推动了农业生产合作化运动的发展,到 1956 年底,全国 96.3%的农户参加了初级社,87.8%的农户加入了高级社,社会主义改造基本完成,实现了由农民个体所有制到社会主义集体所有制的农村所有制和生产组织的大变革。1958 年人民公社化运动后,我国农村最终形成了"三级所有,队为基础"的农村公社集体所有制体制。

其次,对手工业实行社会主义改造。手工业是由手工制作、运用简单的操作进行的小规模的生产,总体情况是生产规模小、技术落后、劳动生产率低。1954 年调查发现个体手工业劳动者每人平均年产值只及同时期大工业工人平均年产值的 1/10,因而极大地限制了生产力的发展;同时,个体手工业是小商品经济,属于私有经济,竞争非常激烈,如果任其自由发展,就会走上少数人发财、大多数人破产的道路,所以必须将他们组织起来,实行集体合作公有制。由于个体手工业者既是私有者,又是劳动者,所以,对待个体手工业者,不能采用剥夺的办法,必须坚持自愿原则,采取"积极领导,稳步前进"的方针。在此方针和原则的指导下,1954—1956 年,我国手工业从手工业供销合作社到手工业生产合作社再到合作工厂,经历了三个发展阶段,至 1956 年,我国完成了对手工业的社会主义改造,全国超过 90% 的手工业者都加入了生产合作社。手工业社会主义改造的完成,促进了手工业的大发展,既显著提高了人民生活水平,也极大地促进了国家工业化,加强了工农联盟。

再次,对资本主义工商业进行社会主义改造。保护民族工商业是中国共产党新民主主义革命时期的一贯政策。改造民族资本主义,党和政府是通过国家资本主义的形式,采取限制、利用和逐步改造的方法进行的。因此,改造过程从经销代销和加工订货阶段再到公私合营阶段。经过新中国成立初期的发展,到 1953 年时,在把没收的官僚资本主义企业转变成社会主义国营企业并使之获得管理和机器设备的改造之后,原本机器设备就比官僚资本主义企业落后的民族资本主义企业更加无力与强大的国有企业开展竞争,这样一来,民族资本主义企业的生存面临着较大危机。为保障一些国民经济急需的民族资本主义企业能够加快进行生产,党和政府对这些企业进行注资、扩建和技术改造,实行公私合营政策,使民族资本主义企业变成了高级形式的国家资本主义经济单位。

至此,我国在全国绝大部分地区完成了农业、手工业和资本主义工商业的社会主义改造,在农村消灭了富农阶级,在城市消灭了民族资产阶级,将过渡时期不同经济构成的新民主主义经济制度,转变成了以公有制经济为基础的社会主义经济制度。三大改造过程中,全国的生产获得了恢复性的快速增长,全国人民以国家主人翁的精神状态投身到国家建设中去,生产劳动积极性空前高涨,人民生活得到了较大的改善。同时,社会主义公有制基本经济制度的建立为实现以人民为中心的宗旨理念奠定了坚实的制度基础。

三、差序化的普惠民生为人民的生活提供基本保障

1949 年新中国成立后至改革开放前的近三十年时间,我国逐步形成了深受苏联模式影响的社会主义计划经济体制,在特别强调生产建设的同时,也进

行了一系列的社会建设,在实践中探索形成了包括教育、就业、社会保障和卫生健康等内容的现代社会福利制度。基于幅员辽阔、人口众多、区域城乡之间发展极不平衡等国情,我国的社会福利制度及其具体政策措施具有普惠性和差异性,这就使我国的社会福利保障表现为典型的城乡二元体制。在城镇,我国建立了面向所有城镇居民、以就业为基础的单位式的无所不包的社会福利体制,在农村则形成了面向所有农村集体农民、以集体经济为基础的有限的社会保障机制。

新中国成立时,全国的总体情况是贫穷、混乱,人民生活困苦不堪,城市工人大批失业需要救济,全国多种传染病流行,80%以上的人口是文盲。实现以生存为内容的基本民生保障是当时党和政府的重要工作。在这样的背景下,新生的人民政权迅速采取大规模救济行动,并同时实行全国动员,开展大规模的扫盲运动与爱国卫生运动。1949 年 12 月,中央人民政府政务院《关于生产救灾的指示》发布,在中央财政非常困难的条件下,截至 1950 年 9 月,中央人民政府拨出 224200 万斤[1]救济粮进行赈灾,同时在灾区组织群众生产自救、节约互助。1950 年 6 月,政务院发出《关于救济失业工人的指示》,决定对失业现象最为严重的上海、广州、武汉、重庆、南京五个城市进行专门救济,同时兼顾其他城市,在 1950 年度财政内拨出 4 亿斤粮食作为救济失业工人基金,对全国各地失业工人进行救济。据有关记载,1952 年全国 152 个城市有 120多万工人经常得到救济,在冬季期间达到 150 多万人,占各个城市人口的20%—40%。[2] 政府开展的大规模应急性救济活动,迅速化解了灾民与失业工人的生存危机,稳定了灾区与重要城市的社会秩序。与此同时,为了提高全国人民的文化教育水平,党和政府在全国各地通过开设夜校、扫盲班等形式,让千千万万群众能够利用晚上或业余时间走进课堂读书识字实现扫盲和学习文

---

① 马齐彬、陈文斌等主编:《中国共产党执政四十年(1949—1989)》,中共党史资料出版社1989 年版,第 9 页。

② 参见多吉才让:《中国最低生活保障制度研究与实践》,人民出版社 2001 年版,第 54 页。

化。从 1950 年开始了持续近 15 年的全民学识字、学文化的运动,至 1964 年,全国青壮年中的文盲、半文盲率由 1949 年的 80%下降到了 38.1%。① 1950 年 8 月,第一届全国卫生会议在北京召开,会议作出了《关于健全和发展全国卫生基层组织的决定》,随即全国掀起声势浩大的"爱国卫生运动",全国人民学习卫生知识,参加大扫除,积极预防各类传染病的活动。经过 10 多年的努力,到 20 世纪 60 年代,我国基本消灭了如天花、霍乱等过去时常发生的各类传染病,寄生虫病如血吸虫病和疟疾等得到了大幅度的削减。② 在社会保障方面,1951 年 2 月政务院颁布《劳动保险条例》,经过 1953 年、1956 年的两次修订,我国建立了比较完善的城镇职工并惠及其家属的劳动保险制度。到 1953 年 3 月底,全国有 4400 多个企业和 350 多万职工参加了劳动保险;其他没有实行劳动保险的 4300 多家企业和 70 多万职工大多订立了集体劳动保险合同。随后,国家相继制定了公费医疗制度、机关事业单位退休保障制度、农村合作医疗制度、农村五保户制度,逐渐建立起了一套完整覆盖城乡而又城乡分立的社会保障制度。③ 在教育方面,1949 年 12 月中央在北京召开了第一次全国教育工作会议,确立了"人民教育人民办、人民教育为人民"的大众教育发展基本理念;1958 年 9 月,中共中央、国务院颁布《关于教育工作的指示》,对全国教育事业发展及相关制度安排首次作出了完整的规划,涉及到国家办学与厂矿、企业、社队办学相结合的小学教育、半工半读学校和业余学校的中等教育、发展和加快发展高等教育等相关政策措施,以全面推进国家教育事业制度化保障其发展。在医疗卫生领域,我国相继在 1951 年建立职工劳保医疗制度、1952 年建立公费医疗制度、1956 年建立农村合作医疗制度,使全国 85%以上的人口有了不同水平的医疗保障。在劳动就业方面,1955 年 5 月中央在

---

① 《中国教育年鉴》编辑部编:《中国教育年鉴(1949—1981)》,中国大百科全书出版社 1984 年版,第 82 页。

② 仇雨临:《中国医疗保障 70 年:回顾与解析》,《社会保障评论》2009 年第 1 期。

③ 参见郑功成:《中国民生保障制度:实践路径与理论逻辑》,《学术界》2019 年第 11 期。

京召开第二次全国劳动局长会议,会议确定了"统一管理、分工负责"的劳动力统一招收和调配的基本原则,经过后来的几次完善,具有鲜明计划体制特征的统包统配的城镇劳动就业制度基本形成。随着"三级所有,队为基础"的人民公社集体所有制在农村的确立,我国通过集体经济的形式为农村的基本社会保障提供了物质基础和制度基础。作为制度,它基于不同生产队的总体收入,坚持按劳分配和按人平均分配相结合,保障所有人的基本物质生活,并对老弱病残和孤寡给予专门的照顾,特别是对队内丧失劳动能力、生活没有依靠的社员给予保吃、保穿、保烧、保教、保葬的"五保"政策。同时大力发展农村合作医疗制度,到 1976 年,全国已有 90% 的农民参加了合作医疗。农村合作医疗制度使全国绝大多数农民能够得到基本的低水平医疗保障。

第三节　改革开放时期以人民为中心的发展思想的实践探索

　　党的十一届三中全会的胜利召开,基本上确立了"一个中心、两个基本点"的新的党的基本路线,标志着我国进入了改革开放和社会主义现代化建设的新时期。改革开放实现了全党工作重心的大转移,对开创中国特色社会主义现代化事业的发展具有极其重要的意义,正如习近平总书记在庆祝中国共产党成立 100 周年大会上指出:"中国共产党和中国人民以英勇顽强的奋斗向世界庄严宣告,改革开放是决定当代中国前途命运的关键一招,中国大踏步赶上了时代!"①实行改革开放,集中力量进行社会主义现代化建设,不断提高人民的生活水平和国力,实现全体人民共同富裕,既是全国人民的迫切要求,也是中国共产党在新的历史时期坚持以人民为中心宗旨理念的实践方略。

---

　　①　《习近平谈治国理政》第 4 卷,外文出版社 2022 年版,第 6 页。

一、社会经济高速发展满足人民物质生活需要

"文革"十年给我国经济社会发展造成了巨大的冲击,长期的计划体制形成了社会普遍的大锅饭、平均主义分配方式和安于现状的思维惯性,长期的阶级斗争严重扭曲了人们正常的财富观,甚至把贫穷视为光荣,把致富看作罪恶,整个国家经济发展陷入严重的困境,广大农村大部分农民生活处在贫困状态。所以,改革开放之初,邓小平多次发出警示,如果再不实行改革,必然会危及中国的现代化事业和社会主义建设。党的十一届三中全会冲破"左"的束缚,毅然结束了以阶级斗争为纲的方针,将党和国家工作重心转移到经济建设上。改革开放极大地解放了长期阶级斗争和计划体制形成的"左"的思维禁锢,激发了广大人民群众的劳动积极性和创造财富积极性,人的主体性力量获得了充分的释放。在整个改革开放过程中,党始终坚持依靠人民推动改革,充分发挥广大人民的智慧和创新创造精神,彰显人民的历史主体动力。习近平总书记指出:"改革开放在认识和实践上的每一次突破和深化,改革开放中每一个新生事物的产生和发展,改革开放每一个领域和环节经验的创造和积累,无不来自亿万人民的智慧和实践。"[1]联产承包责任制、乡镇企业、经济特区、"腾笼换鸟""凤凰涅槃""五水共治""八八战略"等等,都源于群众的探索和实践。从"摸着石头过河"到顶层设计,从"逢山开路,遇水架桥"到"敢于啃硬骨头,敢于涉险滩"都离不开人民群众的积极参与。没有人民群众的参与和支持,任何改革都不可能取得进展。

改革开放40多年,我国社会发展始终坚持以经济建设为中心,扭住经济建设这个关键,把解放和发展生产力、不断提高人民生活水平、实现全面小康和共同富裕作为奋斗目标。2018年,在国家统计局对外发布的改革开放40年经济社会发展成就报告中显示,改革开放40年来中国经济实现巨变。1978

---

[1] 习近平:《在庆祝海南建省办经济特区30周年大会上的讲话》,人民出版社2018年版,第18页。

年,中国国内生产总值只有 3679 亿元,经过 40 年的发展,至 2017 年站上 80 万亿元的历史新台阶,2022 年更是达到 121.02 万亿元。自 2010 年起中国经济总量稳居世界第二,经济结构实现重大变革,发展的协调性和可持续性明显提高,基础产业和基础设施跨越式发展,供给能力实现从短缺匮乏到丰富充裕的巨大转变,工业生产能力不断提升,交通运输建设成效突出,邮电通信业快速发展,科技创新成果大量涌现,发展新动能快速崛起。生产力和经济的发展极大地提高了人民的生活水平,全国人均住房、居住环境、医疗卫生、交通工具、生活用品、交往方式、文化娱乐等都有了质的提高,不断满足全体人民不断增长的物质文化生活需要。因此,40 多年改革开放也是在实践中践行以人民为中心的 40 多年。

二、社会主义政治体制改革巩固人民当家作主地位

1978 年党的十一届三中全会作出把党和国家工作中心转移到经济建设上来、实行改革开放的历史性决策的同时,确立了发展社会主义民主、健全社会主义法制的基本方针。邓小平同志明确指出:"为了保障人民民主,必须加强法制。必须使民主制度化、法律化,使这种制度和法律不因领导人的改变而改变,不因领导人的看法和注意力的改变而改变。"①从制度上、法律上保障和发展人民民主,这是中国共产党对社会主义民主政治建设规律认识的一个重大转变,对发展社会主义民主政治具有十分重要的意义。改革开放 40 多年来,中国共产党总结发展社会主义民主政治正反两方面经验,强调人民民主是社会主义的生命,坚持国家一切权力属于人民,坚持党的领导、人民当家作主、依法治国有机统一,加强社会主义民主政治制度建设,不断推进社会主义民主政治制度化、规范化、程序化,加快建设社会主义法治国家,取得了一系列意义重大、影响深远的成就和进展。特别是党的十八大以来,面对国际国内形势发

①　《邓小平文选》第 2 卷,人民出版社 1994 年版,第 146 页。

生的深刻变化,习近平总书记从马克思主义政治家的理论高度,创造性提出构建全过程人民民主来发展社会主义民主政治的一系列新理念新思想新战略,中国特色社会主义制度更加完善,国家治理体系和治理能力现代化水平明显提高,民主法治建设迈出重大步伐。

40 多年来,党领导人民坚持中国特色社会主义政治发展道路和建设社会主义民主取得重大进展,不断完善党的坚强领导下的中国特色社会主义民主政治体制,充分体现了民主与专政的统一,民主与集中的统一,实质民主和程序民主的统一,党内民主、党际民主、人民民主的统一,选举民主、协商民主、自治民主等形式相统一,等等,有力地保证了我国民主体制的社会主义性质和发展方向,代表着最广大人民的共同意志和根本利益,既能够广泛集中社会各阶层和各界别人士的智慧,又有利于加强社会各种力量的合作协调,统筹兼顾各方面群众的利益,同时还能够达到决策高效和执行有力,因而是符合我国国情的且能够真正保证全体人民当家作主的民主政治体制。

三、文化建设丰富人民精神食粮

自改革开放始,党中央就把文化建设放在非常重要的地位。在推动探索经济改革发展的同时,一直关注全体人民精神文化素质的全面提升。早在1980 年 12 月召开的中央工作会议上,邓小平就指出:"我们要建设的社会主义国家,不但要有高度的物质文明,而且要有高度的精神文明。"①"要大力加强工会工作和妇联工作,大力加强共青团工作、少先队工作和学生会工作。要努力使我们的青少年成为有理想、有道德、有知识、有体力的人,使他们立志为人民作贡献,为祖国作贡献,为人类作贡献,从小养成守纪律、讲礼貌、维护公共利益的良好习惯。"②随后在全国范围内开展了群众性的"五讲四

---

① 《邓小平文选》第 2 卷,人民出版社 1994 年版,第 367 页。
② 《邓小平文选》第 2 卷,人民出版社 1994 年版,第 369 页。

美"活动。1982 年 12 月党的十二大报告将"努力建设高度的社会主义精神文明"单列出来阐述,明确指出:社会主义精神文明是社会主义的重要特征,是社会主义制度优越性的重要表现。社会主义精神文明主要通过思想建设和文化建设两个方面表现出来。在思想建设方面主要是确立全党全国人民的解放思想、实事求是的思想路线,发挥马克思主义的科学精神和创造活力,在实践中发展和创新马克思主义,不断突破一系列僵化观念,提高全体人民的社会主义民主和法制意识,大力发展教育科学文化事业,提高全民族科学文化素养。

改革开放 40 多年,随着我国经济的快速发展,国家在教育科学文化事业方面的投入一直以高于经济增长的速度不断增加。在确立"为人民服务,为社会主义服务"的发展方向和"培育社会主义新人"文化建设目标的基础上,我国文化教育事业获得了历史性的大发展。1986 年起,全国开始推行九年制义务教育,高等学校考试录取率由恢复高考时的 7% 左右发展到 2022 年的80% 以上。从"六五"时期开始,各级政府加大财政投入,文化事业费用年均增长率持续保持在两位数。2004 年开始,国有博物馆、纪念馆、美术馆逐步实行免费开放制度。2005 年,公共文化服务体系建设提上日程,党和政府开始推进文化信息资源共享工程、广播电视村村通、农家书屋、农村电影放映工程、乡镇综合文化站等文化惠民工程来改善文化民生。2012 年覆盖城乡的六级公共文化服务设施网络基本建立。在此基础上进一步完善公共文化服务体系,提高基本公共文化服务标准化、均等化水平:一是加强公共文化产品和服务有效供给;二是加强农村,尤其是革命老区、民族、边疆、贫困地区的扶助,促进城乡、区域发展均衡。文化事业全面繁荣和文化产业的健康发展为人民群众提供了丰富多彩的精神食粮,极大提高了人民群众的基本文化权益保障水平,同时也提高了人民的科学文化素养和思想道德素质,极大促进了人民的全面发展,充分地彰显了中国共产党坚持以人民为中心的价值理念来满足以"人民需要"为价值取向的崇高追求。

第四节　以人民为中心的新发展理念 在新时代的践行

党的十八大以来,我国社会主义现代化发展进入新时代,面对发展中出现的新问题新挑战,以习近平同志为核心的党中央明确提出了以人民为中心的新发展理念。在以人民为中心的新发展理念指导下,党中央立足世情国情两大变化,适时做出新的战略布局,为"经济快速增长"和"社会长期稳定"营造了更加稳固的发展环境,在推动我国经济建设、政治建设、文化建设、社会建设、生态文明建设等各个方面深入贯彻以人民为中心的新发展理念,取得了新的伟大成就。

一、构建新常态经济发展战略践行以人民为中心的新发展理念

早在 2013 年召开的党的十八届二中全会第一次会议上,习近平总书记就明确提出:"以经济建设为中心是兴国之要,发展仍是解决我国所有问题的关键。只有推动经济持续健康发展,才能筑牢国家繁荣富强、人民幸福安康、社会和谐稳定的物质基础。"①随着 2010 年我国成为世界第二大经济体,巨大的经济体量要继续保持原有的高速度发展越来越不现实。同时,国际经验表明,发展中国家在经济发展起步阶段往往追求经济的快速增长,容易忽视技术进步、结构优化,以致出现经济、社会、城乡、地区、收入分配等结构失衡问题。这些问题不断累积,容易出现经济停滞不前,甚至严重下滑。我国经济发展在进入新时代之前也累积了部分结构失衡问题。为此,需要准确研判新阶段的经济社会特征,重新定位经济形势,实现转型升级,保持经济持续健康发展。2013 年 12 月 10 日,习近平总书记在中央经济工作会议上提出"新常态",并

---

① 《习近平关于社会主义经济建设论述摘编》,中央文献出版社 2017 年版,第 3 页。

在 2014 年 12 月 9 日的中央经济工作会议上作了更加详细的阐释。所谓新常态,亦指我国经济发展已由高速增长阶段转向高质量发展阶段,面临增长速度换挡期、结构调整阵痛期、前期刺激政策消化期"三期叠加"的复杂局面,传统发展模式难以为继。为破解新发展阶段的发展难题,它强调用发展促进增长,用社会全面发展替代单纯 GDP 增长,用价值机制取代价格机制作为市场经济的核心机制,把实现全体人民的幸福生活作为最高的最终的目标。2015 年 10月 29 日,习近平总书记在党的十八届五中全会第二次全体会议上的讲话明确提出了创新、协调、绿色、开放、共享的新发展理念。新发展理念契合经济发展新常态,符合我国国情,顺应时代要求,为破解发展难题、增强发展动力、厚植发展优势提供了重大指导原则。

在随后相继召开的党的十八届五中全会、党的十九大、党的十九届五中全会和历次中央经济工作会议都把新发展理念全面落实到各个时期的经济社会发展的部署中,强调坚持以高质量发展为主题、以供给侧结构性改革为主线、建设现代化经济体系、把握扩大内需战略基点,打好防范化解重大风险、精准脱贫、污染防治三大攻坚战;强调坚持实施创新驱动发展战略,把科技自立自强作为国家发展的战略支撑,健全新型举国体制,强化国家战略科技力量,加强基础研究,推进关键核心技术攻关和自主创新,强化知识产权创造、保护、运用,加快建设创新型国家和世界科技强国;强调必须全面实施供给侧结构性改革,推进去产能、去库存、去杠杆、降成本、补短板,落实巩固、增强、提升、畅通要求,推进制造强国建设,加快发展现代产业体系,壮大实体经济,发展数字经济;强调全面加强金融监管,防范化解经济金融领域风险,强化市场监管和反垄断规制,防止资本无序扩张,维护市场秩序,激发各类市场主体特别是中小微企业活力,保护广大劳动者和消费者权益;强调实施区域协调发展战略,促进京津冀协同发展、长江经济带发展、粤港澳大湾区建设、长三角一体化发展、黄河流域生态保护和高质量发展,高标准高质量建设雄安新区,推动西部大开发形成新格局,推动东北振兴取得新突破,推动中部地区高质量发展,鼓励东部地区加快推进现代化,支持革命老区、民族地区、边疆地区、贫困地区改善生产生活条件;强调推进以人为核心的新型城镇化,加强城市规划、建设、管理。党始终把解决好"三农"问题作为全党工作重中之重,实施乡村振兴战略,加快推进农业农村现代化,坚持藏粮于地、藏粮于技,实行最严格的耕地保护制度,推动种业科技自立自强、种源自主可控,确保把中国人的饭碗牢牢端在自己手中。

正是始终坚持新发展理念,实施经济发展新常态战略,党的十八大以来,党和国家在继续坚持以经济建设为中心的同时,强调在经济建设中贯彻新发展理念,贯彻以人民为中心的发展价值理念,坚持创新和高质量发展等发展新方略,逐步地推进经济发展的转型升级。我国经济发展的平衡性、协调性、可持续性明显增强,保持了经济的持续中高速发展,国家的经济实力、科技实力、综合国力和人民的生活水平都跃上新台阶,全体人民的幸福感、获得感和安全感不断增强。

二、发展全过程人民民主践行以人民为中心的新发展理念

人民当家作主是我国社会主义民主政治的本质特征、核心内容和基本要求,也是中国共产党矢志不渝的奋斗目标。进入新时代,在继承和完善已经形成的中国特色社会主义民主政治制度基础上,习近平总书记创造性地提出和构建了全过程人民民主、践行以人民为中心的发展新理念,为新时代推进中国特色社会主义民主政治制度的完善和发展提供了基本指导。2019年11月2日,习近平总书记在考察上海市长宁区虹桥街道基层立法联系点时,第一次提出"人民民主是一种全过程的民主"。2021年7月1日,在庆祝中国共产党成立100周年大会上的重要讲话中,习近平总书记特别提出要"践行以人民为中心的发展思想,发展全过程人民民主"。2022年10月,党的二十大报告把发展全过程人民民主确定为中国式现代化本质要求的一项重要内容,强调全过程人民民主是社会主义民主政治的本质属性。

全过程人民民主揭示了我国社会主义民主的显著优势和特点,其本质是在国家政治权力运行过程中全面贯彻以人民为中心的价值理念,始终将实现最广大人民根本利益作为民主政治建设的出发点和落脚点,强调全体人民都必须参与民主政治过程。全过程人民民主包括如下内涵:一是民主的主体是全体人民,包括社会弱势群体和边缘群体,要特别注重从体制和机制上解决这些群体参与民主事项的渠道问题。二是人民必须尽可能参与国家政治社会生活各个方面的公共事务,包括从国家立法到政府行政执法和社会日常生活管理等。三是构建从立法、行政到社会生活,从中央、地方到基层的环节完整的民主体系,形成从选举、决策、管理和监督的民主制度。四是把民主切实落实到国家社会管理的各个环节。全过程人民民主,既保证人民依法实行民主选举,更要保证人民依法实行民主协商、民主决策、民主管理、民主监督;不仅有完整的制度程序,而且有完整的参与实践,从而把人民当家作主体现到国家政治生活和社会生活的方方面面,有效确保人民当家作主。全过程人民民主既重视民主选举,也重视选举后的治理,强调形成民主程序上的闭环,从而保证过程民主和结果民主、形式民主和实质民主、直接民主和间接民主相统一。五是不断完善具体人民代表大会制度、政治协商制度、民族区域自治制度、基层群众自治制度,不断推进社会主义民主政治制度化、规范化、程序化。

三、在加强核心价值观体系建设和推进"两个结合"的文化发展中践行以人民为中心的新发展理念

中国共产党领导革命和建设的根本所在是把马克思主义基本原理同中国具体实际相结合,同中华优秀传统文化相结合,实现马克思主义中国化,与时俱进,并以马克思主义中国化时代化最新成果指导实践。改革开放在促进我国经济社会发展取得举世瞩目的伟大成就的同时,随着物质生活水平的提高,交往工具和交往途径的多样化,尤其是伴随着网络信息技术日新月异的发展,各种新媒体所传播的各种信息混合地影响着受众的思想观念,从而使我国

社会生活中逐渐出现了拜金主义、享乐主义、极端个人主义和虚无主义(包括历史虚无主义和价值虚无主义)等错误思潮,造成人们思想上的混乱、精神上的困惑和价值观上的无所适从。因此,必须在发展经济、加强物质文明建设的同时,加强文化建设,推进精神文明发展,为物质文明的发展提供思想保证和精神动力。习近平总书记指出:"实现中国梦,是物质文明和精神文明均衡发展、相互促进的结果。没有文明的继承和发展,没有文化的弘扬和繁荣,就没有中国梦的实现。中华民族的先人们早就向往人们的物质生活充实无忧、道德境界充分升华的大同世界。中华文明历来把人的精神生活纳入人生和社会理想之中。所以,实现中国梦,是物质文明和精神文明比翼双飞的发展过程。随着中国经济社会不断发展,中华文明也必将顺应时代发展焕发出更加蓬勃的生命力。"①

　　新时代的文化发展和精神文明建设工作的中心是推进"两个结合"、加强社会主义核心体系建设。文化的核心是价值观。价值观,是基于人的一定的思维感官之上而作出的认知、理解、判断或抉择,也就是人认定事物、辨定是非的一种思维或价值取向。一定时期的价值观既受历史文化的影响,更受该时期经济发展的制约,价值观一旦形成又会对文化观和经济发展产生巨大作用。面对改革开放和经济发展过程中出现的各种错误观念、错误思潮,以习近平同志为核心的党中央在新时代特别加强了意识形态的思想政治工作。在党的十八届三中全会第一次全体会议上,习近平总书记特别强调指出:"经济建设是党的中心工作,意识形态工作是党的一项极端重要的工作。面对改革发展稳定复杂局面和社会思想意识多元多样、媒体格局深刻变化,在集中精力进行经济建设的同时,一刻也不能放松和削弱意识形态工作,必须把意识形态工作的领导权、管理权、话语权牢牢掌握在手中,任何时候都不能旁落,否则就要犯无可挽回的历史性错误。要按照高举旗帜、围绕大局、服务人民、改革创新的总

───────────

① 《习近平关于社会主义文化建设论述摘编》,中央文献出版社2017年版,第4—5页。

要求,做好宣传思想工作,加强社会主义文化建设,壮大主流思想舆论,重点推动统一思想、凝聚力量。"①在建设社会主义现代化的新时期,在坚持以经济建设为中心的同时,必须着力解决意识形态领域党的领导弱化问题,强化党对意识形态工作的领导和马克思主义理论的指导地位,不断推进马克思主义与新时代中国特色社会主义现代化建设的实际相结合、与中华优秀传统文化相结合,在实践中发展和创新马克思主义。

为了加强意识形态工作和文化建设,十八大以来,党中央分别召开了多次与意识形态相关的重要工作会议。从 2013 年开始,中央召开了多次全国宣传思想工作会议,习近平总书记每次都亲自参加会议并发表重要讲话,同时分别召开文艺工作、党的新闻舆论工作、网络安全和信息化工作、哲学社会科学工作座谈会和全国高校思想政治工作等会议。会议就一系列根本性问题阐明原则立场,廓清了理论是非,校正了工作导向,推动思想文化领域向上向好态势不断发展,用党的创新理论武装全党、教育人民、指导实践。

文化自信是更基础、更广泛、更深厚的自信,是一个国家、一个民族发展中最基本、最深沉、最持久的力量,没有高度文化自信、没有文化繁荣兴盛就没有中华民族伟大复兴。党的十八大以来,习近平总书记在多个场合阐述了文化自信。2014 年 2 月 24 日,在中央政治局第十三次集体学习中,习近平总书记就提出要"增强文化自信和价值观自信"。之后的两年间,习近平总书记又对此有过多次论述:"增强文化自觉和文化自信,是坚定道路自信、理论自信、制度自信的题中应有之义。""中国有坚定的道路自信、理论自信、制度自信,其本质是建立在 5000 多年文明传承基础上的文化自信。"2016 年 5 月和 6 月,习近平总书记又连续两次对"文化自信"加以强调。习近平总书记关于"文化自信"的思想为新时代文化建设提供了根本理论遵循。在"文化自信"的引领下,全国大张旗鼓地开展了以培养和增强社会主义核心价值观的文化建设,明

---

① 《习近平关于全面深化改革论述摘编》,中央文献出版社 2014 年版,第 86 页。

确了文化建设培根铸魂的最重要内容是马克思主义的理论文化、社会主义先进文化、革命文化和中华优秀传统文化,并且形成了具体的制度措施,如广泛开展中国特色社会主义和中国梦宣传教育,推动理想信念教育常态化制度化,完善思想政治工作体系,建立健全党和国家功勋荣誉表彰制度,设立烈士纪念日,深化群众性精神文明创建,建设新时代文明实践中心,推动学习大国建设,推动开展"四史"学习;推进文化事业和文化产业全面发展,繁荣文艺创作,完善公共文化服务体系,为人民提供了更多更好的精神食粮。在此过程中,特别强调要弘扬和推陈出新中华优秀传统文化,古为今用,实现中华优秀传统文化的时代创新。中华优秀传统文化是中华民族的精神家园,习近平总书记指出:"中华文化积淀着中华民族最深沉的精神追求,是中华民族生生不息、发展壮大的丰厚滋养"①。因此,"培育和弘扬社会主义核心价值观必须立足中华优秀传统文化。牢固的核心价值观,都有其固有的根本。抛弃传统、丢掉根本,就等于割断了自己的精神命脉。对我们来说,博大精深的中华优秀传统文化是我们在世界文化激荡中站稳脚跟的根基"②。中华优秀传统文化是构建以人民为中心的发展思想的深厚文化资源。古代中国有源远流长的丰富"民本思想",从殷商时的"敬德保民"到春秋战国时的"为政以德""民惟邦本"及其后的"民贵君轻""顺民富民"等,蕴含了重民、爱民、护民、安民、亲民、恤民、利民、富民的理念,在古代社会发展中发挥了重要的作用。新时代文化建设强调继承和发展中华优秀传统文化,是深入领会和贯彻以人民为中心的重要思想资源,同时也有效激活了中华优秀传统文化的生命力,具有强大的文化凝聚力和引领力。

四、补齐民生保障短板,加强社会建设中践行以人民为中心的新发展理念

改革开放以来,我国人民生活显著改善,社会治理明显改进。同时,随着

---

① 《习近平谈治国理政》第 1 卷,外文出版社 2018 年版,第 155 页。
② 《习近平关于社会主义文化建设论述摘编》,中央文献出版社 2017 年版,第 107—108 页。

时代发展和社会进步,人民对美好生活的向往更加强烈,对民主、法治、公平、正义、安全、环境等方面的要求日益增长。经过长期发展,我国社会主要矛盾逐渐从原来的人民日益增长的物质文化需要同落后的社会生产之间的矛盾,发展为人民日益增长的美好生活需要和不平衡不充分的发展之间的矛盾。在党的十九大报告中,习近平总书记明确提出,人民对美好生活的向往就是我们的奋斗目标,增进民生福祉是我们坚持立党为公、执政为民的本质要求,让老百姓过上好日子是我们一切工作的出发点和落脚点。习近平总书记在讲话中,多次论述了发展民生、加快社会建设对实现人民美好生活需要的重要意义,要求补齐民生保障短板、解决好人民群众急难愁盼问题,做到尽力而为、量力而行,一件事情接着一件事情办,一年接着一年干,在幼有所育、学有所教、劳有所得、病有所医、老有所养、住有所居、弱有所扶上持续用力,加强和创新社会治理,使人民获得感、幸福感、安全感更加充实、更有保障、更可持续。

早在 2013 年 12 月 23 日的中央农村工作会议上,习近平总书记就深情地指出:"小康不小康,关键看老乡。一定要看到,农业还是'四化同步'的短腿,农村还是全面建成小康社会的短板。中国要强,农业必须强;中国要美,农村必须美;中国要富,农民必须富。农业基础稳固,农村和谐稳定,农民安居乐业,整个大局就有保障,各项工作都会比较主动。"①脱贫攻坚是全面建成小康社会的底线任务,只有打赢脱贫攻坚战,才能确保全面建成小康社会、实现第一个百年奋斗目标,为此必须以更大决心、更精准思路、更有力措施,采取超常举措,实施脱贫攻坚工程。党坚持精准扶贫,确立不愁吃、不愁穿和义务教育、基本医疗、住房安全有保障工作目标,实行"军令状"式责任制,动员全党全国全社会力量,上下同心、尽锐出战,攻克坚中之坚、解决难中之难,组织实施人类历史上规模最大、力度最强的脱贫攻坚战,形成伟大脱贫攻坚精神。党的十八大以来,全国 832 个贫困县全部摘帽,12.8 万个贫困村全部出列,近一亿农

---

① 《习近平关于社会主义经济建设论述摘编》,中央文献出版社 2017 年版,第 169—170 页。

村贫困人口实现脱贫,提前 10 年实现联合国 2020 年可持续发展议程减贫目标,历史性地解决了绝对贫困问题,创造了人类减贫史上的奇迹。

为了保障和改善民生,党中央按照坚守底线、突出重点、完善制度、引导预期的思路,在收入分配、就业、教育、社会保障、医疗卫生、住房保障等方面推出一系列重大举措,注重加强普惠性、基础性、兜底性民生建设,推进基本公共服务均等化。努力建设体现效率、促进公平的收入分配体系,调节过高收入,取缔非法收入,增加低收入者收入,稳步扩大中等收入群体,推动形成橄榄型分配格局,居民收入增长与经济增长基本同步,农村居民收入增速快于城镇居民。习近平总书记 2012 年 12 月在广东考察工作时曾说道:"就业牵动着千家万户的生活。当前,我国就业工作面临总体就业压力大和结构性劳动力短缺、人才匮乏的突出矛盾。一些沿海地区还面临流动人口比重大、周期性劳动力短缺和劳动力过剩交替出现的问题。我国劳动人口众多,又面临经济下行压力,如果就业问题处理不好,就会造成严重社会问题。所以,我们必须统筹抓好经济社会发展和促进就业工作,千方百计增加就业岗位,着力在提高就业质量、提高劳动人口尤其是就业困难人口就业能力、改善创业环境上下功夫,建立全员培训制度,引导劳动力适应和促进企业实现转型升级。"①党的十八大以来,在以习近平同志为核心的党中央的坚强领导下,在国家统筹规划和指导下,根据我国经济社会发展的实际情况,各地各部门采取灵活的就业政策措施,推动了全社会更加充分、更高质量的就业,为增进民生福祉、提高人民生活水平奠定了坚实的基础。

教育医疗是民生保障的重要内容。党的十八大以来,针对我国教育和医疗领域中的短板,如城乡教育医疗资源不平衡,教育医疗的质量和公平性亟待提高等问题,国家不断加大教育、医疗卫生等投入和建设力度,推动我国教育、医疗卫生工作取得了长足发展。在教育方面,进一步明确教育的根本任务是

---

① 《习近平关于全面深化改革论述摘编》,中央文献出版社 2014 年版,第 91—92 页。

立德树人,培养德智体美劳全面发展的社会主义建设者和接班人;不断加大财政对教育的投入,深化教育教学改革创新,促进公平和提高质量,推进义务教育均衡发展和城乡一体化,全面推行国家通用语言文字教育教学,规范校外培训机构,积极发展职业教育,推动高等教育内涵式发展,推进教育强国建设,办好人民满意的教育。在医疗卫生方面,不断统一的城乡居民基本医保制度全面建立,实现了90%以上的居民15分钟内就能到达最近医疗点,跨省异地就医定点医疗机构数量同比增长85%以上,建成了世界上规模最大的社会保障体系,10.2亿人拥有基本养老保险,13.6亿人拥有基本医疗保险;全面推进健康中国建设,坚持预防为主的方针,深化医药卫生体制改革,引导医疗卫生工作重心下移、资源下沉,及时推动完善重大疫情防控体制机制、健全国家公共卫生应急管理体系,促进中医药传承创新发展,健全遍及城乡的公共卫生服务体系。

进入新时代,以习近平同志为核心的党中央更加重视社会保障体系建设在整个国民经济和社会发展中的地位和作用,坚持全覆盖、保基本、多层次、可持续方针,推动我国社会保障体系建设的快速发展。2012年以来,我国基本养老保险参保人数从7.88亿增加到10.3亿,基本医疗保险参保人数从5.36亿增加到13.6亿人,失业保险参保人数从1.52亿增加到2.3亿人,工伤保险参保人数从1.9亿增加到2.8亿人,构筑了世界上规模最大的社会保障安全网,把以人民为中心的发展理念贯彻落实到社会保障体系的各个方面,为实现全体人民美好生活确立了坚实的社会保障基础。

五、不断改善生态环境,建设生态文明满足人民美好生活需要

改革开放以前,为了尽快脱贫致富,坚持以经济发展为中心,一些地方出现了重经济发展轻环境保护甚至牺牲生态环境片面追求GDP增长的情况,使一些地方的经济社会可持续发展陷入了困境。进入新时代,随着我国社会主要矛盾的转化,人民群众对优美生态环境需要已经成为新的社会主要矛盾的重要内容,广大人民群众热切期盼加快改善生态环境质量,生活在青山绿水的

生态环境中。因此,改善生态环境、建设好生态文明是实现以人民为中心的发展思想理念的重要抓手。党的十八大以来,在为什么建设生态文明、建设什么样的生态文明、怎样建设生态文明的重大理论和实践问题方面,提出了一系列新理念新思想新战略,并逐渐形成了习近平生态文明思想。早在2013年,习近平总书记在海南考察工作时就提出:"综观世界发展史,保护生态环境就是保护生产力,改善生态环境就是发展生产力。良好的生态环境是最公平的公共产品,是最普惠的民生福祉。对人的生存来说,金山银山固然重要,但绿水青山是人民幸福生活的重要内容,是金钱不能替代的。你挣到了钱,但空气、饮用水都不合格,哪有什么幸福可言。"①后来在不同的场合,包括党的十九大、二十大报告中,习近平总书记都专门阐释建设生态文明的重要性。在习近平生态文明思想指引下,党中央把生态文明建设作为关系中华民族永续发展的根本大计,全方位、全地域、全过程加强生态环境保护,采取一系列战略措施,推动我国生态环境保护发生历史性的发展变革,不仅在改善生态环境质量上不断取得新进步,而且在促进经济社会发展全面绿色转型中不断取得新进展。

党的十八大以来,党和国家把美丽中国纳入社会主义现代化强国目标,把生态文明建设纳入"五位一体"总体布局,把"人与自然和谐共生"纳入新时代坚持和发展中国特色社会主义基本方略,把"绿色"纳入新发展理念,把"污染防治"纳入三大攻坚战……对生态文明建设进行全面系统部署安排。在这一过程中,通过和制定了一系列有关环境保障和生态文明建设的政策文件和法规,2015年4月,中共中央、国务院印发《关于加快推进生态文明建设的意见》,明确了生态文明建设的总体要求、目标愿景、重点任务、制度体系。同年9月,《生态文明体制改革总体方案》出台,提出健全自然资源资产产权制度、建立国土空间开发保护制度、完善生态文明绩效评价考核和责任追究制度等。

---

① 《习近平著作选读》第1卷,人民出版社2023年版,第113—114页。

《大气污染防治行动计划》《水污染防治行动计划》《土壤污染防治行动计划》陆续出台,被称为"史上最严"的新环保法从 2015 年开始实施,在打击环境违法犯罪方面力度空前。同时,在全国各地不断推进修复陆生生态,防治水土流失,修复水生生态,发展绿色经济,推进生态产业等工程,把践行以人民为中心的发展思想与建设生态文明紧密结合起来。这些政策措施和法规以及工程的施行,促使我国生态环境保护发生了历史性、转折性、全局性变化,成功走出了一条经济发展和生态文明建设相辅相成、相得益彰的路子,让全国人民生活在越来越美好的生态环境之中,并为全世界的现代化文明发展提供了一个成功范例。

与此同时,改革开放过程中也累积了一些发展性问题,原有体制中的一些深层次经济社会问题也逐渐暴露出来。改革中的新旧体制交替必然产生政策的漏洞和监管的缺位,从而引发权力寻租。当权力寻租与市场化的利益价值取向交织一起时,腐败现象就可能滋生蔓延。改开之初,为了尽快摆脱贫穷,奉行"效率优先,兼顾公平"的取向,但效率优先叠加"粗放型"增长模式时,必然导致生态环境恶化和资源的不堪重负。随着现代化发展取得巨大成就,中国在国际上的地位不断提升,对世界经济政治的发展走向影响也越来越大。如何更好更有力地发挥中国在国际关系中的影响力,已成为必须解决的新问题,构成了进一步发展升级的重大机遇和挑战。正确应对和解决这些发展性问题,需要新的发展理念的引领,新的发展方略的布局。

第四章　新时代提出以人民为中心的发展思想的出场境遇

　　从1978年改革开放开始至2012年党的十八大召开,我国仅用了三十多年的时间就走完了西方国家二百余年的现代化发展历程,取得了罕见的经济发展成就,GDP位列全球第二,成为全球最大的制造业基地之一,又称世界工厂,经济社会得到了巨大发展,人民生活水平得到质的提高,全国实现了基本小康,彻底改变了贫穷落后的面貌,既开辟了现代化发展新道路,也面临着更高的发展新目标,新的发展目标需要新的发展思路。然而,改革开放发展累积了较多的发展性新问题,原有的一些深层次的经济社会问题也逐渐暴露出来。由于改革是一个探索的过程,改革探索过程中的制度和政策需要不断地完善,这容易带来政策空间的权力寻租,市场化必然带来社会风向的逐利取向,较多工业企业"粗放型"的增长模式导致生态环境恶化和资源负重、"先富带动后富"发展战略加大了原有地区、行业发展的不平衡,并使个体之间的贫富差距快速拉大,面临着如何更好更大地发挥中国在国际关系中的影响力、推动公平公正的国际政治经济新秩序的构建等问题。在国际国内两个大变局的时期,这些问题构成了我国进一步发展升级的重大机遇和挑战,正确应对和解决这些发展性问题,需要新的发展理念的引领,新的发展方略的布局。以人民为中心的发展思想,正是适应改革开放和社会主义现代化建设进入新的历史时期突破发展中的问题、引领发展迈上新的台阶、实现发展新目标所需要的新发展观。习近平总书记指出："形势在变、任务在变、工作要求也在变，必须准确识变、科学应变、主动求变"①。随着中华民族伟大复兴战略全局的划定与新问题的出场，发展理念、发展方式、发展质量也应相应转变。因此，国家发展新定位是以人民为中心的发展思想出场的时代基础。

第一节 "两个大局"需要新发展理念引领

2018 年 6 月，习近平总书记在中央外事工作会议上指出："当前，我国处于近代以来最好的发展时期，世界处于百年未有之大变局，两者同步交织、相互激荡。"②2019 年 5 月，在江西参加推动中部地区崛起工作座谈会时，习近平总书记又指出："领导干部要胸怀两个大局，一个是中华民族伟大复兴的战略全局，一个是世界百年未有之大变局，这是我们谋划工作的基本出发点。"③"两个大局"的面向不仅是党员干部想问题作决策的立足点，更是中国现代化建设的落脚点，是中国在实现社会主义现代化发展过程的新坐标。"两个大局"坐标的划定既深刻总结了以往世界现代化发展的经验教训，又对中国现代化发展提出了新要求、新理念、新目标，在此境遇下，新时代以人民为中心应时代之变出场。

一、应对世界百年未有之大变局的风险挑战需要新发展理念

2012 年 12 月，习近平总书记首次使用"大变局"来描述 2008 年国际金融危机之后的世界格局。2018 年 6 月，习近平总书记在中央外事工作会议上指出"当前，我国处于近代以来最好的发展时期，世界处于百年未有之大变局"；

---

① 《习近平谈治国理政》第 3 卷，外文出版社 2020 年版，第 108 页。
② 《习近平著作选读》第 2 卷，人民出版社 2023 年版，第 178 页。
③ 《习近平谈治国理政》第 3 卷，外文出版社 2020 年版，第 77 页。

再到 2021 年 3 月,"百年未有之大变局"被写入《中华人民共和国国民经济和社会发展第十四个五年规划和 2035 年远景目标纲要》,由此,"百年未有之大变局"成为中国实现现代化发展的世界境遇。

其一,过去三十年新兴市场和发展中国家的经济加速发展。2008 年,"国际金融危机打破了欧美发达经济体借贷消费,东亚地区提供高储蓄、廉价劳动力和产品,俄罗斯、中东、拉美等提供能源资源的全球经济大循环,国际市场有效需求急剧萎缩,经济增长远低于潜在产出水平"①,"东升西降"趋势逐渐显露。在金融危机前后,新兴市场和发展中国家及时抓住国际发展机遇,调动广大人民的积极性,应人民发展之要求,全力团聚一切积极力量谋生存、谋发展,形成了自身独特的发展优势。首先,从新兴市场和发展中国家经济增长来看,根据国际货币基金组织(IMF)数据统计显示,21 世纪第一个十年,新兴经济体与发展中国家经济总量已从 20 世纪 80 年代 10 年间的 43.0%上升至 53%,2017 年又跃升至 56.2%,预计 2026 年可能超过 60%。其次,从世界各国经济总量占比来看,以购买平价计算,2021 年,经济总量占世界比重在 1%以上的经济体总共有 20 个,共占世界经济总量的四分之三。其中,韩国、巴西、土耳其、埃及、中国、墨西哥、日本、印尼经济总量占比上升,而美国、德国、俄罗斯、英国、法国、意大利和波兰经济总量占比下降,而中国占比从 1913 年的 8.8%上升至 2021 年的 18.7%,翻一番还多,并超过了美国。总体上,新兴市场和发展中国家经济体量以持续正增长的趋势发展。对此,习近平总书记作了"新兴国家和发展中国家的崛起速度之快前所未有"的评价。无论是经济增长事实,还是经济增长的认识,新兴市场和发展中国家的发展都呈现加速发展的基本态势。

其二,西方发达国家逐渐由盛转衰。正如马克思所言:"资产阶级在它的不到一百年的阶级统治中所创造的生产力,比过去一切世代创造的全部生产

---

① 《习近平谈治国理政》第 2 卷,外文出版社 2017 年版,第 254 页。

力还要多,还要大。"①但随着世界市场的不断扩大,以资本为中心的发展逻辑穷尽了世界市场的占有,资本逻辑走向了它的反面:在经济方面,到目前为止,欧美世界至今仍未完全走出2008年国际金融危机的影响。从1913年到2012年,传统西方大国包括美国在内经济总量下降,而西班牙、加拿大、印度等国经济总量持平,整个西方经济发展速度逐渐放缓、低迷甚至停滞,"全球产业链供应链因非经济因素而面临冲击"②;在政治方面,西方保守主义热衷的"政体更替"并没有带来全球民主化的预期成果,相反在不少地区带来的却是战火蔓延,特别是一些地区民粹主义肆虐,世界总体和平但地区热战不断;在国际格局方面,"两极格局"结束以来的国际体系正在不断瓦解与重构,欧美国家所奉行的"人权高于主权"的普世价值,并没有带来人类文明和人的权利的普遍幸福,结果却是宗教冲突、地区对峙、文明冲突等持久而深刻的灾难,单边主义、保护主义、霸权主义、强权政治依然不绝于耳,"国际格局和力量对比加速演变""全球治理体系深刻重塑"③。在意识形态方面,西方所推行的大国竞争逐渐泛意识形态化,对新型大国特别是社会主义中国加紧围堵和遏制,加大对中国的意识形态渗透和"和平演变"的力度。局部军事冲突和地缘政治动荡悬而未决,地区热点问题层出不穷,恐怖主义横行世界,"和平赤字""信任赤字""治理赤字""发展赤字"居高不下,进一步加速了西方的衰落。

中国共产党百年辉煌胜利的根本所在,就是紧紧依靠人民,始终以人民为中心。今天,"国际经济、科技、文化、安全、政治等格局都在发生深刻调整,世界进入动荡变革期。今后一个时期,我们将面对更多逆风逆水的外部环境,必须做好应对一系列新的风险挑战的准备"④。党的二十大报告也强调"世界之变、时代之变、历史之变正以前所未有的方式展开",如何抓住时代之变带来

---

① 《马克思恩格斯文集》第2卷,人民出版社2009年版,第36页。
② 《习近平著作选读》第2卷,人民出版社2023年版,第328页。
③ 《习近平谈治国理政》第3卷,外文出版社2020年版,第445页。
④ 《习近平著作选读》第2卷,人民出版社2023年版,第328页。

的机遇以及应对世界格局巨变带来的风险挑战,关键在于坚持党的坚强领导和紧紧依靠人民力量,坚持以人民为中心的理念,弘扬全人类共同价值,促进各国人民相知相亲,尊重世界文明多样性,以文明包容、文明互鉴超越文明冲突,维护世界和平稳定,中国特色社会主义现代化发展就能在世界大变局中行稳致远,不断开拓,永续前进。

二、中华民族伟大复兴的战略全局呼唤新发展理念

新中国成立以来,中国共产党领导带领中国人民团结一致、接力奋斗,取得了一个又一个阶段性胜利。改革开放40多年,我国社会主义现代化建设取得了伟大成就,推动了社会主要矛盾由"对于经济文化迅速发展的需要同当前经济文化不能满足人民需要的状况之间的矛盾"到"人民日益增长的美好生活需要和不平衡不充分的发展之间的矛盾"的转变,实现了从基本小康到全面小康的宏伟目标,并朝着开启全面建成社会主义现代化强国、实现中华民族伟大复兴的新的伟大战略目标迈进。为了实现新的发展战略目标,需要新的发展理念。

(一)社会主要矛盾变化要求发展理念的发展

1956年党的八大明确指出:"国内的主要矛盾,已经是人民对于建立先进的工业国的要求同落后的农业国的现实之间的矛盾,已经是人民对于经济文化迅速发展的需要同当前经济文化不能满足人民需要的状况之间的矛盾。"[1]但因"左"倾错误的发展以及其他各种主客观原因,这一正确论断就被随后不久盛行的"以阶级斗争为纲"论调取代。实践证明,在我国社会主义所有制改造已经完成,剥削阶级作为阶级整体在我国已经不存在,因此,"以阶级斗争为纲"的认识已严重地脱离了当时的客观情况,也与人民的真实意愿严重背

---

① 《中共中央文件选集》第24册,人民出版社2013年版,第248页。

离,严重地阻碍了社会主义事业的建设发展,妨碍了社会主义制度优越性的发挥。直到十一届三中全会的召开,党恢复了实事求是的思想路线和对社会主要矛盾的正确判断,为改革开放确立了思想基础和国情基础。在党的十一届三中全会上,以邓小平同志为核心的党中央依据对我国社会主要矛盾的客观判断,制定了解放和发展生产力的根本任务,作出了改革开放的战略选择。经过几代人的艰苦奋斗,中国人民实现了从"站起来"到"富起来"的伟大飞跃,并迎来了"强起来"的新时代。在党的十九大报告中,对基于社会主要矛盾的我国国情作出如下两个方面的科学判断:一是明确指出:"我国社会主要矛盾的变化,没有改变我们对我国社会主义所处历史阶段的判断,我国仍处于并将长期处于社会主义初级阶段的基本国情没有变,我国是世界最大发展中国家的国际地位没有变。"①二是基于当前我国所处的坐标位置与40年前有了明显的不同,内在的发展方式、战略布局和外部环境都发生了巨大改变,可以看作在社会主义初级阶段中发生的新变化,党的十九大对社会主要矛盾的转化作出了重要研判:"我国社会主要矛盾已经转化为人民日益增长的美好生活需要和不平衡不充分的发展之间的矛盾。"②

党的十九大报告关于我国社会主要矛盾的新阐释,既是对我国近四十年改革开放和现代化建设取得伟大成就的整体总结,也为我国的现代化建设指明了新的发展目标和方向。一方面,我国经济的高速发展使我国告别了经济短缺的时代,迎来了消费型社会,以往生产力水平低下,物质匮乏的格局已然发生重大改变。正如党的十九大报告指出:"经济保持中高速增长,在世界主要国家中名列前茅,国内生产总值从五十四万亿元增长到八十万亿元,稳居世界第二,对世界经济增长贡献率超过百分之三十。"③中国的 GDP 在 1978 年至 2017 年实现了 34 倍的增长,在全球经济中的占比跃升为 15%。一系列上

① 《习近平著作选读》第 2 卷,人民出版社 2023 年版,第 10 页。
② 《习近平著作选读》第 2 卷,人民出版社 2023 年版,第 9 页。
③ 《习近平著作选读》第 2 卷,人民出版社 2023 年版,第 3 页。

天入地的大国重器,如天宫、蛟龙、天眼、悟空等重大科技成果惊艳全球,为我国制造业发展奠定重要基础。当前的实际情况与"落后的社会生产"已经不相符合。另一方面,我国经济的高速发展致使人民的需求结构发生变化,人民群众的生活面貌也发生了巨大改变,"改革已经以一种惊人的速度提高了绝大多数中国人的生活水准"①。随着生产力的不断提升,人民的生活也在不断发生变化,历经了从普遍贫困到温饱再到小康的阶梯式跃变,广大人民群众的生活需要也随之不断提升。在《德意志意识形态》中,马克思恩格斯就把人的需要分为生产生活需要、发展需要和享受生活需要,认为在较低层次需要满足的基础上必然会产生更加高级的新的需要。人最基本的需要是生理生存需要,然而,不同于动物仅仅满足于生理生存的需求,人的需求不会止步于此,社会条件的变化和主体自身的欲望决定人会追求更好的生活。美国著名心理社会学家马斯洛也提出过著名的人的需求理论,在《动机与人格》一书中,亚伯拉罕·马斯洛提出:"人是一种不断需求的动物,除短暂的时间之外,极少达到完全满足的状态。一个欲望满足后,另一个迅速出现并取代它的位置,当这个被满足了,又会有一个站到突出的位置上来。人总是希望着什么,这是贯穿他整个一生的特点。"②因而,"已经得到满足的第一个需要本身、满足需要的活动和已经获得的为满足需要而用的工具又引起新的需要"③。如果说"站起来"是从人民的生活层面提供制度前提,"富起来""强起来"则着重从经济层面解决人民的温饱问题乃至小康诉求。它更多是从整体出发实现人民美好生活的目标,与以人民为中心的思想相扣。随着社会发展、人民需求多样化,人的生活需要逐渐摆脱对量的需求,由生存型转向了发展型。

第一,人民的生存需求更多开始追求"量"而不是"质"。首先,在改革开

---

① [美]李侃如:《治理中国:从革命到改革》,胡国成、赵梅译,中国社会科学出版社 2010 年版,第 251 页。

② [美]亚伯拉罕·马斯洛:《动机与人格》,许金声译,中国人民大学出版社 2013 年版,第 7 页。

③ 《马克思恩格斯文集》第 1 卷,人民出版社 2009 年版,第 531 页。

放初期,由于经济发展过于落后、物资匮乏等原因,解决温饱问题是人们的首要诉求,由此引申出以经济建设为中心,促进经济增长的主要发展任务。事实上,改革开放之初,追求经济发展的"量"是必要的。正如邓小平所言:"能发展就不要阻挡,有条件的地方要尽可能搞快点,只要是讲效益,讲质量,搞外向型经济,就没有什么可以担心的。低速度就等于停步,甚至等于后退。"①其次,在时隔40年后,人民的生活水平开始普遍提高,在解决了温饱问题的同时,也走上了小康道路。因而,人民在生活方面开始更加注重"质"的追求。从"吃得饱、穿得暖"逐渐向"吃得好、穿得好"的转变,使得食品安全、产品质量等许多问题成为人们关注的重点,这些问题涉及到人民群众的生命健康,关系到人民群众对美好生活的追求。

第二,人民对"软需求"诉求越发强烈。在物质需求"硬需求"得到满足之后,新时代人民对公平正义、民主、良好的生态、安全等派生性的"软需求"的定位越发清晰。以经济建设为中心的福利效应启示我们,经济增长与民生幸福是相互伴随的关系,但经济增长并不必然促进幸福感的提升。因而,在物质生活水平提升对人类生活质量和幸福程度提高的贡献越来越小时,降低社会的不平等程度,倡导社会公平、公正、平等是改善社会环境,进而提升每一个人生活质量的最佳途径,这不仅达到人民对美好生活的期盼,同时也与以人民为中心发展的内在导向相契。

(二)协调不平衡不充分的发展需要新发展理念

在发展结构与发展总量方面,与人民对美好生活的期盼相左的却是各地区以及城乡之间的不平衡不充分发展。习近平总书记指出:"中国改革经过30多年,已进入深水区,可以说,容易的、皆大欢喜的改革已经完成了,好吃的肉都吃掉了,剩下的都是难啃的硬骨头"②。新时代面临的是"发展不平衡不

① 《邓小平文选》第3卷,人民出版社1993年版,第375页。
② 《习近平谈治国理政》第1卷,外文出版社2018年版,第101页。

充分"的问题：

首先，发展不平衡。一是区域发展失衡。由于地理环境和国家政策的差异，东西部之间生产力布局不对称。从发展水平看，既存在位于世界前端的先进水平，也包括产能过剩、发展质量较低的问题；二是城乡发展失衡，长期存在的城乡二元社会经济结构导致城乡贫富差距越来越难以化解。由于存在各种主客观复杂因素，尽管党和政府高度重视"三农"问题，但一些落后地区仍头顶贫困的"帽子"；三是收入分配失衡，不同群体、地域之间的收入差距存在较大差别。依据国家统计局数据来看，2017 年我国城镇居民人均可支配收入 36396 元，农村居民人均可支配收入 13432 元，两者之间形成鲜明对比，改革的获利范围仍然受限。而且，我国的基尼系数已经突破了国际警戒线，成为世界上收入差距悬殊明显的国家之一。在社会主义市场经济深入发展的过程中，参与社会分配的各种要素相互竞争，如垄断、权力等非正常因素参与利益分配，对社会利益造成了侵害。人民对社会差距的感受越发强烈，加之网络时代信息传播迅速，这种情绪更易变化分散，由此相伴随的社会阶层之间的冲突成为影响社会稳定发展的潜在危险因素。其次，发展不充分，即尽管社会生产力提高了人民的生活水平，但仍不能满足 14 亿人民对各个方面、各种服务的需求。社会领域内的就业、医疗、教育等问题依旧存在，生态环境问题同样影响着人们的健康等。此外，创新、市场化改革不充分等问题还需优化。

社会主要矛盾的转化及其矛盾的解决，呼吁一种新的发展理念的出场。对于一个人口众多的大国，不平衡不充分的发展既有自然条件的限制（沿海与中西部地区的差异），也有历史与政策的原因（经济特区的设立）。在一定历史阶段，不平衡不充分的发展是与社会发展的整体状况相符的。进入新时代，改革开放取得了重大的成果，极大地提高了社会主义的生产力，各项事业都取得了明显的发展。但我们又面临着新的问题，即"发展中不平衡、不协调、不可持续问题依然突出，科技创新能力不强，产业结构不合理，农业基础依然薄弱，资源环境约束加剧，制约科学发展的体制机制障碍较多，深化改革开放和转变经济发展方式任务艰巨;城乡区域发展差距和居民收入分配差距依然较大"①。党的十八大以来,我们面临的问题,最为突出的是社会的公平问题,这是改革开放的必然结果。如果"快"字是改革开放初期出现频率最高的词汇,那么在新时代,"公平"同样享受了这样的待遇。在改革开放之初,强调以经济建设为中心,强调效率优先,兼顾公平,都是为了发展。但当经济发展到一定程度,贫富差距、地区差距等就会出现,并且有逐渐扩大之势。因此,与效率相对应的公平问题必然要成为亟须面对的问题。因此,唯有坚持以人民为中心的发展理念,顺应人民群众对美好生活的向往,才能真正消除各种制约人民需求和发展的障碍因素,做到发展为了人民、发展依靠人民。中国共产党的历史实践表明,人民才是历史的真正创造者,只有依靠人民、贴近人民,才能抵御和克服艰难险阻、化解风险,迎面挑战,破解时代难题。

(三)实现新的发展目标需要新发展理念

在继承弘扬传统文化基础上,邓小平结合我国社会现实情况,提出"中国式的现代化"小康社会发展目标。其内容指向的是以共同富裕为最终目标的社会主义社会,也是物质文明建设和精神文明建设全面进步的社会。经过近20年改革开放发展,我国在1995年便提前实现国民生产总值翻两番的战略目标,综合国力得到快速提升,完成了人民生活由温饱到基本小康的历史性跨越,基本解决了全国人民的生存性需求。在党的十五届五中全会上,江泽民提出全面建设小康社会目标,强调要把提高人民收入水平和生活质量摆在重要位置。进入21世纪,小康社会建设经历了从"总体小康"向"全面小康"发展、从"全面建设"向"全面建成"推进的历程。党的十六大报告深刻阐述了21世纪前20年的奋斗目标是全面建设小康社会,这是中国现代化发展的一个新里程碑。2007年,胡锦涛在党的十七大报告中从经济、政治、文化、社会和生态

① 《胡锦涛文选》第3卷,人民出版社2016年版,第615页。

文明五个方面提出了全面建设小康社会的新要求,并将 2020 年确定为实现全面建成小康社会的关键历史节点。党的十八大报告旗帜鲜明地作出了"全面建成小康社会"新部署。以习近平同志为核心的党中央坚持问题导向,着力破解小康社会建设中存在的突出问题。党的十八届四中全会作出我国已进入全面建成小康社会决定性阶段的重要判断。党的十八届五中全会提出"五大发展理念",为党带领全国人民决胜全面建成小康社会提供了强大的思想武器。党的十九大报告进一步明确全面建成小康社会决胜阶段的重要任务,既要全面建成小康社会,实现第一个百年奋斗目标,又要乘势而上开启全面建设社会主义现代化国家新征程,向第二个百年奋斗目标进军,即到 2035 年,基本实现社会主义现代化,到新中国成立一百周年,把我国建设成为富强民主文明和谐美丽的社会主义现代化强国。

无论是全面建成小康社会,还是全面建成富强民主文明和谐美丽的社会主义现代化强国,实现人民群众的根本利益都是最根本的出发点和落脚点,也是社会主义现代化建设的价值遵循。如果说在基本实现小康建设过程中,为了尽快摆脱贫穷,必须首先做大蛋糕,强调坚持以经济建设为中心,那么,要全面建成小康社会和社会主义现代化强国,在继续坚持以经济建设为中心的基础上,必须坚持以人民为中心的发展价值理念,坚持人民利益至上,一切为了人民;必须坚持尊重人民、依靠人民、服务人民的根本宗旨;必须坚持党的群众路线,相信群众,并发动群众投入到小康社会建设当中;必须更好地坚持以人为本,始终把人民群众对美好生活的向往作为我们奋斗的目标,切实解决人民群众最关心的、最直接的、最现实的利益问题,让人民群众享有更直接、更实在的获得感、幸福感和安全感,让人民充分享受小康社会带来的实惠。

三、化解累积的社会治理问题需要坚持以人民为中心的新发展理念

中国改革开放与现代化建设既创造了经济社会的全面发展和物质财富的

极大充裕,也引发了多种社会风险。即"在现代化进程中,生产力的指数式增长,使危险和潜在威胁的释放达到了一个我们前所未有的程度"。当前,"是我国发展面临的各方面风险不断积累甚至集中显露的时期,……如果发生重大风险又扛不住,全面建成小康社会进程就可能被迫中断"①。

(一)社会流动加速导致个体生存的不确定因素增多

改革开放以来,由于逐步确立和构建社会主义市场经济,社会发展过程中的矛盾性、不确定性越来越成为具有全局性的重要特征。市场经济的发展以市场为资源的配置基础,需要包括物力资源和人力资源的自由流动,从而能够前所未有地延伸和拓展个体的生存发展空间。波兰当代著名社会哲学家齐格蒙特·鲍曼提出,当前人类已经进入了一个流动的现代性阶段,人们拥有了自己选择的权利,不断地从过去的秩序枷锁中脱离出来,享受充分自由的同时却越来越感觉到不稳定性和变化流动性。鲍曼认为,强烈的不确定性和变化流动性容易带来每个社会个体自我价值的紊乱、归属感的匮乏,进而产生各种的心理精神问题,如"烦躁""丧"等,鲍曼将这些问题都归为风险社会。风险社会的各种问题在网络信息时代都具有风险放大效应。因为在网络信息时代的虚拟时空中,每个人都可以"畅所欲言",必然存在一些非理性行为和言论借助网络平台进行不受时空限制的传播,从而使每个社会个体都有可能接受虚假信息而作出错误的判断甚至决定,发生认知和行为的风险。再有,市场经济是竞争经济,整个社会在就业工作、发展机会方面都充满竞争,一旦没有抓住机会,就有可能面临着被淘汰的风险,给每个社会个体带来强烈的生存压力感。

在流动时代的风险社会,必须确保社会的大局稳定和人民的基本安全,为此,必须坚持以人民为中心的发展理念,加强和健全全体人民的公共服务和福利保障,以克服社会个体在遭受风险问题时有坚实的社会依托;同时,必须健

---

① 《习近平谈治国理政》第 2 卷,外文出版社 2017 年版,第 81 页。

全应急管理组织体系、加强应急预案体系、强化应急物资管理建设、整合应急平台系统、强化信息及舆情引导、做好社会组织参与减灾救灾的引导,构建流动时代风险社会中的国家稳定状态,增强全体人民的安全感、充实感。

(二)社会信任结构脆弱

社会信任是社会正常交往的基础。社会发展经验证明,一个社会要有序运行,人与人之间、个人和组织之间等的信任是基本前提,信任也是社会发展的重要保障和促动力。每个人都是生活在社会中的,人生存在世界上,并非简单地"在",而是与这个生活世界互动,即必须和其他人进行交往。在主体进行交往实践的过程中,诚信当然发挥着重要作用。诚信是人们基于生活经验对社会关系的理性、情感的把握,是人们进行交流所要遵循的重要原则,同时也是市场经济需要遵循的原则。改革开放以来,市场经济的发展增加了人们的自主选择性和流动性,工作的频繁变动、便捷的交通方式以及通过互联网沟通交流的多样性,这一切都快速地延伸了人们的交往范围,社会条件的多变性、生活环境的陌生性等在一定程度上加剧了人们的不安全感和焦虑感。市场经济对利益的追求刺激,加强了人们的欲望和期待,使得一些人对利益的追求高度膨胀,为了谋取眼前的利益漠视法律和道德,丧失做人的底线,于是发生了无数的坑蒙拐骗、制假贩假、虚报冒领等违法犯罪现象,人们的食品、药品等基本物质生活品都出现质量甚至安全问题,一度大规模蔓延的杀熟"传销"更是突破一切人伦底线,这些问题造成了人们对整个社会的信任危机。

社会一旦缺失信任,社会的正常运行就难以畅通。其一,信任危机会导致市场经济秩序紊乱,结果不但会减小经济拉动力,严重阻碍经济健康平稳发展,更会使政府与执政党的公信力下降,进而引起一系列的社会动荡与不安。其二,信任危机会增加社会运转的成本,阻碍社会文明的进步和发展,导致道德沦丧,混淆人们判断是非的标准,影响良好人际关系的建立,严重污染社会环境。有人说,现在道德沦丧、诚信缺失局面造成我们人际关系的纽带快要消失,这种说法也不是危言耸听。当前我们社会的社会诚信缺失状况的确不容乐观。诚信危机使人与人之间陷入彼此防备的怪圈中,造成社会道德失范、秩序紊乱,进而影响整个社会的健康发展。当代大都市中的主要生存策略不是诚信、和睦相处,而是躲避和隔离。曾经是生活在一起的邻居,现在却是对面相逢不识人。城市的恐慌使人们不再关注作为一个整体和作为集体财产和集体个人安全保证的安全与稳固,而是集中于"内敌"之上,更关注自己家宅的清净和设防。各种不确定性和安全的无保障使人们采取各种措施和方法来确保自己的安全,但是由于资本的隐匿性和自由流动性以及不受控制性,资本是不确定的,其真正来源很难使人明白,能做的只是躲避他们身边自认为对其构成安全威胁的事物,因而把对安全的关注转移到人身安全上。而陌生人作为城市生活的一部分,永远是抬头可见、无处不在的,在这种不确定性的环境和无保障的社会中,陌生人的模棱两可和变化莫测的形象更加剧了人与人之间的不信任。

克服市场经济流动和竞争带来的社会信任危机,需要坚持以人民为中心的发展价值理念。唯物史观认为,信任属于道德范畴,从根本上来说,是由经济基础决定的。各种违背信任的道德问题,本质上是想通过非道德手段获取不当利益,其具体事件的具体原因虽有不同,但如果能够构建比较完善的社会保障体系和公平公正的社会治理环境,人民群众的教育、医疗、就业、养老、环境等问题得到根本解决,并且严格依法打击非法非道德手段的获利行为,才能为解决社会信任问题创造雄厚的客观条件。

（三）以群体事件、网络舆情为典型代表的不安定因素上升

20 世纪 90 年代开始,信息网络技术得到快速发展,信息高速公路使得计算机逐步进入人们的日常生活,人机交换系统可以让人们利用网络进行各种信息传播和无实体组织的集体性活动,并利用这样的传播和活动去反映自己的诉求,经常使群体事件和网络舆情相互传导产生叠加效应,产生复杂的社会

不安定因素。以群体事件、网络舆情为典型代表的不安定因素有四个典型的特征：一是参与人数多，会对社会秩序产生较大的影响；二是动机的多样性，如已受损的权益得不到赔偿、补偿，表达对某项政策的不满情绪，不涉及自身利益但试图达到其他目的等等，使得这些不安定因素更具复杂性；三是游走于规则的边界，使得界定法与非法的困难增加；四是网络环境下群体性事件出现了新情况，如网络群体事件等。群体事件原本就对社会的影响较大，加之在当下与新的科技手段相融合，较之过去更呈现出易组织、隐蔽性强、影响大的特征，对其治理的难度也随之加大。

改革开放使我国社会发生了从计划体制向市场体制、农业社会向工业社会的快速转型。社会转型必然带来利益格局的重组和人们价值观念的改变；同时，转型过程中的体制破立都有一个过程，经济社会管理中必然发生违规的混乱现象，从而形成了大规模的经常性的信访问题。当信访问题嵌入信息网络技术时，就会增加社会群体事件的发生，如集体上访、网络公诉等。这些上访群体事件，有些是由于当地主管部门的官僚主义错误甚至个别是腐败行为引起的行政管理不作为或不当作为导致的，具有内容上的合理性，有些则是少数别有用心的人为了实现自己的不合理利益要求，有意煽动一些不明真相的群众而产生的。但不管其诉求合理与否，大量的网络舆情和群体事件必然增加社会不安定因素。进入新世纪，随着移动互联网信息技术的高速发展，为网民表达各种不满提供了平台，"人肉搜索""发帖维权"等形式成为成本更低、收效更大的方法，极大地增加了网络舆情群体事件，从而加剧了社会治安的不安定因素。

治理网络信息技术发展带来的网络舆情群体事件，必须加强网络舆论建设。习近平总书记指出："要本着对社会负责、对人民负责的态度，依法加强网络空间治理，加强网络内容建设，做强网上正面宣传，培育积极健康、向上向善的网络文化，用社会主义核心价值观和人类优秀文明成果滋养人心、滋养社会"①。

①　《习近平著作选读》第1卷，人民出版社2023年版，第473页。

网络空间是亿万民众共同的精神家园。推进网络空间建设必须牢固确立以人民为中心的价值导向和根本原则,使网络空间真正造福人民,与人民的利益同向而行,让亿万人民在共享互联网发展成果上有更多获得感,将网络空间和网络舆论打造成为助力实现人们对美好生活的向往和追求的工具。

第二节　改革开放发展过程中的价值问题需要新发展理念

　　改革是一个探索的过程,改革探索过程中的制度和政策需要不断的完善,容易带来政策空间的权力寻租,市场化必然带来社会风向的逐利取向,较多工业企业的"粗放型"的增长模式导致生态环境恶化和资源负重,"先富带动后富"发展战略加大了原有地区、行业发展的不平衡,并使个体之间的贫富差距快速拉开,以及如何更好更大地发挥中国在国际关系中的影响力、推动公平公正的国际政治经济新秩序的构建等问题。在国际国内两个大变局的时期,这些问题构成了我国进一步发展升级的重大机遇和挑战,正确地应对和解决这些发展性问题,需要新的发展理念的引领,新的发展方略的布局。

一、纠偏经济发展中的"唯 GDP 论"需要以人民为中心的发展思想引领

　　GDP 是国民经济核算的核心指标,也是衡量社会整体经济运行态势,或者是在检验经济政策是否可行有效等多方面发挥重要作用,因此,它可以看作判断一个国家或地区一定时期内经济实力的重要指标,也是整个社会稳定发展的坚实基础。但是,GDP 并不是万能的,单纯的 GDP 增长很难全面反映经济社会的发展全貌,也难以真实反映出现实社会的需求、人民生活的现实状态、经济结构等问题;GDP 数字的多少本身也不能保证让广大群众分享到经

济社会发展的成果,GDP 数字的强大也不能等同于国家的强大,甚至也无法提高人们的幸福指数。

但是,由于改革开放前我国人均 GDP 非常低,整个国家相当贫穷,人民生活普遍贫困,因此,改革开放后,发展经济,快速增大 GDP,尽快摆脱贫穷显得尤其迫切和重要,导致相当多的地方干部和普通群众对 GDP 产生了片面理解和认识,在一定程度上形成了唯 GDP 论英雄的发展思维,这种对 GDP 盲目狂热崇拜的价值取向在现实中表现为对经济增长的强烈追求。一些地方政府与官员单一地将"以经济建设为中心"完全等同于 GDP 的增长,让 GDP 主导一切,从而累积了影响可持续发展的一系列严重问题,其中之一就是经济发展中的"人民性"和社会主义生产目的性的偏离。满足人民物质文化生活需要和实现人的全面发展是社会主义经济增长和生产发展的根本目的。唯物史观认为,人作为生产力中最活跃的因素,是经济发展的主要承担者。正是因为人所蕴藏的创造性、能动性力量以及智慧的展现才可以转化为经济社会发展的内生动力,从而促进社会生产力的发展。社会发展的最终目的在于满足人类的多种需求,社会发展是广大人民群众共同创造的结果,所以真正的社会发展遵循着属人逻辑。不论是从人推动社会发展所发挥的"工具性",还是从社会发展服务于人发展的"目的性",都必须确立经济发展的"人民性"价值。但是,由于对 GDP 的过度追求,一些地方视经济增长为发展主要甚至唯一的指标,而为了实现 GDP 的快速增长,一些地方政府官员不惜游走在违法违规的灰色地带,牺牲环境和生态,漠视群众基本权益,把人当作推动地方经济发展的工具,民生保障和人民幸福生活指数没有与 GDP 的快速增长同步,劳动者主体地位被严重弱化,人的价值被 GDP 物化。

为了实现我国经济社会长期可持续发展,必须正确处理好经济发展和社会发展的关系问题,必须纠偏"唯 GDP 论",在继续坚持以经济发展为中心的前提下,特别强调经济发展的人民性价值指向,坚持以人民为中心的发展新理念。

二、收入差距拉大需要更加注重社会公正问题

公平正义是人类追求的永恒价值和美好社会理想,美国著名政治哲学家罗尔斯认为它是"社会制度的首要价值,正像真理是思想体系的首要价值一样"①。作为一个历史范畴,在人类社会发展的历史长河中,涌现出大量关于公平正义的社会理想构想。中国古代孔子提出"大同世界",西方思想家们畅想"理想国""乌托邦""太阳城"等,这些都包含着公平正义的价值诉求。公平正义通常涉及人的尊严、价值及发展等根本性范畴,其包含了自由、平等、秩序等多种价值形态,作为规范性概念而言,公平正义是关于有关制度性的安排如何将各种社会资源公平地分配给每一个社会成员,以保证每个社会成员都能得到公正的待遇,实现其权利的问题。它也是新时代中国特色社会主义发展事业崇尚的价值目标。公平正义的实现基于对人的生存和发展权利的承认与肯定之上,其包含起点公平、过程公平和结果公平三个因素。而这里提到的起点公平并不是说绝对相同,也不是指人们具有相同的外在资源和同样的资质天赋,而是要承认这一差异同时尽可能将其缩小。机会公平意味着在人们基本权利和机会给予平等保证的基础上,按照劳动者在经济发展中的付出和贡献率获取相应的收入分配。总的来说,公平正义的大氛围和社会制度是人民生存和发展必不可少的重要条件。结合当今社会市场要求的透明化来看,公平正义理应成为社会运转体系的基础理念。

改革开放构建社会主义市场经济,强调市场在经济资源中的配置作用,同时打破平均主义的观念,鼓励有条件的地区和个人利用自身优势通过劳动先富起来,极大地释放了社会活力,极大地激发了人民群众的积极性、主动性、创造性,促进了生产力的飞跃发展。在改革开放早期,为了提高发展速度和效率,尽快消除贫穷,邓小平提出"先富带后富,实现共同富裕"的发展策略,激

---

① [美]约翰·罗尔斯:《正义论》,何怀宏等译,中国社会科学出版社1988年版,第3页。

发了全社会你追我赶创富的巨大动力效应。然而,由于缺乏有效可行的制度安排,回溯新时代前的三十多年改革开放发展,经济高速发展过程中表现出一个明显的特征,"先富"起来的地区和少数人不仅没能普遍成功地带动想要"后富"的地区和群众,相反,虽然全国性的灭贫工作不断推进,贫困人口不断减少,但总体上全国性的贫富差距愈来愈大,地区间、行业间、城乡间的差距分化愈加严重。中国在短短的几十年中,由一个吃大锅饭的平均主义盛行的社会转变为一个利益分化十分严重的国家,基尼系数已超过警戒线。这种客观结果是由许多原因造成的,包括历史的、体制的、行业的、区域的等方面。过大的贫富分化必然引发人们的社会不公平感,影响人们对改革开放的意义认知。如果长期不能解决,还会进一步影响人们对社会主义制度优越性的认知,影响我国经济良性发展的可持续性和社会的长治久安。

当我国已成为世界第二大经济体,整个社会基本消灭贫困后,如何遏止贫富分化的扩大,实现社会共同富裕,彰显社会公平的问题不断凸显出来。解决这些问题,既需要在分配体制和社会公共服务提供更加完善的社会保障等方面的政策和法规进行改革,也需要新的发展价值观念的引领。因此,党的十八大以来,习近平总书记不仅多次强调要深化收入分配制度改革,加强社会建设,补齐民生短板,不断增强全体人民的获得感、幸福感,而且系统阐释了新时代必须坚持以人民为中心的发展思想及其重要意义,强调发展必须依靠人民,发展必须为了人民,让全体人民共享发展成果的发展价值目标,从而为新时代我国经济社会发展迈上新台阶确立了根本的价值指导和遵循。

三、新时代加强反腐倡廉和党的建设必须坚持以人民为中心的价值导向

"党的执政地位不是与生俱来的,也不是一劳永逸的"[①]。中国共产党的

---

① 《十六大以来重要文献选编》中,中央文献出版社 2006 年版,第 273 页。

执政地位是近现代中国进行独立自强斗争过程中人民和历史的选择。中国共产党的立党根基是人民群众,立党目的是为人民谋幸福。无论是艰苦的革命年代,还是执政后的社会主义建设时期,中国共产党始终不忘初心、恪守全心全意为人民服务的宗旨,始终与人民群众保持紧密联系,代表全体人民的根本利益。为实现根本宗旨,中国共产党不断进行自我革命,清除一切侵蚀党的健康肌体的病毒,纯洁思想、纯洁组织,使党始终保持昂扬斗志、奋发进取和永葆青春活力,引领时代潮流,领导全国人民从一个胜利走向另一个新的胜利,从而确立了中国共产党的长期执政地位。但是,要保证党的长期执政地位,党必须时刻全面从严治党,保持刀刃向内大胆自我革命,对党内出现的各种不正之风和违法乱纪现象进行坚决的清理和打击。改革开放、构建社会主义市场经济,极大地推动了我国经济社会快速发展,但随着整个社会物质财富越来越富裕,贫富差距不断扩大、资本寻租猖獗、党内腐败现象逐步滋生并蔓延。虽然改革开放一开始,党就旗帜鲜明地坚决反对和惩治腐败,但直至进入新时代前,党内腐败现象都没有得到根本性遏止,严重的腐败现象侵蚀着党的健康肌体,导致干群关系紧张,"对中国的官场生态造成严重破坏,而且也对社会风气产生了恶劣的影响"①。进入新时代,"为谁执政""如何执好政"的内部性风险问题已成为时代之问。党的十八大以来,以习近平同志为核心的党中央坚持以人民为中心、人民利益高于一切的价值理念,践行以人民为中心的发展思想,砥砺为人民谋幸福的初心,以铁拳惩腐、重典治乱的决心,刮骨疗毒、壮士断腕,坚决把党风廉政建设和反腐败斗争进行到底,为党领导人民在新的历史时代创造新的历史辉煌奠定坚实的思想和组织基础。

（一）坚持以人民为中心的价值理念指导惩治腐败工作的开展

腐败问题既是历史性问题,也是世界性难题。腐败会阻挡社会经济发展,

---

① 汪玉凯:《十八大以来反腐败斗争的时代紧迫性与历史必然性》,《人民论坛》2017 年第13 期。

能否妥善解决腐败问题,涉及政党和国家的生死存亡问题。公共权力指代表公众对公共社会资源进行服务与管理,权力的行使应当彰显和体现出社会公众的意愿。但如果使掌握公共权力的人员的权力膨胀,就会使公共权力膨胀,陷入公职人员权力滥用以谋取自己利益的危险。马克思认为,公共权力是"从社会中产生但又自居于社会之上并且日益同社会相异化的力量"①。因而,公共权力本身就存在异化和变质的潜在危险,权力腐败仅仅是变异的明显特征。自改革开放以来,计划经济体制向市场经济体制过渡过程中,一方面由于理性经济人追逐利益的欲望被不断激发,另一方面由于缺乏完备有力的监管制度,市场规则滞后,有时甚至存在漏洞,市场规则的约束力往往不能约束竞争的破坏力,这就导致容易产生对利益欲望不断的滋长。另外,有关政府部门对一些经济活动进行行政干预,公共权力进入市场,这又为一些有实际权力的官员谋私利提供了便利条件。权力虽然不是资本的天然黏合物,但二者之间存在密切关联,权力进入市场交换领域,容易出现权力商品化和权力资本化,"身份对能力的挤压;法治对人治的服膺"②。资本的逐利性决定了它为实现资本不断增殖将会不择手段,权力与资本结合的影响力会远超单纯市场主体的逐利行为,掌控资本市场权力者滥用职权,从而导致公共权力在运行过程中遭到严重腐蚀,滋生腐败官员以及食利阶层,他们以公共权力作为自己的保护伞。

　　改革开放以后,腐败深入到经济社会生活的各个方面。公款消费、权钱交易、权色交易、受贿行贿等贪腐案件越来越多、金额越来越大、级别越来越高甚至正国级领导干部堕落为腐败分子,家族式腐败、团体式腐败等恶性事件屡见不鲜,贪污索贿数值和恶性社会影响力不断突破人们的心理底线。习近平在党的二十大中也强调,当前,"党的建设特别是党风廉政建设和反腐败斗争面

① 《马克思恩格斯选集》第4卷,人民出版社2012年版,第187页。
② 李杰:《马克思开辟的人学道路及其当代价值》,人民出版社2012年版,第171页。

临不少顽固性、多发性问题"①。这些问题的出现严重损害了党在人民心中的执政形象,任其蔓延必将动摇党的执政基础。正如习近平总书记所指出:"党面临的最大风险和挑战是来自党内的腐败和不正之风。"②党的十八大以来,以习近平同志为核心的党中央在反腐败斗争中表现出了极大的决心和毅力,紧紧依靠人民,从制度设计、法律法规制定和思想价值两个方面对腐败现象进行全面的反击和惩治。在制度设计方面,不断完善各级纪检监察职能,严格按照党纪国法惩治一切腐败分子;在思想价值方面,加强宗旨信念教育,强调任何时候都不能忘记为人民服务的宗旨、为人民谋幸福的初心,坚决贯彻以人民为中心的价值理念,坚持全面从严治党,为实现"两个一百年"奋斗目标、建成社会主义现代化强国和实现中华民族的伟大复兴,营造一个严谨良好的党内环境和社会环境。

（二）坚持以人民为中心的价值理念指导紧张的干群关系的化解

毛泽东指出:"党群关系好比鱼水关系。如果党群关系搞不好,社会主义制度就不可能建成;社会主义制度建成了,也不可能巩固。"③党员干部担负着贯彻党的大政方针的重要责任,是党的形象的体现。党群关系作为干部群众关系的核心组成部分,党群关系的状况在很大程度上反映了党和群众关系的状态。改革开放后,党同人民群众之间的血肉联系、鱼水关系受到不同程度的破坏,干群关系变得紧张。如少数党员干部忘记了党的为人民服务的宗旨信念,把党和人民赋予的权力当作以权谋私的工具,他们的腐败行为和官僚主义极大地损害了人民群众对党员干部阶层的认知,严重影响了干群关系。另外,由于我国的城乡二元结构体制造成了国家对城市与农村投入失衡的惯

---

① 《习近平著作选读》第 1 卷,人民出版社 2023 年版,第 22 页。
② 《习近平关于党风廉政建设和反腐败斗争论述摘编》,中国方正出版社 2015 年版,第101 页。
③ 《建国以来重要文献选编》第 10 册,中央文献出版社 1994 年版,第 488 页。

性,各级基层政府财权小而事权大,政府在充分履行公共服务职能方面相对滞后,公共服务体系不够完善,优质公共医疗资源、教育资源、文化消费资源、公共设施等方面的资源有限和布局不合理,基层干部密切联系群众工作难以有效施展,严重降低了干部在群众中的影响力;同时,一些密切干群关系的政策法规和监督机制没有与时俱进,部分直接涉及人民群众利益的民生政策法规没有及时修正,干群关系中出现的新问题、新情况一时难以处理或根本无法处理,如社会保障法没有针对农民工权益制定条例,造成农民工正当权益受损时难以找到具体的法律保护机制;选人用人制度在操作时有较大的人为干扰因素,对群众意见往往搞形式主义,少数基层干部漠视群众利益,不关心群众疾苦,工作消极怠慢,甚至冒犯群众正当权益、以权谋私,导致干群关系紧张;还有部分干部密切干群关系素养不够、能力不足,不能适应新的历史条件下群众工作的需要,如随着经济社会的快速发展与互联网的广泛普及,群众的思想观念更加开放,具有强烈的体现个人价值的愿望,但部分干部出现"本领恐慌"现象,不思进取、墨守成规,谋事不实、创业不实、做人不实,难以带领人民群众实现自我发展的诉求,导致群众不相信干部,使干群关系紧张。

马克思曾说过:"历史活动是群众的活动,随着历史活动的深入,必将是群众队伍的扩大。"[1]毛泽东指出:"人民,只有人民,才是创造世界历史的动力。"[2]人民是历史的主体,中国共产党没有任何自己的私利,其根本宗旨是为人民谋幸福。干群关系紧张的根源在于党员干部的作为可能不符合一些政策规定。因此,在进入新时代,重新处理好干群关系首先要从党员干部的思想素质、能力素质着手。要通过各种职能培训增强党员干部的工作能力、为群众办事能力。更重要的是经常性加强党员干部的思想政治学习,强化党员干部的为人民服务、以人民为中心、人民至上的价值理念,使广大党员干部心中时刻装着人民群众,真心真情为群众办实事、排忧解难,同时,让各级党员干部及其

① 《马克思恩格斯文集》第1卷,人民出版社2009年版,第287页。
② 《毛泽东选集》第3卷,人民出版社1991年版,第1031页。

组织机构的权力接受监督,以"人民拥护不拥护、满意不满意、赞成不赞成、答应不答应"作为检验一切群众工作的标杆。党的十九大报告指出:"增强党自我净化能力,根本靠强化党的自我监督和群众监督。要加强对权力运行的制约和监督,让人民监督权力,让权力在阳光下运行,把权力关进制度的笼子。"①广大党员干部才能"心有所畏、言有所戒、行有所止",所有党员干部的权力行使才能运用于维护党的执政地位和为人民群众谋福祉。

(三)坚持以人民为中心指导加强新时代党的建设

党的建设包括思想建设、组织建设、制度建设、作风建设和政治建设等多个方面。2018 年 6 月 30 日,习近平总书记在中共中央政治局第六次集体学习时强调,把党的政治建设作为党的根本性建设,为党不断从胜利走向胜利提供重要保证。

党的政治建设是党的根本性建设,决定着党的建设方向和效果。"民心是最大的政治",建设什么样的党、如何建设党,其前途命运取决于人心向背。以人民为中心加强党的政治建设是中国共产党的光荣传统。早在革命战争年代,毛泽东就明确指出:"一切问题的关键在政治,一切政治的关键在民众,不解决要不要民众的问题,什么都无从谈起。要民众,虽危险也有出路;不要民众,一切必然是漆黑一团。"②进入了新时代开始新的伟大征程,实现新的伟大梦想,必须继续坚持以人民为中心加强党的政治建设,把党建设得更加坚强有力。

以人民为中心,是新时代党的建设在政治上的举旗定向。旗帜引领方向、旗帜凝聚意志、旗帜彰显力量。中国共产党的历史,是一部坚持以人民为中心、为人民群众谋福祉的奋斗史。只有坚持以人民为中心,才能遵循马克思主义,始终以最新的中国化马克思主义的思想指导,始终牢记全心全意为人民服

---

① 《习近平著作选读》第 2 卷,人民出版社 2023 年版,第 55 页。
② 《毛泽东文集》第 3 卷,人民出版社 1996 年版,第 202 页。

务的宗旨,永远保持党的优良传统和作风,不忘使命,不断实现人民的根本利益。在新时代,只有坚持以人民为中心,才能真正得到人民群众的信赖和支持,才能集民智、聚民心,应对发展中的各种困难和挑战,创造新的伟业;只有坚持以人民为中心,才能全面推进党的政治建设、思想建设、组织建设、作风建设、纪律建设和制度建设,保证党的先进性,不断提升党的执政能力,把党建设成为伟大的马克思主义执政党和中国特色社会主义的领路人。

第三节　超越西方现代化和克服苏联模式弊端需要新发展理念

邓小平指出:"社会主义要赢得与资本主义相比较的优势,就必须大胆吸收和借鉴人类社会创造的一切文明成果,吸收和借鉴当今世界各国包括资本主义发达国家的一切反映现代社会化生产规律的先进经营方式、管理方法。"①一般认为,现代化发展有欧美资本主义现代化(包括亚洲的日本、韩国、新加坡)、苏联模式的现代化和以拉美国家为代表的发展中国家的现代化等模式。在人类历史的发展进程中,包含市场化、工业化、城市化、法治化、全球化的现代化进程强力地推进了人类社会的经济和科技发展、物质生活水平提高和全球化的开放交往。但是,西方资本主义主导的现代化由于资本主义制度固有的局限,不仅给现代化了的西方发达国家本身造成了无解的发展困境,也影响了全人类实现现代化的进程。曾经的苏联试图探索一条与西方资本主义不同的现代化发展道路,但20世纪30年代逐步形成的苏联现代化模式也具有严重的弊端,最终没能成功。作为后发的现代化,中国改革开放四十多年的现代化进程,无论如何都会受到西方现代化和苏联模式的影响。如何从社会主义制度、十几亿人口和悠久深厚传统文明的基本国情出发,既批判和超越

---

① 《邓小平文选》第3卷,人民出版社1993年版,第373页。

西方现代化的历史局限,克服苏联模式的弊端,又能够彰显现代化的共同特征,在中国特色社会主义实践中构建中国式现代化,并通过中国式现代化的成功经验推进实现人类现代化,需要新的发展理念。

一、以人民为中心的发展思想是超越西方现代化、构建中国式现代化的价值引领

西方著名学者本迪克斯认为现代化起始于英国的工业革命和政治性的法国大革命,西方掀起的工业化浪潮使得各国纷纷走上了现代化道路。二战以后,由于受到战争的重创,无论是发达国家还是发展中国家都坚持以发展生产、繁荣经济为目标。由于战后经济的持续繁荣以及拥抱工业主义的全球性狂热,在 50 年代,工业主义和进步理念的重新结合,几乎达到了百年前的程度。由此,形成了以经济增长为核心的发展观。客观上来讲,在以经济增长作为发展指挥棒的现代化建设过程中,社会经济有了突飞猛进的发展,但这种积极作用并不能掩盖它的非理性缺陷。这种发展理念建立在启蒙运动衍生的进步主义之上,把社会发展简单地理解为经济增长和财富增加。弗洛姆指出:"在资本主义经济活动中,成功、获得物质利益成了目的本身。人的命运便是促进经济制度的进步、帮助积累资本,这并非为了自己的幸福或得救,而把它作为目的本身。"①"有增长无发展"成为普遍现象,发展所蕴含的属人价值指向完全被湮没在资本的洪流中,此外,这种发展还带来了生态、资源等方面的多重恶果。

一是以"资本"为本导致人的工具化。西方人本主义初期在推翻封建制度对人的压制、实现人的启蒙方面发挥了重要作用。但随着工具理性对价值理性的宰制,西方人本主义在实践中却往往只代表一部分人的利益,导致了人类中心主义和极端个人主义。在经济发展上表现为,资本主义市场经济片面

---

① [美]埃里希·弗罗姆:《逃避自由》,刘林海译,国际文化出版公司 2002 年版,第 79 页。

地追求经济利益,人的地位和作用被忽视,笃信物质财富和经济的增长通过市场机制的自发调节可以自然实现。尽管经济总量有较大增加,但人民群众的生活质量并没有得到根本改善,相反还出现了诸如过度城市化、社会政治动荡、分配不公、社会腐败、生态危机等问题。正如丹尼尔·贝尔说,"经济增长也许是资本主义所特有的'矛盾'根源,而这一矛盾也许是导致资本主义毁灭的祸根。"因为"若不把经济发展当做自己的任务,资本主义存在的理由究竟是什么?"①发展的根本目的是经济增长,工具理性、科技理性被过度放大,并忽视了价值理性,实现经济增长的工具和手段变成了人,这使发展失去了本身的目的和意义。艾加德·莫兰指出,发展这种概念是以某些范例性质的东西为基础:人们认为科学、理智、技术、工业是相互联合的,其中的每一个都在发展着另一个,所有的联合在一起又保证了人的发展,因此这种发展被设想成了合理性的生发。因此,在发展的主要概念的基础上存在着西方人文主义的范例:由科学技术的发展所维持的社会经济发展本身就能保证着人的潜能、人的自由和权利的生发和进步。然而这种逻辑预设并没有按照人的预想轨道实现,反而导致了诸多问题,正如我们看到的,问题并不仅仅涉及一个概念的危机,还涉及人类和社会的危机……科学、技术、合理性的概念好像是具有指导作用、控制作用和调节作用,其实正相反,它们只不过是一些盲目的、失控的、制造非合理的概念;极端形式的非合理性,因为被掩饰得最彻底,就是合理性。资本主义制度下工具理性的张扬跋扈,压制甚至泯灭了价值理性,发展的价值指向严重偏离,人成为马尔库塞笔下所描述的"单向度的人"。在社会发展上,还引发了一系列无法解决的社会问题,加剧着效率与公正、自由与平等、速度与效益、质量与数量、私人与社会、富有者与贫困者之间的矛盾。在政治发展上,正如布莱克在总结西方国家现代化经验时指出:"很少有政治领袖具有将其人民作为人的需要置于国家目标之上的远见。司空见惯的是:将实现现

---

① [美]丹尼尔·贝尔:《资本主义文化矛盾》,赵一凡、蒲隆、任晓晋译,生活·读书·新知三联书店1989年版,第296页。

代化的手段当作目的本身,而且不惜牺牲这些目的而以狂热和冷酷的手段去搏杀。"①

二是"可持续"发展并未真正解决资本主义生态问题。西方资本主义为了摆脱发展困境提出了可持续发展的解决方案,这对所有国家在现代化进程中提高生态保护意识、共同维护人类的家园等方面具有积极影响。但随着全球化的深入发展,资本却越来越成为世界秩序的主导力量,并植根于经济、政治、社会、文化等各个领域。因而,这种资本逐利本性以及技术理性泛滥的放任就意味着生态问题——资本主义的"阿喀琉斯之踵"不可能彻底解决。虽然可持续发展的提出对改变和走出生态困境有一定的解释力,但从根本上无法逾越资本逻辑的宰制、改变资本主义的生产方式,不能触及导致人和自然异化的根源,也不能根本解决可持续发展的阻碍。因此,在资本主义框架之下,即使其发展理念如何美好,都只是对资本主义暂时性的改良或调整,不能真正解决问题。

二、反思苏联模式得失,社会主义建设必须坚持以人民为中心的发展思想

苏联东欧等国的社会主义实践在探索和保证全体人民的政治平等、消灭人剥削人的制度、消除两极分化和贫富悬殊、建设新型的思想道德文化等方面取得了巨大进步,也积累了丰富经验。例如沙皇俄国经济文化十分落后,1913年工业总产值仅占美国的6.9%,经过70年的社会主义建设,尽管二战对国民经济造成极大破坏,但到20世纪80年代中期,苏联工业总产值达到美国的80%,成为世界上仅次于美国的第二强国。绝大多数东欧国家在建立社会主义制度的40年里,也从落后的农业国建设为中等发达的工业—农业国。但社会主义制度确立以后,面对经济文化落后和小农占多数的国情,加快国家经济

---

① [美]C.E.布莱克:《现代化的动力》,段小光译,四川人民出版社1988年版,第38页。

社会发展,尽快赶上并超过资本主义发达国家成为当时苏联党和人民的迫切要求,加之长期处于资本主义包围之中的外在"压迫"和冲击,苏联党和人民不得不考虑和实施一些非常规手段来加快建设社会主义的步伐,快速壮大自身实力以免陷入被动挨打的境地,因而通过怎样一种发展方式来建设世界上第一个社会主义国家,成为苏联的首要问题。在经济方面,苏共中央及政府直接管理经济,直接占有生产资料,国家是产权所有和生产经营的唯一主体,决定生产,分配产品,计划流通,实施指令性计划经济,以行政手段管理经济,排斥和限制市场经济,消灭或抵制小生产,积极推行生产资料所有制的高级形式。以速度为中心,优先发展重工业,认为社会主义工业化的道路应当从重工业开始。为此,国家计划部门对重工业项目优先立项,资源配置向重工业倾斜,建立起了以重工业为核心的工业体系和国民经济体系。重工业投资水平占国民经济总投资的80%以上,这一比例几乎一直延续到苏联解体。在政治方面,实行一党制,党政不分,以党代政,党组织直接插手管理国家事务,国家行政机关在很大程度上失去相对的独立地位;权力高度集中,不仅表现为立法、司法、行政机关,经济、文化组织和群众团体的权力过度集中于党委,而且表现为基层的权力过分集中于上级机关;缺乏有效的监督机制,监督机关处于中央执行机关的领导之下,实行自上而下的干部任命制和实际上的领导职务终身制。在文化方面,对科学技术和文化工作通过政治和行政手段进行管理,以致一些思想观点的分歧和学术上的争论常常上升为政治斗争。领导者个人的意志和判断贯穿于科技、教育、文化等方面,并往往冠之以国家名义,强制专业人员执行。

以苏联为代表的社会主义发展模式之所以形成高度集中的经济政治体制,是历史主客观因素相互作用的必然结果。虽有其严重弊端,但作为人类历史上的第一种社会主义发展模式,使社会主义制度的优越性得以初步显现,在历史上曾发挥过重大积极作用。随着时代主题的转换,苏联的社会主义发展仍囿于旧体制,墨守成规,其负面效应愈加凸显:

一是社会主义发展模式凝固化。即 20 世纪 20 年代末至 30 年代在苏联形成的社会主义发展模式。二战后，苏联模式又以唯一正确的形式嫁接到欧亚一系列社会主义国家。随着经济发展规模的扩大、经济结构的复杂化、发展目标的多元化、人民生活水平要求的提高，以及经济全球化趋势的逐渐加大，这种模式的优势就逐渐转化为劣势。实质上，社会主义社会和其他社会一样，也是一个需要改革的社会，当时社会主义社会发展的实践状况也迫切需要新的改革。但苏联东欧各国长期以来没有认识到这一点，并在社会主义建设中将苏联模式进一步僵化，而在之后的改革中，改革的发展又偏离了基本方向。改革起步晚本就是一大失误，在改革中为了揭露旧体制的弊端，对这种社会主义发展模式一概否定，全面否定党的历史和社会主义历史，对历史上的领袖人物也进行全面攻击，又导致更大的失误。1985 年戈尔巴乔夫担任苏共中央总书记以后，他鼓吹"全民党""全民国家"等错误观点，推出了"新思维"和人道的、民主的社会主义路线，搞乱了党和人民的思想，把社会主义改革演变成了对社会主义的"革命"，最终自掘坟墓，既埋葬了社会主义，也埋葬了自己。

二是经济发展严重失衡。以苏联为代表的社会主义国家坚持片面单一的发展，走了一条畸形的发展道路，导致了严重的后果。优先发展重工业有其历史价值，但随着经济的增长和国力的提升，这种发展策略并未及时得到调整。长期忽视轻工业和农业，不仅导致了经济发展的严重不均衡，农业和轻工业发展落后，更引发了高积累、低消费的局面，使苏联人民的生活物资缺乏，正常生活受到影响，背离了社会主义发展的真正目的，颠倒了发展手段和目的，国民经济发展呈现出畸形化，这引起了人民群众的强烈不满，产生了许多社会矛盾。在管理体制上，由于过分强调中央的领导，不注意发挥地方的积极性，中央管理机构臃肿重叠，又不能及时有效地解决地方和企业的具体问题，就导致了地方和企业发展经济的积极性受到严重挫伤，最终影响了经济的持续健康发展。

三是打破了党内监督机制。斯大林成为苏共领导人后,将列宁时代建立起来的无产阶级政党及其政治运行机制高度集中化,打破了党内监督机制,滋生了很多党内腐败问题。特别是党内贪图享受、阿谀奉承、贪污贿赂、特权腐败之风盛行。80年代,一名苏联问题专家推测,如果把法定特权计算在内,苏联一名部长或科学院院长的开销,至少是普通工作人员或体力劳动者的最低工资的60倍。不少群众由于特权现象而对社会主义信念产生疑问,许多共产主义原则被迫放弃,至少是暂时放弃。无产阶级社会的设想在实践中已经或正在被遗忘。这就导致了人民的不满情绪日益高涨,群众与党的疏远和不信任继续加剧。苏共垮台前,有关机构曾在人民中做过"苏共究竟代表谁"的调查,调查结果显示,认为苏共代表劳动人民的占7%,代表工人的占4%,代表全体党员的占11%,而代表官僚、干部、机关人员的却占了85%。由此可见,苏共的执政根基已经摇摇欲坠。

四是没有真正解决好人的全面发展问题。发展本身是蕴含价值指向的,工业化不等于现代化,发展也不同于经济的单方面增长。在价值层面上,社会发展面临着复兴价值的终极关怀、重建完整的意义世界、找寻自己的精神家园的使命,发展意味着人的全面现代化,包括人的体力、智力、文化素养、道德操守、价值观念和思维方式。但是,苏联社会主义建设和发展的历程中,没能真正解决好人的全面发展问题。主要表现为:首先,只见物不见人,片面强调物的作用,忽视人的作用,忽视广大工农群众的作用;其次,在处理国家建设和人民群众的生活的关系方面,忽视人民群众生活水平的提高和人的自由全面发展,特别是农民的权益没有受到合理的保障;最后,认为讲"人"的问题是资产阶级的专利,一谈到人道主义就认为是资产阶级思想泛滥,这不仅忽视了人的积极性、主动性和创造性的发挥,也忽视了人的需求的全面满足,还忽视了人的素质的全面提高。

苏联作为世界上第一个社会主义国家,它的诞生、发展与解体都备受关注,引发了国际学术界的热烈讨论。英国共产党的老党员艾瑞克·霍布斯鲍姆总结道:共产主义现在已经死亡:苏联和建立在此模式之上的大多数国家和社会,还有激励着我们的十月革命的儿童,已经彻底地崩溃瓦解了,留下了物质和道德毁灭的景象。很显然,这项事业从一开始就注定失败。就像托洛茨基在1937年所说的,官僚噬掉工人国家,或工人阶级清除官僚? 因此,这个问题所倚仗的是谁的决定关乎苏联的命运。人们对苏联的突然解体更为关注,包括解体的过程、解体的原因等等,托洛茨基的论述至少给人们提供了一个思考,如果"官僚"总是与"工人阶级"(也可以理解为人民)处于冲突的状态,那么苏联的未来也是黯淡的。列宁在逝世前最为关心的问题之一就是担心官僚主义横行,忧虑党的干部脱离群众,与人民处于对立面,给社会主义发展造成难以估量的损害。

苏联解体是国际共产主义运动的一次重大挫折,可以从不同的方面深刻总结其经验教训。其中列宁在逝世前担心的党的干部尤其是领导干部脱离群众,搞官僚特权的现象愈来愈严重是其重要原因之一。一部分党员干部不仅不为人民谋利益,而且把国家发展的成果异变成个人或小集团特权奢侈腐朽生活的工具。中国共产党从执政的第一天起,就始终强调执政为民的理念,始终把廉洁奉公、反贪防腐放在重要位置。在改革开放、构建社会主义市场经济发展过程中,惩治腐败一直是党的建设工作的重要任务。但毋庸讳言,从改革开放早期至新时代前,经济领域中的腐败现象一度比较严重,甚至呈现出"越反越多"的情况,少数党员干部完全丧失了理想信念,他们完全忘记了权为民所系、权为民所用的做官原则,贪污索贿、生活淫乱到了不择手段的地步。面对严重的腐败问题,必须以更加坚决的手段清除党员干部中的腐败分子,同时需要新的发展价值理念引领党和国家发展前进的方向,必须在强调继续坚持以经济建设为中心的过程中,奉行以人民为中心的发展价值理念,强调经济发展要以实现全体人民的美好幸福生活和实现建成社会主义现代化强国为根本价值目标。

三、反思走出发展中国家现代化困境，必须坚持以人民为中心的发展思想

拉丁美洲的发展中国家数量在整个美洲居于首位，20世纪五六十年代，这些国家普遍实行封闭的、国家干预式的进口替代模式，即改变直接进口产品的做法，通过引进外国技术自主生产国内必需的消费品，充分发挥政府的主导作用。这一战略在早期成效显著，但是长此以往，其潜在优势逐渐消失，加上国家对经济、社会生活的过度干预，直接导致拉美国家在20世纪80年代普遍爆发了影响深远的债务危机和经济危机。落入了"拉美陷阱"，也叫"中等收入陷阱"，具体表现为：

一是社会分化严重。20世纪90年代，世界各国的平均基尼系数为0.4，而在拉美地区大多数国家的基尼系数都高于平均值，其中巴西的基尼系数更是高达0.64。现代化进程虽然极大地加快了拉美国家的经济增长速度，但也不可避免地激化了拉美的社会矛盾，恶性贫困增长的势头虽有减缓，但贫困现象依然存在；收入分配的差距依旧悬殊；失业问题虽受到各国政府的高度重视，但整个就业形势依然严峻；地区发展不平衡，导致阶级矛盾突出，底层不满情绪迅速蔓延。究其本质，这些后果的产生都离不开拉美错误的现代化策略选择。二战后的数十年中，拉美国家仅仅追求经济增长，片面地把经济增长等同于发展，主张"积累优先"，认为收入差距扩大是经济发展的必然结果；深信"滴漏效应"，认为只要把蛋糕做大，通过经济增长使总财富增加，人均GDP提高之后，社会收入差距也会随之缩小。然而事与愿违，这种"增长第一、再分配第二"的现代化实践模式，进一步加剧了社会阶层的两极分化，贫富悬殊成为制约拉美国家发展进程的一大痼疾。

二是过度依赖外国资本。一般而言，利用外资发展经济是发展中国家从无到有的重要手段，但由于过分依赖外资，以致民族经济受到致命性打击，经济命脉被外资控制，从而走上了一条"依附性"增长的道路。拉美国家也曾意

识到这一问题,并实施了进口替代发展战略,力图走上独立自主的工业化道路,基本形成了现代工业体系,经济发展欣欣向荣,外部资本的投资比例亦逐渐上升。但此后为了弥补国内的财政赤字,拉美国家大胆举债,在资金滥用和西方贸易保护主义的双重影响下,陷入了严重的债务危机。为摆脱危机,拉美国家政府通过增加货币供应量填补财政赤字、弥补过高的公共福利开支,并进一步开放国内市场、放松对外资的限制,实行价格自由化等政策,导致通货膨胀极速加剧。这种"外资主导型"发展方式,使拉美地区沦为私有化对国际垄断资本依赖程度最高的地区之一,以致其经济乃至政治事务受到国际垄断资本的全方位控制。

三是过度城市化。拉美国家力图通过工业化—城市化的模式实现现代化。随着工业化的发展,迅速形成了以城市为主体的经济发展圈,大量的农村人口移居城市,使城市人口出现了爆炸性增长。拉美的过度城市化使得人口密度极度不平衡,导致优质资源过度集中于城市,农村发展长期停滞,进一步拉大了地区发展的差距。此外,在工业化和城市化的过程中,政府管理涣散、配套的法规政策不完善、民众的环保意识亟待提高等,使得拉美国家的生态环境日渐恶化。社会治安方面,由于地区发展不平衡和社会公平正义的长期"缺位",拉美地区的社会治安混乱,恶性犯罪频频发生,政府的不作为、唯利是图、官商勾结等不良风气更为诸多社会问题的滋生提供了温床。

曾经高速增长而创造经济奇迹的拉美国家,如今普遍面临着发展困局。它们曾率先在发展中国家中步入中等收入国家行列,却在此后的几十年里停滞不前,收入分配不均、社会畸形化发展等问题层出不穷,陷入"中等收入收入陷阱"。所谓"中等收入陷阱",是指当一个国家的人均收入达到中等收入国家水平后,由于不能顺利实现经济发展方式的转变,导致经济增长动力不足,最终出现经济停滞的状态。一些拉美国家,如巴西、墨西哥、阿根廷,具有这方面的典型症状:它们早在20世纪70年代就迈入中等收入国家行列,此后却陷入近半个世纪的挣扎。

　　拉美国家的所谓"中等收入陷阱",实质上是发展中国家如何实现现代化的发展困境。拉美国家的现代化发展困境有各个不同的具体原因,包括经济贸易和产业政策等等,但有一个非常重要的共同原因就是贫富差距过大。一些拉美主要国家的人均国内生产总值(GDP)水平主要是靠规模迅速扩大的富裕阶层来提高的,中等收入家庭所占比例不大且实际生活经济成本较大,中低收入居民消费严重不足,底层民众不但没有分享到经济发展的成果,反而深陷于"发展的痛苦"之中,从而引发激烈的社会动荡和政局不稳。因此,当中国的现代化发展达到中等收入国家水平并向高收入社会迈进的时候,走出拉美发展的所谓"中等收入陷阱",必须坚持以人民为中心的发展理念,把共享和实现全体人民共同富裕作为经济社会发展的价值目标,才能推动当代中国以沉稳坚实的脚步爬坡过坎,迈过"中等收入陷阱",建成社会主义现代化强国。

第五章　以人民为中心的发展思想的
　　　　内涵逻辑

　　坚持以人民为中心的发展思想,是新时代党治国理政的出发点和落脚点,有着极其丰富的内涵逻辑。坚持以人民为中心的发展思想,是马克思主义唯物史观的时代创新,充分体现了中国共产党人的"人民主体"历史观、"人民至上"价值观、"人民共享"发展观、"人民评判"政绩观等,深刻回答了"为什么人发展""依靠什么人发展""发展成果由什么人共享"这些基本问题,是习近平新时代中国特色社会主义思想的重要理论构成和价值坐标。

第一节　以人民为中心的发展思想的
　　　　唯物史观意蕴

　　"马克思主义坚持实现人民解放、维护人民利益的立场,以实现人的自由而全面的发展和全人类解放为己任,反映了人类对理想社会的美好憧憬。"[1]以人民为中心的发展思想既深深植根于马克思主义唯物史观,又能不断与时俱进,凸显时代特色,是马克思主义唯物史观基本原则在当代中国的逻辑延伸

---

[1]　习近平:《在哲学社会科学工作座谈会上的讲话》,人民出版社 2016 年版,第 8—9 页。

和马克思主义中国化的最新理论成果。

一、逻辑起点：人民群众是历史发展的主体

马克思主义唯物史观认为，人民群众是历史主体，是推动社会发展和历史变革的决定性力量。所谓历史主体，就是在社会历史发展一定阶段上，承担实践活动和认识活动的"现实的人"，他们是历史事件的参与者和推动者，他们的行为和决策直接或间接地影响历史的发展进程。在启蒙时代以前，西方社会将上帝视为历史的主宰，上帝通过圣经和教会、圣徒这些现实生活主体启示人类历史的本体、意义、目的和归宿，人类历史被理解为由一个固定起点（上帝创世）经这个世界的终点（末日审判）进入永恒（天国）的线性运动过程，整个人类历史就是生活中认识和践行上帝的意志。对马克思哲学产生直接影响的德国古典哲学，包括青年黑格尔派、施特劳斯、费尔巴哈、施蒂纳等整个德国古典哲学对历史主体的探讨试图跳出上帝话语，但仍然以宗教和神学为起点，人们对历史主体的认识大多抽象且孤立。施蒂纳认为历史不过是骑士、盗贼和怪影的历史，历史主体是基于宗教基础上的原人。黑格尔将"绝对精神"看作历史发展的主体，费尔巴哈用"以自然为基础的现实的人"消解了形而上学的"绝对精神"，实现了本体论认识上的进步，但是费尔巴哈依然停留在对人的本质的抽象理解上。对此，马克思批判费尔巴哈没有看到人的本质在其现实性上"是一切社会关系的总和"①，没有看到人只有在进行物质资料的生产和生活的活动过程及其形成的各种社会关系中才能成为现实的人。因此，马克思提出自己关于"人的本质"的理解，还原并确立了现实的人的思想。马克思关于"人的本质"的观点既不同于费尔巴哈人本主义哲学所说的感性存在的"抽象的人"，也区别于施蒂纳所说的处于某种离群索居状态中的"唯一者"，他将历史主体确定为：从事活动的，进行物质生产的，因而是在一定的物

① 《马克思恩格斯文集》第1卷，人民出版社2009年版，第505页。

质的、不受他们任意支配的界限、前提和条件下活动着的现实的人。首先，现实的人是"从事实际活动的人"。马克思认为全部人类历史发展的第一个前提是"有生命的人"的存在，主体为了能够生活必须进行物质生产实践。自然界是主体进行物质生产实践的基础，人的生存和发展离不开自然界的供给，自然界是人的无机身体。马克思的"现实的人"虽然首先强调"有生命的"自然性个人的存在是历史发生的前提，但历史的发生和人的本质的生成却是开始于人感性的对象性活动。由于每个时代的实践活动及其形成的社会关系都是由该时代的实践条件和生产力状况决定的，所以"现实的人"的实践活动无法超越受所处时代生产力和社会关系的制约。其次，"现实的人"既是"剧作者"又是"剧中人"，是寓于复杂交往关系网络、具有丰富的社会历史内涵的范畴。所谓"剧作者"指的是在特定的社会条件下，人的主体性活动对社会条件的革命性改变。人作为主体性的存在，是全部历史的创造者，以其自身的活动追求和实现自身幸福。早在《神圣家族》一文中，马克思恩格斯就明确了人民的历史主体地位。当时，鲍威尔兄弟认为，英雄在历史活动中发挥着决定性作用，而将人民群众视为"群氓"。对此，马克思恩格斯进行了深刻批判，并强调指出："历史活动是群众的活动，随着历史活动的深入，必将是群众队伍的扩大。"①在马克思看来，人类社会的发展不是由个别英雄人物或超越于人的外在意识所掌控，而是"行动着的群众"②的有目的有意识的实践活动。马克思恩格斯还指出："把重大政治历史事件看做历史上起决定作用的东西的这种观念，像历史编纂学本身一样已经很古老了，并且主要是由于这种观念的存在，保留下来的关于各国人民的发展的材料竟如此之少，而这种发展正是在这个喧嚣的舞台背后悄悄地进行的，并且起着真正的推动作用。"③

　　基于人民群众是历史主体的基本立场，唯物史观认为，"现实的人"的实

---

① 《马克思恩格斯文集》第 1 卷，人民出版社 2009 年版，第 287 页。
② 《马克思恩格斯文集》第 1 卷，人民出版社 2009 年版，第 287 页。
③ 《马克思恩格斯文集》第 9 卷，人民出版社 2009 年版，第 166 页。

践活动,主要是物质生产实践生成并维持着人类社会的存在和发展。人民群众作为一个历史范畴,是人类生活的组织者、承担者和行为者,扮演着历史"剧中人"与"剧作者"的重要身份。

首先,人民群众是社会物质财富的创造者。从事物质资料生产实践的劳动群众是构成人民群众最为稳定的力量,是推动生产力发展的主体性因素。马克思认为整个人类发展史就是一部人类劳动史。劳动作为破解人类历史之谜的钥匙,在人类历史的发展中起着不可或缺的作用。可以说,劳动创造了人类生活。而从事最基本的物质资料生产实践的正是无数默默无闻的人民群众。人民群众运用劳动工具,进行艰苦的劳动实践,改造对象世界,生产出满足自己和他人需要的物质生产资料。恩格斯曾经论述道:"在十七世纪的英国和十八世纪的法国,甚至资产阶级最光辉灿烂的成就都不是它自己争得的,而是平民大众,即工人和农民为它争得的。"①自然资源是人民群众进行物质生产实践的基础,而劳动技能的提高、劳动经验的持续积累则是人民群众将自然资源改造成为人的身体的一部分的手段。正因如此,人类社会才能由远古走向现代文明,从刀耕火种走进智能时代,劳动对人类全部社会生活具有决定性意义。同时在劳动实践过程中,体力劳动和脑力劳动的社会分工也逐渐显现,在创造物质财富过程中,体力劳动者和脑力劳动者发挥着同样重要的作用。随着社会生产力的提升和科学技术的广泛应用,脑力劳动者在创造物质财富中发挥着越来越重要的作用。马克思恩格斯关于人民主体的论断,彻底颠覆了以往阶级社会把人民群众视为乌合之众、统治压榨对象的荒谬观念,科学揭示了人民的历史主体地位,廓清了覆盖在历史主体问题上的迷雾。

其次,人民群众是精神财富的创造者。任何社会的全面发展,不仅需要以丰富的物质财富作为物质基础,还需要丰富多样的精神文明成果。一方面人民群众的劳动实践直接成为精神创造的物质来源。实践决定认识,人民群众

---

① 《马克思恩格斯全集》第18卷,人民出版社1964年版,第325页。

改造客观世界的同时自身的主观世界也在随之发生变化。文化作品和文化产品就是人民在实践中改造主观世界的物质载体，不论是中国古代的四大名著还是欧洲中世纪的四大悲剧、四大喜剧，这些文学作品都根源于广大人民群众的劳动实践。人民群众的物质生产实践直接为精神财富的形成、创造提供了丰富的物质手段，奠定了坚实的物质条件。社会的一切财富、产品及其他物质形式的存在，都不过是人的本质力量的对象化结果，是广大劳动人民智慧的结晶。另一方面人民群众还直接参与精神财富的创造，成为精神财富创造的主体。这其中既有古代劳动人民在农作时偶然萌发的歌谣，根据农作经验总结的农事相关知识，也有人民群众当中的知识分子群体将知识、文化和思想凝练成册，直接参与到了精神文化的创造过程中。这些精神财富的创造主体在历史的长河里留下了熠熠生辉的思想著作。

最后，人民群众是推动社会发展和变革的主体力量。马克思说："历史的活动和思想就是'群众'的思想和活动。"①这表明人民的主体地位不仅贯穿于社会物质财富和精神财富的创造过程中，还体现为社会变革的关键历史时期人民群众所发挥的重大作用。恩格斯在总结资产阶级革命胜利的原因时指出："在资产阶级的这三次大起义中，农民提供了战斗大军……如果没有这些自耕农和城市平民，资产阶级决不会单独把斗争进行到底，决不会把查理一世送上断头台。"②生产力和生产关系的矛盾运动推动社会变革，但是社会变革并不会自发实现。人民群众是推动这一变革的重要推手，在推进生产力发展，破除旧的思想观念和社会关系，变革社会制度的过程中发挥着巨大作用。此外，人民群众无意识或者不自觉的实践活动也会推动社会发展，在社会发展演进中扮演重要角色。人民为物质创造不断改进生产工具，提高劳动能力，发展社会生产力。当社会生产力发展到一定程度，原有生产关系成为其桎梏时，社会变革的客观条件成熟，人民群众就会顺应时势在某种特殊情势即导火线的

---

① 《马克思恩格斯文集》第 1 卷，人民出版社 2009 年版，第 286 页。
② 《马克思恩格斯文集》第 3 卷，人民出版社 2009 年版，第 511 页。

激发下而发动社会革命,实现社会的重大变革,推动历史向前发展。

　　唯物史观关于"人民主体地位"的理论是以人民为中心的发展思想的理论基础。以人民为中心的发展思想根植于马克思人民主体论的哲学沃土之中,是对人民群众历史主体地位的当代确证和现实表达。毛泽东曾经将我们党同人民群众的关系比作种子和土地,共产党人只有与人民群众结合,才能在人民群众中间生根、发芽、开花、结果。党的十八大以来,习近平总书记多次强调:"人民是历史的创造者,群众是真正的英雄。人民群众是我们力量的源泉"①,强调"坚持人民主体地位,充分调动人民积极性,始终是我们党立于不败之地的强大根基"②。中国共产党的根基是人民群众,中国共产党能够从小到大、从弱到强、从胜利走向胜利的力量源泉是人民群众,人民群众的历史主体作用是中国共产党带领中国人民实现从"站起来"到"富起来"并向"强起来"迈进的根本依靠所在。在新民主主义革命时期,毛泽东强调占全国人口百分之九十的工人农民是中国革命的主力军,革命要取得胜利,只有动员和依靠这些凝聚广大农民的力量。改革开放四十多年以来,人民群众不断推动社会主义事业进步发展,从凤阳小岗村的包产到户到个体经济的蓬勃兴起,从国企改制到多种所有制形式的探索发展,"神舟"系列宇宙飞船的成功发射,"嫦娥一号"月球探测卫星的成功发射,青藏铁路的建成通车,物联网、大数据、云计算等现代化技术的创立发展等各项改革事业和发展创新都彰显出了人民群众的伟大智慧和磅礴力量。进入新时代,新的发展目标以及过去发展取得伟大成就所积累的各种深层次的问题,都需要在党的坚强领导下依靠人民群众的支持和努力去达成和解决。因此,党的十八大以来,以习近平同志为核心的党中央明确提出和贯彻以人民为中心的发展思想,强调"必须紧紧依靠人民,从群众中汲取无穷的智慧和力量"③,必须坚持人民主体地位和践行党的全心

① 《习近平著作选读》第1卷,人民出版社2023年版,第61页。
② 《习近平著作选读》第1卷,人民出版社2023年版,第211页。
③ 《习近平关于全面深化改革论述摘编》,中央文献出版社2014年版,第147页。

全意为人民服务的根本宗旨,着力把党的群众路线贯彻到治国理政全部活动之中,"紧紧依靠人民创造历史伟业"①。党的十九大报告提出,经过长期发展,中国特色社会主义进入了新时代,社会主要矛盾已经转化为人民日益增长的美好生活需要与不平衡不充分的发展之间的矛盾。主要矛盾的转化,一方面反映了改革开放取得的伟大成就,通过发展解决了十几亿人的温饱并在2021年初完全消灭绝对贫困,实现全体人口的脱贫,是世界反贫困史上的伟大壮举;另一方面,人民群众的基本物质生活需要满足后,在物质文化和精神文化等方面的新需要日益迫切,民主、法治、公平、正义、安全、环境等方面的要求也日益增长。新的发展目标与我国现在的生产格局、产业格局和分配格局的发展不平衡不充分的现状都存在着矛盾,正如十九大报告所指出:"更加突出的问题是发展不平衡不充分,这已经成为满足人民日益增长的美好生活需要的主要制约因素。"②从具体情况看,我国社会不平衡不充分的发展既表现在城乡之间、行业和个体之间等的重大差别,也表现为经济、文化、生态和社会保障之间等的重大差别。发展不平衡不充分的纷繁复杂问题对党和政府的工作提出了新要求、新思路和新目标,既需要完善已有的一些相关政策措施,也需要制定一些新的相关政策措施和法规,还需要新的发展理念,这就是党的十八大以来逐渐明确和强调的以人民为中心的发展思想。正是以以人民为中心的发展思想的引领,以实现人民美好生活和全体人民共同富裕为目标,以习近平同志为核心的党中央在进入新时代后制定了统筹推进经济、政治、文化、社会、生态文明建设的"五位一体"总体布局和"创新、协调、绿色、开放、共享"的新发展理念,通过实施深化供给侧结构性改革提高供给体系质量以满足人民的高品质物质文化生活需要,通过实施乡村振兴和区域协调发展战略、创新和完善社会保障体制补齐民生短板、全面脱贫和推动共同富裕工程等,不断地提高全体人民的获得感、幸福感和公平感。

---

① 《习近平著作选读》第1卷,人民出版社2023年版,第212页。
② 《习近平著作选读》第2卷,人民出版社2023年版,第10页。

二、价值指向：实现人的自由全面发展

马克思指出："哲学家们只是用不同的方式解释世界,而问题在于改变世界。"①唯物史观不以解释世界为旨趣,而是要现实地改造世界,实现人的解放和全面发展,实践性是马克思主义全部哲学的根本特征,马克思毕生都在为实现人的自由全面发展而努力探索和奋斗。唯物史观认为,历史发生的前提是现实的人的生成,现实的人是在历史实践的一定社会关系中实现解放和发展的,现实的人解放和发展程度取决于实践的深入和社会关系的丰富程度,取决于生产力和生产关系的矛盾运动状态。所以,马克思一直强调,"人们自己创造自己的历史,但是他们并不是随心所欲地创造,并不是在他们自己选定的条件下创造,而是在直接碰到的、既定的、从过去承继下来的条件下创造"②。生产力和生产关系的矛盾运动,作为基础,推动人的解放和发展,作为客观前提,制约着人的进一步解放和发展。唯物史观认为,历史是人的历史,历史的发展是人的发展,是人在历史实践中自身的解放和发展,历史的发展动力是人自己,人自身解放和发展的需要是历史发展的动力。"历史不过是追求着自己目的的人的活动而已。"③历史是前人创造的,每一代人都是在前人创造历史的基础上创造历史,每个人都是在一代人创造历史的浪潮中通过自己的努力奋斗创造自己个人的历史,成就自我,推动历史的变革。

同任何事物一样,人的发展在人类历史上也是一个需要经过不同发展阶段的漫长过程,马克思在《1857—1858年经济学手稿》中将这个过程大致划分为三个阶段。前资本主义社会"人对人的依赖"时期。由于生产力发展水平非常低下,交往方式简单,个人的生存和成长严重受制于血缘、地缘,发展基本

---

① 《马克思恩格斯文集》第1卷,人民出版社2009年版,第506页。
② 《马克思恩格斯文集》第2卷,人民出版社2009年版,第470—471页。
③ 《马克思恩格斯文集》第1卷,人民出版社2009年版,第295页。

依附于家族、部落等共同体。马克思认为,这样的"共同体是实体,而个人则只不过是实体的偶然因素"①,这样的共同体对成员具有统治、主导以及约束行为等作用,个人严格依附于共同体中的社会关系,这种相互依赖的关系以个体的"自我牺牲"为前提,因而在前现代社会,人的发展是狭隘又片面。资本主义和社会主义初级阶段的"人对物的依赖"时期。马克思认为,资本主义在人的自由全面发展过程中具有特殊的意义。一方面,资本主义社会创造了比以往世代总和还要多还要大的生产力,而生产力发展及其创造的雄厚物质财富是实现人的解放和全面发展的客观前提,因为"当人们还不能使自己的吃喝住穿在质和量方面得到充分保证的时候,人们就根本不能获得解放"②。同时,为了追求最大剩余价值,资本以其强大的控制力和极快的周转速度,冲破封闭的地理空间限制,将世界各民族都裹挟进资本谋利的洪流中,极大地促进了世界各地各民族之间的交往,民族历史转变为世界历史。从实现全人类解放和自由全面发展的共产主义理想来看,世界历史的形成是人的解放的重要基础,人的全面解放需要全球空间上的联合,世界历史为构建统一的自由人联合体创造条件,因为"只有资本才创造出资产阶级社会,并创造出社会成员对自然界和社会联系本身的普遍占有……与这个社会阶段相比,一切以前的社会阶段都只表现为人类的地方性发展和对自然的崇拜"③。因此,资本主义发展是实现人的自由全面发展的重要环节。就资本主义生产关系本身而言,资本主义废除封建制的人的等级关系和人身依附关系,实现了法权形式上的人人平等,即"政治解放",劳动者可以自由迁徙、自主择业,从而大大拓展了个人的发展空间,实现了"以物的依赖性为基础的人的独立性"④的转换。另一方面,资本主义时代个人的自由发展严重依附于资本,社会和人的生活严重物

① 《马克思恩格斯文集》第 8 卷,人民出版社 2009 年版,第 126 页。
② 《马克思恩格斯文集》第 1 卷,人民出版社 2009 年版,第 527 页。
③ 《马克思恩格斯选集》第 2 卷,人民出版社 2012 年版,第 715 页。
④ 《马克思恩格斯文集》第 8 卷,人民出版社 2009 年版,第 52 页。

化。工人在资本雇佣劳动制度下沦为资本增殖剩余价值的工具,工人的自由只是意味着具有选择被某个资本家剥削的自由权利,其劳动过程本身不仅不能彰显自己的潜能和实现自由全面发展,而是摧残身体和心智的愚钝化过程。马克思在《1844 年经济学哲学手稿》《资本论》等一系列著作中,通过考察资本主义生产方式下工人阶级的劳动和生活状况,深刻揭露了在自由平等法权外衣下工人阶级被剥削奴役的非人化境遇。恶劣的工作条件、超长的工作时间、微薄的工资收入、脏乱的生活环境、机器式的劳动分工、利己的精神价值等等,使资本主义制度下的广大劳动者深受物质和精神上的双重奴役而畸形片面发展。所以,资本主义的工业文明并未实现人的真正解放,马尔库塞对此不无讥讽地评说道:"发达工业文明的奴隶是受到抬举的奴隶,但他们毕竟还是奴隶。"①弗洛姆批判地指出,在资本主义社会,尽管人能够自由活动,但"人不过是广袤空间里的一粒尘埃,他所能做的一切就是像一个长途跋涉的士兵或流水线上的工人那样随波逐流。他能活动,但独立感、意义感已不复存在"②。因此,资本主义最终必将被社会主义和共产主义所代替。共产主义是人的丰富个性和自由全面发展的时期。第三个历史阶段即共产主义时代,在这个时代,劳动不再是单纯的谋生手段,而是成为"生活的第一需要",社会关系不再作为异己的历史支配人,而是置于全社会的共同控制之下,人们将在自觉、丰富和全面的社会关系中获得自由和全面的发展,成为具有自由个性的人,马克思称之为"建立在个人全面发展和他们共同的、社会的生产能力成为从属于他们的社会财富这一基础上的自由个性"③的阶段。

　　中国共产党是用马克思主义武装起来的无产阶级政党,人的自由全面发展是马克思主义理论的最高价值旨趣,因此,实现人的自由全面发展是中国共

---

　　①　[美]赫伯特·马尔库塞:《单向度的人:发达工业社会意识形态研究》,刘继译,上海译文出版社 2014 年版,第 29—30 页。
　　②　[美]埃里希·弗罗姆:《逃避自由》,刘林海译,国防文化出版公司 2002 年版,第 87 页。
　　③　《马克思恩格斯文集》第 8 卷,人民出版社 2009 年版,第 52 页。

产党人的重大理论目标和基本价值遵循。为了实现这个理论目标和基本价值,中国共产党从成立开始就进行不懈探索、艰苦奋斗。一百多年来,党带领人民,经过北伐战争、土地革命战争、抗日战争、解放战争,以武装的革命反对武装的反革命,推翻了帝国主义、封建主义、官僚资本主义三座大山,取得了民主革命的伟大胜利,建立了人民当家作主的中华人民共和国,实现了民族独立,中国人民从此站起来了,这为实现人的自由全面发展构建了强大的无产阶级专政的政权基础。新中国成立后,党团结带领人民,通过社会主义三大改造运动和社会主义革命,确立社会主义基本制度,推进社会主义建设,实现了整个社会广泛而深刻的变革,建立了独立的国民经济工业体系和独立的国防工业体系,为实现人的自由全面发展奠定了根本政治前提和制度基础。在总结社会主义建设经验的基础上,党团结带领中国人民,解放思想、锐意进取,实现新中国成立以来党的历史上具有深远意义的伟大转折,确立党在社会主义初级阶段的基本路线,坚定不移推进改革开放,实现了从计划经济体制到社会主义市场经济体制、从封闭半封闭到全方位开放的历史性转变,实现了从生产力相对落后的状况到经济总量跃居世界第二位的历史性突破,实现了人民生活从温饱不足到总体小康、奔向全面小康的历史性跨越,为实现人的自由全面发展创造了雄厚的物质条件。党的十八大以来,习近平总书记从中国特色社会主义发展的时代新高度,不仅全面阐释中国特色社会主义必须坚持以人民为中心的发展思想,而且多次深刻论述中国特色社会主义要"不断促进人的全面发展",强调现代化的本质是人的现代化,促进共同富裕与促进人的全面发展是高度统一的,只有坚持发展为了人民、发展依靠人民、发展成果由人民共享,才会有正确的发展观、现代化观。为了在新时代加强和促进人的自由全面发展,以习近平同志为核心的党中央团结带领人民,坚持和加强党的全面领导,坚持贯彻新发展理念,统筹推进"五位一体"总体布局、协调推进"四个全面"战略布局,推进国家治理体系和治理能力现代化,把实现两个目标、人民美好生活和共同富裕作为直接奋斗目标,为实现人的自由全面发展创造整体的社会环境。

三、核心要义：实现人民的根本利益

利益是唯物史观的重要范畴之一。近代西方学者认为利益的本质在于主体内在的幸福与快乐，因而利益得失与主体幸福与否存在密切关系。人们对利益的最大追求来源于深刻的自然主义基础，这是人类肉体生存发展的自然体现。在他们眼中，利益或作为人的主观情欲的要求或成为不以人的意志为转移的客观存在。这种利益观点在反对宗教禁欲主义，肯定人的世俗欲望方面具有合理性，但是将人的本性简单理解为生理上的欲望，并将之作为唯一性的标尺，并放之四海而皆准，这就使得这种利益观具有人性上的抽象性特质。马克思明确指出："利益是社会化的需要，人们通过一定的社会关系表现出来的社会需要。利益在本质上属于社会关系范畴。社会主体维持自身的生存和发展，只有通过对社会劳动产品的占有和享有才能实现，社会主体与社会劳动产品的这种对立统一关系就是利益。"①早在《莱茵报》担任编辑时期，马克思就接触到了现实生活中的物质利益问题并开始思考这一问题。马克思在了解调查莱茵省议会关于林木盗窃法案和摩泽尔河沿岸地区人民的贫困问题后，对当时的普鲁士政府蔑视农民困苦生活非常愤怒，因而积极为农民利益辩护，同时还促使马克思第一次深刻地意识到了黑格尔的唯心主义哲学原则与现实存在着巨大的鸿沟和矛盾。在黑格尔看来，国家是理性的体现，代表着普遍利益，应该维护并保障弱势群体利益。然而，现实情况却截然相反，马克思看到普鲁士王国绝非理性的体现，有产阶级建立起来的所谓理性王国本质上是维护有产者的利益的工具，普鲁士王国为保护林木占有者的利益可以破坏法和自由。正是由于接触了现实生活中的利益问题，马克思决定清算自己的哲学观念，彻底与黑格尔的唯心史观告别，并开始转向现实经济关系领域，逐步确立生产关系的范畴，最终构

---

①　李淮春主编：《马克思主义哲学全书》，中国人民大学出版社 1996 年版，第 376 页。

建了历史唯物主义的理论体系。

马克思认为:"人们奋斗所争取的一切,都同他们的利益有关。"①对利益的追求是人们从事物质生产实践的驱动力,也是提高人民改造主客观世界的积极性、创造性的内在动因。霍尔巴赫也指出:"利益就是人行动的唯一动力。"②人民群众是历史的缔造者,是社会物质财富和精神财富的创造者,也理应成为利益的享有者。但是资本主义社会以自由平等为幌子,肆意侵吞着劳动人民的利益,占有劳动人民的物质成果。"成功的中产阶级以及那些志在效仿的人士感到心满意足,但实际上占大多数的劳苦大众并不满意。对劳苦者而言,工业革命摧毁了他们的传统世界和生活方式,却没有自动带来可以替代的东西。要说工业化的社会影响,问题正在于这种破坏"③,在马克思看来,"只要私有制仍然存在,利益原则就充满了资本主义社会的利己主义逻辑,它意味着各个人所追求的利益必然是从单个利益出发"④,单个利益与共同利益之间难以调和的矛盾使得个体活动成为一种异己的强制力量,无产阶级只能在私有制铸造的"牢笼"中悲惨度日,其利益完全被淹没在资本的洪流中。要彻底破解资本逻辑下的利益对峙问题,马克思认为需要两个实际前提,必须"人类的大多数变成完全'没有财产的'人,同时这些人又同现存的有钱有教养的世界相对立"⑤,也就是说消灭利益对峙,需要无产阶级的扩大和联合并自发站到资产阶级的对立面,"如果说马克思在林木盗窃法的争论中已经站到了劳动者的利益角度考虑问题,那么在《德法年鉴》时期,马克思则找到了实现劳动者利益的阶级力量——无产阶级"⑥。马克思主张建立无产阶级政

---

① 《马克思恩格斯全集》第 1 卷,人民出版社 1956 年版,第 82 页。
② [法]霍尔巴赫:《自然的体系》上卷,管士滨译,商务印书馆 1999 年版,第 260 页。
③ [英]埃里克·霍布斯鲍姆:《工业与帝国:英国的现代化历程》,梅俊杰译,中央编译出版社 2017 年版,第 85 页。
④ 张文喜:《历史唯物主义的政治哲学向度》,江苏人民出版社 2008 年版,第 174 页。
⑤ 《马克思恩格斯文集》第 1 卷,人民出版社 2009 年版,第 538 页。
⑥ 张哲:《利益多元化格局中的党群关系问题研究》,天津人民出版社 2015 年版,第 19 页。

党,并领导工人阶级打碎旧的国家机器,实现人民的真正利益。唯物史观认为,政治是经济的集中表现,政党是一个完美的利益表达工具,"政党和其他社会组织相比,有着使主体的利益愿望和诉求理论化的特殊功能,使其所代表的阶级、阶层或集团的利益以理论化的形态阐述出来"①。无产阶级政党是无产阶级中具有知识储备、深刻掌握无产阶级运动法宝和把握无产阶级革命进程的先进队伍,它没有自己的特殊利益,它代表的是无产阶级和全体劳动者的根本利益,马克思恩格斯指出:"过去的一切运动都是少数人的,或者为少数人谋利益的运动。无产阶级的运动是绝大多数人的,为绝大多数人谋利益的独立的运动。"②人民利益至上、实现人民的根本利益是无产阶级政党的根本立场和宗旨。

以马克思主义为指导思想的中国共产党从成立之初就把"人民"二字深深镌刻在自己的旗帜之上。坚持人民立场、谋求人民利益、实现人民发展始终贯穿于中国共产党百年峥嵘岁月,化为深深的历史基因熔铸于中国共产党人的血脉当中。尽管不同历史时期人民的利益需求有所不同,但党为人民谋利益的初心始终未变。革命战争时期,中国共产党就明确表明革命是为了人民群众。党在建设根据地的实践中围绕组织建设、政权建设、经济建设、文化宣传等方面制定根本路线和根本政策,统筹谋划人民群众的当前利益和长远利益,既保障了人民群众各方面民主权利,也巩固加深了人民群众对党的认可和拥护。1925年毛泽东在《〈政治周报〉发刊理由》中指出:"为什么要革命?为了使中华民族得到解放,为了实现人民的统治,为了使人民得到经济的幸福。"③毛泽东非常重视关心群众的生活,他认为,只有"真心实意地为群众谋利益,解决群众的生产和生活的问题,……解决群众的一切问题"④,才能赢得人民

---

① 张哲:《利益多元化格局中的党群关系问题研究》,天津人民出版社2015年版,第22页。
② 《马克思恩格斯文集》第2卷,人民出版社2009年版,第42页。
③ 《毛泽东文集》第1卷,人民出版社1993年版,第21页。
④ 《毛泽东选集》第1卷,人民出版社1991年版,第138—139页。

真诚的拥护和支持。"文革"动荡结束后,邓小平思考如何在一个落后的东方大国建设和发展社会主义,彰显社会主义制度优越性。党的十一届三中全会以后,以邓小平同志为主要代表的中国共产党人深入总结社会主义建设的经验教训,提出要以经济建设为中心和实行改革开放的重要决议,这次全会将全党全国的工作重心由阶级斗争转移到经济建设上,深刻改变了中国社会的历史进程。邓小平认为,只有"解放生产力,发展生产力,消灭剥削,消除两极分化,最终达到共同富裕"①,才算是真正实现社会主义。因此衡量社会主义政策对不对,要看"生产力是否发展,人民收入是否增加"②。邓小平提出:我们"承认物质利益,是要为全体人民的物质利益奋斗。每个人都应该有他一定的物质利益"③。他还强调要把满足人民利益作为衡量每个党员的最高准绳,如此一来,人民的物质利益原则不仅成为评判党员干部工作的标尺,也成为改革开放的助推器。改革开放以来,我国社会的发展进步和人民生活水平的不断改善就是邓小平人民利益思想的最佳确证。而在江泽民时期,则是结合当时社会发展现实,与时俱进阐释党的人民利益思想,提出"三个代表"重要思想,丰富了中国共产党对于人民利益的内涵认识。江泽民指出:"我们党要始终代表中国最广大人民的根本利益,就是党的理论、路线、纲领、方针、政策和各项工作,必须坚持把人民的根本利益作为出发点和归宿,充分发挥人民群众的积极性、主动性、创造性,在社会不断发展进步的基础上,使人民群众不断获得切实的经济、政治、文化利益。"④这一论述强调了党工作的出发点和落脚点,也重申了为人民服务对于社会主义建设和党的建设有何意义。以胡锦涛同志为主要代表的中国共产党人在继承前人思想基础上,与时俱进提出"以人为本"的科学发展观,多次强调,"中国最广大人民群众是建设中国特色社

---

① 《邓小平文选》第 3 卷,人民出版社 1993 年版,第 373 页。
② 《邓小平文选》第 2 卷,人民出版社 1994 年版,第 314 页。
③ 《邓小平文选》第 2 卷,人民出版社 1994 年版,第 337 页。
④ 《江泽民文选》第 3 卷,人民出版社 2006 年版,第 279 页。

会主义事业的主体,是先进生产力和先进文化的创造者,是社会主义物质文明、政治文明、精神文明协调发展的推动者"①,"群众利益无小事"②。党的十八大以来,习近平总书记反复强调:"党的一切工作,必须以最广大人民根本利益为最高标准。检验我们一切工作的成效,最终都要看人民是否真正得到了实惠,人民生活是否真正得到了改善,人民权益是否真正得到了保障。面对人民过上更好生活的新期待,我们不能有丝毫自满和懈怠,必须再接再厉,使发展成果更多更公平惠及全体人民,朝着共同富裕方向稳步前进。"③

20 世纪 80 年代,我国经济体制实现历史性转折,从高度集中的计划经济体制转向充满活力的社会主义市场经济体制,相应地,我国社会也经历了从封闭到半封闭再到全方位对外开放的历史性变革,社会活力显著增强,经济建设取得了卓越的成就。随着社会经济结构变革以及对外开放程度不断深入,我国的利益关系格局改变。改革开放以前,在以计划经济体制为主导的社会格局中,整个社会发展中并不存在一个因拥有"资本要素"而获利的阶层,社会各群体的分配收入差异较小,利益分化不明显。在这种制度模式下,人们的公平正义体验主要集中于政治领域而不是经济领域,因为在这种体制中只存在以身份区分为基础的政治分层,不存在以资本或收入差异为基础的经济分层。然而,市场经济体制的引入与确立,越来越多的人因各种"资本因素"获利,社会整体的分配收入差距变大,利益分化也逐渐明显。"市场经济从本质上说是一种建立在利益主体分化基础上的博弈经济。"④新生利益阶层的出现对社会原有利益群体产生冲击,我国的社会结构较之前的简单状态变为更为复杂的情形,新的社会阶层逐步出现。主体的多元化促使利益诉求呈现出多样化的趋势,各阶层之间的利益矛盾较之前更纷繁复杂,多元化的利益格局让共同

① 《胡锦涛文选》第 2 卷,人民出版社 2016 年版,第 140 页。
② 《胡锦涛文选》第 2 卷,人民出版社 2016 年版,第 58 页。
③ 《习近平著作选读》第 1 卷,人民出版社 2023 年版,第 212 页。
④ 孙立平:《博弈:断裂社会的利益冲突与和谐》,社会科学文献出版社 2006 年版,第 34 页。

利益或者趋同性的利益发生"共振"的几率越来越小。不同利益群体之间的利益分化日益加剧,利益差距持续扩大化、阶层利益者心理失衡化等问题突出。市场经济的关键内核就在于激发主体争取利益最大化,在这样一种内驱力的驱使下,一些市场主体为攫取自身最大利益,不择手段坑蒙拐骗,侵害人民群众的利益;更有一些精致的利己主义者披着精致华美的外衣,运用娴熟灵活的手段,悄无声息地实现自身非法利益,具体表现为经济类犯罪现象不断增加,政治官员渎职腐败案件经常发生,偷税漏税、商业欺诈、制假贩假、金融犯罪、网络诈骗、非法集资等问题逐渐增多。这些案件背后很多时候又与政府官员的渎职行为相关。这些案件的发生,不仅侵害了人民群众的利益,造成国家的巨大经济损失,而且损害了党和政府的形象,毒化了社会风气和社会正常生活交往生态,严重地影响我国经济社会可持续的健康长远发展。

改革的利益普惠范围的大小,直接决定了改革的能量源的大小。不合理的利益结构势必影响改革的深入推进,影响人们对改革的支持度,因为"变革产生了日益提高的期望,变革的必然有限的结果却不能够使这些期望得到满足。一旦人们认识到事情可以变化,他们就不能再像从前那样轻而易举地把他们现实条件的基本状况看作是理所当然的了"①,"如没有与发展休戚相关的所有人的参与,发展是不可能的,而且如发展与他们的利益相抵触,在空头支票的掩饰下对他们进行剥夺,发展就不能发生"②。改革的进程表明,我国发展必须坚持社会主义道路和制度,同时也必须建立市场机制和与市场体制相适应的利益协调机制以及公平正义的利益格局。随着改革的深入和市场体制的逐步形成,贫富差距逐渐加大,因而符合市场体制要求的公平正义的利益格局的重构显得更加急迫。这就需要兼顾不同利益主体的合理诉求,同时确保利益实现的结果获得广大人民群众的认同,实现全体人民平等公正地共同分享发展的成果。

---

① [法]米歇尔·克罗齐等:《民主的危机》,马殿军等译,求实出版社 1989 年版,第 19 页。
② [法]弗朗索瓦·佩鲁:《新发展观》,张宁、丰子义译,华夏出版社 1987 年版,第 11 页。

为了迅速纠正因市场体制构建过程中利益分化和利益格局重组滞后引发的经济、道德和社会等问题，党的十八大以来，以习近平同志为核心的党中央在政策实践上不断深化改革，通过对土地和自然资源、资本、科技、制度等方面的改革，打破利益固化的藩篱，增强改革和发展动力，让改革发展成果更好地服务于全体人民；在价值理念上，明确提出必须坚持以人民为中心的发展思想，深入推进全面从严治党，更好维护人民群众根本利益，强调始终把实现好、维护好、发展好最广大人民根本利益作为发展的出发点和落脚点，不断改善人民生活品质，提高社会建设和社会治理水平，让全体人民真正地不断增强生活的幸福感、获得感和自豪感。

第二节　以人民为中心的发展思想的实践方略

发展始终是贯穿中国特色社会主义建设的一条红线，以人民为中心的发展思想对实现"什么样的发展、怎样发展"的时代性课题作出了有效回应。习近平总书记指出："以人民为中心的发展思想，不是一个抽象的、玄奥的概念，不能只停留在口头上、止步于思想环节，而要体现在经济社会发展各个环节。"①践行以人民为中心的发展思想，就要把人民的根本利益渗透并贯穿于经济、政治、文化、生态、社会建设乃至具体环节。实现以人民为中心的发展不仅要牢记于心，更要敏施于行，要通过"刚性"的制度安排和政策规约使其从"应然"转化为"实然"。

一、经济层面：构成现代化经济体系，促进经济高质量发展

唯物史观认为，经济基础决定上层建筑，生产力是人类社会发展的最终决

_____

① 《习近平著作选读》第1卷，人民出版社2023年版，第438页。

定力量,是提升人的发展的关键因素。早在创立和完整表述唯物史观的《德意志意识形态》中,马克思恩格斯就指出,如果没有生产力的发展,"那就只会有贫穷、极端贫困的普遍化;而在极端贫困的情况下,必须重新开始争取必需品的斗争,全部陈腐污浊的东西又要死灰复燃"①。普遍的贫穷当然也就谈不上在实践中实现让人民共享发展成果和共同富裕的目标。坚持和践行以人民为中心的发展思想,必须以生产力不断提高和经济持续健康增长为前提,建立在日益雄厚的经济基础之上,否则,以人民为中心的发展就会成为无源之水、无本之木,变为空洞乏力的"空头支票"。因此,以人民为中心的发展和以经济发展为中心是相辅相成的,以人民为中心的发展必须坚持以经济建设为中心为前提,以经济建设为中心必须以以人民为中心发展为引领,两者是手段和目的的关系,经济发展的价值指向在于促进人的发展进步,只有依托稳固的经济根基,以人民为中心的发展思想才能从应然走向实然。习近平总书记强调,要坚持以人民为中心的发展思想,这是马克思主义政治经济学的根本立场。要坚持把增进人民福祉、促进人的全面发展、朝着共同富裕方向稳步前进作为经济发展的出发点和落脚点,部署经济工作、制定经济政策、推动经济发展都要牢牢坚持这个根本立场。改革开放40多年来,我国经济经历了非常规的高速发展,已实现了全面建成小康社会。进入新时代,人民群众的需求已逐步升级,决定国内主导产业部门必须随之转型升级,由原来着重高速度发展满足人民不断增长的物质文化生活需要,转向高质量发展以满足人民不断增长的美好生活需要,为此,必须从构建现代经济体系、深化经济体制改革、实施精准扶贫和推进乡村振兴等方面着力,践行以人民为中心的发展思想。

第一,全面深化市场经济体制改革,建设现代化经济体系。鼎新革故是一个民族、一个国家的持续生存发展之道。社会主义改革是社会主义国家自我革新、自我完善的手段,其根本目的是解放和发展社会生产力,推进社会主义

---

① 《马克思恩格斯文集》第1卷,人民出版社2009年版,第538页。

制度和体制的完善、经济社会健康发展。40多年前开始的改革开放是中国人民"穷则思变"的探索应变,新时代推进全面深化改革则是中国共产党站在新的历史起点,带领人民走向幸福美好生活的积极图强。经过四十多年的改革开放,中国创造了举世瞩目的"中国奇迹",一跃成为世界第二大经济体。经济高度发展的同时,生态环境恶化、区域发展不平衡等问题和矛盾也频繁发生,支撑我国经济高速增长的要素和市场环境发生明显变化。特别是当前我国正处在"三期叠加"阵痛持续阶段,经济发展进入新常态,长期积累的结构性矛盾逐步显现,资源环境约束趋紧、人口红利消退等问题突出,社会发展的不平衡不充分体现了出来。解决这些发展中的问题,需要通过完善社会主义市场经济体制与全面深化改革的高效联动,提高社会主义经济体系的现代化能力。全面深化市场经济体制改革需要协调好政府与市场的关系,使得两者之间形成适度张力。在发挥市场决定资源配置规律时,加强政府对市场的监管和服务;通过政府的监管和服务,搭建不同所有制主体之间公平竞争与合作的平台,优化公平竞争的营商环境,保障公有制主体和非公有制主体都能公平参与竞争,平等享有利用资源进行生产经营的权利,目标是构建现代化经济体系,实现经济的高质量发展。在党的十九大报告中,习近平总书记指出:"我国经济已由高速增长阶段转向高质量发展阶段,建设现代化经济体系是跨越关口的迫切要求和我国发展的战略目标。"①建设现代化经济体系需要以转变经济发展方式为前提,以推进供给侧结构性改革为主线,以提升经济发展质量和效益为目标。具体而言,调整产业结构比例,淘汰落后产能和过剩产能,以技术创新为引领,以知识、信息、数据等生产要素为支撑,推动新兴产业和绿色节能产业的发展;推进供给侧结构性改革,增强供给结构对需求变化的适应性和灵活性,通过优化要素配置和调整生产结构,破解结构性失衡、企业成本过高等问题,使我国的供给能力、供给质量和结构能更好地满足人民不断升级和

---

① 《习近平著作选读》第2卷,人民出版社2023年版,第24—25页。

个性化的美好生活需要;统筹城乡、区域发展,建立健全城乡一体化体制机制,逐步扭转城乡发展不平衡的局面。此外,秉承开放包容的理念顺应经济全球化的潮流,全方位推进"一带一路",打造经济命运共同体,为践行以人民为中心的发展思想构建基本经济体系。

第二,坚持和完善中国特色社会主义所有制制度。以公有制为主体,多种所有制经济共同发展是我国当前阶段的所有制结构,这种具有中国特色的所有制制度既契合了国家追求公平正义,实现人民共同富裕的价值所在,又有助于释放市场活力,激发个体的积极性和创造性。它不仅是我国基本经济制度的基底,也是以人民为中心的发展思想实现的基本制度保障。马克思深刻批判了资本主义私有制表面上以自由、平等为口号,本质上是允许劳动者有出卖自己劳动权力的自由,以保障资本剥削的自由,客观结果就是形式自由、平等下的实际生活中的贫富严重分化和社会严重不平等。因此,马克思强调指出:"平等应当不仅仅是表面的,不仅仅在国家的领域中实行,它还应当是实际的,还应当在社会的、经济的领域中实行。"①公有制作为国民经济的支柱,在保障和维护全体人民共同利益方面发挥着举足轻重的作用。非公有制经济作为社会主义基本经济制度的重要组成部分,其对激发市场活力、增加财政收入、提供产品供给和就业岗位、满足人民群众的多样性需求,增进人民福祉发挥着积极作用。两种所有制结构相结合既从基本制度层面彻底扭转和铲除了人与人之间的不平等根源,为人的发展进步提供了基本制度条件,又能从经济效率的角度激发市场主体努力改善经营、提高效率、优化市场资源配置,所以,"公有制主体地位不能动摇,国有经济主导作用不能动摇。这是保证我国各族人民共享发展成果的制度性保证,也是巩固党的执政地位、坚持我国社会主义制度的重要保证"②。同时,非公有制经济已是我国经济总量的重要组成部分,是在竞争中成长起来的,它有内生的强大动力,对我国社会经济总体发展、

---

① 《马克思恩格斯文集》第 9 卷,人民出版社 2009 年版,第 112 页。
② 《习近平关于全面建成小康社会论述摘编》,中央文献出版社 2016 年版,第 46 页。

提供广泛的就业途径,推进我国社会主义现代化建设都具有极其重要的作用。因此,必须按照市场需求优化经济结构,通过转变发展方式和追求高质量发展原则,积极创造条件促使非公有制经济的健康发展。进入新时代,以习近平同志为核心的党中央特别注重处理好公有制和非公有制两种所有制经济之间的关系,将两者统一到市场经济当中,在强调发展壮大公有制经济、积极探索实现公有制的多种有效形式的同时,鼓励、支持、引导多种非公有制经济的发展,使市场在资源配置中起决定性作用,解放和发展生产力,努力做大"蛋糕",为人民美好生活的实现奠定基础。

第三,深化分配体制改革,构建中国特色社会主义分配体制。唯物史观认为生产所有制关系决定分配关系,分配关系又对整个生产关系具有重要影响作用。收入分配既是生产资料所有制的直接反映,又是决定社会经济发展效率的终极因素。社会主义实现按劳分配,消除了私有制按资分配的剥削,彰显社会公平与正义,也是社会主义优越性的重要特征。但是,计划经济体制下的具有强烈平均主义色彩的分配形式严重压抑了人民致富追求和通过劳动创造财富的积极性,妨碍了劳动效率的提高。改革开放后,经济体制改革既是对所有制结构的调整,也在分配制度上打破了大锅饭、铁饭碗和平均主义,建立了以按劳分配为主、多种分配方式并存的分配制度,极大地调动了广大人民的劳动积极性和创富热情。但是,由于历史和地域差别尤其是发展不平衡不充分等的原因,改革开放后,我国地区、行业和个人之间的收入差距迅速拉大了,出现了明显的贫富分化,任其发展下去,就会偏离改革发展所面向的最终实现全体人民共同富裕的目标,也会成为制约我国经济社会进一步发展的一个严重问题,因此,必须通过深化改革逐步加以解决。进入新时代,以习近平同志为核心的党中央不仅明确提出必须坚持以人民为中心的发展价值指向,而且将其具体落实在分配体制改革方面。党的十八届三中全会明确提出通过深化改革形成合理有序的收入分配格局,提高劳动报酬在初次分配中的比重,健全资本、知识、技术、管理等由要素市场决定的报酬机制,完善再分配调节机制,努力缩小城乡、区域、行业收入分配差距。初次分配一方面要坚持按劳分配原则,制定既能提高员工工作积极性也能把控不同级别员工收入分配差距的薪酬标准;进一步完善按要素分配的机制体制,按贡献参与市场分配机制,提高劳动分配在初次分配中的比重;在此基础上,发挥好再分配在缩小收入差距中的重要作用,加强公共服务,注重通过税收、财政政策等促进橄榄型收入格局形成;制定科学的乡村振兴战略,缩小城乡收入分配差距;协调区域发展,加强区域之间的合作与沟通;重视发挥第三次分配的作用,发展慈善等社会公益事业加强社会保障体系建设,"按照兜底线、织密网、建机制的要求,全面建成覆盖全民、城乡统筹、权责清晰、保障适度、可持续的多层次社会保障体系"①,让改革发展成果普惠于广大人民,在经济收入分配过程中扎实践行以人民为中心的发展思想。

第四,实施精准扶贫和乡村振兴发展战略。农村一直是中国经济发展的薄弱环节,占人口绝大多数的农民关系到整个国家下一步的发展计划,能否解决"三农"问题是能否从发展中国家进入发达国家的关键,关系到我国社会主义现代化强国能否建成的问题,也是坚持以人民为中心的发展思想的重要体现。历史与计划体制的双重原因形成的城乡二元体制使得我国的城乡差距非常显著。改革开放以来,农民可以自由进城进厂务工,改善了农村和农民的经济收入来源,但同时也造成了农村青壮年劳动力大量转移到城市而使农村劳动力严重缺乏,老龄化问题严重,大量田地荒芜,经济空心化,土地承包形式严重滞后于新的经济发展形势,村级集体经济薄弱,多数行政村集体经济规模较小,财力支撑不足,无钱办事,公共服务内容单一,基础设施建设滞后,精神文化生活匮乏等等,城乡差距没有得到根本性的改变,有些地方还增大了这种差别。党的十八大以来,以习近平同志为核心的党中央团结带领全国各族人民秉持以人民为中心的发展价值理念,将脱贫攻坚作为解决"三农"问题的一个

---

① 《习近平著作选读》第2卷,人民出版社2023年版,第38—39页。

重要举措。习近平总书记明确指出："全面建成小康社会,最艰巨最繁重的任务在农村特别是在贫困地区。没有农村的小康,特别是没有贫困地区的小康,就没有全面建成小康社会。"①早在 2013 年 11 月,习近平总书记在湖南湘西考察时就作出了"实事求是、因地制宜、分类指导、精准扶贫"的重要指示。2014 年 1 月,中办详细规划了精准扶贫工作模式的顶层设计,推动了"精准扶贫"思想落地。随后,全国掀起了轰轰烈烈的脱贫攻坚工作热潮,各地区各部门以习近平总书记的有关指示精神和党中央的顶层设计为指导,广泛动员全社会力量参与,实施精准扶贫方略,增加扶贫投入,坚持分类施策、因人因地施策、因贫困原因施策、因贫困类型施策,通过扶持生产和就业、易地搬迁安置、生态保护、教育资助和低保政策兜底等政策措施,在 8 年时间内就取得了脱贫攻坚的决定性胜利,2020 年顺利实现了全面消灭绝对贫困和全面建成小康社会,全国 9899 万农村贫困人口全部脱贫,832 个贫困县全部摘帽,12.8 万个贫困村全部出列,区域性整体贫困得到解决,完成了消除绝对贫困的艰巨任务,创造了人类灭贫史上的奇迹,为人类文明发展史写下了浓重的一笔。

在消灭绝对贫困的基础上,党中央及时接续提出和规划乡村振兴发展新战略,既巩固已有脱贫成果,又在新的平台上为解决"三农"问题作出新的部署。2021 年出台的党中央关于推进乡村振兴的规划指出："党中央认为,新阶段'三农'工作依然重要,须臾不可放松,务必抓紧抓实。要把坚持解决好'三农'问题作为全党工作重中之重,把全面推进乡村振兴作为实现中华民族伟大复兴的一项重大任务"②。绝对贫困消除以后,巩固减贫事业的成果任重而道远,它至少仍面临以下两个矛盾:一是全面脱贫成果巩固与脱贫人口返贫威胁之间的矛盾,二是全面小康成果巩固与贫困转型之间的矛盾。③ 由于脱贫

---

① 《习近平著作选读》第 1 卷,人民出版社 2023 年版,第 73 页。

② 《中共中央国务院关于全面推进乡村振兴　加快农业农村现代化的意见》,人民出版社 2021 年版,第 2—3 页。

③ 王志刚、封启帆:《巩固贫困治理策略:从精准脱贫到乡村振兴》,《财经问题研究》2021 年第 10 期。

人口的社会适应性不足、政策的临时性补给及地区制度后续乏力、教育医疗事件的突发等因素极易导致返贫,此外城乡之间收入差距的剪刀差并没有因为脱贫攻坚任务的完成而自行消失,脱贫地区发展进度落后于先发地区,造成相对贫困威胁,这既影响人民对脱贫攻坚伟大事业的认同,也影响了人民对美好生活的幸福感和体验感。因此,必须在全面脱贫的基础上,乘胜前进,实施乡村振兴战略。

实施乡村振兴战略,强调要以处理好两个矛盾为大目标,按照"产业兴旺、生态宜居、乡风文明、治理有效、生活富裕"的总要求,建立健全城乡融合发展体制机制和政策体系,具体包括如下方略:

其一,构建现代农业三大体系。现代农业产业体系、生产体系、经营体系是发展特色农业和创新农业发展模式的"三大支柱"。产业体系是指农业资源结构问题和农产品的有效利用问题。构建现代农业产业体系,从农业产业体系整体谋划,着眼推进产业链、价值链建设,推动二、三产业融合发展,实现一产强、二产优、三产活,以市场为导向,统筹各地域经济发展特色,提高农业产业在时间和空间上的配置效率以及整体竞争力,让农民分享农业产业链条各环节的利益。生产体系是指运用什么样的手段去从事生产。构建现代农业生产体系,需要我们将先进科学技术与农业生产相结合,用现代物质装备武装农业,用现代科学技术服务农业,用现代生产方式改造农业,提升农业科技和装备应用水平,大力推进农业科技创新和成果应用,大力推进农业生产经营机械化和信息化,增强农业综合生产能力和抗风险能力。现代产业体系和生产体系的关键是提高生产效率,而现代农业经营体系的关键则在于创新经营模式。构建现代农业经营体系,就是让资源、资金、技术、劳动力等要素被优化利用。大力发展多种农业经营形式,引导多种农业经营主体规模化经营,积极培育新型农业经营主体,引导和支持种养大户、家庭农场、农民合作社、龙头企业等发展壮大,并使其逐步成为发展现代农业的主导力量。

其二,发展多种形式适度规模经营。实施乡村振兴战略,解决返贫与巩固脱贫成果之间的矛盾,需要培育新型农业经营主体,引导小农户适应社会发展,健全农业社会化服务体系,实现小农户和现代农业发展有机衔接。具体可以从以下三个方面着手:一是完善承包地"三权"分置制度,抓紧抓实承包地确权登记颁证工作,保持土地承包关系长期稳定;二是加快构建培育新型经营主体政策体系,大力培育家庭农场、农民合作社、农业产业化企业等各类新型经营主体,在此基础上健全土地流转规范管理制度;三是大力发展农业生产托管服务,健全农业社会化服务体系,通过土地流转、生产托管等多种方式,加快发展土地流转型、服务带动型等多种形式规模经营,着力带动小农户走上现代农业发展轨道,为推进农业农村现代化、实现乡村振兴提供有力支撑。

其三,完善农业支持保护制度和人才培养体系。国家在财税、信贷保险、用地用电、项目支持等方面,都有向新型经营主体、农业适度规模化经营倾斜的相关政策。进行农产品定价机制和收售价格制度改革,既要让市场发挥主导作用,又实行基本农产品的基础性保护价格,完善各种大宗农产品的定价机制、补贴政策、收储制度。推进实施乡村振兴战略,关键在人才。习近平总书记强调:"要推动乡村人才振兴,把人力资本开发放在首要位置,强化乡村振兴人才支撑,加快培育新型农业经营主体,让愿意留在乡村、建设家乡的人留得安心,让愿意上山下乡、回报乡村的人更有信心,激励各类人才在农村广阔天地大施所能、大展才华、大显身手,打造一支强大的乡村振兴人才队伍"。办好农村的事情,村民是主体,人才是关键。人才队伍、干部队伍是乡村振兴工作的直接推动者、组织者、实践者,是推动党的"三农"政策落地生根的中坚力量。全面实施乡村振兴战略的深度、广度、难度都不亚于脱贫攻坚,对人才的能力水平和专业素质提出了更高要求。因此,乡村振兴需要培养一支懂农业、爱农村、爱农民的"三农"工作队伍。要加快培养和造就一大批符合时代要求的、具有引领和带动作用的农业农村人才,充分发挥好人才在乡村振兴进程中的支撑作用。

第五,统筹效率与公平,推进共同富裕。践行以人民为中心的发展思想,不仅体现为以人民需求为标尺推动经济体制改革,还需要统筹处理好公平和效率的关系,实现经济的持续发展并确保发展成果由人民共享。市场经济体制是市场规则下的竞争体制,人类已有的社会经济实践表明,市场经济是效率最高的经济体制,但同时,市场竞争体制也是容易造成社会贫富分化的体制。因此,我国从作出改革开放的决定时就明确,我国构建的市场体制是社会主义市场经济体制,既要充分遵循市场规则和市场规律来尽快提高经济发展效率,又要以社会主义基本制度对资本和市场进行规制和引导,以达到在推进市场经济体制发展过程中的形式公平与实质公平的统一,统筹平衡效率和公平的关系。在改革开放初期,为了比较快地摆脱全国性的贫穷状态,必须实行"效率优先兼顾公平"的原则,以"先富带动后富"的思路推动经济的快速发展。经过40多年的发展,我国经济实力显著增强,人民生活水平明显改善,与此同时,社会贫富分化、阶层固化的公平问题日益凸显。过大的贫富差距增大了人们的相对贫困感,在一定程度上消解了经济社会发展过程中人们生活水平普遍提高的获得感和幸福感。对此问题,早在改革开放早期邓小平就预见到了,他曾指出,"少部分人获得那么多财富,大多数人没有,到一定时候问题就会出来。这个问题要解决。过去我们讲先发展起来。现在看,发展起来以后的问题不比不发展时少"①。"发展起来以后",我国社会主要矛盾发生转变,原有的人与物之间的矛盾逐渐让位于人与社会、人与自然以及人与自身的矛盾,集中表现为社会群体利益冲突、人与自然共生发展以及个体精神空间的充盈状态。这些问题的实质是如何处理好效率和公平的关系,一方面要促进高效率发展,丰富物质基础,使社会财富充分涌流,另一方面要通过政策和制度的完善确保经济发展成果由全体人民共享,实现社会的基本公平正义。

马克思指出,衡量一个社会的公平正义程度"不仅仅决定于生产力的发展,而且还决定于生产力是否归人民所有"②。仅仅拥有高度发达的生产力而缺失公平正义的制度,必然导致社会的贫富分化,反过来又会制约生产力的进

① 《邓小平年谱(一九七五——一九九七)》下卷,中央文献出版社2004年版,第1364页。
② 《马克思恩格斯文集》第2卷,人民出版社2009年版,第689页。

一步发展。强调共享发展既是因为这关乎每个社会成员平等享有社会的资源和权利和平等进入各个社会领域机会和权利,也关乎每一个社会成员能够凭借自身的能力公平地参与劳动并获得应有所得。由于我国仍然处于社会主义发展初级阶段,因此必须继续坚持以经济建设为中心,保证经济发展的一定速度,同时必须实行以按劳分配为主体的多种方式并存的分配制度。由此,存在一定的贫富差别是合理的、必要的,这本身也是一种公平的体现。但是,贫富的差别必须以保证每个劳动者能够通过自己的劳动付出获得应得的回报、保障每个劳动者的权利和劳动成果都能得到无差别的尊重和维护和能够享有各种基本社会保障与公共福利为前提,使全体人民能够生活在"幼有所育、学有所教、劳有所得、病有所医、老有所养、住有所居、弱有所扶"的无后顾之忧社会基本公平状态。从长远看,贫富的差别应该是不断地缩小,最终有助于推进共同富裕的实现。

二、政治层面:"发展全过程人民民主",保障人民当家作主

民主是全人类的共同价值。中国共产党领导的民主是人民民主,人民当家作主是中国民主的本质和核心。坚持以人民为主体发展社会主义民主,是中国共产党人的政治价值观。全过程人民民主,是中国共产党团结带领人民追求民主、发展民主、实现民主的伟大创造。在庆祝中国共产党成立 100 周年大会上的讲话中,习近平总书记强调,要践行以人民为中心的发展思想,发展全过程人民民主,维护社会公平正义。新时代发展全过程人民民主,是有力保障人民当家作主权利广泛真实实现的制度形式。

(一)完善和发展人民当家作主政治制度是以人民为中心的民主政治的本质要求

习近平总书记指出:"民心是最大的政治"①。人民当家作主和共同富裕

---

① 《习近平谈治国理政》第 3 卷,外文出版社 2020 年版,第 137 页。

是最大的民心,中国共产党始终不渝地带领全国人民为此奋斗,从而赢得了全国人民的衷心拥护并能够在长期奋斗过程中战胜任何困难和强敌,不断取得成功和胜利。完善和发展人民当家作主政治制度,是践行以人民为中心的社会主义民主政治的本质要求,是马克思主义政党的性质、使命和初心所使然。人民当家作主是以人民为中心价值理念在政治生活中的根本体现,因此,坚持以人民为中心,必须在政治上坚持人民当家作主。习近平总书记指出:"我国社会主义民主是维护人民根本利益的最广泛、最真实、最管用的民主。发展社会主义民主政治就是要体现人民意志、保障人民权益、激发人民创造活力,用制度体系保证人民当家作主。"①社会主义实行公有制,从而确立了人民是经济生活中的主体。实行公有制和实行人民民主是践行以人民为中心理念的一体两面。所以,习近平总书记提出:"一个国家的政治制度决定于这个国家的经济社会基础,同时又反作用于这个国家的经济社会基础,乃至于起到决定性作用。在一个国家的各种制度中,政治制度处于关键环节。"②社会主义公有制经济基础要求在国家政治方面必须实行人民当家作主的民主政治制度。我国宪法明确规定,国家的一切权力属于人民。党和国家实行人民民主,人民行使国家权力的机关是全国人民代表大会和地方各级人民代表大会。人民依照法律规定,通过各种途径和形式,管理国家事务,管理经济和文化事业,管理社会事务。人民代表大会制度、中国共产党领导的多党合作和政治协商制度、民族区域自治制度和基层群众自治制度构成了完整的人民当家作主的制度体系,保证了人民群众广泛参与和行使民主权利,实现了实质民主和形式民主的有机统一,它"保证和支持人民当家作主不是一句口号、不是一句空话,必须落实到国家政治生活和社会生活之中"③。如党和国家的各项决策,各级党委和政府的治理措施,都通过公开、座谈、论证、咨询等各种方式,广泛征求和充

---

① 《习近平著作选读》第 2 卷,人民出版社 2023 年版,第 29 页。
② 《习近平著作选读》第 1 卷,人民出版社 2023 年版,第 265 页。
③ 《习近平著作选读》第 1 卷,人民出版社 2023 年版,第 268 页。

分听取各方面意见,在民主基础上集中,最大限度地反映民情、吸纳民意、汇集民智,保证决策科学化、民主化。

(二)全过程人民民主生动体现了以人民为中心的发展思想

习近平总书记指出:"人民是否享有民主权利,要看人民是否在选举时有投票的权利,也要看人民在日常政治生活中是否有持续参与的权利;要看人民有没有进行民主选举的权利,也要看人民有没有进行民主决策、民主管理、民主监督的权利。"[①]全过程人民民主贯穿于社会治理的各个方面和全过程,体现在民主参与、民主选举、民主协商、民主决策、民主管理、民主监督、民主执政、民主立法、民主行政、民主监察、民主司法、民主守法、民主治理、民主自治等的全链条中,它是人民群众参与到社会主义民主政治全过程的民主形式,是中国特色社会主义民主政治制度创新的结果;它通过丰富多样的政治民主内容和形式,直面人民政治经济文化和日常生活中的各个方面经验事实,使民主成为能够在具体运行中解决实际问题、人民群众易于操作并踊跃参与和乐享其中的政治实践。因此,全过程人民民主有效践行以人民为中心的发展思想,能够在民主政治建设过程中充分地反映人民意愿、体现人民利益、维护人民权益、增进人民福祉、促进人的全面发展,让人民群众亲身参与到民主协商、民主管理、民主评议和民主监督过程中,切实保障其参与政治、经济、社会和文化管理的当家作主权利。我国全过程人民民主是建立在平等基础之上的包容性民主。我国全过程人民民主尤其是协商民主涵盖各党派、各团体、各民族、各阶层、各界别和各方面人士,具有极大的政治包容性。通过广泛多层制度化的民主协商,围绕治国理政、国计民生重大问题和人民群众关注的热点难点堵点问题进行广泛充分的商量,有事多商量,做事常商量,众人的事情由众人商量,最大限度兼顾各方面利益,最大限度包容各方面诉求,最大限度融汇各方面建

[①]　《习近平著作选读》第 1 卷,人民出版社 2023 年版,第 269 页。

议,无疑可以形成各方面均可接受与采纳的公共政策和公共措施,形成符合最大多数人利益和意愿的最大公约数,共同推进政治民主、社会和谐和国家繁荣。党的十八大以来我国民主政治发展实践有力证明,正是协商民主的这种特有功能和制度优势,赋予全过程人民民主以深邃的发展逻辑和广阔的发展前景。

(三)全过程人民民主紧密契合了党为人民谋幸福的民主需求

2021年2月,习近平总书记在党史学习教育动员大会上强调:"我们党的百年历史,就是一部践行党的初心使命的历史,就是一部党与人民心连心、同呼吸、共命运的历史","江山就是人民,人民就是江山,人心向背关系党的生死存亡。赢得人民信任,得到人民支持,党就能够克服任何困难,就能够无往而不胜"。① 新时代中国特色社会主义民主政治基本内涵是党领导人民当家作主,依法治理国家,党的领导是人民当家作主和依法治国的根本保障。以人民为中心的民主政治建设,必须坚持中国共产党的领导,这是根据历史经验和现实要求作出的客观结论。历史经验和现实发展表明,只有坚持党的领导,才能真正实现人民民主。中国共产党从成立之日起,就把以人民为中心镌刻在了自己的旗帜上。一百多年来,中国共产党带领人民实现了从"站起来"到"富起来"并迎来了"强起来"的新时代。新民主主义时期,以人民为中心体现在党的最高纲领和最低纲领当中。党的二大上确定中国革命的最高纲领是实现共产主义,最低纲领是统一中国为真正的民主共和国。在最高纲领和最低纲领的指引下,中国共产党将中国革命分为两步走,第一步是推翻帝国主义和封建主义统治,改变半殖民地半封建社会状态;第二步则是进行社会主义革命,建设社会主义国家。改革开放时期,以人民为中心体现为我党准确判断社会发展形势,将改善人民生活作为协调改革、发展和稳定三者关系的结合点。

---

① 《习近平著作选读》第2卷,人民出版社2023年版,第421页。

从革命到建设到改革开放再到新时代，一代又一代中国共产党人始终把人民作为治国理政、执政兴国最深厚最广泛的基础，把为中国人民谋幸福作为人民民主的真谛。进入新时代，社会主要矛盾已经转化为人民日益增长的美好生活需要和不平衡不充分的发展之间的矛盾。人民的美好生活需要，不仅是对物质文化生活提出了更高要求，而且在民主、法治、公平、正义、安全、环境等方面的要求日益增长。全过程人民民主积极回应和紧密契合了人民群众对人民民主现实性和操作性的新要求，它以满足最广大人民群众的愿望为依归，通过协商方式达成具体目的，也就是"有事好商量、众人的事情由众人商量"[1]。通过商量、协商的手段，拿出解决实际问题的办法，如全国各地建立的基层立法联系点，构建起人民群众参与立法的便捷平台，开通了接地气、察民情、聚民智的立法"直通车"。基层立法联系点形成了自下而上的立法模式，一经成立就成为基层群众直接参与立法活动的重要载体和立法机关深入基层直接了解民意的桥梁，把人民民主的制度优势转化为社会治理效能，满足了新时代人民群众当家作主的新要求。

（四）全过程人民民主有力推进良法善治，维护社会公平正义，践行以人民为中心的发展思想

习近平总书记指出："公平正义是我们党追求的一个非常崇高的价值，全心全意为人民服务的宗旨决定了我们必须追求公平正义，保护人民权益、伸张正义。"[2]践行以人民为中心的价值理念，必须构建完善法律体系、依法治国、依法行政的法治社会。民主法制是相得益彰的互照关系，民主立法是制定符合人民根本利益和社会发展需要的良法的重要保障。党的十九大报告提出："推进科学立法、民主立法、依法立法，以良法促进发展、保障善治。"[3]经由全

---

① 《习近平著作选读》第 2 卷，人民出版社 2023 年版，第 268 页。
② 《习近平谈治国理政》第 2 卷，外文出版社 2017 年版，第 129 页。
③ 《习近平著作选读》第 1 卷，人民出版社 2023 年版，第 34 页。

过程民主程序制定出来的法律,是人民的利益诉求和意志主张在民主法治框架下的充分表达,保证了人民民主全程参与立法的权利。全过程民主立法能够做到汇聚民智、反映民意、满足民需,是人民群众真正参与制定出来的法律,在具体实施过程中能够得到广大人民群众真心遵守和拥护,也为国家相关机构和人民群众有效监督法律施行从而为国家善治提供制度保障。人民性是中国特色社会主义法治的本质属性,实现好、维护好、发展好最广大人民根本利益是我国法治工作的出发点和落脚点。习近平总书记强调:"要把体现人民利益、反映人民愿望、维护人民权益、增进人民福祉落实到全面依法治国各领域全过程"①。追求公正是一切法治的价值追求,但我国社会主义法治强调的司法公正,是程序公正与实体公正相统一,是实质的公正、真正的公正,有别于西方资本主义只强调形式和程序的公正追求。马克思早就指出资本主义社会的公平正义,是以形式上的平等掩盖事实上的不平等。我国的法治与全过程人民民主紧密相结合,坚持以人民为中心的价值理念,保证了司法过程中的良法善治和对社会公平正义的维护。

三、文化建设:"为人民提供丰富的精神食粮",促进人的全面发展

文化的本质是"人化",即人类按照自己的尺度在改造客观世界时,创造出一个对象世界的历史过程和结果。"文化已经成为人类不可或缺的支撑物,是人类分野于动物界的根本标志。……人类社会正是依赖文化的整合、规范、导向等功能才得以生存、发展,才得以绵延不绝。"②一部人类发展史书写着人类生命繁衍、创造物质财富的历程,也镌刻着人类文化积累、文明传承的印记,任何一个文明健全的社会都是物质充裕和文化丰盈的集合体。在新时代,坚持以人民为中心的发展思想,必须"满足人民过上美好生活的新期待,

---

① 《习近平著作选读》第 2 卷,人民出版社 2023 年版,第 378 页。
② 袁祖社:《马克思主义人学理论与社会发展探究》,人民出版社 2016 年版,第 94 页。

必须提供丰富的精神食粮"①,以促进人的全面发展。

(一)以人民为中心的文化发展的重要性和必要性

文化是人类社会独有的现象,其本质就在于以无形的观念渗透并作用于有形的存在和具体的现实,影响并改变人的精神面貌,在潜移默化中塑造人类社会的形态。英格尔斯说:"人的现代化是国家现代化的必不可少的因素,他们并不是现代化结束后的副产品,而是现代化制度和经济赖以长期发展并取得成功的先决条件。"②这表明人的发展和现代化离不开文化的浸润和陶育。马克思认为人的需要具有层次性,包括生产生活需要、发展需要和享受生活需要。其中生产生活需要是人的第一需要,因为人们为了生活,"首先就需要吃喝住穿以及其他一些东西"③。在物质生产需要得到满足以后,人的需要层次开始发生变化,"已经得到满足的第一个需要本身、满足需要的活动和已经获得的为满足需要而用的工具又引起新的需要"④。不同于动物仅仅局限于生理性的需求,人作为有思想有意识的存在物,除了满足基本的物质生活需求外,还追求享受型需要和发展型需要。享受型需要内在包含精神上的愉悦,发展型需要则是一种超越了动物机能的高级需要,对发展型需要的追求是人由动物性向社会性的飞跃。

改革开放四十多年来,我国物质生产力发展迅速,人民温饱问题得到解决,绝对贫困现象也得到消除,社会整体生存状态正在从"生存型"转向"发展型"和"享受型"。随着人民生活水平的极大改善,越来越多的人脱离单纯对基本生存需要的追求,越来越追求更优质的食物,更良好的居住和发展环境,

---

① 《习近平著作选读》第 2 卷,人民出版社 2023 年版,第 36 页。
② [美]阿历克斯·英格尔斯等:《人的现代化》,殷陆君编译,四川人民出版社 1985 年版,第 8 页。
③ 《马克思恩格斯文集》第 1 卷,人民出版社 2009 年版,第 531 页。
④ 《马克思恩格斯文集》第 1 卷,人民出版社 2009 年版,第 531 页。

人民群众的"发展型"或者"享受型"的需要比重逐渐增长,广大人民需要的层次和范围随着社会实践的丰富呈现出升级态势。恩格斯曾经指出:"文化上的每一个进步,都是迈向自由的一步。"①文化作为一种精神力量,能够在人们认识世界、改造世界的过程中转为物质力量。优秀文化往往能如润物细雨般影响人、感染人,促进个体人格的完善,激励人们不断创造美好生活,促进人的全面发展。从民族、国家的发展角度而言,一个民族的文化里深深镌刻着这个民族的过去和未来,代表着这个民族与其他民族的不同之处,是民族繁荣昌盛的显著标识和人民的精神家园。相同的文化价值理念是将一个民族和国家联系起来的重要中介。正如习近平总书记说:"文化是民族生存和发展的重要力量。人类社会每一次跃进,人类文明每一次升华,无不伴随着文化的历史性进步。"②在全球化向纵深发展阶段,各国之间的文化交流日益增多。文化与经济和政治相互交融,一定的政治经济决定一定的文化,一定的文化也能反过来影响一定的政治经济。文化软实力是衡量一个国家发展的真正内涵所在,任何一个国家在提升本国政治、经济、军事等硬实力的同时,提升本国文化的软实力也是至关重要的。文化软实力已经深深熔铸在民族的生命力、创造力和凝聚力之中,日益成为各国综合国力较量的重要因素和关键场域。没有先进文化的积极引领,没有人民精神世界的丰富充盈,一个国家、民族不可能屹立于世界先进民族之林。为此需以本土实践为根基,以民族精神和红色文化精神为核心,大力推动文化产业发展和文化事业建设,为广大人民群众提供丰富多彩的精神文化产品,满足人民的精神文化需求。

在迈入新时代之际,直面我国的文化生活,加强以人民为中心的价值理念指导的社会主义文化建设非常迫切。

首先,随着我国对外开放的程度不断加深,加上全球化的纵深推进,各种文化竞相涌现,各种文明相互交织。文化多元化有利于增强文化的生命力。

① 《马克思恩格斯文集》第 9 卷,人民出版社 2009 年版,第 120 页。
② 习近平:《在文艺工作座谈会上的讲话》,人民出版社 2015 年版,第 2 页。

事物相异相合、相辅相成,不同事物聚合在一起才能产生新事物,多样性有利于事物取长补短,创新发展。文化多元化是文化创新和创造的源泉。文化创新或某种新文化的创造,在许多情况下是有赖于对不同文化元素的重新组合。一个社会已有的文化元素越多,文化多样性就越丰富,人们的选择就越多,就越能激发人们的灵感和创造性,文化创新的可能性就越大,创造、发明就越丰富,文化的生命力就越强。但是,文化总是内嵌价值观的。因此,文化交流在开阔人们的思路,促进文化创新发展的同时,也让人们陷入到多元价值迷雾中难以分清是非对错;人们在体验多元文化趣味的同时,会受到不同价值的冲击而陷入价值判断上的迷惘无助。在各种文化激荡、冲突的"众声喧哗"中,西方资本主义意识形态和价值观念借着文化的外衣已经不断渗透我国社会生活的方方面面,既对我国以马克思主义为指导的意识形态和社会主义核心价值观形成冲击,也影响了对中国传统优秀文化的继承创新与转化,影响了人民积极向上的健康生活观念,造成了整个社会的向心力、凝聚力、整合力在一定程度上的削弱和消解。解决这些问题,需要发展以人民为中心的社会主义文化建设。

其次,经济的迅速发展与普遍意义上的文化进步发展没有同步。市场经济作为追求利润最大化的资源配置方式,鼓励竞争致富,能够极大地激发人民创造财富的积极性、主动性,因而能够促进生产力和社会经济的快速发展。但是,经济的发展只是为精神文明和文化发展奠定物质基础,并不必然直接推动精神文明和文化进步发展,相反,"现代化实践的进行,为中国社会和中国民众带来了繁荣、富裕,但同时带来了愈来愈严重的基本的'人文要素'不断失落的现象,一个传统意义上的'文化中国'、'人文中国'的形象难以为继,社会世俗化成了一个不容忽视的客观事实"[1]。社会世俗化难以避免私欲的膨胀、伦理的失效、价值的庸俗化和人文的衰落。改革开放构建市场经济,我国经济

---

① 袁祖社:《马克思主义人学理论与社会发展探究》,人民出版社 2016 年版,第 112 页。

取得了举世瞩目的伟大成就,但是社会生活中的文化精神面临诸多问题,如缺乏深刻内涵和高尚价值理念的庸俗快餐文化广泛流行;勤俭节约不再是美德,反而成了"寒碜""小气"的代名词;铺张浪费、挥金如土则被誉为"潇洒""大方""气派""酷";一些官员富豪把"包二奶""养情人"视为一种时尚;炫富摆阔成为一些年轻人的偶像;躺平、啃老、怎么样都行的不思进取、庸碌无为流行;欺诈冷漠、金钱万能盛行,信任、真情、真义严重缺失;黑白不分、是非颠倒、荣耻不清等事情时有发生。对这些问题,早在改革开放早期邓小平同志就已经发出严厉警醒,严厉指出:"风气如果坏下去,经济搞成功又有什么意义?会在另一方面变质,反过来影响整个经济变质,发展下去会形成贪污、盗窃、贿赂横行的世界。"①自改革开放开始,党和国家就一直强调要"两个文明"一起抓,强调物质文明和精神文明的协调发展,我国的社会主义文化建设取得了巨大的成就。但是,在进入新时代后,精神文化中的各种问题仍然严重地存在于我国社会生活的各个方面,严重地制约我国经济社会的进一步发展,造成人民社会交往的内卷化,增加成本,影响人民的幸福感,因此,需要特别加强以人民为中心发展的社会主义文化的建设。

最后,互联网的快速普及在满足人民群众多样需求和增进文化交流的同时也产生很多消极影响。网络的发展延伸了主体的感官范围,重塑了主体的思维方式和交往方式,对人的主体性的提升具有积极意义。然而,现阶段网络文化的消极效应同样不能忽视。网络中超载的海量信息会导致用户出现非理性的选择;网络空间由于缺乏现实世界法律与道德的约束,往往充斥着一些不健康、消极的文化挑战着文化伦理的底线,严重影响文化的健康发展。最后,消费主义的肆虐在相当大的程度上致使市场中的文化创作流于粗俗、低级、粗制滥造,文化产品的创作以市场化、资本化为唯一价值导向,偏离艺术创作的本来目的,颠倒了手段与目的。为了获得更多价值变现,文化产品往往追逐

---

① 《邓小平文选》第3卷,人民出版社1993年版,第154页。

"新潮",有意迎合"文化消费者"的恶俗癖好,利用消费者的猎奇心理制造流行,不断刺激人们感性化、享乐性的消费欲望。文化沦为一种纯粹的感官享受,并以悄无声息的方式消解人的主体性和目的性,个性逐渐丧失。这种一味追求经济利益的文化价值取向难免导致主体批判性的式微和人文精神的失落。回归文化的人文价值,成为时代提出的重要课题之一。为此,必须坚持以人民群众的文化需求为导向,准确把握人民精神文化需求发展和变化的新特点,积极探索新时代下服务群众的有效途径和办法,提供大量的为人民群众可接受的优秀的精神文化产品,实现文化发展成果由全体人民共享。

(二)以人民为中心的文化发展的路径选择

习近平总书记非常重视文化的发展和文化在推进我国社会主义现代化发展的重要意义。在多个场合,习近平总书记反复强调:"没有高度的文化自信,没有文化的繁荣兴盛,就没有中华民族伟大复兴。"[①]因此,新时代加强文化建设,实现以人民为中心的文化发展,要自觉培育和践行社会主义核心价值观,弘扬主旋律,深化文化体制改革,打造普惠性现代化公共文化服务体系,支持经营性文化产业发展。

一是坚持马克思主义在意识形态领域的指导地位,培育和践行社会主义核心价值观。文化建设作为意识形态领域建设的主要阵地,是国家、社会思想上层建筑的建构,是社会政治、经济发展的观念投射。马克思主义作为我们立党、立国的指导思想,更是指导意识形态的灵魂和旗帜。"我们要立足中国,面向现代化,面向世界、面向未来,巩固马克思主义在意识形态领域的指导地位,发展社会主义先进文化"[②]。只有坚持马克思主义在意识形态领域的主导地位,才能从根本上确保文化建设以人民为中心的价值导向。社会主义核心价值观是中华儿女在长时期的社会实践中积累升华而成,彰显着我国悠久的

---

① 《习近平著作选读》第 2 卷,人民出版社 2023 年版,第 33 页。
② 《习近平著作选读》第 2 卷,人民出版社 2023 年版,第 164 页。

文化底蕴和内在追求。"在文化是人之为人的生存方式和成人方式意义上，一切文化努力的主题、核心和精髓，都是以作为其灵魂的核心价值观念，实现民族自主性生存品格的教化、熏陶和养成的。"①建设社会主义文化强国，实现人民对美好文化生活的期许，还需要积极培育和弘扬社会主义核心价值观，厚植最持久、最深层的精神力量，为以人民为中心的现代化发展提供价值引领。多年以来，在发展社会主义市场经济的过程中，一方面人民群众的思想活跃性、独立性和选择性随着社会经济的提高而呈现上升趋势；另一方面享乐主义、消费主义、个人利己主义等不良思潮逐渐渗透到人们日常生活当中，腐蚀人们原有的传统价值认同，导致人的物质生活的丰富与精神世界的贫瘠形成鲜明比照。全球化趋势中，多元文化的碰撞，西方资本主义所宣扬的个人主义、自由主义、民主人权等价值观及其生活方式对人们的理想信念的维护具有一定消极意义，在一定程度上冲击并消解着社会主义的文化思想。社会发展中的这些问题和挑战迫切要求在意识形态领域坚持马克思主义领导，毫不动摇地用一元化的指导思想引领多样化的社会思潮，巩固和发展积极健康向上的主流意识形态；牢牢掌握意识形态领域的领导权、管理权和话语权，发挥意识形态的整合功能，做好新闻舆论工作，对不同意识形态进行整合，形成推动社会发展的主流意识形态；既尊重差异又包容人们价值选择的多样性，最大限度地形成思想共识。同时要通过教育引导、舆论宣传、制度机制等方式把社会主义核心价值观融入贯穿人们的日常生活，贯穿人们的举止行动，以春风化雨般的方式影响人、感染人，使社会主义核心价值观入心入脑、内化于心、外化于行。

二是深化文化体制改革，构建良好的文化发展布局。文化不仅具有潜移默化塑造人们思想的功能，还能借助商品形式在市场流通，兼具经济效益和社会效益两种功能。社会主义文化具象化为文化事业和文化产业两种形态。其

① 袁祖社：《马克思主义人学理论与社会发展探究》，人民出版社 2016 年版，第 108 页。

中,文化事业主要由政府主导,由公共财政支撑,其主要行为是非营利性的文化建设活动,构建公共文化服务体系,满足人民的基本文化需求,是人民群众享受文化产品的重要阵地;文化产业则以市场为主导,以文化企业为主体,以营利为基本目的,主要满足人民群众的多样化、多层次、多方面的精神文化需求。文化事业和文化产业两者相互补充,是社会主义文化格局必不可少的两大组成。满足人民精神文化的需要要求我们要双管齐下,以社会效益和经济效益统一的原则构建以人民为中心的文化事业和文化产业协调发展的格局。传统的文化机制与文化市场活力不足,文化产品的经营主体对人们的文化需求把握不精准,导致部分文化资源闲置浪费,以市场逐利为导向的文化产业发展又导致质量参差不齐且缺乏管控的文化产品侵入文化市场,假冒伪劣、盗版侵权等现象屡禁不止,低劣文化甚嚣尘上。社会主义市场经济体制下,文化事业和文化产业的发展都要遵循文化发展自身的规律,其一是建立有效的监督管理机制,完善文化管理体制机制,规范引导文化市场发展,克服市场经济负面效应,完善文化管理体制,引导文化产业兼顾社会效益和经济效益,并自觉把社会效益放在首位,提升文化产品的质量;其二是把握好文化事业和文化产业之间的区分,深化文化事业单位改革,针对不同文化事业单位的性质和规模提出不同的保障方式,保障好文化事业单位满足人民群众基本文化权益功能;其三是要界定好政府和市场的服务边界,引导文化市场的良性运转,为文化事业和文化产业的发展营造一个宽松有度,规范有序,富有活力的环境,鼓励文化产品创新化、艺术化发展,支持文化产品以社会效益为核心,最大限度刺激文化企业的内部活力,激发从业人员的工作热情,提升文化产品内涵与质量。党的十九大以来,党中央对于文化体制改革的重视程度日益提升。文化体制改革是全面深化改革的重要组成部分,深入推进文化体制改革能够充分发挥文化自强和创新的作用,为全面深化改革提供文化支撑注入精神力量。

三是完善普惠型的现代公共文化服务体系,保障人民群众的基本文化权益。为人民群众提供公共文化服务是现代政府的基本职能,构建和完善现代公共文化服务体系要由政府主导，社会参与，传播先进文化，满足人民群众文化需求。2015年，中共中央办公厅、国务院办公厅印发《关于加快构建现代公共文化服务体系的意见》，要求各地区各部门结合实际认真贯彻执行。多年来在国家政策推动、各级财政部门大力保障和公共文化服务机构的不断探索下，我国公共文化基础设施日益完备，公共文化的供给质量不断提高，供给种类日益丰富。但现代公共文化服务体系依然存在不同地区公共文化服务供给的不均等和不均衡性、居民获得感和体验感不足、公共文化服务的综合效能有待提高等问题。一方面，在物质发展较快的地区，地方文化发展不断提速，其地区文化观念开放先进、文化潮流瞬息万变、文化生活五光十色，以"保基本"为基调的公共文化服务早已不能满足需求；另一方面是经济发展稍显滞后的地方，文化发展也相对落后，这些地区文化观念保守落后、文化氛围薄弱单调、文化生活贫瘠乏味，人民群众的基本文化需求尚未得到满足，公共文化服务"最后一公里"还未打通。要消除区域间的这种公共文化服务体系之间的差距，既需要后发地区鼓足干劲，加快经济发展步伐，在推动经济发展的同时带动文化产业和文化事业的进步；也需要党和政府建立公共文化服务的动态调整机制，在加大资金投入、完善各级公共文化服务设施的同时，按照均等性原则加大对农村地区、经济发展不足地区等的文化投入，促进资源向这些老少边穷地区倾斜，建立覆盖城乡、结构合理、功能健全、实用高效的公共文化服务体系。另外，完善现代公共文化服务体系，还要鼓励和调动社会多方力量共同参与文化建设，形成以政府为主导、多元力量协同建设的公共文化服务格局。此外，现代公共文化服务体系的普惠性要求公共文化要以人民的需求为出发点，提供优质的文化产品和文化服务，坚决反对简单娱乐化、庸俗化的做法，引领积极健康的文化方向。

四是积极发展经营性的文化产业，满足人民群众多元化、多样性的文化需求。文化产业，是以文化资源作为资本投资，以市场需求作为产品导向，以文化产品服务社会和公众，可以同时产生经济效益和社会效益的新兴产业。文化产业包括影视、图书报刊、出版传媒、旅游娱乐、自媒体网红等产业,其内容包含科技、历史、信仰、道德、习俗、艺术等。文化产业具有低耗高效的特征,它是以精神产品为基本的产业,健康的文化产业对整个社会的文化素质、道德情操的提高具有很好的激励和范引作用。文化产业不需要消耗太多的自然资源和环境,因而具有经济和社会发展的可持续性。在市场经济条件下,文化产业充分适应了经济与文化一体化的发展趋势。随着国民经济的发展和人民群众收入水平的提高,文化消费需求的增长速度远远大于对物质消费需求的增长速度,文化产业成为经济增长和发展的重要动力源泉。因此,文化产业的繁荣能够促进社会经济和文化、物质文明和精神文明的共同发展。我国文化资源非常丰富,悠久深厚的优秀传统文化、斗志昂扬的革命红色文化、激动人心的社会主义建设文化和开拓创新的改革开放文化是取之不尽用之不竭的。我国拥有14亿多人口,文化市场广阔,只要正确开发利用,必能发展出雄厚高质的文化产业,成为新时代整个经济社会发展的重要引擎。

文化产业的标志物是物质产品,构成文化产品具有一般的商品属性,可以通过市场流通产生巨大的经济效益。由于文化产品是主体精神、意识形态的具象化形态,文化产品的传播也意味着文化的对外交流,有助于塑造主体形象。因此,社会主义文化产业的繁荣不仅对于拉动社会经济发展、推动产业结构调整升级、提高国家产业整体竞争力发挥着重要作用,而且也是向世界各国传递中国声音,提升中华文化影响力,增强我国国际话语权的有效手段。当前,人民群众对文化的井喷式需求与我国文化市场产品供给不足、文化产品内容低劣等现实之间存在脱节。面对人民群众更多元化、多样化的文化需要,鼓励发展经营性文化产业,规范文化市场有序良性发展。一方面,党和政府要革除一切不利于文化生产力发展的体制桎梏,有序推进国有文化企业做大做优做强,支持国有资本与非国有资本合作;鼓励非公有制文化企业发展,增强民营企业在文化市场上的力量,支持和鼓励民营企业通过改组、整合做大做强;培育新兴文化产业,保护自主知识产权,创造更多更好适应人民群众需求的精神文化产品。另一方面,要规避片面强调文化产业的经济功能,而忽视其内蕴的社会效益,防止文化产业被资本逻辑同化并吞噬,深刻认识到文化产品不仅具有商品属性,同时承载着塑造人、引导人的意识形态属性和功能,这也是文化产品不同于物质产品的根本所在。针对眼下文化产业完全以市场为导向,以庸俗化、媚俗化的文化产品追逐所谓的点击率、关注度等现象,习近平总书记曾强调指出,"要克服浮躁这个顽疾,抵制急功近利、粗制滥造"①,明确要求"以人民为中心,就是要把满足人民精神文化需求作为文艺和文艺工作的出发点和落脚点,把人民作为文艺表现的主体,把人民作为文艺审美的鉴赏家和评判者,把为人民服务作为文艺工作者的天职"②。如果说资本主义文化产业的发展源于资本本身逻辑扩张和增殖要求的话,在中国特色社会主义文化建设中资本只能作为文化发展的工具,其最终指向在于丰富和满足人民的文化生活,提高人的道德境界。因此,文化产业的发展必须坚持社会效益与经济效益相统一的原则,生产出更多反映民生、群众喜闻乐见的精品力作,为人民群众提供丰富多样的精神食粮,真正满足人民群众对美好文化生活的向往。

四、加强生态文明建设,为人民提供美好生活绿色环境

早在 2012 年 11 月 17 日,习近平总书记在主持十八届中共中央政治局第一次集体学习时就指出:"党的十八大把生态文明建设纳入中国特色社会主义事业总体布局,使生态文明建设的战略地位更加明确,有利于把生态文明建设融入经济建设、政治建设、文化建设、社会建设各方面和全过程。这是我们党对社会主义建设规律在实践和认识上不断深化的重要成果。"③生态文明建设是一场涉及生产方式、生活方式、思维方式和价值观念的深刻变革。良好的

---

① 习近平:《在中国文联十大、中国作协九大开幕式上的讲话》,人民出版社 2016 年版,第 16 页。

② 《习近平著作选读》第 1 卷,人民出版社 2023 年版,第 288—289 页。

③ 《习近平谈治国理政》第 1 卷,外文出版社 2018 年版,第 11 页。

生态环境作为最基本的公共产品,具有非排他性与非独占性,与每一个人都息息相关,因此,生态文明建设是践行以人民为中心的发展思想重要平台。以人民为中心的发展思想在生态上要求实现绿色发展、构建美丽中国。改革开放初期,为了尽快摆脱贫穷,以 GDP 增长为主要导向的发展模式在创造经济奇迹的同时,粗犷的发展和大量低端高耗能产业逐渐酿成了严重的生态环境问题,成为制约我国经济社会发展迈上新台阶的瓶颈。随着经济的发展和主要矛盾的转化,全国人民物质文化生活水平不断提高,人民群众对生态产品的需求越来越迫切,对生态环境的要求越来越高,既要生存又要生态,既要温饱又要环保,既要小康又要健康,生态环境的质量已经成为影响人们生活幸福的重要指标。但是,我国生态环境质量总体上与人民的优美生态环境需要相比还存在较大差距。因此,面向新的发展阶段,生态文明建设在整个经济社会建设中的地位凸显出来。为适应这种发展需要,党的十八大以来,以习近平同志为核心的党中央把生态环境问题视为关系党的使命宗旨的重大政治问题、关系民生的重大社会问题,明确提出"环境就是民生"①,"生态文明建设是关系中华民族永续发展的根本大计"②,深刻回答了为什么建设生态文明、建设什么样的生态文明、怎样建设生态文明的重大理论和实践问题,提出了以人民为中心的发展一系列新理念新思想新战略,推动生态环境保护发生历史性、转折性、全局性变化,把人民对青山绿水美好生活的向往作为奋斗目标,坚持生态惠民、生态利民、生态为民,让人民群众呼吸上新鲜的空气、喝上干净的水、吃上放心的食物,满足人民群众的优美生态环境需要。

(一)加强生态文明建设的经济意义

党的十八大以来,习近平总书记反复强调,发展是党执政兴国的第一要务,但绝不能以环境恶化为代价。牺牲环境发展经济是发达资本主义国家工

① 《习近平著作选读》第 1 卷,人民出版社 2023 年版,第 434 页。
② 《十九大以来重要文献选编》上,中央文献出版社 2019 年版,第 443 页。

业现代化发展的一个重要特征,曾经造成巨大的代价和后果。在资本主义生产关系下,劳动"不仅要生产使用价值,而且要生产商品,不仅要生产使用价值,而且要生产价值,不仅要生产价值,而且要生产剩余价值"①。在西方资本主义快速发展时期,为了最大可能地追求剩余价值,资本对自然资源无节制地开发利用不仅是寅吃卯粮甚至已经到了竭泽而渔的地步,一切资源包括"绿水青山"都沦为资本增殖的工具,在造成本国自然资源枯竭和生态恶化以后,又通过对外殖民扩张掠夺被殖民国家和落后国家的生态资源,构成对整个人类的生存和可持续发展的直接威胁。针对西方发达国家现代化发展的生态环境问题,习近平总书记明确指出:"要实现永续发展,必须抓好生态文明建设。我们建设现代化国家,走美欧老路是走不通的,再有几个地球也不够中国人消耗。走老路,去消耗资源,去污染环境,难以为继!"②中国式现代化发展必须走经济可持续发展和物质文明、精神文明与生态文明协调发展的新路,建设高度的生态文明是中国式现代化的重要内容。

中国是社会主义国家,社会主义生产的根本目的是满足人民不断增长的物质文化、美好生活需要,绿水青山是实现美好生活需要的重要前提。因此,在发展生产、发展经济的同时必须保护好生态环境,建设生态文明。建设生态文明,具有重要的经济意义。

首先,生态文明是经济发展迈上新台阶、实现高质量发展的重要基础。生态环境对人类活动的损耗承受是有极限的,经济发展总是要消耗一定的资源和能源,有些产业会排放一定的废水废气废料,在不超出自然的再生能力和净化能力的限度内,经济发展不会对生态环境造成大的影响。但是,现代工业化总是呈现出大规模加速式发展趋势,如不加以综合协调和长远规划的妥善处理,所消耗的资源和能源、所排放的废物就会逐渐超出自然的再生和净化能力,这种情况累积到一定程度,就会导致严重的生态环境问题,极大地影响人

① 《马克思恩格斯文集》第5卷,人民出版社2009年版,第217—218页。
② 《习近平关于社会主义生态文明建设论述摘编》,中央文献出版社2017年版,第3—4页。

民的正常生产生活、身体健康,成为经济进一步发展的瓶颈。经过四十多年经济快速发展,我国经济发展已面临这样的瓶颈。我国经济在新时代要迈上新台阶,必须加强生态文明建设突破生态环境制约的瓶颈,必须逐步改变过去高消耗高污染高排放的粗犷型经济增长模式,转向低能耗高科技强创新的高质量发展模式,实现经济增长与生态环境保护之间的良性互动。

其次,良好生态环境本身也是重要的经济资源,是新的经济、新的产业的重要组成部分。对此,习近平总书记概括阐释为"绿水青山就是金山银山"。2014年全国两会期间,习近平总书记参加贵州代表团审议时指出:"绿水青山和金山银山决不是对立的,关键在人,关键在思路。为什么说绿水青山就是金山银山?'鱼逐水草而居,鸟择良木而栖。'如果其他各方面条件都具备,谁不愿意到绿水青山的地方来投资、来发展、来工作、来生活、来旅游?从这一意义上说,绿水青山既是自然财富,又是社会财富、经济财富。"①当一个国家和地区的工业化达到一定程度时,生态经济、生态产业作为整个经济发展的重链条,其重要地位就会凸显出来,为了治理前期工业化带来的某种程度的污染并保持生态环境不被再逆转,就需要环保产业、清洁能源产业、环境治理服务产业、环保科技产业、低碳交通业等生态产业;当经济发展提高人民的生活水平达到一定程度时,生态旅游、生态农业、生物科技、生态养殖业、生态养老业、生态文化等经济和产业就会成为人民生活的重要追求。我国现在一些地区通过发展生态农业、生态旅游和生态环保产业,已经超越了传统工业产业的经济价值。

最后,建设好生态文明,具有非常高的社会经济效益。良好的生态环境往往是一个区域的名片,通过传播能够产生很好的广告宣传效应,能够促进所在区域与其他区域之间的经济贸易和物流,能够助力吸引外面的投资和产业的转移,良好的生态环境提供的清洁环保的生活物质资料和生活环境可以大力

①　《习近平关于社会主义生态文明建设论述摘编》,中央文献出版社2017年版,第23页。

提高人民的健康水平,减少人民的医疗负担等等,从而产生良好的社会经济效益。从人类文明史看,在现代化发展进程中建设高度的生态文明,是中国式现代化创建人类文明新形态的重要内容,是中华民族在推进人类文明进程中作出的重大贡献。

党的十八大以来,在习近平生态文明思想的指引下,我国大力推进产业生态化和生态产业化,健全绿色产业体系、绿色流通体系、绿色消费体系、绿色基础设施体系、绿色技术创新体系,大力倡导绿色低碳的生产生活方式,推动能源清洁低碳安全高效利用,加快新能源、绿色环保等产业发展,实现生态环境高水平保护与经济高质量发展良性互动。

(二)加强生态文明建设的民生价值

文明的肇始源于人类的创造,没有人类,就无所谓文明。但是人类的文明创造离不开自然界提供的物质资源,归根结底,人属于自然的一部分。正如恩格斯所说:"所谓人的肉体生活和精神生活同自然界相联系,不外是说自然界同自身相联系,因为人是自然界的一部分。"[①]习近平总书记指出:"生态兴则文明兴,生态衰则文明衰"[②],深刻揭示了人类文明兴衰与生态环境的关系。在人类历史长河中,生态环境深刻地影响文明的发展进程。农耕时代的四大文明古国都发源崛起于大江大河流域,适宜的气候和肥沃的土地孕育并造就了灿烂的文明,先有了生态兴才有了文明兴。随着文明发源地生态环境转衰,建立在生态良好基础上的生产和生活方式难以为继,最终导致了文明的衰落,"美索不达米亚、希腊、小亚细亚以及其他各地的居民,为了得到耕地,毁灭了森林,但是他们做梦也想不到,这些地方今天竟因此而成为不毛之地"[③]。因此生态环境是文明赖以兴盛的前提和基础。回溯历史,人类与自然的关系随

---

① 《马克思恩格斯文集》第 1 卷,人民出版社 2009 年版,第 161 页。
② 《习近平关于社会主义生态文明建设论述摘编》,中央文献出版社 2017 年版,第 6 页。
③ 《马克思恩格斯文集》第 9 卷,人民出版社 2009 年版,第 560 页。

着人类生产能力的提高不断地发生变化。原始社会,生产力水平低下,人类在强大的自然力面前无力抗衡,只能以泛神式的图腾崇拜屈服于自然,拟人化地求得如神一般的自然不要降灾于人类,并对享用自然物产表达报恩,人与自然关系呈现出自然式的和谐。随着人类实践能力不断提高,对自然的改造程度也不断深入,人与自然的关系逐渐异变为人对自然的主宰。工业革命以来,科技突飞猛进,生产力高速发展,许多自然的神秘性不断被破除,曾经强暴的自然力被科技手段加以制约,人类甚至用科技手段复制自然事物,改变自然事物的自然变化进程,人类利用现代科技手段可以把一切自然事物都变成人类所希望的使用价值。当资本深入生产过程,资本和科技就不断地"合谋",为了最大地追求剩余价值或利润,人类利用自然资源的广度和深度越来越超出自然的内在结构所具有的再生和净化能力,最终催生出现代工业文明的负面效应——全球性的生态危机。

中华民族崇尚天人合一,追求人与自然的和谐共生,强调顺应自然和道法自然,是构建中国式现代化生态文明的重要思想资源。立足于全球化的时代境遇,面对工业文明引发的全球性生态困境,建设生态文明既是全人类的共同利益,也需要全球各国和地区之间的共同协作共同努力才能达成。所以,进入新时代,习近平总书记高瞻远瞩地提出了在构建人类命运共同体框架下建设美丽地球家园美好设想,即突破国家、地区、民族等界限,超越狭隘的个体利益,从全人类的利益出发,构建人与自然生命共同体,因为"人与自然是相互依存、相互联系的整体,对自然界不能只讲索取不讲投入、只讲利用不讲建设。保护自然环境就是保护人类,建设生态文明就是造福人类"①。

良好的生态环境是民生福祉的重要构成要素,保护生态环境具有重要的民生价值。首先,建设生态文明是实现人民美好生活的基础。美好生活是包括经济、政治、文化、社会、生态全面发展的社会。虽然近年来我国生态文明建

---

① 《习近平总书记系列重要讲话读本(2016年版)》,学习出版社、人民出版社2016年版,第231页。

设取得重要进展,但环境形势依然严峻,在局部地区甚至恶化。失去生态环境的保障,发展成就就会大打折扣,人民的幸福感就难以真正提高。只有大力推进生态文明建设,不断满足人民群众对生态环境质量的需求,不断夯实经济社会发展的生态基础,人民群众对美好幸福生活的梦想才能逐渐成真。其次,良好的生态环境是最公平的公共产品和最重要的民生福祉。随着经济的发展,全国人民生活水平越高,人民群众对干净的水、新鲜的空气、安全的食品、优美的环境的要求会越来越强烈。离开这些生活要素,即使人均 GDP 很高、生活物质丰富,人民的幸福感也会大打折扣。党的十九大报告明确指出:"我们要建设的现代化是人与自然和谐共生的现代化,既要创造更多物质财富和精神财富以满足人民日益增长的美好生活需要,也要提供更多优质生态产品以满足人民日益增长的优美生态环境需要。"[1]最后,生态文明是维护广大人民群众身体健康和生活质量的重要保障。空气、水土和生态食品,时刻影响人民的身体健康和生活质量。虽然党和国家非常重视经济发展中的环境污染问题,但是一些地方仍然存在雾霾频发、垃圾围城、饮水不安全、土壤重金属含量超标等环境问题,个别地区还比较严重,这些环境问题威胁着人民群众生命健康,既大大降低了人民群众的生活品质和安全感,也增加了人民群众的经济负担和生活压力。所以,习近平总书记强调:"良好的生态环境是最公平的公共产品,是最普惠的民生福祉。"[2]"生态环境保护是功在当代、利在千秋的事业。在这个问题上,我们没有别的选择。"[3]如果生态环境出现了重大问题,即使 GDP 暂时增长较快,物质丰富,但这种快速发展不可持续;同时,由于与人们生活息息相关的空气、土壤和山水污染严重,人们的日常生活和身体健康受到严重影响,仍然不能过上幸福美好的生活。

---

① 《习近平著作选读》第 2 卷,人民出版社 2023 年版,第 41 页。
② 《习近平著作选读》第 1 卷,人民出版社 2023 年版,第 113 页。
③ 《习近平关于社会主义生态文明建设论述摘编》,中央文献出版社 2017 年版,第 7 页。

(三)明确建设生态文明的原则和现实要求

2013 年 9 月 7 日,习近平总书记在哈萨克斯坦纳扎尔巴耶夫大学发表演讲并回答学生提出的问题,在谈到环境保护问题时指出:"我们既要绿水青山,也要金山银山。宁要绿水青山,不要金山银山,而且绿水青山就是金山银山。"①这一简明扼要的通俗讲话蕴含了建设生态文明的总的原则和基本遵循,就是既要发展经济,更要保护好生态环境,经济发展必须以有利于保护生态环境为前提,大力发展生态经济、生态产业、环保经济、环保产业,实现人与自然的和谐共生,物质文明和生态文明的协调发展。在总的原则指导下,发展经济必须严守生态保护三大红线,即生态功能保障基线、环境质量安全底线、自然资源利用上线。生态保护红线是指在自然生态服务功能、环境质量安全、自然资源利用等方面,需要实行严格保护的空间边界与管理限值,以维护国家和区域生态安全及经济社会可持续发展,保障人民群众健康。

为了贯彻建设生态文明的原则和严守生态保护三大红线,以习近平同志为核心的党中央要求做好如下方面的工作。

第一,转变经济发展方式,践行绿色发展理念。改革开放前二十多年我国经济发展主要依靠传统工业,产业类型主要是低端劳动密集型,具有高消耗、高投入、高污染、低产出、低效益的特征。这种模式发展到 21 世纪初,已让生态环境难以负荷,严重制约了经济迈上新台阶的发展,对整个社会的持续稳定发展和人民的健康生活产生了明显的影响。因此,进入新时代,转变经济发展方式,实现从高速度发展到高质量发展、从粗犷的高消耗发展到集约的绿色型发展、从高投入发展到高效益发展,改善全体人民的生态环境,已成为我国经济社会发展的突出问题。问题是时代的声音,坚持问题导向是马克思主义的鲜明特点,是推进党和国家各项工作的指向标。以习近平同志为核心的党中

_____

① 《习近平关于社会主义生态文明建设论述摘编》,中央文献出版社 2017 年版,第 21 页。

央聚焦时代问题,以对人民和历史高度负责的精神,创造性提出并贯彻新发展理念,着力推进高质量发展,推动构建新发展格局,转变经济发展方式,践行绿色发展。党的十八大以来,我国加快了对传统"三高一低"产业的绿色化和生态化改造,加快了产业结构的调整,淘汰落后低效产能;提高环境保护的准入门槛,开发新能源、新材料,发展循环经济、低碳经济和培育新的经济增长点;也要支持战略性新兴产业和现代服务业发展,加快以信息化带动工业化,以工业化促进信息化,鼓励经济发达地区发挥智力资源的优势,重点发展经济效益好、技术含量高、资源消耗少的产业;此外,还要加强绿色科技创新,以科技为依托发展节约环保、绿色高效的产业链。

第二,构筑健全的生态文明制度和法治格局。有序推进生态文明建设,关键在制度。习近平总书记多次指出:"建设生态文明,是一场涉及生产方式、生活方式、思维方式和价值观念的革命性变革。"①实现这样的根本性变革,必须依靠制度和法治。"只有实行最严格的制度、最严密的法治,才能为生态文明建设提供可靠保障。"②党的十八大以来,以习近平同志为核心的党中央深入贯彻以人民为中心的发展思想与生态文明建设的法治建设,制定了一系列的保护生态环境的政策和法规,2012 年 11 月,党的十八大通过的《中国共产党章程(修正案)》,把"中国共产党领导人民建设社会主义生态文明"写入党章。2013 年 11 月,党的十八届三中全会通过的《中共中央关于全面深化改革若干重大问题的决定》提出,加快建立系统完整的生态文明制度体系。2014年 10 月,党的十八届四中全会通过的《中共中央关于全面推进依法治国若干重大问题的决定》提出,用严格的法律制度保护生态环境。2015 年 10 月,党的十八届五中全会通过的《中共中央关于制定国民经济和社会发展第十三个五年规划的建议》,将绿色发展纳入新发展理念。2017 年 10 月,党的十九大通过的《中国共产党章程(修正案)》,增加了"增强绿水青山就是金山银山的

---

① 《十八大以来重要文献选编》上,中央文献出版社 2014 年版,第 638—639 页。
② 《习近平谈治国理政》第 1 卷,外文出版社 2018 年版,第 210 页。

意识"等内容,相继颁布了《关于加快推进生态文明建设的意见》《生态文明体制改革总体方案》《关于构建现代环境治理体系的指导意见》《关于深入打好污染防治攻坚战的意见》《关于划定并严守生态保护红线的若干意见》《建立国家公园体制总体方案》《生态环境损害赔偿制度改革方案》《关于建立以国家公园为主体的自然保护地体系的指导意见》等政策法案,从而为依法治理环境问题、保护生态奠定了坚实的法律基础。

　　为了更好地建设生态文明,我国对经济社会管理的考评体系和管理机制都做了重大改进。一是完善经济社会发展考核评价体系,将对生态环境的考核纳入经济发展考核当中,打破"唯 GDP"论。过往的经济考核中过分偏重 GDP 增长导向忽视生态因素,致使经济发展与生态环境之间严重失衡。党的十八大以来,生态环境保护党内法规建设也取得了显著进展,与生态环境立法相辅相成、有机衔接,共同作为生态文明法治保障的重要组成部分,正式把资源消耗、环境损害、生态效益等具体指标纳入经济社会发展考核评价体系,建立健全彰显生态文明发展的新考核机制和奖惩方法,使之成为推进生态文明建设的硬性约束。《生态文明建设目标评价考核办法》《中央生态环境保护督察工作规定》等文件相继颁布,强化了中央对地方党委、政府生态环境保护工作的督察问责,推动落实生态环境保护"党政同责、一岗双责",有助于形成党委领导、政府主导、企业主体、社会组织和公众共同参与的良好局面。二是建立严格的责任追究制度,严明生态保护责任制度。习近平总书记明确要求:"对那些不顾生态环境盲目决策、造成严重后果的人,必须追究其责任,而且应该终身追究。"[①]生态环境问题的产生具有滞后性,为避免一些人在对其造成损害和破坏后一走了之,要以考核督查和生态损害补偿为手段,打击违规违法行为。落实中央生态环境保护督察制度,设置督察机构,同时鼓励并引导公众参与监督、整改。《党政领导干部生态环境损害责任追究办法(试行)》对追究造

---

① 《习近平谈治国理政》第 1 卷,外文出版社 2018 年版,第 210 页。

成生态环境问题的责任的机制、程序等都做了具体的规定,为追责倒查提供了制度规范。三是要建立资源生态环境管理制度,健全自然资源资产产权制度和用途管制制度、体现生态价值和代际补偿的资源有偿使用制度和环境损害赔偿制度等,强化制度约束作用。此外,还需要健全相关法律法规,更好地规范社会各个主体的生态行为,加强配套法律法规的制定和完善,组建生态文明建设的专门机构、组织和业务队伍,加大对违反生态环境保护法律法规主体的惩罚力度,为建设中国特色社会主义生态文明提供良好的法治环境和坚实的法律保障。

第三,树立理性的生态消费观。生态文明作为现代社会一种公众的共同选择,需要得到社会公众的认同和消化,才能内化于心、外化于行。生态文明建设是一项艰巨的、长期的历史性任务,关乎每个人的利益。人民群众作为生态文明建设的主体,其观念的转变是在全社会形成绿色生活方式的关键环节。只有绿色观念深入人心,才能从根本上形成绿色低碳氛围。改革开放以后,中国在消除解决温饱问题的限制之后,开始由生存型消费占支配地位向享受型消费占支配地位转型,在资本逻辑大行其道的背景下,人们在满足基本生活需要之后,愈加追求奢华浮夸的物质表象,导致毫无必要的铺张浪费,增加了地球和生态环境的负荷。建设社会主义生态文明,需要转变人民群众生活方式和消费观念,以适度消费代替过度消费,向绿色消费、低碳生活转型。习近平总书记曾指出:"在消费领域,要大力倡导合理消费、适度消费的消费观念和消费行为,使节能、节水、节材、节粮、垃圾分类回收、减少使用一次性用品等,成为全社会的自觉行动,逐步形成文明的节约型消费模式。"[1]绿色消费作为一种理性消费方式,是当前我国推进生态文明建设的必然选择。"要大力弘扬生态文明理念和环保意识,使坚持绿色发展、绿色消费和绿色生活方式,呵护人类共有的地球家园,成为每个社会成员的自觉行动。"[2]为此全社会需要

---

[1]　习近平:《之江新语》,浙江人民出版社 2007 年版,第 170—171 页。

[2]　习近平:《携手推进亚洲绿色发展和可持续发展——在博鳌亚洲论坛 2010 年年会开幕式上的演讲》,《人民日报》2010 年 4 月 11 日。

加强对公众生态文明教育,培育公众的绿色消费意识。政府要不断培育全民族的生态意识,并逐步转化为自觉的生态文明行动,摒弃不合理的行为习惯,营造爱护生态环境的社会风尚,才能促进绿色消费的发展,为生态文明建设贡献自己的力量。只有向绿色生活方式和健康合理的消费结构过渡,才能达到社会的稳定和繁荣,以及维护生态平衡与保护地球的目标。

五、加强社会治理:让人民群众有更多获得感、幸福感和安全感

社会治理作为国家治理体系和治理能力现代化的重要组成部分,对于巩固党的执政,提高人民群众美好生活获得感、幸福感和安全感具有重要作用。因此,加强社会治理是贯彻落实以人民为中心的发展思想的重要环节。习近平总书记非常重视社会治理问题,党的十八大以来多次论述社会治理问题。2019 年召开的党的十九届四中全会报告明确提出建设"人人有责、人人尽责、人人享有的社会治理共同体"思想,随后召开的党的十九届五中全会以前所未有的力度强调了公共服务的重要性,指出要"坚持把实现好、维护好、发展好最广大人民根本利益作为发展的出发点和落脚点","健全基本公共服务体系,完善共建共治共享的社会治理制度,扎实推动共同富裕,不断增强人民群众获得感、幸福感、安全感,促进人的全面发展和社会全面进步"[1]。习近平总书记的讲话和党中央的相关文件对新时代加强社会治理的价值导向和实施方略作出了全面的部署,这就是坚持以人民为中心的发展,构建"党委领导、政府负责、民主协商、社会协同、公众参与、法治保障、科技支撑的社会治理体系"[2],着力解决人民最关心最直接最现实的利益问题,实施乡村振兴战略,实现共同富裕,构建并完善共建共治共享的社会治理新格局,以此解决各

---

① 《中国共产党第十九届中央委员会第五次全体会议公报》,人民出版社 2020 年版,第 17 页。

② 《中国共产党第十九届中央委员会第四次全体会议文件汇编》,人民出版社 2019 年版,第 49 页。

种束缚新时代社会建设的瓶颈问题,增进人民福祉,实现社会治理为了人民,社会治理依靠人民,社会治理以人民为中心。

(一)夯实治理基础:着力解决人民最关心最直接最现实的民生利益问题

民生连着民心,民心关乎国运。社会治理与群众利益休戚相关,满足群众对美好生活的向往,是社会治理的出发点和落脚点。早在 2014 年 4 月 25 日举行的十八届中央政治局第十四次集体学习的讲话中,习近平总书记就提出:"要增强发展的全面性、协调性、可持续性,加强保障和改善民生工作,从源头上预防和减少社会矛盾的产生。要以促进社会公平正义、增进人民福祉为出发点和落脚点,加大协调各方面利益关系的力度,推动发展成果更多更公平惠及全体人民。"①强调要扭住民生问题,解决民生难题,提升群众的获得感、幸福感、安全感,是加强和完善社会治理的基础。

民生是人民群众最直接最现实的利益,是人民群众看得见、摸得着的实惠。保障和改善民生是加强社会治理、维护社会和谐稳定的基础。习近平总书记多次提出要求,要"抓住人民最关心最直接最现实的利益问题,抓住最需要关心的人群,多做雪中送炭的事情"②。民生问题涉及到人民生活的各个方面。习近平总书记将新时期的民生工作聚焦于教育、就业、收入分配、医疗卫生、社会保障、住房保障、生态环境等与人民群众利益息息相关的问题上,并进一步强调要按照坚守底线、突出重点、完善制度、引导预期、注重机会公平的工作思路,反复强调要"多谋民生之利,多解民生之忧,在学有所教、劳有所得、病有所医、老有所养、住有所居上持续取得新进展"③。不仅如此,丰富民生内涵是社会治理创新的重要方面。习近平总书记指出:"良好生态环境是最公

---

① 《习近平关于社会主义社会建设论述摘编》,中央文献出版社 2017 年版,第 173 页。
② 《习近平关于全面深化改革论述摘编》,中央文献出版社 2014 年版,第 92 页。
③ 《习近平关于社会主义社会建设论述摘编》,中央文献出版社 2017 年版,第 3 页。

平的公共产品,是最普惠的民生福祉。"①民生的范畴,不再仅仅局限于传统的教育、卫生、住房、养老、就业、收入分配,而是扩展到公共安全、生态环境等内容,并成为社会和谐稳定和健康发展不可忽视的重要问题。发展民生事业和改善民生环境,对于社会治理同样重要,两者都抓好,才能更好实现社会治理的目标。由于民生涉及人民群众的最直接的现实利益,因此,实现和维护人民群众的民生利益也是维护社会稳定的基础,是实现社会治理的长治久安目标的重要举措。习近平总书记指出:"要把群众合理合法的利益诉求解决好,完善对维护群众切身利益具有重大作用的制度,强化法律在化解矛盾中的权威地位,使群众由衷感到权益受到了公平对待、利益得到了有效维护。"②

　　无论是发展民生还是加强社会治理,党的领导始终处于核心地位。经济越发展,生活水平越提高,人民群众的需要就会越丰富越多样,民生内容和问题也会越多,因此,需要构成在党的坚强领导下的多元共治体系。在这个体系中,指导思想是以人民为中心,党是领导核心,是方向和基本政策的带路人,政府是责任主体,是基本政策的执行者,人民群众是实践主体,必须充分依靠人民。习近平总书记指出:"中国共产党的一切执政活动,中华人民共和国的一切治理活动,都要尊重人民主体地位"③。社会治理必须发挥人民群众主体责任,必须完善人民参与社会治理的各项制度,引导人民群众积极参与民主选举,民主监督,民主决策和民主协商等体制机制,提高人民在社会治理中的参与度和认可度,尤其在基层治理中,要特别发挥民事民议、民事民管的社会沟通体制,鼓励人民群众参与到社区治理和村级治理的全过程,把发展改善民生和加强社会治理在实践中有机统一起来。

①　《习近平关于社会主义生态文明建设论述摘编》,中央文献出版社 2017 年版,第 4 页。
②　《习近平谈治国理政》第 1 卷,外文出版社 2018 年版,第 148 页。
③　《习近平著作选读》第 1 卷,人民出版社 2023 年版,第 273 页。

（二）实施精准扶贫和乡村振兴战略推进社会治理实践

改革开放以来,在我国经济社会取得巨大发展的同时,城乡之间、区域之间不平衡的发展反而有所加剧,有些方面甚至影响到人民对发展成就的主观感受。进入新时代,发展不平衡不充分的问题已是我国社会主要矛盾的主要方面所在。为此,以习近平同志为核心的党中央提出协调发展和促进区域平衡发展战略,以逐渐实现城乡区域发展的平衡。城乡区域发展不平衡的重点是农村的发展问题。针对此问题,2013 年 11 月 3 日,习近平总书记在湖南湘西花垣县十八洞村考察时首次提出了"精准扶贫",强调扶贫要实事求是、因地制宜。要精准扶贫,切忌喊口号,也不要定好高骛远的目标。"精准扶贫"的重要理念,为新时期中国扶贫工作指明了方向,从此在党中央领导下,全国开启了精准扶贫、精准脱贫攻坚战。习近平总书记指出:"消除贫困、改善民生、逐步实现共同富裕,是社会主义的本质要求,是我们党的重要使命。"①精准扶贫的提出是决胜全面小康胜利、破解我国发展不平衡不充分问题的攻坚之举,是确保人民共享发展成果、实现共同富裕的现实要求,集中体现和深刻阐释了以人民为中心的发展思想。

经过全党全国人民 8 年的努力奋斗,全国各地因地制宜,深入实施产业扶贫、就业扶贫、易地扶贫搬迁、生态扶贫等,强力推进东西部扶贫协作和定点扶贫,持续加大扶贫资金投入监管力度,深入开展漠视侵害群众利益问题专项整治,推动精准帮扶举措落地见效。到 2021 年,我国脱贫攻坚战取得了全面胜利,提前 10 年完成联合国 2030 年可持续发展议程的减贫目标。

为了巩固脱贫攻坚胜利成果,在脱贫攻坚战取得全面胜利之时,党中央实时作出了新时期乡村振兴的新发展战略,以在更高层次上实现城乡和区域的平衡发展。虽然通过精准扶贫消灭了绝对贫困,但是我国农村地区仍有相当

---

① 《习近平谈治国理政》第 2 卷,外文出版社 2017 年版,第 83 页。

地区和人口的生活水准较低,经济发展水平难以满足其自身发展需要,如不加以专门的政策扶持,一些群众随时都会因某种原因返贫。为防止返贫现象的发生,党中央确立了渐进性的治理措施,决定对摆脱贫困的县从脱贫之日起设立 5 年过渡期,在实现全面小康之后,逐步调整原有的针对绝对贫困的脱贫攻坚举措,实施相对贫困的日常性帮扶措施,并纳入乡村振兴战略架构,巩固好脱贫攻坚成果,缩小居民收入差距,并在实施乡村振兴战略时,精选扶持对象并因地制宜制定妥善的扶贫政策,平稳过渡到全面推进乡村振兴阶段,加强对减贫成果巩固与返贫威胁之间矛盾的解决,着力推进脱贫攻坚成果巩固与乡村振兴初级阶段的有效接续,把社会治理与乡村振兴有机地结合起来,以实现广大乡村的可持续发展和长治久安。

(三)构建全民共建共治共享的社会治理新格局

经过 30 多年快速发展,进入新时代,我国已进入从发展中国家向发达国家跨越的关键时期。根据世界现代化史的经验,在这样的社会转型时期,往往容易引发社会风险。对此,习近平总书记非常警醒地告诫全党:"当前和今后一个时期是我国各类矛盾和风险易发期,各种可以预见和难以预见的风险因素明显增多"[①]。高风险社会、个体化社会和网络社会的来临,带来社会的高度不确定性。因此,必须构建具有中国特色的适应新时代发展需要的现代化社会治理格局。为了适应这种新的历史时期经济社会发展新变化,我国关于社会管理的体制经历了从党的十八大的"社会管理"到十八届三中全会的"社会治理"的表述变化,在十九大报告中明确提出"打造共建共治共享的社会治理格局"[②],党的十九届四中全会提出建设社会治理共同体,党的十九届五中全会明确了"十四五"期间的社会治理创新任务和 2035 年社会治理创新的远景目标。习近平总书记关于社会治理重要论述在理论上科学回答了有关新时

---

① 《习近平谈治国理政》第 4 卷,外文出版社 2022 年版,第 117 页。
② 《习近平著作选读》第 2 卷,人民出版社 2023 年版,第 40 页。

代社会治理一系列方向性、全局性、战略性重大问题,为我国在新的历史时代构建长期稳定安全的"中国之治"新局面提供了思想指导和基本遵循。从"社会管理"到"社会治理",标志着党的社会建设理论在实践中不断得到完善和提升,人民在社会主义建设中的主体地位更加凸显。社会治理不再是简单的管理者与被管理者的关系,而是全党全民共同参与社会治理建设,共享治理成果。习近平总书记指出:"治理和管理一字之差,体现的是系统治理、依法治理、源头治理、综合施策。"①强调"加强和创新社会治理,关键在体制创新,核心是人,只有人与人和谐相处,社会才会安定有序"②,认为管理是"你和我"的关系,而治理是"我们"的关系,要以最广大人民利益为根本坐标,创新社会治理体制。这些论述明确了新时代社会治理以人民为中心的价值立场。

所谓"共建共治共享"社会治理格局,是指在共产党领导下,由政府组织主导,社会组织和公民、市场组织等多方面治理主体参与,对社会公共事务进行的治理机制与活动。这种治理模式是以保障人民权益为核心,激发社会活力,改善社会福利,化解社会矛盾和问题,促进社会公平,推动社会有序和谐发展的过程,是一元主导、多方参与、民主协商、各司其职的共同治理。共建共治共享中"共"的要义是通过共同参与、共同协商、共同理事、共同分享,形成人人参与、人人有责、人人享有的治理共同体。共建是基础,要求突出制度和体系建设在社会治理格局中的基础性、战略性地位;共治是关键,要求树立大社会观、大治理观,打造全民参与的开放治理体系;共享是目标,要求使社会治理成效更多更公平惠及全体人民,不断增加人民的获得感、幸福感、安全感。三者相互作用,有机统一于社会治理全过程。

创新新时代"共建共治共享"社会治理方式,需要顶层制度设计,以制度保障共建共治共享的社会治理格局,秉持"人人有责、人人尽责、人人享有"的原则,调动全社会积极力量。在此基础上,要做好如下方面的工作:首先,坚持

① 《习近平关于社会主义社会建设论述摘编》,中央文献出版社2017年版,第127页。
② 《习近平关于社会主义社会建设论述摘编》,中央文献出版社2017年版,第127页。

系统治理,扩大治理主体的范围。在党的领导下,多方动员党政机关、社会组织、公民等方方面面的力量,提高其社会治理的参与度和自主性,以协商合作的方式实现对社会事务的合作管理,形成社会治理人人参与的良好态势,打破传统"官本位"的治理思路。其次,坚持依法治理,增强全社会成员的法治意识。要善用法治思维和法治方式处理并纾解多样化的社会矛盾问题,让"法治"观念深入人心。再次,坚持综合治理。在社会矛盾复杂化和社会治理主体多元化的形势下,实现社会安定和谐、人民安居乐业需要强化道德约束,以协商对话等方式调节社会关系,规范社会行为。此外,还要树立"互联网+"思维,通过互联网及时回应社会关切,实现社会治理信息化。最后,坚持源头治理。认真了解民情民意,查找问题源头,建立健全畅通有效的诉求表达、矛盾调处等机制,真正从源头上把好关口。总而言之,坚持和完善共建共治共享的社会治理格局需要坚持在党政领导下的各方互动,引导不同治理主体间形成一种有机合作关系及参与机制;需要突出法治思维和法治方式运用,消除管理中主体与客体,推动社会治理重心向社区、基层下移,为切实保障人民利益提供前提,在推进城乡社区的精细化治理中逐步实现社会治理能力现代化。

第三节　以人民为中心的发展思想的价值目标

党的二十大报告明确指出,"坚持以人民为中心的发展思想。维护人民根本利益,增进民生福祉,不断实现发展为了人民、发展依靠人民、发展成果由人民共享,让现代化建设成果更多更公平惠及全体人民"①,并将坚持以人民为中心的发展思想作为全面建设社会主义现代化国家前进道路上必须牢牢把握的"重大原则"加以强调,从而从根本上回答了为谁发展和为什么发展的价

---

① 《习近平著作选读》第1卷,人民出版社2023年版,第22页。

值命题,确定了新时代国家经济社会发展的价值原则立场。唯物史观认为,"人是一切价值主体"①,坚持以人民为中心的发展思想深刻蕴含了对马克思主义的人民历史主体、人民是经济社会发展成果共享主体和促进人的自由全面发展的价值目标追求。

唯物史观认为,人民是历史的主体,是历史的剧中人和剧作者,是历史的创造者。人民和人民群众是社会物质和精神财富的创造者,是物质资料和生活资料的生产者,也是社会物质和精神生活的享用者、社会物质资料和生活资料的消费者。"党的领导核心是人民主体自觉创造历史的灵魂。因为只有这一核心的形成和确立,才能最大限度地集中党和人民的集体智慧,人民群众作为历史的主体才是现实的。"②中国共产党是以马克思主义为根本指导的工人阶级政党,而坚持人民至上是马克思主义的本质要求,这就决定了我们党必然也是坚持人民至上的政党。马克思主义人民观认为,人民群众是实践的主体和历史的创造者,是人类社会前进的推动力量。从马克思恩格斯提出的"历史活动是群众的事业",决定历史发展的是"行动着的群众";③到列宁强调的"生气勃勃的创造性的社会主义是由人民群众自己创立的"④;再到毛泽东同志指出的"人民,只有人民,才是创造世界历史的动力"⑤。这些马克思主义经典作家的重要论述,都深刻阐述了人民群众在社会实践中的主体地位和决定作用,同时也蕴含着马克思主义政党要坚持人民至上的本质要求。

一、唯物史观中的主体及其特征

在《〈政治经济学批判〉导言》中,马克思明确指出:"主体是人,客体是自然"⑥。

---

① 李德顺:《价值论》,中国人民大学出版社 2007 年版,第 81 页。
② 侯惠勤:《马克思主义中国化新飞跃的历史根据》,《人民论坛·学术前沿》2022 年第 2 期。
③ 《马克思恩格斯文集》第 1 卷,人民出版社 2009 年版,第 287 页。
④ 《列宁全集》第 33 卷,人民出版社 2017 年版,第 57 页。
⑤ 《毛泽东选集》第 3 卷,人民出版社 1991 年版,第 1031 页。
⑥ 《马克思恩格斯文集》第 8 卷,人民出版社 2009 年版,第 9 页。

主体是指处于一定社会关系之中并从事着实践和认识活动的人,实践是人特有的存在方式。在人的实践与认识活动中,人属于活动的能动的主导的方面,他是活动的发动者、组织者和承担者,也是控制活动过程和使活动服从某种目的的操作者。人是一种社会实践的存在,他在实践活动中,把人以外的一切存在物变成自己活动的对象,变成自己的客体,使之变成为我之物,满足自己的需要和实现自己的目的,使自己成为主体的存在。唯物史观认为,主体性是人对世界(包括对自身)的实践改造,是从人的内在尺度出发来把握物的尺度的,马克思指出:人"通过实践创造对象世界,改造无机界"①,"而人却懂得按照任何一个种的尺度来进行生产,并且懂得处处都把固有的尺度运用于对象;因此,人也按照美的规律来构造"。② 人的主体地位是在改造外部世界的实践中确立的。作为主体的人,在实践中表现出鲜明的主体性,包括自觉的能动性、创造性、自主性、主观性、自为性等。主体的自觉能动性是主体的根本性质,是人与动物相区别的主要标志,主体通过发挥自身的能动性来确立自己的主体地位。在主体的实践活动过程中,主体能够根据自身的需要、能力、作用对象以及活动的客观条件等选择作用的对象和可获得利用的有效资源、设定可行的活动目标、作出合适的行动方式、控制调适活动的过程使之指向设定的目标等,彰显能动的主体性特征。人作为主体在有目的地运用工具改造外部环境的活动中,充分发挥人的主体性,不断创造出新的物质生产生活,创造人类社会历史,丰富和发展人的本质,推动历史的发展。

(一)人民是历史主体是唯物史观的基本历史观

唯物史观认为,社会存在决定社会意识,社会历史首先是生产发展的历史。历史不是自然的生成,而是由人的活动所构成的,是人活动的过程和结果。人民群众是生产活动的主体,因而也是历史的主体。在生产中形成的生

---

① 《马克思恩格斯文集》第 1 卷,人民出版社 2009 年版,第 162 页。
② 《马克思恩格斯文集》第 1 卷,人民出版社 2009 年版,第 163 页。

产方式作为人活动的过程和结果从而创造历史,彰显的是广大人民的革命力量,因此,人民群众是历史的创造者、是社会存在决定社会意识的理论的必然展开和发挥,它充分体现了唯物史观的革命的、实践本质。早在《神圣家族》中,马克思恩格斯就明确提出:"历史活动是群众的活动,随着历史活动的深入,必将是群众队伍的扩大。"①历史活动和思想是群众的思想和活动,后来恩格斯还论述到,决定历史发展的是"行动着的群众"②。列宁继承和发展了马克思恩格斯的思想,认为唯物史观与唯心史观区别的标志之一就是是否承认人民群众的历史决定作用,强调真正决定历史结局的是广大的人民群众,"群众生气勃勃的创造力正是新的社会生活的基本因素"③,"只有相信人民的人,只有投入生气勃勃的人民创造力泉源中去的人,才能获得胜利并保持政权"④。毛泽东极其重视人民群众的作用,明确提出:"人民,只有人民,才是创造世界历史的动力。"⑤毛泽东始终严格要求"共产党人的一切言论行动,必须以合乎最广大人民群众的最大利益,为最广大人民群众所拥护为最高标准"⑥,必须践行为人民服务的根本宗旨。

人民群众作为社会历史主体和创造历史的决定作用,体现在社会生活的各个方面。人民群众是社会的物质财富和精神财富的主体,也是创造和变革社会生活的主体。唯物史观认为,全部历史的发生首先决定于物质生活资料及其生产方式,因为人类的其他一切活动首先需要吃穿用住行以及其他一些东西为前提,"因此第一个历史活动就是生产满足这些需要的资料,即生产物质生活本身"⑦。人们要通过物质资料生产来创造生存和发展所需要的条件,

① 《马克思恩格斯文集》第1卷,人民出版社2009年版,第287页。
② 《马克思恩格斯文集》第1卷,人民出版社2009年版,第287页。
③ 《列宁全集》第33卷,人民出版社2017年版,第56页。
④ 《列宁全集》第33卷,人民出版社2017年版,第61页。
⑤ 《毛泽东选集》第3卷,人民出版社1991年版,第1031页。
⑥ 《毛泽东选集》第3卷,人民出版社1991年版,第1096页。
⑦ 《马克思恩格斯文集》第1卷,人民出版社2009年版,第531页。

才能保证从事包括政治、科学和艺术等其他社会生活的正常进行。这就决定了以不同形式从事和促进生产实践活动的人民群众是社会发展的决定力量。不仅如此，人民群众在创造物质财富的实践过程中也为创造精神财富提供了取之不尽的丰富源泉。认识来源于实践，实践是认识的基础和认识发展的动力。精神财富需要实践基础。一切科学理论、一切有价值的文学艺术，归根结底都来源于人民群众的生活和实践。同时，历史上许多科学艺术的发现创造都源于人民群众的实践和智慧。由于生产力是人类社会发展的最终动力，生产力的不断发展必然引起生产力与生产关系、经济基础与上层建筑的矛盾运动，从而推动人类社会的不断变革。但是，社会基本矛盾的根本解决必须紧紧依靠人民群众推动的社会革命。人类社会经历由奴隶社会向封建社会、资本主义社会和社会主义社会的演变，每一个阶段都必须通过人民群众自觉的革命斗争才能完成。因此，人民群众任何时候都是革命斗争的主力军和社会变革的决定力量。

（二）以人民为中心的发展思想是对人民历史主体的时代弘扬

党的十八大以来，中国特色社会主义进入新时代，党面临的主要任务是实现第一个百年奋斗目标，开启实现第二个百年奋斗目标新征程，朝着实现中华民族伟大复兴的宏伟目标继续前进。在实现这个任务的历史进程中，习近平总书记对马克思主义人民历史主体理论作出新的阐释和发展，强调创新和发展马克思主义人民历史主体理论，强调在新时代，人民群众"是决定党和国家前途命运的根本力量"[①]，他要求"我们共产党人任何时候都不要忘记这个历史唯物主义最基本的道理"[②]，必须时刻牢记只有依靠人民，才能创造历史伟业。坚持人民历史主体论，就必须坚持以人民为中心的发展，坚持人民至上。

[①]　《习近平谈治国理政》第 3 卷，外文出版社 2020 年版，第 135 页。
[②]　转引自《习近平总书记系列重要讲话读本（2016 年版）》，学习出版社、人民出版社 2016 年版，第 128 页。

进入新时代以来,习近平总书记在不同场合多次发表讲话,深刻阐释了以人民为中心的发展思想。2012年11月15日,习近平总书记在十八届中共中央政治局常委同中外记者见面时指出:"人民对美好生活的向往,就是我们的奋斗目标。"①2013年12月26日,习近平总书记在纪念毛泽东同志诞辰120周年座谈会上强调:"党的一切工作,必须以最广大人民根本利益为最高标准。"②2014年9月30日,习近平总书记在庆祝中华人民共和国成立65周年招待会上提出:"我们要坚持'以百姓心为心',倾听人民心声,汲取人民智慧,始终把实现好、维护好、发展好最广大人民根本利益作为一切工作的出发点和落脚点,让发展成果更多更公平惠及全体人民。"③2016年7月1日,在庆祝中国共产党成立95周年大会上,习近平总书记谆谆告诫全党:"我们要顺应人民群众对美好生活的向往,坚持以人民为中心的发展思想,以保障和改善民生为重点,发展各项社会事业,加大收入分配调节力度,打赢脱贫攻坚战,保证人民平等参与、平等发展权利,使改革发展成果更多更公平惠及全体人民,朝着实现全体人民共同富裕的目标稳步迈进。"④"要坚信党的根基在人民、党的力量在人民,坚持一切为了人民、一切依靠人民,充分发挥广大人民群众积极性、主动性、创造性,不断把为人民造福事业推向前进。"⑤"中国共产党之所以能够发展壮大,中国特色社会主义之所以能够不断前进,正是因为依靠了人民。中国共产党之所以能够得到人民拥护,中国特色社会主义之所以能够得到人民支持,也正是因为造福了人民。"⑥"共产党打江山、守江山,守的是人民的心,为的是让人民过上好日子。我们党的百年奋斗史就是为人民谋幸福的历史。"⑦

---

① 《习近平著作选读》第1卷,人民出版社2023年版,第60页。
② 《习近平著作选读》第1卷,人民出版社2023年版,第212页。
③ 《十八大以来重要文献选编》上,中央文献出版社2014年版,第698页。
④ 《十八大以来重要文献选编》下,中央文献出版社2018年版,第352页。
⑤ 《十八大以来重要文献选编》下,中央文献出版社2018年版,第352页。
⑥ 《十八大以来重要文献选编》下,中央文献出版社2018年版,第400页。
⑦ 习近平:《论"三农"工作》,中央文献出版社2022年版,第121页。

"历史是人民书写的,一切成就归功于人民。只要我们深深扎根人民、紧紧依靠人民,就可以获得无穷的力量,风雨无阻,奋勇向前。"①习近平总书记的系列讲话深刻地说明了在新征程上,为什么要坚持以人民为中心的发展思想和人民至上价值理念,怎样坚持和践行以人民为中心的发展思想和人民至上价值理念等重大理论问题。在新时代新征程上,只有依靠人民才能创造历史伟业,再续辉煌,为此,必须始终坚持党的群众路线、群众观点和群众立场,保持党同人民群众的血肉联系,维护好、发展好、实现好人民的切身利益,不断提高人民生活水平,增进民生福祉,让改革发展成果更多更公平惠及全体人民,朝着实现全体人民共同富裕不断迈进,满足人民群众对美好生活的向往,不断推进人的全面发展。习近平总书记多次明确指出:"党的一切工作,必须以最广大人民根本利益为最高标准。检验我们一切工作的成效,最终都要看人民是否真正得到了实惠,人民生活是否真正得到了改善,人民权益是否真正得到了保障。"②要求全体党员干部都要秉承"人民对美好生活的向往,就是我们的奋斗目标"③。把让全体中国人民都过上幸福美好的日子作为全党的直接奋斗目标。习近平总书记还谆谆告诫全党要自觉接受人民群众的批判和监督,以人民为价值主体和评价主体,坚守人民情怀,把人民拥护不拥护、赞成不赞成、答应不答应作为衡量一切工作得失的根本标准;要推动自我革命,推进制度建设,坚定不移反对腐败,坚持不懈纠治形式主义、官僚主义,通过不断推进自我革命来保持党的先进性和纯洁性,永葆为人民谋利益的初心。我们要坚守人民情怀,永不脱离群众,在新征程上依靠人民创造历史伟业,把促进全体人民共同富裕摆在更加重要的位置,脚踏实地、久久为功,推动改革发展成果更多更公平惠及全体人民。

---

① 《习近平谈治国理政》第 3 卷,外文出版社 2020 年版,第 67 页。
② 《习近平著作选读》第 1 卷,人民出版社 2023 年版,第 212 页。
③ 《习近平著作选读》第 1 卷,人民出版社 2023 年版,第 221 页。

二、凸显人民是经济社会发展成果共享主体价值

我国的社会主义市场经济特色决定了经济发展过程中虽然会发生一定程度的分化,人民相互之间的生活水平会有所差别,但是,党的坚强领导和实现社会主义制度能够保证社会不会过度贫富分化,能够保证全体人民在经济权利方面的基本平等和全国人民是经济社会发展成果的共享主体,从而确保经济社会发展最终实现共同富裕目标。

(一)人民是社会主义社会财富的主人

改革开放实现市场经济,由于每个劳动者的劳动能力有差别和地区行业发展的不平衡,加上历史的原因,社会各阶层、各区域和各个部门等在社会财富的实际享有和使用等方面必然发生分化,有所差别,这本身是社会主义实行各尽所能、按劳分配的制度体现。但是,我国的市场经济是社会主义市场经济,它决定了我国经济社会发展成果的人民共享性以及最终必然会不断迈上共同富裕。马克思主义理论目标和共产党人建立社会的目标是通过发展社会主义过渡到共产主义。从价值论视角而言,社会主义制度之所以必须确立和能够确立,是因为社会主义要实现人民当家作主,让全体人民成为社会的主人,成为社会财富的支配者、享有者。中国共产党是马克思主义指导的无产阶级政党,全心全意为人民服务是中国共产党始终坚持的根本宗旨,不断发展经济,增大社会财富并让全体人民共同占有社会财富,是中国共产党坚持以经济建设为中心的根本价值表达。《中华人民共和国宪法》明确规定,国家的一切权力属于人民。从根本上说,国家的经济权力属于全体人民。我国实行以公有制为主体的多种所有制并存的经济形式,公有制保证了全体人民对整个国家的基本生产资料的共同占有权利;以按劳分配为主体的多种分配形式并存的分配体制以及各种劳动法规、社会保障规定等保证了全体人民的劳动权利和通过劳动获得相应社会财富、享受社会财富的权利。随着经济社会的发展,全

体人民的社会财富占有量、物质文化生活都会相应地不断提高,人民是劳动的主人和劳动成果的主人。

(二)人民"共享发展"是判断改革开放成功与否的根本标准

改革开放促成了我国经济社会的大发展,取得世界经济发展史上的奇迹,人民生活水平得到了根本性的提高。但是,由于历史的原因、自然条件的差异、计划经济时代二元体制的原因以及改革开放前期在客观上必须实行打破平均主义,让有条件的地区和个人先富起来,然后以"先富带动后富"的发展方略,改革开放在促成全国整体经济社会发生翻天覆地发展的同时,区域之间、城乡之间、人民个人之间在经济富裕程度上发生了比较大的分化,成为进入新时代我国经济社会向更高阶段发展的一个重要瓶颈,同时,也是推进我国经济社会发展和社会治理现代化,加强、巩固和改善党的领导的重要契机和努力方向。因此,进入新时代以来,习近平总书记发表了系列讲话,深刻阐释了改革开放和现代化发展过程中的"共享发展"目标思想,为新时代全国经济社会发展和社会建设提供了重要的方向性指导。

习近平总书记以"共享是中国特色社会主义的本质要求"[1]为主旨,多次阐释共享在中国式现代化中的价值引领意义。2015年8月21日,在就"十三五"规划建议听取党外人士意见的座谈会上,习近平总书记明确指出:"改革发展搞得成功不成功,最终的判断标准是人民是不是共同享受到了改革发展成果。"[2]后来他还提出:"如果不能给老百姓带来实实在在的利益,如果不能创造更加公平的社会环境,甚至导致更多不公平,改革就失去了意义"[3],"改革的根本目的,是要让国家变得更加富强、让社会变得更加公平正义、让人民

① 《十八大以来重要文献选编》中,中央文献出版社2016年版,第793页。
② 《习近平关于社会主义社会建设论述摘编》,中央文献出版社2017年版,第35页。
③ 《习近平著作选读》第1卷,人民出版社2023年版,第184—185页。

生活得更加美好"①,使发展成果惠及全体人民,实现共享发展,"要把促进社会公平正义、增进人民福祉作为一面镜子,审视我们各方面体制机制和政策规定,哪里有不符合促进社会公平正义的问题,哪里就需要改革;哪个领域哪个环节问题突出,哪个领域哪个环节就是改革的重点"②。习近平总书记特别强调公共服务的普惠性、均等化和共享水平;强调促进教育公平,让14亿人民享有更公平的教育;强调建立更加公平的社会保障制度;强调使收入分配更合理、更公平;等等,就是必须把为民造福作为最重要的政绩。我们推动经济社会发展,归根到底是为了不断满足人民群众对美好生活的需要。

(三)共同富裕是以人民为中心的发展的经济社会发展的根本目标和价值指向

共同富裕,是马克思主义的一个基本目标和社会主义的本质要求,也是实现人民共享的一个根本体现,是中国式现代化经济社会发展的根本目标和价值指向。马克思在《政治经济学批判(1857—1858年手稿)》中就提出,共产主义社会的"生产将以所有的人富裕为目的"③。共同富裕的"共同"强调的是"全体人民共同富裕",即全体人民共享发展成果。早在十八届中央政治局常委首次同记者见面时的讲话中,习近平总书记就告诫全党,"坚定不移走共同富裕的道路"。他在不同的场合多次强调,"我们追求的发展是造福人民的发展,我们追求的富裕是全体人民共同富裕"④。他还对共同富裕的内涵作出了全面深刻的说明,共同富裕不是简单的物质生活富裕,而是兼顾物质生活和精神生活的富裕,实现人的全面发展;实现共同富裕,不是牺牲效率的平均主义,而是既要做大经济发展的蛋糕,也要注重"分好"每一块蛋糕,要鼓励勤

---

① 《习近平主席新年贺词(2014—2018)》,人民出版社2018年版,第19页。
② 《习近平谈治国理政》第1卷,外文出版社2018年版,第97页。
③ 《马克思恩格斯文集》第8卷,人民出版社2009年版,第200页。
④ 《习近平关于社会主义社会建设论述摘编》,中央文献出版社2017年版,第35页。

劳创新致富;实现共同富裕,不是一蹴而就,而是逐步共富,需要在发展经济的基础上,调节收入分配格局,缩小贫富差距,更加关注社会上的弱势群体、落后地区的实际需要和利益分配等,"绝不能出现'富者累巨万,而贫者食糟糠'的现象"[①];要加强公共服务和民生建设,保障和改善民生"要抓住人民最关心最直接最现实的利益问题,既尽力而为,又量力而行,一件事情接着一件事情办,一年接着一年干"[②],不断改善全体人民的生态环境、提高就业质量和人民收入水平、加强和创新社会治理、发展人民满意的教育、实施健康中国战略等,把以人民为中心的发展思想实践于共同富裕的价值目标及其具体政策之中。

三、推进人的全面发展价值

实现人的自由发展是马克思主义理论的最高理论目标。马克思指出:"个人的全面性不是想象的或设想的全面性,而是他的现实联系和观念联系的全面性。"[③]所谓的现实关系,最主要的是人在社会实践过程中结成的人与人的社会关系,人本质上是现实的社会关系的总和。随着社会关系的发展变化,人的本质也会发展变化。以人民为中心的发展继承并发展了马克思人的自由全面发展理论,把马克思主义人的发展理论嵌入中国改革开放和现代化建设的伟大进程中,科学回应并解答了我国经济发展和现代化发展的价值方向问题。

(一)现代化发展给人的发展带来的困境

经济全球化的实质是市场经济体制的全球化并影响人们生活方式趋于同质化。市场经济离不开资本,资本的本性是追求价值和利润的最大化。随着科技和工业生产的快速发展,许多工业消费品经常超出一定区域甚至一定时

---

① 《十八大以来重要文献选编》中,中央文献出版社 2016 年版,第 827 页。
② 《习近平著作选读》第 2 卷,人民出版社 2023 年版,第 37 页。
③ 《马克思恩格斯文集》第 8 卷,人民出版社 2009 年版,第 172 页。

期的世界市场的总需求,资本为了在此境遇下仍然获得最大利润,通过广告传媒宣传等手段掀起消费主义思潮,形成消费主义文化和消费社会,把人们的需要消费主义化,让消费本身成为人的需要,使消费异化为占有,正如英国当代著名的批判社会学家齐格蒙特·鲍曼所批判的:"在消费社会中,消费本身就是目的,因此它是自我推进的。传统心理学把'需要'界定为这样的一种紧张状态:一旦需要得以满足,这种紧张状态就会最终消失。在消费社会中,社会成员的需要恰恰相反,它即使在得以满足之后也不会消失——如果有可能的话,它将变得更加强烈。"①消费主义文化本质上是资本逻辑的生活化,人们消费的本来目的是为了满足人的需求,但在资本逻辑的宰制下,消费异化成为刺激人的无限欲求,诱导人们产生虚幻的消费,使人们逐渐迷失在物质世界而陷入对物的占有的欲望之中,人们内心真实的需求被遮蔽。当人们把对物的追求、占有和消费看作是对自身的发展和实现的追求时,消费并没有提升他们的幸福感和满足感,反而在消费过后人们往往陷入更深的空虚和寂寞中,人生价值无可依托。哈贝马斯曾断言现代社会是一个生活世界被殖民化的世界。所谓生活世界殖民化,是指市场经济体制和官僚政治体制以金钱和权力为媒介侵入本不属于市场的生活世界,使得日常生活被全面异化。人被货币和权力所操控,人生的全部意义被淹没于对物的极端追逐之中,由此造成人的意义世界枯萎。我国著名社会学家郑也夫指出:"生产和消费应该是生活的手段而非目的,但当前的消费早已本末倒置,手段压倒了目标,他们竭力影响民众用'消费'取代'生活',最终使很多本不需要的东西充塞进生活,并使人们放弃或遗忘了最初的渴望。"②消费主义导致了人的意义萎缩、精神世界的贫瘠和人的畸形化发展。

进入 21 世纪,互联网的快速发展重新塑造了人们生存的时间和空间,互

---

① [英]齐格蒙特·鲍曼:《被围困的社会》,郇建立译,江苏人民出版社 2006 年版,第190 页。

② 郑也夫:《后物欲时代的来临》,中信出版社 2016 年版,第 36 页。

联网的即时性和实时性为人们随时随地获取各种资讯提供了手段,网络的开放性和交换性又为人们实现无障碍沟通带来了巨大的便利。然而,海量的网络信息真假难辨,碎片化的快餐文化越来越多占据人们的休闲空余时间,极大地冲击着人们的精神生活。网络虚拟空间作为与现实时空既相联系又相区别的时空状态,改变既定的时空运动方式,营造超常的时空运行状态,给人以特殊的时空感觉和体验。当人们进入其中时,能够与虚拟环境和客体发生实在的互动,延拓和重新形塑了人类社会生活空间。虚拟与真实的对立割裂使自我陷入认知解构的困境,迫使人们不断以新的视角思考认识自我认知的问题。"不对我们在虚拟空间中表现出来的众多的自我进行更深刻的理解,我们不可能使用我们那里的经验去丰富真实的自我。"网络让我们有机会重新审视内在自我的多样性。一方面,网络人际交往作为现实人际交往的补充,弥补了现实的时空局限,改善了人们的人际交往状况,促成人们的交往方式更加主动直接和交往的主体意识增强。另一方面,商业逻辑和纷繁的网络文化不断地改造,征服人的内在空间,让原来单一和稳定的自我认同和价值共识出现了危机。弗洛姆认为现代世界是一个被计算机控制并不断在我们中间徘徊的"幽灵"。互联网上的庸俗化、媚俗化、娱乐化文化让人们过分沉迷于感官的刺激和欲望的自我满足,容易忽视对精神、道德更深层面的提升和超越。虚假快感的享受和短暂的感官欲望满足容易遮蔽人的深度理性反思,导致主体批判性的式微,衍生出来焦虑、空虚、人格分裂、价值失落等网络时代人们的精神困惑。吉登斯说:"在现代性背景下,个人的无意义感,即那种觉得生活没有提供任何有价值的东西的感受,成为根本性的心理问题"[①]。精神世界承载着人的关于自身存在意义的认知,是人寄托情感、安顿心灵的"家园",为人的存在提供价值解释和意义关怀,在引导和塑造人的自由全面的发展上至关重要。一个人的精神世界决定着一个人如何在当下生活的形态。现代化工业文明发

[①]　[英]安东尼·吉登斯:《现代性与自我认同》,夏璐译,中国人民大学出版社2016年版,第8页。

以人民为中心的发展思想研究

展,人们物质生活水平越来越高越来越丰富的同时,也不断使人"物化",随着人的不断被"物化",人的主体性不断丧失,人文价值理性的危机必然演化为人本身的生存危机,构成现代化发展的重大问题。

(二)构建市场经济体制在中国对人的发展的影响

当前我国正处于社会主义初级阶段,还处于现代化的转型时期,商品市场经济是我国基本的经济体制形式,按照马克思关于人的三个发展阶段,商品经济时代是人对物的依赖时代。因此,不论是社会生产力的发展,还是各领域的制度安排,我国整个经济社会都不可能让主体完全走出"人为物役"的困境。实际情况也是,改革开放40多年来,我国取得了举世瞩目的经济社会发展成就,用几十年的时间走过了西方发达国家几百年走过的现代化历程,实现了"中国式"发展奇迹。我国属于后发型国家,现代化发展处于高度的"时空压缩",社会转型时期各种社会思潮呈现历时态性,传统性、现代性和后现代性共同交织、汇聚构成中国现代化的独特背景。社会主义市场经济的逐步确立,极大地解放了生产力,提高了人的主体性和独立性,为人的发展创造了积极条件,但也呈现出对物的依赖性特征。美国社会学家布莱克曾经作出过这样的说明:"现代化从世界上少数较先进的人群向多数较落后的人群扩展的时候,不仅带来了实现高水平发展的机会,也带来了前者在抵达这种水平时所遭遇的全部问题。"①

在人的发展问题上,现代化转型期我国当前至少存在如下问题:其一,金钱至上观念普遍。市场经济竞争必然带来社会贫富一定程度的差别甚至分化,人们社会交往越来越广泛、陌生人化,它使金钱在人的生存和交往中的作用更加凸显出来,改变了人们的思维方式和生活方式。以往的人与人之间的单纯交往不断受到金钱的侵蚀,原本单纯的人际关系被异化为金钱关系。一

① [美]C.E.布莱克:《现代化的动力》,段小光译,四川人民出版社1988年版,第209页。

些人崇尚金钱至上,不择手段地攫取和占有物质财富,将人生成功的标准简单化为对金钱和资本的占有数量,"金钱已经成为日常生活中的意象,构成了人们谈论生活不可或缺的基本规范"①,某种程度上产生了"金钱拜物教"。金钱至上膨胀了个人利己心理,致使一些人在交往活动中以物质私利为根本追求目标,以获得金钱的多少作为人生成功和意义价值的坐标,甚至以是否获得金钱物质利益作为交往对象选择的标准,表现出《共产党宣言》中描述的"人和人之间除了赤裸裸的利害关系,除了冷酷无情的现金交易,就再也没有任何别的联系了"②。人与人之间丰富的交往关系和个性被物所控制,一切交往的对象包括人和物、社会关系等成为人谋利的"工具和手段",从而使作为自身目的的个体的人变成实现现代社会总体目标(安全、增长、效率)的工具和手段,主体陷入了主体性悖论。其二,享乐主义流行,崇高的精神失落。改革开放四十多年以来,快速推进的工业化和城市化提高了人们的物质生活,丰富的商品、各种娱乐设施的开放和感官刺激的广告吸引等,让相当多的人堕入享乐主义泥淖,逐渐湮没于物欲的洪流,对自我的认知和价值屈从于"逐物"的需要,除了高消费物质商品,人生意义不知何为,精神颓废。前现代社会的人们将自己的本质依附于血缘、宗族等社会关系,主体湮灭于共同体中。现代社会,启蒙主义将人的理性还给人,个体脱逃血缘生物学或者地理学意义上的束缚,却又陷入更深层次的物的束缚,资本逻辑的扩张性和逐利性重塑了整个社会的时空形态。"在资本主义经济活动中,成功、获得物质利益成了目的本身。人的命运便是促进经济制度的进步、帮助积累资本,这并非为了自己的幸福或得救,而把它作为目的本身"③,主体存在的意义以资本增殖的方式被畸形地表现出来。对此,美国心理学家弗洛姆指出,理性给了现代人类巨大力量,让人们创造出了一个丰富的物质世界,"但对于人的存在之最重要、最基

---

① 周海林:《在理性的周围:我们这100年》,社会科学文献出版社2006年版,第155页。
② 《马克思恩格斯文集》第2卷,人民出版社2009年版,第34页。
③ [美]埃里希·弗罗姆:《逃避自由》,刘林海译,国际文化出版公司2002年版,第73页。

本的问题——人是什么、人应该怎样生活、怎样才能创造性地释放和运用人所具有的巨大能量——都茫然无所知"①。"我们今天这个高度理性化的时代，是一个世界已经被祛魅的时代，因而也是一个价值匮乏和意义失落的时代"②。这种情况在当前我国一些人当中也相当严重，必须在现代化发展过程中通过加强社会主义核心价值观和树立人民利益价值的教育来逐渐地化解。

（三）以人民为中心的发展思想对促进人的全面发展的价值

以人民为中心的发展在最本质的意义上就是通过持续发展不断满足全体人民对美好生活的需要，从而促进人的全面发展。美好生活是指向真善美的生活，其不仅有充盈的物质，还包括精神世界的丰富，致力于审美、求知，追求智慧、良善、公平正义和劳动创造等，营造良好和谐的精神家园以满足人民多样的文化需求，让全体人民能够在积极的劳动创造、追求社会公正和物质生活富足中发挥自己的能力，开展多样的交往关系，丰富自己的个性，不断发展自己，彰显人生的意义价值。因此，以人民为中心的发展思想是对现代化发展造成的人的生活物化所导致的自我空虚迷失、崇高失落的精神困境的积极回应、强力克服和踔厉超越，为我国社会现代化的顺利转型和在现代化进程中如何推进人的全面发展提供了根本性的指导价值。

首先，坚持以人民为中心的发展，必然要求充分尊重人民主体地位和首创精神，调动全社会积极性主动性，在更深层次上做到发展依靠人民，着力解决人民最关心最直接最现实的利益问题。人民是中国共产党执政的最深厚基础和底气，激发人民创造历史、开创现代化发展的内生动力对人民创造自己的美好生活至关重要，也是促进人的全面发展的最重要途径。唯物史观认为，劳动实践创造了人和人类社会，劳动是人的内在本质，人生幸福、人生意义和价值的最高境界是在社会性的劳动中发挥自己的聪明才智、展示自己的主体能力、

---

① ［美］埃里希·弗洛姆：《弗洛姆文集》，冯川等译，改革出版社 1997 年版，第 132 页。
② 张凤阳：《现代性的谱系》，江苏人民出版社 2012 年版，第 248 页。

彰显自己的潜能为社会和他人作出尽可能大的贡献,这也构成美好生活的重要内容。坚持以人民为中心的发展就是要构建一个为全体人民通过劳动实践实现自己人生价值和作为社会主体地位的广阔舞台。

其次,坚持以人民为中心的发展,必然要求生产提供优质文化产品,向全体人民传播积极向上的高尚的精神价值,增强人们的文化获得感、幸福感。习近平总书记明确要求,文化工作"要树立以人民为中心的工作导向,丰富人民精神世界,增强人民精神力量,满足人民精神需求"①。个体发展始终受到所处环境的影响,离不开所处时代的文化氛围的熏陶。"人的发展是在主导文化的定向、高雅文化的提升、世俗文化的熏陶中实现的,但在大众文化以其强势对主导文化、高雅文化和世俗文化'殖民'的情况下,人也就必然出现无所适从,进而产生许多困惑和情感上的无所归依"②。以人民为中心的发展导向的文化生产必然要向大众传播、弘扬红色文化、中华优秀传统文化和积极向上的现代化文明等主流文化,引领社会大众文化的发展方向,用中国特色社会主义文化引导受众自觉践行社会主义核心价值观,筑牢大众文化发展的根基,满足人民对美好生活的文化精神需求,不断提升高雅文化和世俗文化对人的精神审美的熏陶作用,引导人们自觉追求"真、善、美"的高尚精神境界。

再次,坚持以人民为中心的发展,必然要求为人民营造风清气正的网络空间。网络空间作为一个多元文化碰撞、多种价值理念交织、真伪信息并存的社会大场域,构成了当代人群的舆论场。网络空间充斥着良莠不齐的海量信息,直播乱象时有发生,低俗内容屡禁不止,文化霸权、舆论发酵、网络噪音等等现象荼毒人的精神信仰,萎靡人的精神世界,严重污染网络生态。坚持以人民为中心的发展,必须在网络文化传播过程中,坚持马克思主义的思想理论指导,有针对性地在网络空间创设弘扬社会主义核心价值观的舆论阵地、栏目和趣味问题的讨论,提高大众审美观和文化的审美能力;以正能量的内容、群众喜

① 《习近平著作选读》第1卷,人民出版社2023年版,第148—149页。
② 陈用芳:《多维视角下人学与现代化关系》,中央编译出版社2010年版,第298页。

闻乐见的表达方式和科学理性的观点来引导、激励人们在纷繁复杂的网络环境里保持理性自觉,构筑符合广大人民群众利益的精神家园;让更多高雅的文化进入受众的精神世界,陶冶受众情操、净化受众心灵,促进全体人民精神文化素质的不断提高,自觉抵制各种消极的价值观,实现人民的身心和谐。

最后,坚持以人民为中心的发展,必然要求全面贯彻新时代党的教育方针,健全学校家庭社会育人机制,发展素质教育,培养德智体美劳全面发展的社会主义建设者和接班人。在人民日常生活中,倡导文明健康生活方式,重视心理健康和精神卫生,促进全民身心健康;加快推进社会主义民主法治建设,拓宽民主渠道,丰富民主形式,发展更加广泛、更加充分、更加健全的全过程人民民主,保障人民群众的合法权益,增强人民的公平正义感和法治自律感;大力普及科学宣传教育,提高全体人民的科学素养,自觉抵制各种宗教迷信等,做一个健康文明高尚的现代人。

第六章　以人民为中心的发展思想的时代意义

习近平总书记指出:"中国共产党为什么能,中国特色社会主义为什么好,归根到底是马克思主义行,是中国化时代化的马克思主义行。拥有马克思主义科学理论指导是我们党坚定信仰信念、把握历史主动的根本所在。"①运用马克思主义基本原理回答一定时期内凸显的时代问题是马克思主义中国化转换的重要范式,也是创新和发展马克思主义的重要途径。当前,世界百年未有之大变局和中国百年大发展相互交织、共振激荡,其历史交汇构成了人类社会大发展大进步的最壮丽的时代景观。中华民族伟大复兴迎来了无比光明的前景,但也处于愈进愈难而又非进不可的时候,继续深化改革开放的任务十分艰巨。中国社会正处于迈向社会主义现代化强国的关键时期,社会结构正在进行深刻变动,利益格局正在发生重大调整,改革开放以来累积的一些深层次问题愈发聚焦,解决愈显急迫。科学认识当前我国经济社会发展中出现的新情况,回应并解决由此带来的一系列问题与挑战,需要从理论上阐明发展的依靠力量和目的。以人民为中心的发展思想作为习近平新时代中国特色社会主义思想理论体系的核心内容,是新时代对马克思主义唯物史观发展创新的集中

---

① 《习近平著作选读》第 1 卷,人民出版社 2023 年版,第 14 页。

体现,是引领新时代中国特色社会主义现代化的发展和未来走向的基本价值理念,因而具有十分重要的理论价值和实践价值。

第一节　以人民为中心的发展思想的理论价值

马克思主义的诞生和发展伴随着为全世界无产者谋求解放的斗争历程,它始终站在时代的前沿,以推翻和改造旧世界为己任,致力于改善无产阶级和一切劳动群众的生存状况,是指导无产阶级和劳动群众解放与发展的思想武器。马克思主义唯物史观以"现实的人"为理论起点,科学地揭示了人类社会的发展规律和无产阶级解放的发展规律,完成了对传统发展观的现代性超越。以人民为中心的发展思想把马克思主义的群众史观与中国现代化发展的实际相结合,在新的历史时代创造性发展了马克思主义,批判和超越了西方现代化发展观,彰显和提升了中国共产党的人民性价值立场,是当代最科学的社会发展理论。

一、传承和发展马克思主义

马克思主义是被实践检验了的科学的世界观和方法论。作为科学的世界观和方法论,马克思主义的辩证唯物主义坚持从实际出发、实事求是的思想方法,马克思主义唯物史观科学地说明了历史的基础和本质、历史的发展力量、历史由谁创造、为谁创造的问题,阐明了人民群众在历史发展中的决定作用。马克思主义认为,人民作为历史的主体,是感性的存在,他以现实人和历史人的双重身份参与历史进程,同时扮演了剧作者和剧中人的角色,通过这一过程,人实现了"使自己的生命活动本身变成自己意志的和自己意识的对象"①,

_____

① 《马克思恩格斯文集》第 1 卷,人民出版社 2009 年版,第 162 页。

从而创造历史,并由此获得自己的政治身份和历史身份,确立自己的历史主体地位,因此,历史是人民自己的实践创造过程。

以人民为中心的发展思想充分体现了辩证唯物主义认识路线和思想方法。一切从实际出发,实事求是,是马克思主义的根本方法。以人民为中心的发展思想,正是从我国新的历史时期下社会主义现代化建设的实际出发,正确把握新时代国内外发展变化及新格局提出的重大发展战略思想。进入新时代,我国的社会主要矛盾已经发生变化,如果说新时代以前的改革开放和现代化发展的直接目标是摆脱贫困,让全国人民尽快富起来,必须坚持以经济建设为中心,必须实行"效率优先,兼顾公平"和让一部分地区、一部分人通过劳动先富起来的发展方略,那么,经过 40 多年的发展,我国已基本消灭了绝对贫困,整个国家的经济已经富裕起来,蛋糕已经大了,这个时候,美好生活需要已经取代了基本的物质文化生活需要,完善的社会福利保障和公平正义、生态文明等已经成为全体人民的更高期盼。这是中国当前最重要的发展实际。以人民为中心是对这一重要发展实际的深刻把握,既为我国在新的历史时期的发展提供了科学的导向指引,也是对马克思主义辩证唯物主义思想方法的时代发展。

以人民为中心的发展思想是在新的历史时期对马克思主义唯物史观基本理论的继承和发扬。

首先,以人民为中心的发展思想是对历史发展规律的新阐释。唯物史观认为人类历史是一个自然历史过程,基于生产力与生产关系、经济基础与上层建筑两对客观的不以人的意志为转移的基本矛盾规律,其中,生产力是社会发展的最终决定的力量,也是认识一个国家国情的重要内容。生产力和生产关系的矛盾又会在不同时期表现一定的社会主要矛盾。新时代我国社会主要矛盾的转化本质上是我国生产力和生产关系协调作用的结果。改革开放以来,我国的生产力水平和经济发展发生了革命性变化,生产关系在经济体制方面也通过改革不断发展,但两者之间仍然有不相适应的方面,需要更深层次的改革才能逐步解决。基于我国当前生产力和整体经济、人均经济发展状况,新时代我国社会人民日益增长的美好生活需要同不平衡不充分发展之间的矛盾日益突出并居于主要矛盾,但这并不影响我国当前对社会主义所处阶段的基本定位,我国仍处于并将长期处于社会主义初级阶段,我国仍是世界上最大的发展中国家,这"两个没有变"是基于我国经济社会的发展现状与人民生活水平的客观实际做出的。因此,以人民为中心的发展思想作为新时代的基本发展指导思想,既是对我国现代化取得巨大成就的充分肯定和全国人民美好生活追求的积极回应,也是对我国生产力发展水平和经济发展实际的充分尊重,在更深的理论层面,是对唯物史观社会基本矛盾、基本规律的科学应用。

其次,以人民为中心的发展思想深化了唯物史观的历史动力观。早在马克思主义创始人创立唯物史观时就指出:"历史不过是追求着自己目的的人的活动而已"[1],"历史的活动和思想就是'群众'的思想和活动"[2],历史是广大人民群众的实践活动尤其是生产实践活动推动的。由于人的物质生活资料丰富而多样,自然界中的事物都不能直接满足人的需要,人必须通过自己的劳动才能获得生存的物质资料。马克思恩格斯指出:"人们为了能够'创造历史',必须能够生活。但是,为了生活,首先就需要吃喝住穿以及其他一些东西。因此第一个历史活动就是生产满足这些需要的资料,即生产物质生活本身"[3]。人的物质和精神需求的满足是人的生产的动力源,也是社会发展和历史前进的动力源。由于人们只能结成一定的社会关系才能进行真正的生产劳动,所以,历史的发展动力总是表现为一种"合力"而不以任何个人的主观意志和愿望目的为转移,表现为规律性,表现为跨越时空的众人的共同努力,亦即人民群众是历史的创造者。但是,人民群众作为历史创造者是一个由自发到自觉的发展过程。在马克思主义唯物史观诞生以前,唯心主义英雄史观占

① 《马克思恩格斯文集》第 1 卷,人民出版社 2009 年版,第 295 页。
② 《马克思恩格斯文集》第 1 卷,人民出版社 2009 年版,第 286 页。
③ 《马克思恩格斯文集》第 1 卷,人民出版社 2009 年版,第 531 页。

统治地位,人民群众作为历史的创造者异化为被剥夺者,历史的主人倒转为被奴役者。马克思主义唯物史观从资本主义时代无产阶级的生产劳动者主体地位,拨开了历史迷雾,深刻揭示了广大劳动人民在历史发展中的真正决定作用,在消灭了资本剥削和去掉了英雄史观思想误导的社会主义时代,人民作为历史发展的决定力量就从原来的自发成为了自觉,以人民为中心的发展思想正是对人民历史发展决定作用的理论自觉。它立足于人民日益增长的美好生活需要,是对唯物史观关于需要是历史发展的原动力观点的新时代阐释。满足人民美好生活需要,必须依靠全体人民的共同努力奋斗,通过人民的积极劳动、科技创新,不断推进高质量发展,在不断实现人民美好生活需要的过程中推进我国社会主义现代化的发展,推动中国特色社会主义伟大事业不断前进。

最后,以人民为中心的发展思想彰显了唯物史观的人民价值观。历史唯物主义认为,历史的根本价值是人民群众的生产实践。人民在生产实践中改造自然事物、创新自然世界,生产自己的生存和发展的一切物质生活资料,实现作为人的生命的价值。唯物史观强调,人的本质是由社会关系决定的,人的价值必须在社会关系中才能够实现。每个时代的人民群众都是社会关系的存在,既在"既得力量的生产力"基础上进行各种社会活动,又不断地突破"既得力量的生产力"的条件创造历史,推动历史向前发展,彰显着人民群众创造历史的价值。历史的发展最终会消灭一切剥削和压迫,消除各种使人非人的异化现象,实现人类的解放和人的全面自由发展,早在《共产党宣言》中,马克思主义创始人就指明:"代替那存在着阶级和阶级对立的资产阶级旧社会的,将是这样一个联合体,在那里,每个人的自由发展是一切人的自由发展的条件"①,无产阶级只有解放了全人类最终才能解放自己。所有这一切的实现,都是人民群众自己的实践、自己的创造、自己的斗争过程,而这同时也是历史发展的人民目的价值的展开。以人民为中心的发展思想在新的历史条件下丰富

① 《马克思恩格斯文集》第2卷,人民出版社2009年版,第53页。

和发展了唯物史观的人民价值观。习近平总书记谆谆告诫全党，"党的根基在人民、血脉在人民、力量在人民"①，"人民群众是我们力量的源泉"②。人民是中国共产党的立党之本和执政之基，是党执政兴国的根本依靠者，无论在任何时候，都必须坚持依靠人民，才能创造历史伟业。同时，必须把发展指向共同富裕方向，让全体人民共享改革和发展成果，让广大人民过上越来越美好幸福的生活，践行发展依靠人民、发展为了人民的人民历史价值。不仅如此，习近平总书记还特别强调，人民作为历史主体也是经济社会发展的评判主体，强调国家经济发展和社会建设的效果如何，执政党执政能力和执政水平的高低，需要以人民为根本尺度，需要以人民是否满意作为评价标准，"我们党的执政水平和执政成效都不是由自己说了算，必须而且只能由人民来评判。人民是我们党的工作的最高裁决者和最终评判者"③。习近平总书记的这些论述既是用马克思主义唯物史观的人民价值观对解决当代中国现代化发展问题的精准把脉，又是中国特色社会主义现代化实践对唯物史观的人民价值观的丰富、创新和发展，确立了中国式现代化赓续发展的基本价值观引领。

二、批判、扬弃和超越西方发展理论

二战结束以来，时代的主题是和平与发展。同时，随着工业革命的纵深发展带来的全球经济社会变化引发的各种发展性问题，导致发展问题成为20世纪中叶后国际政界和学术界探讨的热点话题。

人类历史在18世纪中后期工业革命后揭开了大发展的序幕。工业革命后，伴随着科学技术的突飞猛进，科技不断地应用于社会生产和管理过程，资本主义生产方式的不断推进，人类改造自然的能力愈来愈强。但随着工业革命和现代化发展的日新月异，人类发展面临的问题越来越多，甚至出现了深

---

① 《习近平著作选读》第 1 卷，人民出版社 2023 年版，第 123 页。
② 《习近平著作选读》第 1 卷，人民出版社 2023 年版，第 61 页。
③ 《习近平著作选读》第 1 卷，人民出版社 2023 年版，第 213 页。

刻的危机。这种危机在第二次世界大战后逐步演变成全球性问题。从哲学层面看,发生了意义危机,主要表现在三个方面:其一,人们在发展实践中一味追求发展的"物的意义",遮蔽了发展的"人的意义";其二,人们将"小我"发展的意义凌驾于"大我"发展的意义之上,造成了"小我"发展与"大我"发展的冲突和对立;其三,人们为推动发展特别是"物的发展"采取了不合理、高代价的方式,加剧了人与自然的矛盾。具体表现为:生态失衡、环境污染、能源枯竭、人口爆炸、核战争威胁、人的发展片面化、发展严重分化和贫富分化、精神信仰缺失等等。这种严峻的形势无论是在发达国家,还是在发展中国家都表现得越来越突出。因此,自二战结束不久,西方学界的经济社会学掀起了对发展问题的研究热潮,形成了多种发展理论。

西方发展理论经历了从"经济发展观"到"增长极限发展观"到"可持续发展观"到"综合发展观",再到"以人为中心发展观"的演进过程。经济发展观把社会发展与经济增长等同,把经济增长等同于物质财富的数量增加,GDP增长是其主要的标准与目的,这种发展观盛行于二战后至60年代中期,是对战后世界经济恢复性发展的一种理论总结。它具有促进经济增长和迅速积累财富的作用,但由于资本主导追求利润,许多国家也出现了"有增长而无发展"的局面,经济总量增加,人民的生活质量没有得到根本改善。历史和实践表明,这是一种片面的发展观。针对经济发展观在实践中的片面性,1969年至1973年由罗马俱乐部的未来学派"增长极限论"发展观,这种发展观批判以经济为中心,认为经济发展观的GDP中心论所展示的发展已逐渐超出自然生态的极限,强调必须把自然纳入到社会发展的系统,人类的活动和经济增长必须在自然资源和环境所能承受的范围。受罗马俱乐部"增长极限论"的影响和启发,1980年国际资源和自然保护联合会推出的《世界自然资源保护大纲》第一次提出"可持续发展概念"。1987年联合国世界环境与发展委员会发表了题为《我们共同的未来》的长篇报告,首次提出了"可持续发展观"——既满足当代人的需要,又不对后代人满足其需要的能力构成危害的发展,并全面地阐述了经济发展与保护自然环境、经济增长与人口适度增长、生产的适度进步与生活上的适度消费的关系问题,强调保护资源环境得以永续利用的适度发展的意义。1983 年联合国推出法国经济学家佩鲁《新发展观》一书,提出了"整体的""综合的""内生的"新发展理论,亦称综合发展观。它强调社会是一个由人口、环境、政治、经济、科学技术以及其他相关系统组成的有机整体,发展是各要素之间或各子系统之间的协调运行过程,发展应是社会整体的全面性发展,其中人在社会发展中具有特别重要的地位。20 世纪 80 年代初,人们在反思发展问题的过程中就已开始把视角从"物"转向了"人",转向了人的需求的满足和人的发展。事实上,"以人为中心"的发展思想已经渗透在可持续发展观和综合发展观当中了,只是由于各个时期的侧重点不同而没有被突出明确地表述。1994 年联合国开发计划署发表《1994 年人类发展报告》,《报告》提出:人类发展的目的就在于创造出一种环境,在这一环境中,所有的人都能施展他们的能力,不仅为这一代,而且能为下一代提供发展机会。对"以人为中心"的社会发展观作了比较明确的说明。根据这一发展观,联合国确立了一种新的度量发展的标准——人类发展指数 HDI,它包括三个基本指标:寿命、知识和生活水平。1995 年在哥本哈根召开的世界发展首脑会议上通过的《宣言》和《行动纲领》指出:社会发展要"以人为中心";"社会发展的最终目标是改善和提高全体人民的生活质量",确立了"以人为中心"的发展观,明确了人在社会发展中的动力主体、价值主体和责任主体地位。

以人民为中心的发展思想批判了经济增长论的片面发展观,扬弃了"增长极限论"发展观,可持续发展观、综合发展观和"以人为中心的发展观",是以马克思主义为指导的、立足于中国现代化发展的实际和中国传统文化的科学的新的发展观。以人民为中心的发展思想强调,经济发展是一切的基础,把坚持以经济建设为中心作为践行"以人民为中心"发展的基础。在此前提下,同时强调以经济建设为中心不是片面的唯 GDP 增长,而是要求经济的发展必须与维护生态平衡、自然环境保护同价同行;经济发展必须纳入整个社会系统运行过程,必须是物质文明、精神文明、政治文明、社会文明和生态文明共同建设,协调发展,其根本目的是指向全体人民的幸福生活。

从人类现代化发展史进程看,以人民为中心的发展思想作为发展观上的积极创新,极大地超越了西方发展理论。首先,以人民为中心的发展思想阐明了人民群众是发展的根本动力,发展必须依靠人民。以人民为中心的发展思想从唯物史观出发,认为发展的本质是人类通过劳动不断改造自然的过程。物质资本和科学技术确实能够提高劳动效率,但它们都是人类劳动的创造物,不能与人并列。因此,从根本上看,发展源自人类的劳动。劳动不仅包括简单劳动,还包括管理、创新等复杂劳动。发展最基础、最根本的推动力量来自广大人民群众。其次,以人民为中心的发展思想科学地阐明了发展的直接目的是要让每一个个体都能分享到发展的成果,满足每个个体的美好生活需要,实现全体人民共同富裕,它超越了西方发展理论中"以人为中心发展"中的"人"的抽象个体局限性。最后,发展的最终目的是促进全体人民的发展。西方主流发展观追求物质财富的积累,重视人均收入的提高,但忽视人特别是普通劳动者的精神丰富和在社会中的发展。以人民为中心的发展思想把人的发展作为发展的最高目的和归宿,强调发展要全方位满足人的真实需要,能够充分调动人民积极性,全方位丰富和提高人民创造美好生活的能力,实现人的全面发展。

三、创新和发展中国共产党的执政理念

执政理念是政党的执政意识,是政党自觉的价值站位和目标站位的体现,执政理念最直接回答了"为了谁"的问题。中国共产党是用马克思主义理论武装起来的无产阶级政党,为人民谋幸福是其初心宗旨。因此,"执政为民"是其执政理念的核心价值目标,执政的本质是领导人民实现当家作主,执政的基本方式是科学执政、民主执政、依法执政、依靠人民执政。作为一种理念表达,"执政为民"在不同历史时期曾先后概括表述为全心全意为人民服务、"三

个有利于"""三个代表""以人为本"和新时代的"以人民为中心""人民至上"。各个时期的执政理念在不同的历史阶段实现了其各自的指导价值,为国家独立、共同富裕、党的执政地位的提升和新时代的经济社会发展提供了方向指南。

一部中国共产党百年奋斗史,就是一部为人民谋幸福、为民执政的奋斗史。革命年代,党领导全国人民通过艰苦卓绝的革命战争推翻了压在中国人民头上的三座大山,带领人民取得新民主主义革命的胜利,实现了国家和民族的独立、人民的解放,中国人民从此站起来了。新中国成立初期,毛泽东一再强调党的宗旨:"全心全意地为人民服务,一刻也不脱离群众;一切从人民的利益出发,而不是从个人或小集团的利益出发;向人民负责和向党的领导机关负责的一致性;这些就是我们的出发点"①,经过社会主义三大改造,建立了社会主义基本经济制度,广大人民成为国家经济的主人,开启当家作主的新纪元。总结发展中的经验教训,实行改革开放,摆脱计划体制和平均主义的束缚,构建社会主义市场经济体制,开启建设社会主义现代化的高潮,习近平总书记指出:"改革开放是我们党的一次伟大觉醒,正是这个伟大觉醒孕育了我们党从理论到实践的伟大创造。改革开放是中国人民和中华民族发展史上一次伟大革命,正是这个伟大革命推动了中国特色社会主义事业的伟大飞跃!"②中国彻底改变了贫穷面貌,实现了从站起来到富起来的伟大跨越,全国人民实现了全面小康,开始向着建成社会主义现代化强国和中华民族伟大复兴的宏伟目标昂首阔步。

党的十八大召开,中国特色社会主义建设发展进入新时代。面对新时代发展的新矛盾、新问题、新目标,以习近平同志为核心的党中央秉承执政为民的价值理念,提出以人民为中心的发展思想回应现实关切,从发展目标、发展格局和发展层次三个方面深化和创新了中国特色社会主义新时代发展的执政

---

① 《毛泽东选集》第3卷,人民出版社1991年版,第1094—1095页。
② 习近平:《在庆祝改革开放40周年大会上的讲话》,人民出版社2018年版,第4页。

理念,赋予新时代党的执政理念以新的内涵,并在实践中把党的执政为民理念发展到时代的新境界。

首先,创新和发展了执政目标。执政理念首先必须通过一定时期执政所达到的社会发展目标所体现。社会发展目标与一定时期生产力发展状况及其相应的发展环境相关。随着改革开放和现代化发展取得的伟大发展,全国消除绝对贫困,全国总体上富裕起来,社会主要矛盾发展转向,执政为民的执政目标已从改革开放之时的发展生产满足人民生活需要和消灭贫穷转化为推进高质量发展满足人民美好生活需要和实现共同富裕,为此,需要更加明确发展的主体、发展的最根本价值,必须强调发展的"人民性",坚持以人民为中心的发展思想。以人民为中心的发展的根本价值目标就是发展必须依靠人民,发展必须为了人民,发展成果必须为全体人民共享。为了实现共享的价值目标,坚持以人民为中心的发展必须践行"创新、协调、绿色、开放、共享"的新发展理念。习近平总书记强调,"五大发展理念"是新时代发展行动的先导,是管全局、管根本、管方向、管长远的东西,对于破解发展难题、增强发展动力、厚植发展优势具有重要意义。"五大发展理念"为党在新时代的执政目标确定了周详的方略,这就是通过创新发展,创造满足人民美好生活需要的物质和文化产品,协调在于统筹经济社会发展的基本盘,健全覆盖全民、统筹城乡、公平统一、安全规范、可持续的多层次社会保障体系,推进健康中国建设,构建民主、法治、公平、正义、安全、生态的社会生活环境,循序渐进地推进共同富裕,不断实现全体人民美好生活需要。

其次,创新和发展了执政格局。现代社会是政党政治时代,历史和人民的选择决定了中国共产党是中国现代社会的执政党,正是中国共产党的坚强领导和长期执政,保证了中国社会的长期稳定、快速发展、人民安居乐业、国家日益强盛,受到了全国人民的衷心拥护。执政格局包括执政者的内部治理和社会治理的能力等方面。党的十八大以来,面对经济结构发展转型、社会分化明显、党内腐败现象严重等复杂环境,以习近平同志为核心的党中央以对党、人民和历史高度负责的使命感,强调中国共产党执政的根本目的、本质是为人民谋幸福,必须坚持以人民为中心作为执政的根本理念,不忘初心,把党的群众路线贯彻到治国理政全部活动之中,永远与人民同呼吸、共命运、心连心;同时,坚决全面从严治党,健全全面从严治党体系,全面推进党的自我净化、自我完善、自我革新、自我提高;深入推进新时代党的建设新的伟大工程,不断增强党的政治领导力、思想引领力、群众组织力、社会号召力,确保我们党永葆旺盛生命力和强大战斗力;坚持党刀刃向内、刮骨疗毒,严惩贪腐。把党建成践行全心全意为人民服务的根本宗旨的、思想上的高度统一、组织上的坚强团结和行动上的高度一致的伟大执政党,使党具有强大的政治领导力、思想引领力、群众组织力、社会号召力,永葆先进性和纯洁性、永葆青春活力,能够领导全国人民沿着中国特色社会主义道路永续前行,不断实现美好生活、建成社会主义现代化强国、共同富裕、中华民族伟大复兴等一个一个的伟大目标。

最后,创新和发展执政方式。党的十八大以来,面对党内存在党的领导弱化、党的组织涣散等问题,以习近平同志为核心的党中央坚持把理想信念教育放在党的建设的至关重要位置,强调每个党员每个党的组织都必须坚守为中国人民谋幸福、为中华民族谋复兴的初心和使命的理想信念,并且强调通过党的坚强领导把理想信念贯穿于执政的各个方面的实践中,同时强调必须适应科技、经济和社会发展的时代要求,创新和发展执政方式,使党的执政为民更加具有实效性。一是强调科学执政。在以人民为中心的发展思想的引领下,中国共产党能够继续发扬科学精神、遵循科学原则、坚持科学态度、采用科学方法实现决策科学化和开展各项执政活动;能够以科学的制度、科学的方式组织和带领人民共同建设中国特色社会主义。二是必须坚持民主执政。民主执政在新时代要不断完善和发展全过程人民民主,在经济、政治、文化、社会、生态文明等各个方面贯彻民主决策、民主施政、民主监督,保障人民通过各种途径参与立法、决策制定和实施以及监督、评价的全过程。三是依法执政。新时代依法执政要求必须坚持以人民为中心,树立以尊重和保障人民利益为核心的现代行政执法观念,严格依照法定权限和程序行使权力、履行职责,形成职责权限明确、执法主体合格、适用法律有据、问责监督有力的法治工作机制;特别强调党的各级组织和干部要带头遵纪守法,带头维护宪法和法律的尊严,为全社会作出表率,在正确处理重大决策、重大政策与宪法和法律之间的关系时,善于使党的主张和群众的意志相统一,并通过相应的法定程序成为国家意志,构建法治社会,把党的领导和依法治国有机地结合起来。

第二节　以人民为中心的发展思想的
实践价值

以人民为中心的发展思想是以习近平同志为核心的党中央基于对新时代国情的认识,结合新的历史坐标的发展要求,为我国现代化发展迈步新征程、奋进新目标、开创新辉煌而提出的新发展理念,是贯穿新时代治国理政的主线和总纲,具有重大的实践价值。以人民为中心的发展思想为新时代深化全面从严治党,加强党的执政建设提供了价值引领;为实现全面建成小康社会、建成社会主义现代化强国和实现民族复兴的中国梦汇聚了最大的发展共识和磅礴力量;为推进人类社会新发展、解决世界发展困境贡献了中国智慧和中国方案。

一、深化与指引新时代的全面从严治党

中国共产党是中国特色社会主义事业的领导者,是重要的领路人,只有党内形成风清气正的良好氛围,才能带领群众建设良好的社会环境,只有永葆党的先进性和纯洁性才能保证中国特色社会主义事业的坚定领导力量和正确方向。在党的十九届中央纪委第五次会议上,习近平总书记强调:"我们党作为百年大党,要永葆先进性和纯洁性、永葆生机活力……始终保持'赶考'的清醒,保持对'腐蚀'、'围猎'的警觉……不断增强党自我净化、自我完善、自我

革新、自我提高能力，跳出治乱兴衰的历史周期率，引领和保障中国特色社会主义巍巍巨轮行稳致远"①。应对"两个大变局"，实现新的伟大目标，必须坚持党的坚强领导；只有全面从严治党，才能永葆党的坚强领导力，领导全国人民攻克各种困难，实现各种伟大目标。

首先，全面从严治党，要求在新的历史条件下全党必须坚定理想信念，不忘初心使命。党的坚强领导力首先源于坚定的初心使命意识。中国共产党人的初心和使命，就是为中国人民谋幸福、为中华民族谋复兴。中国共产党是用马克思主义武装起来的无产阶级政党，早在1848年，马克思主义创始人在《共产党宣言》中就明确指出："无产阶级的运动是绝大多数人的，为绝大多数人谋利益的独立的运动"，"共产党人不是同其他工人政党相对立的特殊政党"②，"他们没有任何同整个无产阶级的利益不同的利益"。③ 这是对马克思主义政党宗旨使命的最早经典阐释，是一切共产主义者的初心。中国共产党根基在人民、血脉在人民、力量在人民，始终代表最广大人民的根本利益，依靠人民创造历史，为人民争取解放和创造幸福生活。党的十八大以来，习近平总书记对于党的初心作出了富有时代内涵的创新性诠释，提出了以人民为中心的发展思想，指出人民对美好生活的向往就是我们的奋斗目标，强调要扎实推动共同富裕、推动人的全面发展与社会全面进步，进一步凝聚起全党全国人民团结奋斗的强大合力。实现中华民族伟大复兴是近代以来中华民族最伟大的梦想。在新时代，中国共产党必须坚定实现人民美好生活、建成社会主义现代化强国和中华民族伟大复兴的使命意识和历史责任感，不怵于困难、不畏困难与挫折，敢于斗争，勇于战胜一切风险挑战；"全面从严治党"必须树立以人民为中心的发展思想和工作导向，坚持以广大人民群众为出发点和落脚点，一切工作都是为了维护人民的根本利益，一切工作的成效都需要以人民是否满意、

---

① 《习近平关于全面从严治党论述摘编》，中央文献出版社2021年版，第386页。
② 《马克思恩格斯文集》第2卷，人民出版社2009年版，第42页。
③ 《马克思恩格斯文集》第2卷，人民出版社2009年版，第44页。

是否赞成、是否拥护为评价标准,坚持人民立场,"人民立场是中国共产党的根本政治立场,是马克思主义政党区别于其他政党的显著标志"①。

其次,坚持全面从严治党,必须继承和发扬党的优良传统和作风。党的坚强领导力的另一个源泉是实事求是、密切联系群众的群众路线和工作作风。密切联系群众,坚持群众路线,得到人民的衷心拥护的支持,是中国共产党战胜一切强敌和困难的法宝与力量所在。在新时代,"不忘初心"就必然要求把以人民为中心的价值理念与党的群众路线结合起来,通过全面从严治党践行以人民为中心的发展思想和群众路线,在工作中充分听取党员群众、下级党组织和党外群众的意见,不断提高党组织和党员干部服务群众的意识和能力,杜绝官僚主义做派,急群众之所急,想群众之所想,切实在工作中回答好、解决好人民关心和关注的问题,习近平总书记要求:"党的干部必须做人民公仆,忠诚于人民,以人民忧乐为忧乐,以人民甘苦为甘苦,全心全意为人民服务。"②全面从严治党,贯彻以人民为中心的发展思想,不忘初心,必须要求全党自觉接受群众的监督,依靠人民群众的监督,不断健全和彰显优良作风。

再次,全面从严治党,必须严肃党的组织纪律性,保证每个党员和党的各级组织忠诚于党的宗旨信念,在新时代坚持以人民为中心,用宗旨信念指导和规范自己的言行。党的坚强领导力也源于鲜明的政党组织特性。有坚定信仰和组织纪律性的组织具有克服一切困难的组织力量。中国共产党作为马克思主义政党特别强调组织性和纪律性。中国共产党是按照马克思主义建党原则建立起来的,党的章程对党员的权利、义务、入党程序等作了非常严格且详尽的规定,强调党员的组织意识和身份认同以及在工作和日常生活中的带头作用;党的组织原则坚持民主集中制,达致民主与集中、自由与纪律、多样与统一、活力与秩序、决策与执行的有机统一。党的组织纪律严格,为保证组织纪律的严格执行,党章规定了针对各种违纪行为的处分标准和程序,同时设立了

① 《习近平谈治国理政》第 2 卷,外文出版社 2017 年版,第 40 页。
② 《习近平谈治国理政》第 1 卷,外文出版社 2018 年版,第 413 页。

各级纪检机构,通过巡视、派驻、监察等各种方式,正风肃纪、全面从严治党。以上严整而鲜明的组织特性使得中国共产党能够通过自我革命统一全党思想,规范全党行为,理顺全党关系,集中全党力量,践行宗旨信念,在新时代坚持以人民为中心的价值引领,坚决贯彻落实党中央确定的路线、方针各项政策。

　　最后,全面从严治党的重要目标是保证党的先进性,先进性是马克思主义政党的本质属性,是其坚强战斗力和领导力的又一力量来源。先进性必须以纯洁性为前提,必须以坚持为人民谋利益为价值目标导向。在执政时期,保持和发展党的先进性和纯洁性更加任重道远。就在革命取得彻底胜利、新中国将要成立前的 1949 年 3 月,毛泽东就向全党警示,一些共产党人可能会倒在敌人糖衣炮弹面前。要保持和发展党的先进性和纯洁性,共产党人必须淬炼党性,端正作风,严肃党的政治纪律和政治规矩,增强党内政治生活的政治性、时代性、原则性和战斗性,全面净化党内政治生态,通过思想建党与制度治党的有机统一,共同筑起全面从严治党的思想防线和坚强壁垒,尤其要增强全党自我净化、自我完善、自我革新、自我提高的能力。随着改革开放构建社会主义市场经济,我国经济和人民生活水平迅速发展提高,一些党员干部包括极少数高级领导干部逐渐抛弃了党的艰苦奋斗、为人民服务的优良传统和理想信念蜕化变质,利用党和人民给予的权力为自己和家人谋取私利,且数量越来越大,性质越来越恶劣,人数不断增加。虽然从改革开放开始,党中央一直警钟长鸣,高悬反腐利剑,但至新时代,腐败高发现象依然没有从根本上得到遏止,相反有蔓延之势,任其发展下去,就会葬送改革开放的社会主义现代化建设事业,甚至会亡党亡国。2013 年 11 月 8 日,在十八届中央政治局第一次集体学习时,习近平总书记就郑重指出:"大量事实告诉我们,腐败问题越演越烈,最终必然会亡党亡国!"①党的十九届六中全会决议强调,腐败是党长期执政的

---

　　① 《习近平谈治国理政》第 1 卷,外文出版社 2018 年版,第 16 页。

最大威胁,反腐败是一场输不起也决不能输的重大政治斗争。党的十八大以来,以习近平同志为核心的党中央把反腐败当作全面从严治党的一项特别重要的工作紧抓落实,以高压态势惩治腐败,坚持"老虎苍蝇一起打",着力扭转党内不正之风,随着全面从严治党战略决策的贯彻执行,当前党风廉政建设和反腐败斗争已经取得了明显的成效,党风政风明显好转,腐败得到有效遏制。但是,在看到反腐败的成绩的同时,必须清醒认识到,反腐败还必须一路前行。2022 年 1 月 18 日,在十九届中央纪委六次全会上的讲话中,习近平总书记用"四个任重道远"警示全党当前腐败的新特征:防范形形色色的利益集团成伙作势"围猎"腐蚀还任重道远,有效应对腐败手段隐形变异、翻新升级还任重道远,彻底铲除腐败滋生土壤、实现海晏河清还任重道远,清理系统性腐败、化解风险隐患还任重道远。他提出警醒,在新征程上,全党必须保持清醒头脑,坚持以零容忍的态度、以永远在路上的决心继续打好反腐败攻坚战持久战。

二、为实现中华民族伟大复兴的中国梦提供动力源泉

实现中华民族伟大复兴是新时代中国共产党和全体中华儿女的共同事业。2012 年,习近平总书记在参观《复兴之路》展览时强调:"我们比历史上任何时期都更接近中华民族伟大复兴的目标,比历史上任何时期都更有信心、有能力实现这个目标。"①这一重大战略思想的提出,是党和国家对历史与现实、理论与实践综合把握科学衡量的结果,高瞻远瞩,体现了中国共产党高度的执政自信、责任担当和使命追求,明确阐明了党和国家未来工作的政治目标和战斗宣言。

实现中华民族的伟大复兴与以人民为中心的发展是紧密相连的一体两面。党的十九大报告指出:"不忘初心,方得始终。中国共产党人的初心和使

---

① 《习近平谈治国理政》第 1 卷,外文出版社 2018 年版,第 35—36 页。

命,就是为中国人民谋幸福,为中华民族谋复兴。这个初心和使命是激励中国共产党人不断前进的根本动力。"①在革命时代,国家独立,民族解放,人民站起来,是中国共产党领导人民实现的内含于一体的革命目标。经过改革开放四十多年的发展,我国发生了翻天覆地的变化,人民生活水平得到根本性的提高,外贸、外汇储备、工业产值等经济指标稳居全球第一,国际地位越来越高,国际影响力越来越大,日益走近世界舞台的中心,因此,今天的中国比以往任何时候都更接近中华民族伟大复兴中国梦的实现。在中国共产党的坚强带领下,我国经济社会在新的伟大斗争中"解决了许多长期想解决而没有解决的难题,办成了许多过去想办而没有办成的大事,推动党和国家事业发生历史性变革"②。2021年全面建成小康社会,全国性消灭绝对贫困,并大步迈上第二个百年奋斗目标的伟大新征程。

习近平总书记指出:"中国梦归根到底是人民的梦,必须紧紧依靠人民来实现,必须不断为人民造福。"③实现中国梦作为一种伟大理想,根本价值指向是实现人民的幸福,实现作为人民总体标志的民族的尊严与自豪,它必须依靠人民去创造,去建功立业,贯彻以人民为中心的发展思想。正是坚持以人民为中心,为实现中国梦提供了不竭的力量源泉。

首先,以人民为中心的发展思想与实现中华民族伟大复兴体现出共同的判断标准和一致的结果导向,二者的根本衡量标准在人民,根本落脚点也在人民。共同富裕是社会主义现代化的重要目标。共产党人始终把造福人民实现全体人民共同富裕作为党和国家的崇高事业,毛泽东曾指出,"现在我们实行这么一种制度,这么一种计划,是可以一年一年走向更富更强的,一年一年可以看到更富更强些。而这个富,是共同的富,这个强,是共同的强,大家都有

---

① 《习近平谈治国理政》第3卷,外文出版社2020年版,第1页。
② 《习近平谈治国理政》第3卷,外文出版社2020年版,第7页。
③ 《习近平谈治国理政》第1卷,外文出版社2018年版,第40页。

份"①。"我们追求的发展是造福人民的发展,我们追求的富裕是全体人民共同富裕"②。2021 年 2 月 25 日,习近平总书记在全国脱贫攻坚总结表彰大会上向世界庄严宣告"我国脱贫攻坚战取得了全面胜利"③,我国已基本实现消除贫困,尤其是一些贫困人民的生活得到极大改善,其中,致力于乡村脱贫的精准脱贫和对口帮扶政策功不可没。其次,实现中国梦必须高扬人民主体意识,中国梦不仅是中华民族的梦,也是每一个中华儿女的梦。它反映了人民的期待,顺应了人民的要求,是人民自己的愿望。因此,中国梦的实现必须依靠中华民族全体成员的共同参与和努力,依靠全体人民的团结奋斗,努力拼搏,每一个人的努力奋斗,都是中国梦的组成部分,每个人的梦想归根到底就是可以自由全面地发展,这也将是中国梦的最终目标,也是全体中国人民实现中国梦的不竭动力源泉。再次,中国梦的实现以实现人美好生活为基础。中国梦就是要让每一个中国人有更好的教育、更稳定的工作、更满意的收入、更可靠的社会保障、更高水平的医疗卫生服务、更舒适的居住条件和更优美的环境。让全体人民学有所教、劳有所得、病有所医、老有所养、住有所居,使人民群众过上更好的生活,实现每一个中华儿女的自由全面发展。最后,中国梦必须与扎实推进全体人民共同富裕协调发展。"共同富裕本身就是社会主义现代化的一个重要目标,要坚持以人民为中心的发展思想,尽力而为、量力而行,主动解决地区差距、城乡差距、收入差距等问题,让群众看到变化、得到实惠"④。扎实推进共同富裕,统筹推进物质生活和精神生活共同发展,解决好这些关乎每一个成员切身利益的实际问题,中华民族才能更加团结,万众一心,共同参与到中国梦的实现过程中来,中华民族伟大复兴的中国梦才能美梦成真。

① 《毛泽东文集》第 6 卷,人民出版社 1999 年版,第 495 页。
② 《习近平关于社会主义社会建设论述摘编》,中央文献出版社 2017 年版,第 35 页。
③ 《习近平著作选读》第 2 卷,人民出版社 2023 年版,第 429 页。
④ 《习近平春节前夕赴贵州看望慰问各族干部群众　祝各族人民幸福吉祥祝伟大祖国繁荣富强》,《人民日报》2021 年 2 月 6 日。

三、为解决世界发展困境贡献中国方案

中国共产党是马克思主义政党,实现全人类的解放和共产主义是其最高理想和最终奋斗目标。马克思主义的理论性质和中国共产党的性质宗旨决定了,中国共产党不仅要为中国人民谋幸福、为中华民族谋复兴,而且要为人类谋进步、为世界谋大同,为世界人民的幸福作贡献。经过百年奋斗,中国共产党领导中国人民、中华民族实现了从站起来、富起来到强起来的伟大飞跃。今天,中国作为一个大国正日益走近世界舞台中央,不断为人类进步作出新的更大贡献。党的十八大以来,习近平总书记坚持把马克思主义基本原理同中国具体实际相结合,科学把握人类社会发展规律,立足全球化时代趋势,从统筹中华民族伟大复兴战略全局和世界百年未有之大变局的战略高度,创造性地提出推动构建人类命运共同体思想,充分体现了中国致力于为世界和平与发展作出更大贡献的崇高目标,体现了中国将自身发展与世界发展相统一的全球视野和大国担当。习近平总书记深刻地阐明,中国人民的梦想同各国人民的梦想息息相通,实现中国梦离不开和平的国际环境和稳定的国际秩序。构建人类命运共同体,旨在建立平等相待、互商互谅的伙伴关系;营造公道正义、共建共享的安全格局;谋求开放创新、包容互惠的发展前景;促进和而不同、兼收并蓄的文明交流;构筑尊崇自然、绿色发展的生态体系。从而为人类社会实现共同发展、共同繁荣、长久和平绘制了蓝图。

推动构建人类命运共同体,是中国共产党应对世界百年变局和顺应人类社会发展规律并解决世界发展难题的光明大道。当今世界正经历百年未有之大变局,习近平总书记在党的二十大报告中指出:"当前,世界之变、时代之变、历史之变正以前所未有的方式展开。"[①]当今世界多极化、经济全球化、文化多样化、社会信息化深入推进,同时各种复杂的世界性难题包括宗教冲突、

---

① 《习近平著作选读》第 1 卷,人民出版社 2023 年版,第 49 页。

领地争端、局部战争、经济金融中的"黑天鹅"事件、气候生态等也仍然存在，有时还会突然激发。对此，只有秉承人类命运共同体意识，世界各国精诚合作，行天下之大道，超越意识形态之争、和睦相处、合作共赢，整个世界才能长久繁荣与和平安全。因此，推动构建人类命运共同体，是契合时代发展大势和符合世界各国人民期待的必然选择，是坚持以人民为中心，不断推进世界人民福祉，使世界各国共享经济发展成果，不断改善世界人民生活水平的重大新发展理念，是各国人民的共同呼声和共同愿望。随着经济全球化的深入发展，人类交往的全球性世界性比过去任何时候都更加深入和广泛，各国相互联系和彼此依存比过去任何时候都更加频繁和紧密，世界不可能退回到彼此封闭孤立的状态，"逆全球化"不符合当今世界发展潮流。习近平总书记指出："这个世界，各国相互联系、相互依存的程度空前加深，人类生活在同一个地球村里，生活在历史和现实交汇的同一个时空里，越来越成为你中有我、我中有你的命运共同体。"①只有跟上时代前进步伐，摒弃冷战思维、零和博弈、霸权逻辑的传统思维，坚持平等协商，互利合作，才是契合时代进步潮流、符合世界各国人民共同期待的正确选择。

推动构建人类命运共同体反映了各国人民的共同心声，凝聚着国际社会的广泛共识，为人类前途命运提供了正确的方向指引。当今时代是资本主义和社会主义共存的时代，两种制度肯定有斗争，但同时两种制度又必然并存共处，且在全球化时代必然交流互鉴，不同制度的国家之间需要共同合作才能妥善化解许多世界难题。习近平总书记在二十大后召开的 2023 年中国共产党与世界政党高层对话会上发表主旨演讲时提出不搞意识形态对抗的"全球文明倡议"为构建人类命运共同体赋予了新内涵，具有全人类共同价值的世界意义，从人类文明进步的现代化历史观高度深刻阐述了构建人类命运共同体的中国方案。世界经济全球化的发展是人类实现现代化历史进程的必然趋

①　《习近平著作选读》第 1 卷，人民出版社 2023 年版，第 104 页。

势,现代化的最终目标是实现人的自由而全面的发展,无论是资本主义还是社会主义,在现代文明社会都不能无视人类的发展问题。构建人类命运共同体,要求以世界人民的福祉为目标,弘扬和平、发展、公平、正义、民主、自由的全人类共同价值,不断推进人类文明交流交融、互学互鉴,促进各国人民相知相亲,共同应对各种全球性挑战,让世界人民携手共创人类更加美好的未来。

构建人类命运共同体的倡议从世界维度深度阐发了以人民为中心的发展思想的全球治理内涵,是对以人民为中心的发展思想的创造性运用。以人民为中心的发展思想首先是为中国的改革开放和现代化发展确立价值理念和发展方向,其次也是对世界未来发展和世界人民福祉的深刻关切,阐明了中国人民的发展命运与世界各国人民休戚与共。习近平总书记说:"大家一起发展才是真发展,可持续发展才是好发展。要实现这一目标,就应该秉承开放精神,推进互帮互助、互惠互利。……我们要将承诺变为行动,共同营造人人免于匮乏、获得发展、享有尊严的光明前景。"①构建人类命运共同体把中国人民的利益同世界人民的利益统一起来,以以人民为中心的发展思想为价值引领,致力于与世界各国人民携手共同解决人类现代化发展过程中面临的一系列重大问题和风险挑战,建设持久和平、普遍安全、共同繁荣、开放包容、清洁美丽的世界,贡献中国智慧和中国方案,推动人类社会向着更加光明的未来前进。

---

① 《习近平谈治国理政》第2卷,外文出版社2017年版,第524页。

结　语　以人民为中心推进
中国式现代化

　　实现现代化是近代以来中华民族矢志不渝的梦想。习近平总书记指出："现代化的本质是人的现代化"。"我们追求的发展是造福人民的发展,我们追求的富裕是全体人民的共同富裕。""要始终把满足人民对美好生活的新期待作为发展的出发点和落脚点。"中国共产党自成立之日起,就把为中国人民谋幸福、为中华民族谋复兴作为自己的初心和使命,并为之不懈奋斗。在党的二十大报告中,习近平总书记指出:"从现在起,中国共产党的中心任务就是团结带领全国各族人民全面建成社会主义现代化强国、实现第二个百年奋斗目标,以中国式现代化全面推进中华民族伟大复兴。"以人民为中心既是中国式现代化发展的中国特色,也是中国式现代化发展的原则遵循和推进中国式现代化发展的价值目标。以人民为中心推进中国式现代化必须坚决维护人民的根本利益,充分尊重人民的社会历史主体地位、不断增进民生福祉和逐步实现共同富裕。

　　唯物史观认为,人民是历史的创造者,是社会发展的根本力量源泉。人民性是马克思主义最鲜明的品格,人民立场是马克思主义政党的根本政治立场。不断推进中国式现代化,是全体中国人民和中华民族的根本利益目标所在。现代化是 18 世纪以来人类文明发展的总体趋势。中国共产党领导人民把马克思主义与中国实际相结合,与中华优秀传统文化相结合,开创了中国式现代化,创造了人类文明新形态。中国式现代化既具有现代化文明的共同特征,更具有中国特色及其优势。中国式现代化是人口规模巨大的现代化,是全体人民共同富裕的现代化,是物质文明和精神文明相协调的现代化,是人与自然和谐共生的现代化,是走和平发展的现代化。其本质特色是中国共产党领导的社会主义现代化。坚持社会主义性质就必须坚持人民至上,坚持以人民为中心的发展思想。社会主义性质和全体人民共同富裕的目标是中国式现代化区别于西方现代化的根本属性。中国式现代化坚持公有制为主体、多种所有制经济共同发展,坚持按劳分配为主体、多种分配形式并存,集中体现了其内在的社会主义性质。中国式现代化坚持以人民为中心取代和超越了西方为资本剥削剩余价值的现代化发展理念,克服了资本主义现代化过程中两极分化、"见物不见人"的固有弊端,为人类现代化提供了全新的选择。习近平总书记指出:"江山就是人民,人民就是江山。"坚持以人民为中心的发展思想是中国式现代化建设的基本原则,中国式现代化始终坚持社会主义方向,致力于实现共同富裕和人的全面发展,把人的现代化作为现代化的最终目的。

全面建成社会主义现代化强国任重道远,必须在坚持党的领导下紧紧依靠全体人民的努力奋斗才能实现。习近平总书记指出:"人民是历史的创造者,是推进现代化最坚实的根基、最深厚的力量。"党的二十大报告也指出:"全面建设社会主义现代化国家,必须充分发挥亿万人民的创造伟力。"人民是历史的主体,建设社会主义现代化强国,必须充分尊重人民主体地位,发挥人民主体作用,充分激发人民的创造力,不断壮大现代化建设的主体力量。在推进中国式现代化发展过程中,要不断完善人民主体参与现代化建设的制度保障,积极发展全过程人民民主,保障全体人民参与选举、协商、决策、管理、监督过程的权利;同时,要更加完善社会治理多主体、多层次、多渠道参与模式,不断提高中国式现代化治理的效能。

实现人民的根本利益是中国式现代化的价值旨归。党的二十大报告指出:中国式现代化要"不断实现发展为了人民、发展依靠人民、发展成果由人民共享,让现代化建设成果更多更公平惠及全体人民"。中国式现代化既强调现代化建设成果全体人民共享,又注重现代化建设成果代际共享,坚持现代化发展过程中的人与自然和谐共生,不仅追求人民物质生活的富足,而且更加强调不断丰富人民的精神生活,满足"人民美好生活的需要",始终坚持为民造福的目标指引,把人民标准作为判断一切工作是非成败的根本标准,作为中国式现代化的根本价值目标。

主要参考文献

一、经典著作类

[1]《马克思恩格斯全集》第 1 卷,人民出版社 1956 年版。

[2]《马克思恩格斯全集》第 2 卷,人民出版社 1957 年版。

[3]《马克思恩格斯全集》第 3 卷,人民出版社 1960 年版。

[4]《马克思恩格斯全集》第 4 卷,人民出版社 1958 年版。

[5]《马克思恩格斯全集》第 18 卷,人民出版社 1964 年版。

[6]《马克思恩格斯全集》第 42 卷,人民出版社 1979 年版。

[7]《马克思恩格斯全集》(上)第 46 卷,人民出版社 1979 年版。

[8]《马克思恩格斯选集》第 1—4 卷,人民出版社 2012 年版。

[9]《马克思恩格斯文集》第 1—10 卷,人民出版社 2009 年版。

[10]《列宁全集》第 1 卷,人民出版社 2012 年版。

[11]《列宁全集》第 11 卷,人民出版社 2017 年版。

[12]《列宁全集》第 34 卷,人民出版社 2017 年版。

[13]《列宁全集》第 38 卷,人民出版社 2017 年版。

[14]《列宁全集》第 41 卷,人民出版社 2017 年版。

[15]《列宁全集》第 43 卷,人民出版社 2017 年版。

[16]《列宁全集》第 45 卷,人民出版社 2017 年版。

[17]《列宁全集》第 55 卷,人民出版社 2017 年版。

[18]《列宁选集》第 1—4 卷,人民出版社 2012 年版。

[19]《孙中山全集》第 1—16 卷,人民出版社 2015 年版。

[20]《李大钊全集》1—5 卷,人民出版社 2013 年版。

［21］《毛泽东文集》第 1—2 卷，人民出版社 1993 年版。

［22］《毛泽东文集》第 3—5 卷，人民出版社 1996 年版。

［23］《毛泽东文集》第 6—9 卷，人民出版社 1999 年版。

［24］《毛泽东选集》第 1—4 卷，人民出版社 1991 年版。

［25］《邓小平文选》第 1—2 卷，人民出版社 1994 年版。

［26］《邓小平文选》第 3 卷，人民出版社 1993 年版。

［27］《江泽民文选》第 1—3 卷，人民出版社 2006 年版。

［28］《胡锦涛文选》第 1—3 卷，人民出版社 2016 年版。

［29］《习近平著作选读》第 1—2 卷，人民出版社 2023 年版。

［30］《习近平谈治国理政》第 1 卷，外文出版社 2018 年版。

［31］《习近平谈治国理政》第 2 卷，外文出版社 2017 年版。

［32］《习近平谈治国理政》第 3 卷，外文出版社 2020 年版。

［33］《习近平谈治国理政》第 4 卷，外文出版社 2022 年版。

［34］习近平：《之江新语》，浙江人民出版社 2007 年版。

二、专著类

［1］梁启超：《先秦政治思想史》，商务印书馆 2014 年版。

［2］［古希腊］亚里士多德：《政治学》，吴寿彭译，商务印书馆 2009 年版。

［3］［古罗马］奥古斯丁：《上帝之城》（上），王晓朝译，人民出版社 2006 年版。

［4］［古罗马］西塞罗：《论共和国》，王焕生译，上海人民出版社 2006 年版。

［5］［法］卢梭：《社会契约论》，何兆武译，商务印书馆 2003 年版。

［6］［法］霍尔巴赫：《自然政治论》，陈太先、眭茂译，商务印书馆 2011 年版。

［7］［法］弗朗索瓦·佩鲁：《新发展观》，张宁、丰子义译，华夏出版社 1987 年版。

［8］［德］马克斯·韦伯：《学术与政治》，钱永祥等译，上海三联书店 2019 年版。

［9］［德］黑格尔：《法哲学原理》，范扬、张企泰译，商务印书馆 2011 年版。

［10］［德］卡尔·施米特：《宪法学说》，刘锋译，上海人民出版社 2005 年版。

［11］［德］卡尔·施米特：《政治的概念》，刘宗坤等译，上海人民出版社 2003 年版。

［12］［德］尤尔根·哈贝马斯：《合法化危机》，刘北成等译，上海人民出版社 2000 年版。

［13］［德］黑格尔：《精神现象学》下，贺麟、王玖兴译，商务印书馆 1997 年版。

［14］［英］埃里克·霍布斯鲍姆：《工业与帝国：英国的现代化历程》，梅俊杰译，中央编译出版社 2017 年版。

[15][英]彼得·华莱士·普雷斯顿:《发展理论导论》,李小云、齐顾波等译,社会科学文献出版社2011年版。

[16][英]卡尔·波兰尼:《大转型:我们时代的政治与经济起源》,冯钢、刘阳译,浙江人民出版社2007年版。

[17][英]齐格蒙特·鲍曼:《被围困的社会》,郇建立译,江苏人民出版社2006年版。

[18][英]约翰·伯瑞:《进步的观念》,范祥涛译,上海三联书店2005年版。

[19][英]戴维·佩珀:《生态社会主义:从深生态学到社会正义》,刘颖译,山东大学出版社2005年版。

[20][英]埃德蒙·柏克:《自由与传统》,蒋庆等译,商务印书馆2001年版。

[21][英]安东尼·吉登斯:《现代性与自我认同》,赵旭东、方文译,生活·读书·新知三联书店1998年版。

[22][英]艾瑞克·霍布斯鲍姆:《极端的年代:1914—1991》,郑明萱译,江苏人民出版社1999年版。

[23][联邦德国]马克斯·霍克海默、特奥多·阿尔多诺:《启蒙辩证法》,洪佩郁、蔺月峰译,重庆出版社1990年版。

[24][英]E.F.舒马赫:《小的是美好的》,虞鸿钧、郑关林译,商务印书馆1984年版。

[25][意]内奈戴托·克罗奇:《历史学的理论与实践》,傅任敢译,商务印书馆1982年版。

[26][英]洛克:《政府论》,叶启芳、瞿菊农译,商务印书馆1964年版。

[27][美]戴维·施韦卡特:《反对资本主义》,李智、陈志刚等译,中国人民大学出版社2016年版。

[28][美]埃里希·弗罗姆:《逃避自由》,刘林海译,国际文化出版公司2002年版。

[29][美]亚伯拉罕·马斯洛:《动机与人格》,许金声译,中国人民大学出版社2013年版。

[30][美]德内拉·梅多斯、乔根·兰德斯等:《增长的极限》,李涛、王智勇译,机械工业出版社2013年版。

[31][美]约瑟夫·熊彼特:《经济发展理论——对于利润、资本、信贷、利息和经济周期的考察》,何畏等译,商务印书馆2011年版。

[32][美]埃里希·弗洛姆:《健全的社会》,孙恺祥译,上海译文出版社2011年版。

[33][英]阿瑟·刘易斯:《经济增长理论》,周师铭等译,商务印书馆 1983 年版。

[34][美]塞缪尔·亨廷顿等:《现代化:理论与历史经验的再探讨》,张景明译,上海译文出版社 1993 年版。

[35][美]赫伯特·马尔库塞:《单向度的人——发达工业社会意识形态研究》,刘继译,上海世纪出版集团 2008 年版。

[36][美]德尼·古莱:《残酷的选择——发展理念与伦理价值》,高铦等译,社会科学文献出版社 2008 年版。

[37][美]苏珊·朗格:《艺术问题》,滕守尧、朱强源译,南京出版社 2006 年版。

[38][美]约翰·贝拉米·福斯特:《生态危机与资本主义》,耿建新、宋兴无译,上海译文出版社 2006 年版。

[39][美]莫里斯·迈斯纳:《马克思主义、毛泽东主义与乌托邦主义》,张宁、陈铭康等译,中国人民大学出版社 2005 年版。

[40][美]詹姆斯·施密特:《启蒙运动与现代性——18 世纪与 20 世纪的对话》,徐向东、卢华萍译,上海人民出版社 2005 年版。

[41][美]德尼·古莱:《发展伦理学》,高铦、温平等译,社会科学文献出版社 2003 年版。

[42][美]伊曼努尔·华勒斯坦:《历史资本主义》,路爱国、丁浩金译,社会科学文献出版社 1999 年版。

[43][美]艾里希·弗洛姆:《弗洛姆文集》,冯川编,改革出版社 1997 年版。

[44][美]迈克尔·P.托达罗:《经济发展与第三世界》,印金强等译,中国经济出版社 1994 年版。

[45][美]C.E.布莱克:《现代化的动力》,段小光译,四川人民出版社 1988 年版。

[46][美]威利斯·哈曼:《未来启示录》,徐元译,上海译文出版社 1988 年版。

[47][美]阿历克斯·英格尔斯:《人的现代化》,殷陆君编译,四川人民出版社 1985 年版。

[48][美]库马:《社会的剧变——从工业社会迈向后工业社会》,蔡伸章译,(台北)志文出版社 1984 年版。

[49][法]弗朗索瓦·佩鲁:《新发展观》,张宁、丰子义译,华夏出版社 1987 年版。

[50][法]米歇尔·克罗齐、[日]绵贯让治、[美]塞缪尔·亨廷顿:《民主的危机》,马殿军等译,求实出版社 1989 年版。

[51][法]霍尔巴赫:《自然的体系》上卷,管士滨译,商务印书馆 1999 年版。

[52][日]富永健一:《日本的现代化与社会变迁》,李国庆、刘畅译,商务印书馆

2004 年版。

[53][印]阿玛蒂亚·森:《以自由看待发展》,任赜、于真译,中国人民大学出版社2002 年版。

[54][印]苏布拉塔·贾塔克:《发展经济学》,卢中原等译,商务印书馆 1989年版。

[55][瑞典]冈纳·缪尔达尔:《亚洲的戏剧:对一些国家贫困问题的研究》,谭力文、张卫东译,北京经济学院出版社 1992 年版。

[56][俄]普列汉诺夫:《论个人在历史上的作用问题》,唯真译,生活·读书·新知三联书店 1965 年版。

[57]章征科:《知识分子与近代中国民主政治演进》,安徽师范大学出版社 2017年版。

[58]范鹏:《统筹推进"五位一体"总体布局》,人民出版社 2017 年版。

[59]郑也夫:《后物欲时代的来临》,中信出版社 2016 年版。

[60]袁祖社:《马克思主义人学理论与社会发展探究》,人民出版社 2016 年版。

[61]胡建:《马克思生态文明思想及其当代影响》,人民出版社 2016 年版。

[62]张哲:《利益多元化格局中的党群关系问题研究》,天津人民出版社 2015年版。

[63]邢荣:《马克思的现代性与中国社会转型》,中央编译出版社 2015 年版。

[64]张凤阳:《现代性的谱系》,江苏人民出版社 2012 年版。

[65]陈学明:《谁是罪魁祸首——追寻生态危机的根源》,人民出版社 2012 年版。

[66]陈用芳:《多维视角下人学与现代化关系》,中央编译出版社 2010 年版。

[67]臧峰宇:《马克思政治哲学引论——以人学为视角的当代解读》,中央编译出版社 2009 年版。

[68]张文喜:《历史唯物主义的政治哲学向度》,江苏人民出版社 2008 年版。

[69]徐崇温:《当代外国主要思潮流派的社会主义观》,中共中央党校出版 2007年版。

[70]周海林:《在理性的周围:我们这 100 年》,社会科学文献出版社 2006 年版。

[71]刘福森:《西方文明的危机与发展伦理学:发展的合理性研究》,江西教育出版社 2005 年版。

[72]庞元正主编:《当代中国科学发展观》,中共中央党校出版社 2004 年版。

[73]吕世荣:《马克思社会发展理论研究》,中国社会科学出版社 2001 年版。

[74]童之伟:《法权与宪政》,山东人民出版社 2001 年版。

[75]刘森林:《发展哲学引论》,广东人民出版社 2000 年版。

[76]李淮春:《马克思主义哲学全书》,中国人民大学出版社 1996 年版。

[77]吴寒光等:《社会发展与社会指标》,中国社会出版社 1991 年版。

[78]吴荣生:《马克思主义大众话语体系转化性建构研究》,人民出版社 2024 年版。

三、期刊报纸类

[1]曹普:《坚持以人民为中心,守住人民的心》,《人民论坛·学术前沿》2021 年第 16 期。

[2]王宝珠、马艳:《习近平经济思想的逻辑主线研究》,《人文杂志》2021 年第 12 期。

[3]燕继荣、何瑾:《"以人民为中心"的制度原则及现实体现——国家制度的"人民性"解析》,《公共管理与政策评论》2021 年第 6 期。

[4]王宇翔、洪向华:《百年来中国共产党以人民为中心思想的理论延展、实践证成与路径展望》,《山东社会科学》2021 年第 8 期。

[5]李佑新、许浩:《习近平对毛泽东为人民服务思想的传承与创新》,《马克思主义理论学科研究》2021 年第 7 期。

[6]欧阳恩良、赵志阳:《论以人民为中心坚持和完善社会主义先进文化制度》,《思想理论教育导刊》2021 年第 7 期。

[7]唐亚林:《以人民为中心的治理观:中国共产党领导国家治理的基本经验》,《中国行政管理》2021 年第 7 期。

[8]王海建、郝宇青:《以人民为中心:中国共产党百年社会主义运动的宗旨》,《西南民族大学学报(人文社会科学版)》2021 年第 6 期。

[9]刘康:《习近平以人民为中心发展思想的逻辑阐释》,《河南大学学报(社会科学版)》2021 年第 5 期。

[10]韩美群:《新时代传承与发展中华优秀传统文化的方法论探析》,《马克思主义与现实》2020 年第 5 期。

[11]曹文宏、濮瑞恬:《百年党史视野下以人民为中心的发展思想的三维解读》,《华侨大学学报(哲学社会科学版)》2021 年第 5 期。

[12]郭明姬、张亮:《传承和弘扬中华民族优秀传统文化的人民中心意蕴》,《中国矿业大学学报(社会科学版)》2021 年第 5 期。

[13]燕继荣、朱春昊:《中国公共政策的调适——兼论"以人民为中心"的价值取向及其实践》,《治理研究》2021 年第 5 期。

[14]张芳娟、张乾元:《我国农村反贫困的制度创新及其治理效能》,《江西社会科学》2021年第4期。

[15]卢黎歌、梅煜:《"人民至上"价值理念的三重意蕴》,《西安交通大学学报(社会科学版)》2021年第4期。

[16]秦书生、李瑞芳:《新时代中国共产党人以人民为中心思想的逻辑理路——基于"不忘初心、牢记使命"视角的分析》,《湖南大学学报(社会科学版)》2021年第4期。

[17]谭文华、李家霄:《"人民群众是社会历史主体"的历史唯物主义建构及中国表达》,《社会主义研究》2021年第3期。

[18]代红凯:《中国共产党坚持以人民为中心百年进程的三维视野》,《毛泽东研究》2021年第3期。

[19]韩久根:《十八大以来以人民为中心的发展思想的生动实践》,《当代世界与社会主义》2021年第3期。

[20]陈理:《深刻理解把握新发展理念的由来、内涵和要义》,《当代世界与社会主义》2021年第3期。

[21]陈跃:《新时代以人民为中心发展思想的生发逻辑与价值分析》,《重庆社会科学》2021年第2期。

[22]周明明:《习近平以人民为中心重要论述的三重逻辑》,《当代世界社会主义问题》2021年第1期。

[23]陈巧玲:《以人民为中心的发展思想及其时代价值》,《华侨大学学报(哲学社会科学版)》2021年第1期。

[24]欧阳康、赵琦:《以人民为中心的国家治理现代化》,《江苏社会科学》2020年第1期。

[25]毕研永:《以党的自我革命激发政治领导力》,《中国特色社会主义研究》2021年第1期。

[26]顾小璐、陈晓东:《构建以人民为中心的国家治理价值体系》,《中州学刊》2020年第11期。

[27]钱智勇、解斯棋:《"坚持以人民为中心的发展思想"在〈资本论〉中的理论溯源》,《思想理论教育导刊》2020年第10期。

[28]陈理:《经济体制比较研究》,《经济体制比较研究》2020年第6期。

[29]宁洁、韩桥生:《以人民为中心:我国国家治理现代化的价值导向》,《江西社会科学》2020年第6期。

[30]王菲、周振国:《以人民为中心发展思想对唯物史观中国化的理论贡献》,《河

北学刊》2020 年第 6 期。

[31]刘鑫鑫、秦振燕:《习近平社会治理理念的三重维度》,《内蒙古社会科学》2020 年第 6 期。

[32]郇雷:《论新时代以人民为中心发展思想的整体性结构》,《理论学刊》2020 年第 5 期。

[33]李松龄:《以人民为中心的理论认识与制度安排》,《湖南大学学报(社会科学版)》2020 年第 5 期。

[34]朱文琦:《以人民为中心发展思想:一个系统思维的视角》,《社会主义研究》2020 年第 5 期。

[35]许先春:《深入理解和着力践行以人民为中心的发展思想》,《当代世界与社会主义》2020 年第 4 期。

[36]程丙:《国内学界关于"以人民为中心"思想研究述评》,《社会主义研究》2020 年第 4 期。

[37]徐奇、鲁宽民:《新时代以人民为中心的发展思想的逻辑理路》,《毛泽东思想研究》2020 年第 4 期。

[38]杨根乔:《全面把握习近平以人民为中心的新发展理念》,《贵州社会科学》2020 年第 4 期。

[39]郑承军、陈伟功:《马克思主义文艺观的历史溯源与当代阐释》,《马克思主义研究》2020 年第 4 期。

[40]孙颖:《新时代对"老三篇"精神的传承发展》,《毛泽东邓小平理论研究》2020 年第 2 期。

[41]梁伟:《论"以人民为中心"思想的生成逻辑》,《社会主义研究》2020 年第 1 期。

[42]郑子君、周文彰:《从"为人民服务"到"以人民为中心"》,《北京联合大学学报(人文社会科学版)》2020 年第 1 期。

[43]郝立忠:《人民根本利益是评价实践的最高标准》,《马克思主义研究》2019 年第 10 期。

[44]蒋玲、赵汇:《透视新发展理念的内在旨归——以人民为中心发展思想研究》,《学习论坛》2019 年第 7 期。

[45]吴爱萍:《以人民为中心思想意蕴的时代解读》,《江西社会科学》2019 年第 7 期。

[46]张雷声:《习近平新时代经济建设论论纲》,《马克思主义与现实》2019 年第 5 期。

[47]邸乘光:《论习近平新时代中国特色社会主义思想的人民性》,《内蒙古社会科学》2019年第5期。

[48]韩迎春、曹一鸣:《论"以人民为中心"对"为人民服务"的新发展》,《社会主义研究》2019年第5期。

[49]桑明旭:《在唯物史观中准确把握以人民为中心的发展思想》,《求索》2019年第4期。

[50]孙迪亮、吴晓雨:《习近平关于意识形态工作重要论述的人民性探析》,《思想政治教育研究》2019年第4期。

[51]朱雪微:《习近平以"人民为中心"的发展思想对马克思人学思想的创新与发展》,《理论视野》2019年第3期。

[52]顾梦佳、王腾、张开:《习近平新时代中国特色社会主义经济思想》,《政治经济学评论》2019年第3期。

[53]王文俊、钟洁:《新时代以人民为中心的发展思想:价值取向与实践路向——基于习近平新时代中国特色社会主义思想的视阈》,《广西社会科学》2019年第3期。

[54]杨怀中:《习近平网络空间治理思想论析》,《武汉理工大学学报(社会科学版)》2019年第2期。

[55]盖逸馨、王占仁:《新时代"以人民为中心"发展思想的内涵与价值意蕴》,《科学社会主义》2019年第2期。

[56]张师伟:《礼、法、俗的规范融通与伦理善性:中国古代制度文明的基本特点论略》,《社会科学研究》2019年第2期。

[57]曲青山:《人民群众:共产党的根基、血脉和力量源泉》,《马克思主义与现实》2019年第2期。

[58]蒋卓晔:《党建引领中国社会治理的实践逻辑》,《科学社会主义》2019年第2期。

[59]齐卫平:《习近平以人民为中心思想的五个话语创新》,《理论探讨》2019年第1期。

[60]魏志奇:《社会主要矛盾变化对共享发展的新要求》,《当代世界社会主义问题》2019年第1期。

[61]欧健、邱婷:《习近平人民中心观的形成逻辑与基本内涵》,《社会主义研究》2019年第1期。

[62]罗会德:《新时代以人民为中心发展思想的形成逻辑》,《东南学术》2019年第1期。

［63］张兴茂：《科学认识和正确处理新时代我国社会主要矛盾》，《武汉大学学报（哲学社会科学版）》2019 年第 1 期。

［64］姜强强、张晓东：《以人民为中心：习近平新时代中国特色社会主义思想的价值核心》，《江西社会科学》2018 年第 12 期。

［65］吴海江、徐伟轩：《"以人民为中心"思想对传统民本思想的传承》，《毛泽东邓小平理论研究》2018 年第 7 期。

［66］陈华兴、孙婉君：《习近平关于"以人民为中心"重要论述的理论内涵与时代价值》，《浙江学刊》2018 年第 6 期。

［67］刘必好、刘怀玉：《论习近平新时代中国特色社会主义思想的理论品格》，《南京社会科学》2018 年第 6 期。

［68］赵笑蕾：《新时代坚持以人民为中心的基本方略》，《中国特色社会主义研究》2018 年第 5 期。

［69］肖巍：《基于发展权的反贫困升级与劳动能力建设》，《上海师范大学学报（哲学社会科学版）》2018 年第 4 期。

［70］江畅：《核心价值观的合理性与道义性社会认同》，《中国社会科学》2018 年第 4 期。

［71］胡鞍钢、张巍等：《全面发展以人民为中心的五大生产力》，《清华大学学报（哲学社会科学版）》2018 年第 2 期。

［72］陈培永：《重思马克思的人民概念》，《哲学动态》2018 年第 1 期。

［73］周昭成：《不忘初心与坚持以人民为中心的发展思想》，《山东社会科学》2018 年第 1 期。

［74］邹绍清、王红云：《论以人民为中心的发展永远在路上》，《马克思主义研究》2017 年第 10 期。

［75］李冉：《深刻认识和把握以人民为中心的发展思想》，《马克思主义研究》2017 年第 8 期。

［76］陶日贵、田启波：《习近平人民主体思想研究：主体地位、主体作用、主体利益》，《贵州社会科学》2017 年第 7 期。

［77］宋俭、凌琦：《中国共产党以人民为中心发展思想的建构特性》，《贵州社会科学》2017 年第 6 期。

［78］郑昭红：《坚持以人民为中心的发展思想》，《党的文献》2017 年第 6 期。

［79］李慎明：《认真学习坚决贯彻以习近平同志为核心的党中央治国理政新理念新思想新战略》，《世界社会主义研究》2017 年第 5 期。

［80］易培强：《共享发展与马克思主义理论创新》，《当代经济研究》2017 年第 3 期。

［81］韩喜平：《坚持以人民为中心的发展思想》，《思想理论教育导刊》2016 年第 9 期。

［82］魏立平：《以人民为中心：五大发展理念之魂》，《中国党政干部论坛》2016 年第 8 期。

［83］王明生：《正确理解与认识坚持以人民为中心的发展思想》，《南京社会科学》2016 年第 6 期。

［84］陈朋：《"四个全面"战略布局中以人民为中心的思想意蕴》，《河海大学学报（哲学社会科学版）》2016 年第 4 期。

［85］蒋永穆、张晓磊：《共享发展与全面建成小康社会》，《思想理论教育导刊》2016 年第 3 期。

［86］蔡昉：《用"以人民为中心的发展思想"破解民生领域难题》，《劳动经济研究》2016 年第 3 期。

［87］杜勇：《清华简〈厚父〉与早期民本思想》，《西华师范大学学报（哲学社会科学版）》2016 年第 2 期。

［88］刘儒、刘鹏、杨潇：《马克思主义政治经济学与以人民为中心的发展思想》，《西安交通大学学报（社会科学版）》2016 年第 2 期。

［89］陈光林：《以人民为中心的发展思想彰显中国特色社会主义政治经济学的鲜明党性》，《党建》2016 年第 2 期。

［90］江畅：《论当代中国价值观构建》，《马克思主义与现实》2014 年第 4 期。

责任编辑：朱云河
封面设计：王欢欢
版式设计：胡欣欣
责任校对：张彦彬

图书在版编目（CIP）数据

以人民为中心的发展思想研究 ／ 吴育林著. -- 北京 ：
人民出版社，2024. 11. -- ISBN 978－7－01－026706－7

Ⅰ. D610. 4

中国国家版本馆 CIP 数据核字第 20247P0F17 号

以人民为中心的发展思想研究

YI RENMIN WEI ZHONGXIN DE FAZHAN SIXIANG YANJIU

吴育林　著

人民出版社 出版发行
（100706　北京市东城区隆福寺街 99 号）

北京新华印刷有限公司印刷　新华书店经销

2024 年 11 月第 1 版　2024 年 11 月北京第 1 次印刷
开本：710 毫米×1000 毫米 1/16　印张：23.25
字数：333 千字

ISBN 978－7－01－026706－7　定价：138.00 元

邮购地址 100706　北京市东城区隆福寺街 99 号
人民东方图书销售中心　电话（010）65250042　65289539